KB236789

한민족 독립운동사 연구

국립중앙도서관 출판시도서목록(CIP)

한민족 독립운동사 연구 / 이연복 지음. -- 서울 : 국학자료원, 2004
    p. ;   cm

참고문헌과 색인수록
ISBN 89-541-0201-8 93900

911.066-KDC4
951.903-DDC21   CIP2004000948

한민족 독립운동사 연구

이연복

국학자료원

머 리 말

올해는 대한민국임시정부 수립 85주년이 되는 해이다. 대한민국임시정부사를 연구하고 있는 필자의 감회는 남다르다고 하겠다. 필자가 대한민국임시정부에 특별한 관심을 갖게 된 것은 40여 년 전 '대한민국임시정부의 성장과정'이란 제목으로 석사학위논문을 제출하면서 부터이다. 학위논문을 완성 제출한 다음 이를 계속 다듬고 보완하는 가운데 대한민국임시정부와 그 관련주제들을 더 깊이 천착하게 되었다. 그리고 이를 일차적으로 정리하여 발간한 것이 대한민국임시정부 수립 80주년에 즈음하여 나온 ≪대한민국임시정부 30년사≫이다. 이후 5년 만에 그 후속편이라 할 수 있는 본서 ≪한민족독립운동사연구≫를 출간하게 되었다.

이 책은 나의 정년을 기해 지나온 길을 뒤돌아보며 자책 반성하면서, 전편의 후속편으로서 펴내게 된 것이다. 돌이켜보면 한국민주화의 큰 물줄기였던 4·19 전후에 경희대학교 사학과에서 한국사 공부를 시작한 이래 경희여자고등학교 교사를 거쳐 서울교육대학교에서 근 40여 년에 걸친 사회 생활에서 우여곡절이 없다고는 할 수 없지만 별 탈 없이 이렇게 한 매듭을 지었으니, 감사한 일이며 일신상 영광이 아닐 수 없다. 더욱이 봉직하던 대학에서 명예

교수로 여전히 교단에 서고, 또한 대학 부설 '한국학교육연구원'의 원장의 역할을 하고 있으니 활동상 큰 변화는 없는 것 같다.

그 동안 한국 근현대사를 전공하면서 대한민국임시정부사와 관련된 수십 편의 글을 각종 학술지에 게재하고 또 국내외 학술회의에서 발표하였다. 그러나 이런 글들이 마음속에는 미진한 구석이 남아 있고 게다가 아직 쓰고 싶은 과제도 없지 않다. 하지만 이런 과제들을 이제 한꺼번에 추진 할 수는 없다. 그러므로 그 동안 전념하였던 대한민국임시정부에 관한 글 중 지난 저서에 수록되지 않았던 것을 모아 책으로 엮으며 미진한 사항을 조금이라도 보완하려고 한다.

본서는 이와 같은 취지에서 간행을 시작하였다. 막상 작업을 시작해 보니 내용상 보완할 곳이 적지 않고, 더구나 70년대에 쓴 오래된 글들은 관련 용어와 표현양식이 현재와 크게 달라 전면 개고하고 싶은 글도 없지 않았다. 그러나 조판을 끝내고 보니 그렇게 할 수 없는 처지에 놓이고 말았다. 요행히 오래된 글이라도 주지가 크게 잘못된 곳은 없는 것 같아 미흡하지만 그대로 진행시켰다.

본서에는 다음과 같은 몇 가지 점을 부각시키려 노력하였다. 첫째는 격동하면서도 강인하게 전개된 대한민국임시정부의 투쟁을 이끌어 간 대표적 지도자의 독립사상과 그들의 민족운동을 집중적으로 조명하였다. 그리하여 초창기 임시정부의 기초를 놓았던 박은식, 신채호, 박찬익과 임시정부의 법통성과 투쟁정신을 끝까지 버리지 않았던 김구 등의 애국적 생애와 사상을 고찰하려 하였다. 둘째는 임시정부의 주요한 정책들을 검토하였다. 셋째는 일제의 대한제국 침략과 그를 이은 식민지 지배의 본질과 정책을 살펴보고, 1920·30년대 국내에서의 민족운동의 중심 축이었던 천도교에 대해 고찰하였다. 그리고 마지막으로 4·19 당시 대학생 집행부의 일원으로 4월혁명에 직접 참가였던 사람으로서 4·19 혁명의 성격과 전망을 살펴 보았다.

여하튼 여기에 수록한 글들은 미흡하나마 그때마다 그 과제의 해명이 절실하여 작성하였던 것이고 또한 비견을 표명한 것이므로 어떤 면에서는 동학이나 후배에게 한데 모아 주는 작은 정성이라도 보이는 것이 될 것 같아 감히 간행하는 것이다. 선배 동학은 물론 후학들의 많은 叱正을 바라마지 않는다.

끝으로 이 책의 출판을 기꺼이 맡아 준 국학자료원의 정찬용 사장에게 감사를 드리며, 오래되어 산일된 글까지 수집 정리하여 편집과 교정까지 맡아준 문동석 박사에게 깊은 사의를 표한다.

대한민국임시정부 수립 85주년 4월
서울교육대학교 연구실에서
李 延 馥

차 례

■ 본서에 실린 논문 발표지명

제 1 부

대한민국 임시정부와 박은식 ≪한국민족운동사연구≫10(1994)

대한민국 임시정부와 신채호 ≪申采浩의 思想과 民族獨立運動≫(1986)

남파 박찬익 연구 ≪國史館論叢≫18(1990)

백범 김구 ≪韓國現代人物論≫2(1987)

제 2 부

대한민국 임시정부의 대소외교

　≪水邨朴永錫教授華甲紀念 韓民族獨立運動史論叢≫(1992)

대한민국 임시정부의 군사정책

　≪대한민국임시정부 수립 80주년 기념논문집≫(하)(1999)

대한민국임시정부의 역사적 위상 ≪한국민족운동사연구≫23(1999)

제 3 부

우리나라 근대 역사교육사 연구 ≪서울教育大學 論文集≫11(1978)

구한국(舊韓國) 경찰고 - 1894～1910 - ≪서울教育大學 論文集≫4(1971)

일제의 헌병경찰 소고 ≪霞城李瑄根博士 古稀紀念 韓國學論叢≫(1974)

≪만세보≫의 사설에 나타난 천도교의 교육관≪東學研究≫3(1998)

천도교 청년당≪東學研究≫1(1997)

4·19혁명의 성격과 전망

　≪吳世昌教授華甲紀念 韓國近現代史論叢≫(1995)

제 1 부 대한민국 임시정부를 이끌어간 사람들

제 1 부 대한민국 임시정부를 이끌어간 사람들

Ⅰ. 대한민국 임시정부와 박은식

머리말

박은식(1859~1925)은 주자학자, 개화사상가, 언론인, 교육자, 애국계몽사상가, 민족주의사학자, 남북통일가로 일생을 보냈다. 따라서 그에 관한 연구는 적지 않다고 할 수 있다.[1] 그러나 1919년의 3·1운동 이후 민족 남북통일

1) 김용섭, 1971 〈박은식의 역사학〉 《한국현대사》 6, 신구문화사
　나절로, 1972 〈백암선생의 업적과 회고〉 《나라사랑》 8, 외솔회
　윤남한, 1972 〈박은식선생의 유교사상〉 《나라사랑》 8, 외솔회
　홍이섭, 1972 〈박은식선생과 독립투쟁사〉 《나라사랑》 8, 외솔회
　최　준, 1972 〈문필 구국의 선봉장〉 《나라사랑》 8, 외솔회
　윤병석, 1972 〈백암선생의 생애〉 《나라사랑》 8, 외솔회
　신일철, 1974 〈박은식의 국혼으로서의 국사개념〉 《한국사상》 11
　신용하, 1975 〈박은식의 교육구국사상에 대하여〉 《한국학보》 1
　홍이섭, 1975 〈박은식의 '血史'가 지적한 史的 의의〉 《한국근대사의 성격》
　이만열, 1976 〈민족사학〉 《한국사》 22, 국사편찬위원회

의 중추를 이루는 대한민국임시정부에서 국내외 남북통일의 분열과 혼란을 수습 못하고 면직된 이승만을 이어 대통령까지 선출된 남북통일가로서의 박은식은 <황성신문>과 <대한매일신보> 등의 주필을 역임한 언론인, 애국계몽사상가, ≪한국통사≫와 ≪한국남북통일지혈사≫를 저술하여 우리나라 민족주의 사학의 신기원을 연 사학자로서의 박은식 보다는 덜 알려지고 연구되어 왔다. 따라서 본고는 이러한 문제점을 인식하고 남북통일가로서의 박은식을 알아보기 위해, 40세를 전후하여 달라지는 그의 생애를 개화자강론자로의 전환, 애국계몽운동가, 망명 및 남북통일로 나누어 살펴보고, 특히 대한민국임시정부와 박은식의 관계에 초점을 맞추어 민족남북통일사에서 박은식의 위상을 살펴보고자 한다.

이만열, 1976 <박은식의 사학사상> ≪숙대사론≫ 9
이만열, 1976 <박은식의 교육사상> ≪이인기고희논총≫, 형설출판사
신용하, 1977 <박은식의 儒敎求新論·陽明學論·大同思想> ≪역사학보≫ 73
신용하, 1979 <박은식의 실업구국사상> ≪학술원논문집≫ 인문사회과학편 18
이만열, 1980 <박은식의 생애와 사상> ≪박은식≫, 한길사
이현희, 1980 <박은식의 평화사상> ≪동국사학≫ 14
신용하, 1981 <박은식의 역사관>(상·하) ≪역사학보≫ 90, 91
신용하, 1982 ≪박은식의 사회사상연구≫
김흥수, 1982 <박은식의 신민론> ≪경희사학≫ 9·10
姜德相, 1983 <朴殷植その人と, 痛史·血史> ≪朝鮮獨立運動の群像≫
김기승, 1987 <백암박은식의 사상적 변천> ≪역사학보≫ 114
유준기, 1988 <박은식의 생애와 학문> ≪산운사학≫ 2
김효선, 1989 ≪백암 박은식의 교육사상과 민족주의≫, 대왕사
박성수, 1990 <박은식의 血史에 나타난 3·1운동관> ≪윤병석교수화갑한국근대사논총≫
한영우, 1994 <1910년대 박은식의 민족주의사학> ≪한국민족주의역사학≫

1. 박은식의 생애

박은식의 생애는 그의 나이 40세를 전후하여 크게 달라진다. 그러나 그의 40세까지의 성장이나 활동에 대하여는 알려진 바가 적다. 먼저 박은식은 대원군의 집정시대에 유년기를, 개항을 전후하여 소년기를 보냈다. 1868년(고종 5) 아버지의 서당에 입학해 1875년까지 정통 주자학 교육을 받았다. 이 시기 주자의 영정을 방에 모셔 놓고 매일 아침 절을 드릴만큼 주자를 존경하고 숭상했다.[2] 아버지가 시부(詩賦) 등 과거 공부를 시켰으나, 17세 때 과거 공부 이외에 어찌 경세지학(經世之學)이 없겠는가 하고 집을 떠나 이곳저곳을 돌아다니며 자기 또래의 청년들을 사귀었다. 1877년 아버지 상을 당한 뒤 1879년 연안이씨와 혼인하고 평안남도 삼등현으로 거처를 옮겼다. 1880년 경기도 광주로 가서 정약용의 제자인 신기영(申耆永)과 정관섭(丁觀燮)에게 고문의 학을 배우고 정약용의 정치·경제 등 여러 분야의 학문을 섭렵했는데 이것이 실사구시의 학풍을 받게 되는 계기가 되었다.

1882년 7월 서울에서 임오군란을 목격하고 시무책을 지어 받쳤으나 받아들여지지 않자, 평안남도 영변 산중에서 질박한 생활을 하면서 오직 학문 연구에만 힘썼다. 1884년 태천(泰川)의 박문일(朴文一)·박문오(朴文五) 형제에게서 주자학을 배웠다. 박문일은 17세기 초 관서지방의 명유였던 선우협(鮮于浹)의 학풍을 이은 학자로, 박문일 형제와의 사제 관계는 일생을 통해 돈독히 지속되었다. 1885년 향시에서 특선으로 뽑히고, 1888년 민영준(閔泳駿)의 추천으로 숭인전(崇仁殿) 참봉이 되었다. 1892년 민병석(閔丙奭)의 추

---

2) "余도 幼時로부터 朱學을 講習하고 尊信하여 晦菴의 影幀을 書堂에 私奉하고 每朝에 瞻拜한 事도 있었다."(東亞日報社, 1925 <學의 眞理는 疑로 좇아 求하라> ≪東亞日報≫ 9월 3일).

천으로 동명왕릉(東明王陵) 참봉으로 자리를 옮겨 황해도 중화군에 거주했다. 이 시기에 주자학을 깊이 연구해 유학자로서 널리 알려지기 시작했다.[3] 1894년 동학혁명과 갑오개혁이 일어나자 동학혁명은 동비(東匪)들의 반란이고, 갑오개혁은 사설(邪說)이라는 극히 부정적인 시각으로 보아 벼슬을 그만두고 강원도 원주군 주천으로 옮겨 은거했다.

1) 개화자강론자로의 전환

아관파천으로 갑오개혁내각이 붕괴된 1896년 2월 이후 상경한 뒤 독립협회의 사상과 운동에 충격을 받고 동서 각국의 신서적을 우연히 읽어 본 다음 세계의 대세와 시국의 정형(情形)을 볼 수 있게 되었다. 변통개신(變通更新) 해야 나라와 백성을 보전할 수 있다고 깨달아 위정척사파 유학자로부터 개화자강파 사상가로 전환하기 시작했다. 이 무렵 노(老)·장(莊)·양(楊)·묵(墨)·신(申)·한(韓)의 학설과 불교·기독교의 교리를 섭렵하게 되었다.[4] 1898년 독립협회 회원이 되었으며, 11월17일 지식인들이 중심이 된 만민공동회에서 문교부문의 일을 하는 한편 민족사 연구와 민중계몽에 앞장섰다.

---

3) 박은식은 주자학을 "吾國 儒林의 思想으로 言하면, 諸老先生이 모두 朱學을 崇尙하고 篤信하여 唯一無二한 法門이 됨에 감히 一言一字라도 朱學과 異同이되면 斯文亂賊의 律을 加하고 王學에 至하여는 異端詐說로 排斥하여 學界의 容喙를 許치 않았으니 余도 그러한 思想界에 生長하여 宇宙正學은 朱子一門뿐으로 認하였고, 또 그 規模의 綿密함과 義理의 敦篤함이 世敎를 扶植한 功이 大하므로 六百年 東洋學界는 모두 朱子의 範圍인즉 우리 先輩의 推定함이 固當하다 할지어다."이라 하여 동양 사회철학의 근본이고 그 공헌이 컸음을 지적하고 있다(<學의 眞理는 疑로 쫓아 求하라> ≪東亞日報≫ 1925년 9월 3일).

4) 박은식은 40세 이후부터 주자학에서 탈피하였다. 四十一歲 이후에 世界의 學說이 輸入되고 言論 自由의 시기를 만나매 余도 一家學說에 膠泥되었던 思想이 저으기 變動되므로 우리 先輩의 엄금하던 老莊楊墨申韓의 學說이며 佛敎와 基督의 敎理를 모두 縱覽케 되었다 (<學의 眞理는 疑로 쫓아 求하라> ≪東亞日報≫ 1925년 9월 3일).

1898년 9월 장지연(張志淵)·남궁억(南宮檍)·유근(柳瑾) 등이 ≪대한황
성신문≫을 인수한 뒤 ≪황성신문≫으로 개제(改題)해 간행하자 장지연과
함께 주필이 되었다. 독립협회가 강제 해산된 후 1900년 성균관의 후신인
경학원(經學院)의 강사가 되어 경학을 강의하고, 관립 한성사범학교(漢城師
範學校)의 교수가 되었다. 또한 1908년부터는 서북협성학교(西北協成學
校)[5]의 교장이 되어 새 인재를 양성하였다. 이 무렵 개화자강사상으로 전환하
던 시기의 글을 모은 ≪겸곡문고(謙谷文稿)≫와 교육 및 종교문제를 논한
≪학규신론(學規新論)≫을 저술·간행했다. 당시 그의 사상은 동도서기론적
요소가 짙어 신학문 중에서 시대의 요청에 부응하는 것은 배워야하지만 공
자·맹자의 서는 버릴 수 없는 것이라고 하면서 유교교육을 전국적으로 더
보급할 것을 주장했다.[6]

2) 애국계몽 운동

1904년 2월 러일 전쟁이 일어나자 ≪황성신문≫을 통해 일제의 침략정책
을 비판하고, 국민들에게 자주 독립정신과 애국 사상을 고취하다가 한때 일본
헌병대에 구금되었다. 1904년 7월 ≪대한매일신보≫가 창간되자 주필이 되
어 대한제국 정부의 취약성과 일제의 잔혹함을 신랄하게 비판했으며,[7] 1905

---

5) 협성학교는 평양의 대성학교와 같이 서울에 세운 한말 애국계몽 인사에 의한 민족 교육기관
   이며, 동시에 근대 제도에 의한 중학교의 효시였던 학교이다.
6) 박은식은 "현시대는 국가가 不存하면 민족도 필멸하며……(중략)……自家와 自身의 생존책
   도 전혀 생각할 수 없다"고 하여 국가, 민족, 개인의 일체관 위에서 "국가와 인민의 행복을
   造取할 것"을 자강의 목표로 삼았다. 이점에서 박은식은 청말의 洋務論者보다는 變法論者
   들의 保國, 保種, 保敎 운동의 방향과 대응되었다.
7) 황현은 ≪매천야록≫에서 이 당시 상황을 다음과 같이 기록하고 있다. 박은식은 그 筆舌을
   빌어 그의 宿慣을 피력하였다. 그의 입을 통한 화살같은 論評과 攻駁은 꺼리는 바가 없어

년 을사조약이 강제 체결되자 일제가 무력위협으로 체결한 조약의 진상을 폭로하고 규탄했다. 을사조약 규탄으로 정간되었던 ≪황성신문≫이 1906년 2월 복간되었으나 장지연이 물러나자 ≪황성신문≫의 주필로 자리를 옮겨 1910년 8월 폐간될 때까지 주필로서 활동했다.

을사조약이후 그는 급속히 동도서기론적 요소를 떨쳐 버리고 변법적 개화 자강사상가로 전환했다. 이제부터라도 전 민족이 분발해서 급속히 근대적 실력을 배양해 국권회복의 장기전에서 최후의 승리를 쟁취해야 한다고 보고 국권회복 역량을 기르기 위한 각 부분의 대대적 개혁을 주창하고, 전 민족에게 "회개적 사상과 분발적 기상을 가지고 국권회복을 위해 고심혈성(苦心血誠)으로 배양실력"할 것을 호소했다. 1906년부터는 자기학문의 뿌리였던 구학문을 공공연히 비판하기 시작했으며, 위정척사사상과 유림을 공격하고 신학문만이 나라를 구할 수 있다고 했다. 서양의 사회진화론·계몽사상·과학사상을 적극적으로 받아 들이고, 정약용과 박지원을 비롯한 실학자들을 높이 평가 했으며, 중국의 경우는 양계초의 주장이 중국을 구하는 방책이라고 이를 소개했다. 유교에 대해서도 제왕의 편에만 서고 민중을 등한시한 지리한만(支離汗漫)한 주자학이 아니라 간이직절(簡易直截)한 양명학으로 개혁해 새로운 시대의 신학문에 적용시키려 했다.

이러한 사상전환을 겪으면서 그는 국권상실의 원인이 자강력 특히 민력의 부재에 있다고 보았다. 따라서 그는 구관습 혁파와 교육 및 산업 진흥을 통해 자강력을 양성해야 한다고 주장했으며, 애국심 함양과 단체 결성을 통해 민족의 역량을 결집해야 한다고 역설했다. 그의 국가관은 종래 왕조적 국가나 대

倭人들이 患으로 알았다. 그래서 倭人 등은 郵司에 부탁하여 京外에 그 신문을 배달치 못하게 하고 또한 박은식을 구속하여 司令部에 가두었다.

한제국 체제가 아니라 민의 단체적 결합으로서 국가 즉 국민국가에 근접하게
되었다. 따라서 국권회복운동에서 군주·정부보다는 민권(民權)·민지(民
智)·민력(民力) 등 민의 요소가 중시되었다.8) 이러한 인식에서 1906년 이후
광범위한 부문에서 애국계몽운동을 전개했다.

　1906년 3월 장지연·윤효정·윤치호 등이 대한자강회9)를 창립하자 가입
해 활동하면서 ≪대한자강회월보≫에 많은 애국계몽 논설들을 발표했다. 10
월에는 신석하·김달하·김병도 등과 함께 서우학회(西友學會)를 조직해
평의원으로 활동하면서 기관지인 ≪서우≫의 주필을 맡아 국민을 계몽했다.
이 당시 계몽사상의 교육을 위해 학교설립과 함께 사범 양성이 긴급함을 절감
하고 1907년 1월 서우학회 산하에 사범속성과야학교(師範速成科夜學校)를
설립해 25~40세의 청년들을 모집하고 애국적 교사들을 양성했다. 1907년
2월 지석영 등이 국문연구회를 조직하자 주시경·양기탁·이종일 등과 함께
연구원으로 참가해, 전 국민교육·의무교육 실시와 이를 위한 한글전용 교육
을 주장했다.

　1907년 4월 양기탁·안창호·이동휘 등이 국권회복을 위한 비밀결사 신
민회10)를 창단하자 여기에 가입해 주로 교육·출판 부문에서 활동했다.
1908년 1월 신민회의 방침에 따라 서우학회가 이준·이동휘 등이 조직한

---

8) 김기승, 1994 ≪한국의 역사가와 역사학≫ 하, p.97.

9) 1905년 이준·양한묵 등이 조직한 헌정연구회를 확대, 개편한 것이다. 목적은 국민의 교육
　을 고양하고 殖産을 증진하여 부국강병을 이룬 뒤 장차 독립의 기초를 마련하려는 데 있었
　으며 이를 위하여 강연회의 개최, 기관지발행 등을 추진하였다.

10) 신민회는 한말 애국계몽운동기에 개화자강파들이 국권회복을 목적으로 창건한 전국 규모의
　비밀결사로, 1907년 4월 안창호의 발기에 의하여 양기탁·전덕기·이동휘·이동녕·이
　갑·유동열 등 7인이 창건위원이 되고, 노백린·이승훈·안태국·최광옥·이시영·이회
　영·이상재·윤치호·이강·조성환·김구·신채호·임치정·이종호·주진수 등이 중심
　이 되어 창립되었다(윤경로, 1990 ≪105인사건을 통해 본 신민회연구≫).

한북흥학회(漢北興學會)와 통합되어 서북학회(西北學會)로 창립되자 기관지인 ≪서북학회월보≫의 주필로 직접 잡지를 편집하고 다수의 애국계몽 논설을 개재 했다. 또한 오성학교를 설립해 교장이 되었다.

일제가 친일유교단체인 대동학회(大東學會)[11]를 내세워 유림계 전체를 친일화하려 하자, 1909년 9월 이범규·장지훈 등과 함께 대동사상과 양명학에 입각해 유교를 개혁함으로써 유림계와 유교문화를 국권회복운동에 동원할 것을 목적으로 하는 대동교(大同敎)를 창시했다. 1909년 제왕 중심의 지배자 철학인 유교를 공자의 대동주의와 맹자의 민본주의로 환원시켜 민중중심의 유교로 개신해야 하며, 유교도 불교·기독교처럼 전도 특히 민중의 교화에 힘을써, 주자학이 아니라 양명학으로 후진을 가르쳐야 한다는 ≪유교구신론(儒敎求新論)≫을 지었으며, 1910년에는 양명학으로 유교를 개혁하기 위해 ≪왕양명실기(王陽明實記)≫를 저술했다.[12] 또한 민족 고전을 간행하고 널

---

11) 1907년 12월 서울에서 신·구학문연구를 표방하고 설립되었다. 이완용·조중응이 유림계를 친일화시키려는 일제의 의도에 따라 이토로부터 2만원의 자금을 제공받고 신기선 등을 내세워 조직하였다. 설립 때 표방한 목적은 儒道로써 體를 삼고 신학문으로써 用을 삼아 신·구사상을 합일시켜보겠다는 것이었다. 임원은 회장 신기선, 부회장 홍승목, 총무 서상훈, 평의원 김가진·정교 등이었고, 지방에는 각 도에 총무를 두었는데 경기도는 조병건, 충청도는 김경규, 전라도는 박제빈, 경상도는 신태휴, 강원도는 정봉시, 황해도는 홍우철, 평안도는 민병한, 함경도는 정진홍이었으며, 회원은 1,500명이었다.

12) ≪王陽明實記≫는 한국 유학사를 주자학에서 양명학으로 일신하려는 의도에서 저술된 것이다. 이 책은 우리 나라 양명학의 새 기원이 된다고 일컬어지고, 박은식 자신도 그의 주장을 학문적으로 완벽하게 뒷받침하기 위하여 고심초사했던 것이다. 아울러 그는 1925년 9월 3일 ≪東亞日報≫의 <學의 眞理는 疑로 쫓아 求하라>에서 양명학과 주자학의 차이와 양명학의 우월을 나름대로의 체계화를 도모하고, 나아가 양명학은 서양 철학과 부합하는 점이 있다고까지 주장하였다.
"(知良知)는……(중략)……오직 吾의 意와 知인 것이다. 意는 人心의 義理와 情慾의 發動機가 되는 者인데 意도 眞僞의 區別이 있는 까닭으로 欲正其心者는 先誠其意라 하였고 意는 知로부터 생기는 까닭으로 欲誠其意者는 先致其知라 하였는데 知도 聞見의 知와 本然의 知가 있다. 聞見의 知는 外面的 事物의 原理를 연구하여 知識을 넓히는 者이니 이는

리 보급하기 위해서 유근·최남선 등과 함께 광문회(光文會)를 조직했다. 한편 그는 애국계몽운동을 하면서도 의병전쟁을 비판하지 않고 '연무제진(聯武齊進)'이라 해 애국계몽운동과 의병운동을 연계해 나란히 전진시킬 것을 주장했다. 당시의 의병운동은 최고의 애국운동으로 높이 평가하고 임진왜란과 병자호란 때 의병을 일으킨 의병장과 백성들을 한국의 인물로 소개해 간접적으로 의병운동을 지지하고 고취했다.

3) 망명 및 남북통일

박은식은 나라를 빼앗김과 동시에 여러 언론기관이 문을 닫고 모든 국사 서적이 압수되자 "국체(國體)는 수망(雖亡)이나 국혼(國魂)이 불멸(不滅)하면 부활이 가능한데 지금 국혼인 국사 책마저 분멸(焚滅)하니 통탄불이(痛歎不已)라", "일언일자(一言一字)의 자유가 없으니 오로지 해외로 나가서 사천년 문헌을 모아 편찬하는 것이 오족(吾族)의 국혼을 유지하는 유일한 방법이다." 라고 하며 망명을 계획했다. 1911년 3월 부인 연안이씨가 병으로 죽은뒤, 4월 압록강을 넘어 서간도 환인현 흥도천으로 가서 대종교 신도로써 후에 제3대

遠取諸物이요, 本然의 知는 虛靈의 本覺으로써 事物을 照燭하는 者이니 이는 近取諸身인 것이다. 天地가 雖遠이나 吾의 虛靈이 可通이요, 萬物이 雖衆이나 吾의 虛靈이 可應이니 佛家에서 말하는 바의 大圓鏡이 이것이다. 天下何物이 이에서 더 고상하고 淨潔하고 光明한 者가 있으리오. 실로 造化의 精靈이요 萬物의 主宰이다. 사람이 渺然一身으로서 복잡하고 變幻하는 事物 중에 處하여 능히 引誘가 되지 않고 使役이 되지 아니하여 모든 것을 命令하고 制裁하자면 良知의 本能으로써 主宰를 삼는 것이 根本上 要領인 것이다. 良知의 本能은 靈明이요 靈明의 原質은 淨潔이다. 一切一生이 孰無良知리오마는 慾障과 物障으로 因하여 本明을 잃는 까닭으로 恒常 拂拭과 洗滌의 工으로써 그 淨潔한 것을 保存하여야 光明이 스스로 있는 까닭으로 淸明在躬에 其知如身인 것이다. 그런즉 良知는 靈明으로써 生하고 淨潔로써 存하고 淨潔은 定靜으로써 얻는 것이다."

교주를 지낸 윤세복의 집에 머물렀다. 이때 대종교 신도가 되고 직접 만주 고토의 고대사 유적지를 답사하면서 한국 고대사와 관련된 ≪동명성왕실기≫·≪발해태조건국지≫·≪몽배금태조(夢拜金太祖)≫[13]·≪명림답부전≫·≪천개소문전≫·≪대동고대사론≫ 등을 저술하여, 일제 식민지 역사가의 왜곡된 한국 고대사를 반박하고 우리 민족과 문화의 옳은 연원을 밝히려 하였다.[14]

1911년 10월 신해혁명이 일어나자, 1912년 3월부터 중국 각지를 돌아다니며 남북통일가들과 중국인 지사들을 만나 남북통일의 방법을 협의했다. 이해 7월 상하이에서 신규식·홍명희 등과 함께 교민의 상조단체인 동제사(同濟社)를 조직해 총재로 추대되고, 교민자제의 교육을 위해 박달학원(博達學院)을 설립했다. 1914년 5월 중국인 친우들의 요청으로 홍콩의 잡지 ≪향강(香江)≫의 주간을 맡았으나, 4호에서 위안스카이의 독재를 비판하다가 폐간되었다. 다시 상하이로 가서 강유위(康有爲)의 부탁으로 ≪국시일보(國是日報)≫의 주간이 되었으나, 이 신문도 곧 폐간되고 말았다. 이때 대원군 집정에서부

---

13) 金나라를 국사에 편입시킨 것은 만주족을 우리 민족으로 동화·포섭시키려는 의도가 담긴 것이다.

14) 이 같은 경향은 그 후에 그를 이은 신채호, 안재홍, 최남선, 정인보 등과 같은 궤를 이루는 것이다. 그리고 박은식의 이같은 민족 고대사의 연구의 현실적 목적은 西北間島를 비롯한 남북 만주와 요동평야가 다 우리 한민족의 고대 활동지였음을 규명함과 아울러, 그 곳에서 민족 문화를 처음으로 이룩하고 발전시켰음을 밝혀 그것을 민족 운동의 새로운 기지로 건설하려는 깊은 사려도 있을 것이다. 그의 이러한 생각은 ≪東亞日報≫ 1925년 11월 4일 <四庫全書에 대한 感想>에 잘 나타나 있다. "우리 민족이 遼東半島와 中原大陸으로 더불어 생활상 직접 관계가 有하고 요동반도는 본래 우리 祖宗의 舊基이요, 金과 淸은 우리 종족의 同系라. 乾隆朝에 제정한 滿洲源流考로서 볼지라도 우리와 종족이 派系를 소상 기재하였고, 朴楚亭(박제가)의 北學議가 특별히 이익점을 본 바가 유하였거늘 우리 士林에서 排滿主義를 大聲狂呼하므로 표면상 국교는 단절치 못하였으나 士民의 友誼는 전연 격애가 되어 문화상 경제상 막대한 손실을 자취하되 頓不顧念한 것은 먼저 漢學에 催眠된 바가 깊어 自家精神을 失却 소치라."

터 1911년까지의 한국근대사를 근대 역사학의 방법론을 도입해 저술한 ≪한국통사≫를 완성했다.[15] ≪한국통사≫는 해외의 한인들 사이에서 널리 읽혀 남북통일을 고취했으며 국내에도 비밀리에 보급되었다.

1915년 3월 상하이에서 이상설·신규식·유동렬 등과 함께 독립전쟁을 효과적으로 추진하기 위한 단체로 신한혁명단(新韓革命團)을 조직하고, 취지서와 규칙을 만들었으며 감독으로 선임되었다. 그 후 다시 상하이에서 대동보국단(大同輔國團)을 조직해 단장으로 추대되었다. 1918년 러시아령 교민들의 요청으로 송왕령(宋王嶺)으로 가서 쌍성자(雙城子)에 머물며 ≪한족공보(韓族公報)≫의 주간이 되었으나, 곧 폐간되자 러시아령에 머물면서 ≪발해사≫와 ≪금사≫를 한글로 역술하고, ≪이준전≫을 썼다. 1919년 블라디보스토크에서 3·1운동을 맞자 대한국민 노인동맹단을 조직해 그 지도자가 되었다. 노인동맹단은 조직된 지 불과 수개월 만에 단원이 수천 명이 되었고, 대표 5인을 서울에 파견해 강우규의 일제총독 사이토 폭탄투척사건, 이발(李

---

15) ≪한국통사≫는 3편 114장으로 구성된 대작으로서, 1864년 고종 즉위 이래 1911년 한국근대사를 ① 일반근대사, ② 일제침략사, ③ 남북통일사의 3면에서 일제침략을 중심으로 하여 하나의 체계로 서술한 것이었다. 박은식은 ≪한국통사≫에서 일제침략사를 중심으로 근대사를 서술함으로써 ① 대외적으로 일본제국주의 침략의 잔학성과 간교성을 폭로·규탄하고, ② 대내적으로 국민들에게 '痛'을 가르쳐주어 민족적 통분의 격발에 기초한 남북통일의 정신적 원동력을 공급하며, ③ '國魂'과 '國魄'을 나누어 일제에게 빼앗긴 것은 '국백'뿐이요 '국혼'은 남아 있으니 '국혼'을 잘 유지·강화하여 완전한 독립을 쟁취하도록 교육하였고, ④ 자손만대에 일제에게 침략당한 아픈 역사의 교훈을 새기고 반성을 촉구하려고 하였다. ≪한국통사≫는 간행 직후 중국·노령·미주의 한국인동포들은 물론이요 국내에도 비밀리에 대량 보급되어 민족적 자부심을 높여주고 독립투쟁정신을 크게 고취하였다. 일제는 이에 매우 당황하여 1916년에 조선반도사 편찬위원회를 설치하고, 처음에는 ≪조선반도사≫를 준비하다가 계획을 수정하여 ≪朝鮮史≫ 37책을 편찬하여 그들의 식민주의 사관에 의한 한국역사의 왜곡을 시도하면서, 그 편찬 동기를 박은식의 ≪한국통사≫와 같은 독립을 추구하는 역사서의 해독을 소멸시키기 위한 것이라고 밝혔다. 여기서도 박은식의 ≪한국통사≫의 영향이 얼마나 컸는가를 알 수 있다(신용하, 1981 <박은식의 역사관> 上·下 ≪역사학보≫ 90·91).

發)의 자결사건 등을 일으켰다.

1919년 8월 상하이로 돌아온 뒤에는 원로로서 뒤에서 남북통일을 지도하고 지원하면서, 1884년 갑신정변부터 1920년 독립군전투까지의 한민족의 독립투쟁사를 3·1운동을 중심으로 해 서술한 ≪한국남북통일지혈사≫의 집필을 시작해 1920년 12월 간행했다.[16]상해임시정부는 1919년 7월 안창호, 이광수, 김두봉, 김병조, 이원익 등 33명을 임명하여 "임시사료편찬회(臨時史料編纂會)"를 설치하고, 1919년 7월 11일~9월 23일까지 약 84일간 불철주야 작업을 하여 ≪한일관계사료집≫ 4책을 프린트본으로 100부 간행하였다. 박은식은 이 사료집과 각지의 독립운동단체의 보고들을 토대로 하여 ≪한국독립운동지혈사≫를 완성해서 1920년 12월 상해의 한국인출판사 유신사(維新社)에서 간행하였다. ≪한국통사≫가 한국인들에게 '지통심(知痛心)'을 자각케 해 구국의 정신을 결정해 내어 독립운동의 정신적 원동력을 공급하기 위한 것이었다면 ≪한국독립운동지혈사≫는 지통심을 혈투로 전환시켜 실전과 행동을 직접적으로 고취하기 위한 것이었다. 그뒤에도 임정을 적극 후원하면서, 전면에는 나서지 않고 뒤에서 신한청년당의 기관지인 ≪신한청년보≫의 주간과 ≪사민보≫·≪구국일보≫의 주필로 활동하는 한편 상하이 거류민단의 활동을 지도했다.

---

16) ≪한국남북통일지혈사≫는 1884년 갑신정변부터 1920년 독립군 항일무장투쟁까지의 일제 침략에 대한 한국민족의 독립투쟁사를 3·1운동을 중심으로 서술한 것으로서, 한국근대사 체계에 또 하나의 고전을 만든 것이었다. 이 책에서 일본제국주의 침략의 죄상을 낱낱이 비판하고, 3·1운동이 갑신정변 이래의 민족남북통일이 민족내부에 축적되어 봉기한 것임을 설명하면서, 역사의 대세와 국내정세는 일본제국주의가 반드시 패망하도록 변화하고 있으며, 3·1운동을 전환점으로 한 한국민족의 불굴의 헌신적 남북통일이 반드시 독립을 쟁취하도록 전개되고 있다는 최후의 승리에 대한 낙관적 견해를 설명하여 남북통일을 무한히 고취하였다(신용하, 1981 <박은식의 역사관> 上·下 ≪역사학보≫ 90·91).

2. 대한민국 임시정부와 박은식

1) 독립신문과 박은식

앞 장에서 언급한 바와 같이 박은식은 1919년 3·1운동 당시 러시아령 블라디보스톡에 있었다. 이 무렵 즉 1919년 4월 23일 서울에서 "한성정부"가 수립될 때 박은식은 신채호 등 18명과 함께 평정관으로 임명되었는데 이때 서울에 있었는지는 명확치 않다. 어쨌든 1919년 8월 상해로 간 박은식은 임시정부 사료조사편찬부가 조사한 ≪한일관계사료집≫ 4권을 자료로 ≪한국독립운동지혈사≫를 발간한 것은 전술한 바와 같다.

그리고 1919년 10월 31일 박은식은 "우리 민족은 대한민국의 국민이요 우리 민족을 통치하난 자는 대한민국의 임시정부니 우리 민족은 영원히 다시 일본의 지배를 수(受)치 아니할지라 일본이 무력으로 우리 민족을 포로로 함은 가능하려니와 일각이라도 우리 민족을 일본의 신민으로 하지 못 할지며 따라서 우리 민족은 지금토록 강제로 당하여 모든 일본국가에 대한 모든 의무을 폐기하고 일본정부에게 대하야 조선총독부와 거기 소속된 모든 관청과 육해군을 철거하고 아 대한민국의 완전된 독립을 확인하기를 요구하노라."라는 선언서를 대한민족 대표 안정근 등 30명과 함께 발표하고 임정에 참여하기 시작하였다.17) 그리고서 그는 곧이어 1919년 11월 임정의 기관지라고 할 수 있는 ≪독립신문≫의 사장이 된 것 같다.18)

---

17) ≪獨立新聞≫ 27號(1919년 11월 11일)에 발표된 30명의 이름은 다음과 같다.
　朴殷植, 朴 桓, 朴世忠, 安定根, 安宗述, 趙宣弘, 吳能祚, 許 玩, 崔正植, 崔志化, 都寅權, 鄭雲時, 延秉祐, 申泰和, 韓干三, 高一淸, 李相老, 李洛淳, 李兼德, 李鍾昕, 李華淑, 李根英, 明淸世, 金 龜, 金義善, 金景河, 金燦星, 金可俊, 金其昶, 金 哲.
18) 1919년 8월 21일 창간 당시 사장은 李光洙였으나 大韓民國 元年(1919) 11월 현재 국내

≪독립신문≫의 사명은 ① 독립사상 고취와 민족통일 ② 우리의 사명과 사상은 우리의 입을 통해서만 전파되어야 하는 것 ③ 여론의 환기 ④ 신학술과 신사상 소개 ⑤ 역사와 국민성을 고취하고 신사상을 섭취 신국민을 육성한다는 것이었다.[19] 그 후 박은식이 언제까지 사장직에 있었는지는 알 수 없지만 1921년 8월 15일 현재 주필직에 있음을 볼 수 있다.[20] 그리고 1923년 3월 7일 현재 사장직[21]에 그리고 1924년 2월 현재 역시 주필직[22]에 1924년 12월 현재 다시 사장직[23]에 있었던 것으로 되어 있다.

그렇다면 박은식은 ≪독립신문≫의 주필 또 사장으로 상당기관 재직하고 있었던 것이 틀림없으며 정부 일선에 나가지 않으면서도 독립운동계의 원로로서 뒤에서 임정을 지도하고 지원하였다고 할 수 있다. 박은식은 그 사이 독립신문의 주필·사장으로서 적지 않은 논설을 직접 기고하였다.

<나의 사랑하는 청년 제군에게>84호(1920년 6월 17일), <적을 전승할 능력을 구하라>85호(1920년 6월 22일), <우리 국민이 기대하는 정부 제공에게>86호(1920년 6월 24일), <동오선생 추도문>103호(1921년 4월 21일), <3·1절 기념사>121호(1922년 3월 1일), <조속 회개하여 대동 단결에 노력하라>130호(1922년 6월 24일), <서비리아(西比利亞) 신국면 대하

에 배부된 ≪獨立新聞≫ 資金募集傳單에는 사장 朴殷植……(중략)……편집부장 이광수로……(중략)……되어 있다(국사편찬위원회, ≪韓國獨立運動史資料≫ 3 臨政篇 Ⅲ, p.280~281).

19) ≪獨立新聞≫ 창간호(1919년 8월 21일).

20) 愛國同志援護會, 1956 ≪韓國獨立運動史≫, p.359 ; ≪獨立新聞≫ 142호(1922년 10월 12일).

21) 鄭晉錫, 1990 <상해판 獨立新聞에 관한 연구> ≪汕耘史學≫ 4, pp.119~159.

22) 國會圖書館, 1976 ≪韓國民族運動史料≫ (中國篇), pp.490~495 ; 獨立新聞 地方特派員 金弘植(金炳九) 신문요지 참조

23) 鄭晉錫, 1990 앞의 논문, pp.119~159.

야 우리 한족동포에게 고함＞145호(1922년 11월 8일), ＜신문보에 감언을 보고＞152호(1923년 1월 17일), ＜3월 1일＞156호(1923년 3월 1일), ＜통고 2천만 동포＞156호(1923년 3월 1일), ＜적이 광화문을 훼각(毁却)한다＞157호(1923년 3월 7일), ＜우리도 중국 각계의 운동과 일치로 하자＞158호(1923년 3월 14일), ＜왜노의 강횡(强橫)이 익심＞159호(1923년 4월 4일), ＜정부와 우리 민족의 관계＞183호(1925년 3월 23일) 등은 그의 논설이다. 논설의 요지를 소개하면 다음과 같다.

＜나의 사랑하는 청년 제군에게＞(1920년 6월 17일)는 임정을 둘러싼 권력 투쟁에 대한 심정을 토로한 것으로 「……(상략)……불사주의(不仕主義)를 가지기를 매양 친애하는 이에게 대하여 차 주의로서 권면할 뿐 더러 장래 우리의 구국방침은 일반 국민으로 하여금 사환(仕宦)열을 소명시키고 사업열을 발달케 함이 제일 필요라 만일 사환 열과 권리 열이 여전 치성하게 되면 완전한 국가가 되고 정식 정부가 된 후에 인인(人人)이 대통령과 국무총리를 쟁하면 국가가 재차 멸망할 뿐이라」하여 벼슬할 생각을 말라고 경고 한 것이며, ＜우리 국민이 기대하는 정부 제공에게＞(1920년 6월 24일)는 「임정의 각원들에게 불목·충돌·무능 등을 극복하기 위해서는 '인을 포용하는 대력량(포용력)'을 가져야 되며 인력이 지대한 '인력대왕(忍力大王)'이 된 후에야 우리의 목적을 달성할 수 있다하여 인내력을 강조하였다. ＜동오선생 추도문＞103호(1921년 4월 21일)에서는 민족 자결주의의 흐름과 임시정부의 해외설립으로 민족의 단결과 외국으로부터의 지원을 위해 노력하였던, 동오 안태국선생의 업적을 기리고 이를 계기로 대동단결하여 우리 민족이 광복을 맞이해야 된다고 주장하고 있다. 그리고 ＜3·1절 기념사＞121호(1922년 3월 1일)에서는 3·1 독립운동이 민족의 역사적 정신을 부활케하고 세계만국의

이목으로 독립자격이 갖추어지게 하였으므로 모두는 일치단결하여 같은 민족끼리 적대시하는 일이 없어야 한다고 주장하고 있다.

또 <조속 회개하여 대동단결에 노력하라>(1922년 6월 24일)에서는 「조국과 동포를 위하여 생명을 희생한다면서 자기의 사소한 감정을 억제치 못하여 동지간에 충돌을 야기시키고 있는가? 왜 광복사업에 헌신하는 대의하에 사리를 희생시키지 못 하는가 '만일 대동단결 사상'이 무하거나 역량이 무하거든 즉시 애국자라 유지자라 독립당이라 하는 미명을 사각(辭却)하고 심산궁곡(深山窮谷)에 장왕절적(長往絶跡)하야 우리 사회에 유독자가 되지 않는 것이 可하다 하노니 오직 조속히 회개하여 대동단결에 노력하기를 절망하노라」하여 대동단결을 강력히 주장하고 있다.

그리고 <서비리아 신국면에 대하야 우리 한족 동포에게 고함>145호(1922년 11월 8일)에서는 일본은 우리나라의 내란에 힘입어 대륙 제국을 건설하려하며 우리나라 신·구당간에 내분이 일어나고 일본에 원조를 바라는데, 이는 일본이 바라는 바이므로 이에 우리 동포들은 단체결합을 이룬 후에 같이 협력하여 나아가야 한다고 강조하였다. <통고 2천만 동포>156호(1923년 3월 1일)에서는 조국을 광복하고 동족을 구제하려면 일 개인이나 단체보다는 중앙기관을 설치하여 각 방면의 표준을 정하고 대동단결하여야 세계인이 찬동하는 독립자격이 부여되며 각 개인과 단체는 선을 지향하여 주어진 일을 성실하게 수행해야 한다고 강조하고 있다.

<우리도 중국 각계의 운동과 일치로 하자>158호(1923년 3월 14일)에서는 중국 국민과 연합하여 일본의 경제침략을 저지해야 한다고 주장하면서 세계열강들은 무력전쟁에서 경제전쟁으로 그 방향을 바꾸었고 따라서 일본의 경제부흥은 일시적인 현상이며 중국인이 한국 독립을 위하여 왜화(倭貨)

를 배척하자는 주장을 하였듯이 굶어 죽는 것 보다는 전쟁이 일어나도 민족이 함께 싸우고 중국 국민과 연합하여 일본의 경제침략을 저지하여야 한다고 주장하고 있다. 그리고 <왜노의 강횡이 익심>159호(1923년 4월 4일)에서는 왜노는 병자 수호조규와 마관(馬關)조약에서 한국의 완전 독립을 선언하였으나 사기와 압력으로 우리나라의 독립과 자유를 강탈하였고 중국에도 21조를 강요하고 있는 시점에서 세계 민족이 각자 분투하고 있는 만큼 중국민족의 노력을 강조하고 있다. <정부와 우리 민족의 관계>183호(1925년 3월 23일)에서는 독립운동의 제일 요소는 중심기관을 통한 인심의 통일이며 정부가 있음에도 실제로는 독립운동가들마저 현실에 냉담한 무정부 상태를 비판하면서 정부 중심기관으로 하여금 외국과의 교제를 집행하게 하고 동포가 동일한 사상과 보조로써 중심기관의 기초를 견고하게 해야 한다고 강조하고 있다. <3월 1일 전문>에서는 3월 1일은 역사적 정신이 부활하고 자유적 전쟁이 시작된 날이며 세계민족이 민족적 독립운동일이라 한 날이다.우리 민족의 목적인 독립을 위하여 전체 민족이 대동단결로 일치 행동하는 길밖에는 없다고 주장하고 있다.

<적을 전승할 능력을 구하라>(백암 유저)에서는 독립 선언서의 취지는 평화 사상과 인도주의로 군국주의를 제거하려함에 무기를 사용하지 않고 자유를 얻는 신기원을 창조하고자 한 것이며 일본을 이길 능력은 인도주의와 인과 정의 정신으로 각기 성실하고 행위의 과실을 반성하여 심중의 적을 제거하여야 외부의 적을 제거할수 있다고 주장하고 있다.

2) 대통령 취임과 개헌

3·1운동 이래 실제 활동한 한성정부, 노령정부, 대한민국임시정부가 명실

공히 대한민국임시정부로 통합된 것은 1919년 9월 15일이었다.

그러나 이 통합정부도 처음부터 여러 가지 문제점을 가지고 있었다.[24] 이는 여기에 모인 독립운동자들의 출신지역 또는 독립운동의 방법 등에서 오는 문제였다. 정치적 혼란은 이동휘로부터 시작되었다. 즉 그는 비록 공산주의자는 아닐지라도 이미 볼쉐비키(Bolsheviki)와 손을 잡고 있는 한인사회당수의 몸으로 국무총리직에 취임한 것이기 때문에 객관적으로는 임시정부의 성격이 민족-공산의 연합정부적 형태로 되어졌기 때문이다.[25] 그는 또 국무회의의 결의를 무시하고 심복인 한형권만을 모스크바에 밀파(1920년 1월)하여 소련자금을 도입[26]했을 뿐 아니라 노골적으로 이승만 대통령 배척운동을 벌인다. 1920년 5월에는 차장회의에서 차장과 비서장이 연맹하여 대통령 불신임안으로 총사직을 결정하는가 하면[27] 한편으로 차장들이 또 이동휘 배척운동을 벌이고 재무총장 이시영, 내무총장 이동영은 공산당의 연락을 이유로 이총리와는 같이 일할 수 없다고 주장한다. 이와같이 임정 내에 불화가 그칠 날이 없었으나 이대통령은 상금(尙今)까지 상해에 도착하지 않고 있었음으로 의정원의 '이대통령래도결의안(李大統領來到決議案)'[28] 외에도 수차 도호를 촉

---

24) 臨時政府의 요인들은 민주정치에 대한 경험이 없었기 때문에 정부구성을 정치원론적 교과서에 의하여 구성하였고 또한 운영하였으니, 실제의 경우 예기치 않은 문제가 야기되었다. 그 결과 통합정부의 헌법은 정부수립 당시 독립운동가들의 부푼 이상과 대내외적으로 내세워야 할 명분론 때문에 이상적인 헌법으로 제정하였지만, 현실적으로 독립운동을 추진해 나가는데 있어 그 운영면에 많은 문제점이 야기되었다. 즉 통합정부의 헌법은 근대적 의미의 헌법면모를 갖추기 위해 3권 분립을 채택하였는데 그에 따른 사법부의 활동문제가 곤란하였으며, 정부형태는 대통령제와 의원내각제의 절충형태로서 책임의 소재가 불분명하였다. 그리고 헌법에 대통령과 국무총리의 임기규정이 없어 정국의 혼란을 야기하였다.

25) 金俊燁·金昌順, 1976 ≪韓國共産主義運動史≫ Ⅰ, p.185.

26) 李延馥, 1970 <初期의 大韓民國臨時政府> ≪慶熙史學≫ 2, pp.86~92.

27) 安島山日記 1920년 5월 15일자(≪安島山全書≫, p.708). 이 결정은 安昌浩의 挽留로 6월 9일 作消되었다. 이때의 次長은 李圭洪, 尹顗振, 金澈, 金立(秘書長) 등이다.

구하는 전문이 오갔다.[29]

드디어 1920년 12월 8일 이승만은 비서 임병직을 대동하고 상해에 도착하였다. 대한민국 3년(1921) 1월 5일 이승만대통령 취임 후 최초로 국무회의가 개최된 바 이는 과거의 착오를 시정하고 새로운 행정방침을 수립하려는 기대가 큰 회의였다. 그러나 제1차 회의는 소위 이승만의 '위임통치청원(委任統治請願)'으로 제2차 회의는 '행정의 결재권 위임문제'로, 그리고 제3차 회의는 '행정제도 변경문제'로 이승만과 의견이 대립되어 아무런 성과도 올리지 못하고 폐회하였다.

이와 같이 국무회의가 성과 없이 종결됨에 따라 1월 26일(1921)에는 이동휘, 김규식, 노백린, 안창호 등이 사표를 제출하게 되었고 이동휘는 광동(廣東)으로 떠나버렸다. 이렇게 정국이 안정되지 못하고 있었으므로 제8회 의정원회의(제3일, 4월 26일)는 '시국문제 해결안'[30]을 정부에 건의하였으며 이어 회의 제7일(5월 30일)에도 임시대통령과 국무원으로 하여금 '문무관원을 일주일 이내에 정선임면하고……(중략)……제반정무를 급속정돈케 하기를 결의함' 이라는 정부촉성제의안(政府促醒提議案)을 통과 시켰다.[31] 이리하여 대통령은 신규식, 이시영, 노백린, 손정도 다섯 사람을 국무위원으로, 이동령을 총리서리로 임명하고[32] 5월 28일 상해를 떠났다. 그리고 노동국 총판

---

28) ≪獨立新聞≫ 제58호(1920년 3월 25일).

29) 安島山日記 1920년 5월 28일(≪安島山全書≫, p.724), 6월 24일(同書, p.724) 및 7월 5일(同書, p.750).

30) 時局問題解決案은 모두 8개 항으로 國務總理의 辭職實現, 大統領 이하 各種要當局者, 金奎植, 盧伯麟, 南亨祐를 政府所在地에 會集케 하여 現時局問題를 해결케 할 것 등이 있다(≪獨立新聞≫ 제104호(1921년 4월 30일) 및 ≪大韓民國臨時政府議政院文書≫, p.108).

31) ≪獨立新聞≫ 제106호(1921년 5월 14일) ; ≪大韓民國臨時政府議政院文書≫, p.115.

32) ≪安島山全書≫, p.297.

안창호 역시 5월 17일 정부에서 물러났다.

이와 같은 이승만, 이동휘, 안창호 등 3인의 결별은 그 후 임시정부의 활동을 크게 약화시키는 원인이 되었으며, 이로 인해 임시정부는 당면과제를 해결치 못한 채 수난기에 접어들게 되었다.

상술한 바와 같이 기대가 컸던 국무회의가 별무 성과로 종결되고 임시정부의 운영이 혼란에 빠져들고 있는 1921년 2월부터 국민대표의 소집이 제창되기 시작하였다.[33] 즉 박은식은 원세훈 등 13명과 함께 "우리 동포에 고함"이라는 성명서를 발표 '국민대표회의'의 소집을 요구한 것이다.[34] 이 제의는 북경의 박용만·신숙·신채호 등의 북경군사통일회와 만주 및 러시아령의 독립운동가들의 광범위한 호응을 얻었다. 그들은 여기에서 ① 전 국민의 의사에 의하여 통일적 강고한 정부조직을 기도한데 있고 ② 군책과 군력을 종합하여 독립운동의 최량 방침을 수립하려는데 있다고 하였다. 그리하여 이듬해(1922) 5월 10일 정식 주비회가 성립되고 1923년 1월3일부터 6월3일까지 정식으로 국민대표회가 상해에서 개최되었으나 본래의 의도와는 달리 아무 성과 없이 끝나고 말았다. 이는 국민적 기반의 회복을 위한 노력의 일환이었지만 안창호, 여운형 중심의 소위 창조파와 원세훈, 신숙 등의 개조파로 분열되고 말았던 것이다. 이 때 창조파와 개조파는 그들의 성명서에서 모두 박은식의 이름을 빌리고 있는 것으로 보아서, 박은식은 어느 한 편에 가담하지 않고 시종일관하여 독립운동의 통일노선을 추구했던 것으로 보인다.[35] 그 사

---

33) 李炫熙, 1975 ＜國民代表會議召集問題＞ ≪白山學報≫ 18, p.167.

34) 13명은 다음과 같다. 高一彪, 金昌淑, 金剛山, 鄭寅敎, 柳板昊, 柳健赫, 劉禮均, 李民昌, 孫永稷, 安秉瓚, 崔東昨, 王三德, 元世勳(國會圖書館, 1976 ≪韓國民族運動史料≫ (中國篇), pp.276~277).

35) 신용하, 1982 ≪박은식의 사회사상연구≫, p.31.

이 임시의정원은 현실 타개적으로 1922년 6월 17일 제10차 의정원회의에서
① 내정 불통일 ② 외교의 실패 ③ 조각불능과 ④ 현국무원은 무정부상태에
한한 시국에 대하여 위구하는 소심과 광구할 성의가 없다는 이유로 임시대통
령과 국무원에 대한 불신임을 결의하였다.[36]

또한 일부에서는 의정원 의원 전원의 교체와 개헌을 주장하는 의견도 있었
다.[37] 이렇게 유동적인 상황에서 국민대표회가 개최되고 있던 1923년 제11
회 임시의정원 회의(회기 1923년 2월 15일~5월 19일)에서는 '대국쇄신안
(大局刷新案)'이 통과(3월 25일, 26일)되었는데, 이 '대국쇄신실행안(大局刷
新實行案)'[38]에는 이대통령탄핵안과 임시헌법개정안이 포함되어 있었다. 이
대통령탄핵안은 최창식 등 5인의 특별위원에게 심사를 맡기고, 헌법개정안은
5월 4일 문시환의 긴급제의로 '국민대표회로 하여금 대한민국임시헌법을 개
정케 하며 또는 기타 중대사건을 처리케' 한다는 결의를 통과시켰다. 그러나
이 결의는 곧 무효로 선포되고 결의문 전달자인 국무총리 노백린 역시 그
이송을 묵살하니 의정원과 국민대표회가 함께 법적 절차에 의한 어떤 조치도
취할 수 없게 되어 국민대표회의 창조론과 개조론의 격화만 부채질한 셈이
되었다.

국민대표회로 소란하던 정부 동요기의 내각은 다음의 <표 1>과 같은 바,
별로 기능을 발휘하지 못하고 말았다.

---

36) 國會圖書館, 1974 ≪大韓民國臨時政府議政院文書≫, pp.156~158.
37) ≪朝鮮民族運動年鑑≫, p.166.
38) 國會圖書館, 1974 ≪大韓民國臨時政府議政文書≫, pp.159~162.

<표 1> 정부 동요기의 내각 (· 표는 문제인(변절자) 임)[39]

	1922. 9~ 1924. 4	1924. 5~ 1924. 12	1924. 12~ 1925. 3	1925. 3~ 1925. 7
大統領	李承晚	李承晚	李承晚	朴殷植
國務總理	盧伯麟	李東寧	朴殷植	盧伯麟
內務總長	金九	金九	·李裕弼	李裕弼
外務總長	趙素昻	趙素昻		李圭洪
軍務總長	柳東說	盧伯麟		盧伯麟
財務總長	李始榮	李始榮	·李圭洪	李圭洪
法務總長	洪震		吳永善	吳永善
學務總長	曹成煥		·趙尙燮	趙尙燮
交通總長	李沰			趙尙燮
勞動總辦	金東三	趙琬九	金甲	李裕弼

이와 같은 소용돌이 속에서도 이승만대통령은 대국쇄신안(大局刷新案)에
도 찬성하지 않았을 뿐 아니라 의정원의 초청에도 응하지 않았으며, 1924년
에는 정부와 정면으로 맞섰다. 임시의정원은 그해 6월 제12회 의정원 회의에
서 이승만 대통령의 유고 안을 통과시키고 이동령을 대통령대리로 선출하였
다가 12월에는 거듭되는 혼란을 수습해 줄 원로로서 박은식을 대통령대리로
선출하였다.[40]

이 때 박은식은 66세의 고령으로서 건강도 좋지 못했으므로 도저히 전면에
나설 형편이 못되었으나, 후배 독립운동가들이 사상과 지방색 등으로 분열되
어 사태를 수습할 능력이 없으므로, 분열된 각파로부터 공동으로 추앙받는

---

39) 洪淳鈺 譯註, 1969 <韓國獨立運動文類> ≪新東亞≫ 6월호, pp.446~473 ; 韓國臨時
政府宣傳委員會, 1976 ≪韓國獨立運動文類≫, 建大출판부, p.132.

40) 1924년 12월 19일 趙琬九는 박은식의 대통령대리 선임을 시정하라는 성명서를 발표하였으
며, 1925년 5월 31일 북경의 李民天, 延秉昊, 朴崇秉은 崔昌植, 趙尙燮, 呂運亨, 李裕弼,
朴殷植 등 反徒가 일으킨 혁명임시정부 변란이라며 原狀回復을 주장하는 矯正書를 발표
한 바 있다(國會圖書館, 1976 ≪韓國民族運動史料≫ (中國篇), pp.539~541).

독립운동의 원로로서 사태 수습의 책임자로 선출된 것이었다.

이에 대해 이승만대통령은 미주로부터의 재정지원을 중단하는 한편 한성정부의 정통성을 내세워 의정원의 불법을 힐난하였다.[41] 이러한 상황에서 1925년 3월 11일 임시대통령 이승만 심판서(심판위원장 나창헌, 위원 곽헌, 채원개, 김현구, 최석순)가 발표되고, 1925년 3월 13일 임시대통령탄핵안이 제13회 임시의정원회의에 상정되어(제안의원 곽헌, 최석순, 문일민, 고준택, 강경선, 나창헌, 김현구, 임득산, 채원개) 18일 심판위원회에 회부되고 23일 회의에서 이승만의 면직을 판결한 동위원회의 보고를 수리하여 임시대통령의 탄핵안을 통과시켰다.[42] 그리고 임시의정원은 동일 박은식을 임시대통령으로 선출하였으며 24일에 그는 취임선서를 하고 조각 동의를 받았다.[43] 이와 같은 비상조치에 의한 정권교체는 임시의정원에 의하여 이루어진 바 주동인물은 의장 최창식과 조상섭, 여운형, 이유필 등인 것 같다.[44] 특히 이승만 탄핵의 주모자는 최창식 의장인데 그는 1921년의 기록에 고려공산청년단 상해집행위원장으로 되어 있어 이때까지 공산주의자로 있었다면 이 정변은 공산주의 음모라 할 수 있다는 것이다.[45]

결국 이동령 대통령대리 이래의 정치적 위기는 개헌으로 그 돌파구를 찾았다. 1925년 3월 30일 정부 제안의 국무령제 헌법의 개헌안이 만장일치로 의정원을 통과하여 4월 7일 공포되었다.

---

41) ≪朝鮮民族運動年鑑≫, pp.193~196.
42) 탄핵의 이유는 ① 憲法第 14條(宣誓) 및 39條(法律命令의 國務員副署)위반 ② 憲法 第11條(國家代表, 政務總攬, 法律公布)위반 ③ 大統領을 産出한 憲法 및 議政院의 否認이었다(≪朝鮮民族運動年鑑≫, pp.194~196).
43) ≪朝鮮民族運動年鑑≫, p.197.
44) ≪朝鮮民族運動年鑑≫, p.198.
45) 金俊燁·金昌順, 1976 ≪韓國共産主義運動史≫Ⅰ, p.257.

새로 공포된 대한민국임시헌법[46]은 전문(前文)없이 제1장 대한민국(1~3조), 제2장 임시정부(4~17조), 제3장 임시의정원(18~26조), 제4장 광복운동자 (27~28조), 제5장 회계(29~31조), 제6장 보칙(32~35조) 등 35 개조로 6년 전의 임시헌법에 비하면 헌법전의 짜임새로는 훨씬 조략해진 편이지만 그러나 독립운동 방략의 규범으로서는 보다 현실화한 것이다.[47]

새 헌법의 1919년 임시 헌법과의 차이는 첫째, 대통령제 대신 국무령 중심의 내각책임제로 바꾼 것이다. 즉 국무령과 국무원으로 조직된 국무회의 결정으로 행정과 사법을 총판하게 하여(제4조), 종전의 대통령과 국무원도 국무령의 추천에 따라 의정원에서 선임하게(제13조·16조)하여 의정원과 행정부를 밀착시킨 것이다. 그리고 국무원의 지위도 높여 법률이나 명령의 공포 등을 결할 때에는 부서가아니라 연서토록 하며(제8조), 관리임면도 국무령이 하되 국무회의의 결정이 있어야 하고(제10조) 국무령과 국무원의 위법·범법행위에 대하여는 의정원에서 심판 처벌케(제26조)하였다.

둘째, 헌법의 적용범위가 '인민'으로부터 '광복운동자'로 국한된 점이다. 광복운동 중에는 광복운동자가 전 인민을 대표하고(제3조) 동시에 납세·병역 및 징발에 응하는 의무(제27조)와 함께 선거권과 청원권(제28조)도 광복운동자에게만 한정하였다.

셋째, 국무령의 임기를 3년(재선가능, 제14조)으로 정한 것이다. 이는 전헌법상 대통령의 무임기로 인한 지장을 경험한데서 출발된 것이라 할 수 있다. 그리고 이외에도 사법행위를 행정부가 통할(제4조)하는 것과 임시의정원의원

---

46) ≪獨立新聞≫ 제185호(大韓民國 7년 5월 5일)에 憲法全文이 기재되어 있으나 부분적으로 잘리어 나갔다. 전문은 洪淳鈺, 1968 <大韓民國臨時政府와 憲政> ≪政經文化≫ 12, pp.180~192 및 ≪大韓民國臨時政府議政院文書≫, pp.9~11.

47) ≪獨立新聞≫ 제183호(大韓民國 7년 3월 23일).

의 지방회의에서의 선거(제19, 28조)와 구황실우대조항의 삭제 등을 들 수 있다. 개정헌법은 처음부터 내각구성에 곤란을 겪게 되었다. 임시의정원은 초대 국무령으로 재만 정의부 독판 이상룡(상희, 계원)을 7월 7일 선출하였다.[48] 그를 초치해 온 큰 이유는 분열되고 약화되었던 임정을 중국의 독립운동세력과 무장투쟁을 바탕으로 한 만주의 독립운동세력을 통합시키고자 하는데 있었다.[49] 박은식은 이상룡을 국무령으로 추천하여 선출되자 새 헌법이 발표되는 7월 15일 대통령직을 사임하였다.

박은식의 대통령 재임기간은 이상에서 보듯이 만 7개월 정도였다. 물론 큰 업적을 남길 시간적 여유도 없었다. 그러나 당시의 복잡하였던 정국을 개헌을 통하여 해결함으로써 일정한 역할을 충분히 이행하였다고 하겠다.

박은식이 대통령을 사임하고 은퇴했을 때에는 인후증으로 병색이 완연히 나타나기 시작한 때였다. 인후증은 기관지염으로 변하여, 박은식은 1925년 11월 1일 오후 67세를 일기로 그의 장렬한 생애를 마치었다.

박은식은 임종이 가까와 오자 최후의 순간에도 자식을 걱정하지 않고 동포에게 드리는 <유촉>[50]을 그의 임종을 지키고 있는 안공근에게 받아쓰게 하였다(11월 1일, 철자법은 현행 철자법으로 고침).

> 나의 病勢가 今日에 이르러서도 심상치 않게 감각되오, 만일 내가 살아난다면 이어니와 그렇지 못하면 우리 同胞에게 나의 몇 마디 말을 傳하여 주오.
> 첫째 독립운동을 하려면 全族的으로 統一이 되어야 하고
> 둘째 독립운동을 最高運動으로 하여 독립운동을 위하여는 어떠한 수단 방략이

---

48) 國會圖書館, 1976《韓國民族運動史料》 (中國篇), pp.571~572.
49) 朴永錫, 1982《韓國獨立運動史硏究》 일조각, p.373.
50)《獨立新聞》 189호(1925년 11월 11일) 및 단국대학교, 1975 《朴殷植全書》 下, pp.202~203.

라도 쓸 수 있는 것이고

세째 독립운동은 吾族 전체에 관한 公共事業이니 運動 同志 간에는 愛憎親疏의 別이 없어야 됩니다.

우리가 이 귀중한 독립운동을 期成시키려면 무엇보다도 첫째 전민족의 통일을 요구하여야 되겠소

一　全族統一이라 함은 말로 主張하기는 쉬우나 실행하기는 勿論極難한 일이오 그러나 제일 먼저 주의할 것은 적어도 우리 광복사업에 헌신하려고 자처한 健全分子들은 至重한 독립운동을 目標세운 이상에는 환경의 어떠함을 勿問하고 다한데 뭉쳐야 되겠소. 물론 어떤 나라에나 各黨派의 分別이 없을 수는 없으나 적어도 일을 보는 민족들은 土黨 혹은 朋黨을 짓지 안음이 事實이니 하여튼 우리도 이 점에 크게 주의하야 將來 國家大業에 악영향을 끼치지 말어야 되겠소.

二　독립운동은 우리의 제일 중대한 사업인즉 此를 期成코져함에는 하등의 수단이나 방법을 가리지 못하게 됨이 사실이오.
　　바로 말하자면 즉 우리 민족의 체면이나 장래의 행복을 방해할만한 위험성을 가진 일이 아니면 무엇이나 光復사업에 대하야 一毫라도 이익있게 보이는 일은 다 실행하도록 주의하여야만 되겠소.
　　이같이 말함은 다른 뜻이 아니라 즉 우리가 장래 우리 민족을 위하여 무슨 일을 하던지 제일 먼저 기초되는 獨立國家라는 것이 있어야 되겠소.

三　독립운동의 성패는 민족전체의 사활문제임은 이미 말한바와 같이 이일에 성공코져 하면 우리가 통일적 행동을 하여야 되겠으며 단결되어 일을 하려면 독립운동이라는 全民族을 살리려는 大事業에 목표를 두고 이일을 진행함에는 私個人 사이에 交分 或은 感情關係의 엇더함을 一切라도 보지 말어야 되겠소.

나의 말한 것 몇가지 일이 실행키에 어렵지 않음은 안이나하려면 안이될 것은 없고 잘될 터이오.

이는 다른 말안이라 우리가 금일까지 무엇이 안이되니 무엇이 엇지하야 안이되니함은 統히 우리가 일을 할 때에 성의를 다하지 못한 까닭이오 안이 될 수야

엇지잇소.

박은식의 유해는 그가 돌아갈 날을 그리던 해방된 조국의 땅에 묻히지 못하고, 1925년 11월 4일 하오 5시 중국 상해 영계(英界) 정안사로(靜安寺路) 공동묘지 2등 엠 600번지(NO. M. 600)에 그의 동지들에 의하여 조용히 묻히었다. 이때 장례식은 임시정부 최초의 국장으로 치루어졌다. 1945년 광복 이후에 남과 북으로 갈라진 조국의 현실 하에서 그의 유해는 돌아 올 수 없었다. 대한민국 정부는 1962년 건국훈장 대통령장를 추서하였으며, 그러다가 이국 땅에 묻힌지 68년만인 1993년 8월 15일 서울 동작동 국립묘지에 이장되었다.

맺음말

이상에서 필자는 박은식의 생애를 40세 이후를 중심으로 살펴보았다.

그는 주자학을 숭상하였으면서도 개화사상가로 전환, 독립협회에 가입 만민공동회에서 민중계몽에 앞장섰다. 그 이후 황성신문·매일신보 주필, <서우>·<서북학회월보> 주필, 독립신문의 주필·사장 등 언론인으로, 경학원 강사·한성사범 교수·서북협성학교 교장 등의 교육자로, 애국계몽사상가로, ≪대동고대사론≫·≪한국통사≫·≪한국독립운동지혈사≫의 저술로 민족주의 사학의 신기원을 연 사학자로, 신민회 회원·대동교 교조·동제사 총재·대한민국임시정부의 국무총리와 대통령에 이르는 독립운동가로 전생애를 민족적 요구에 따라 자기를 발전시켜 가면서 조국의 해방과 독립에 바쳤다.

3·1운동 이후 그는 계속 임시정부와 직간접으로 연결되어 활동하였으며, 1925년에는 이승만의 뒤를 이어 대통령에까지 선임되었다. 1920년대 중반

그 어려운 시기에 대통령에 당선된 것은 결코 우연한 일이 아니었다. 박은식은 벌써 고희를 앞두고 있었다. 그는 임시정부수립 이래 복잡한 현안을 개헌을 통하여 해결함으로써 일정한 구실을 충분히 이행하였다고 생각된다. 그는 임종시에도 ① 독립운동을 하려면 전 족적으로 통일이 되어야 하고 ② 독립운동을 최고운동으로 하여 독립운동을 위하여는 어떠한 수단방법이라도 쓸 수 있어야 하고 ③ 독립운동은 오족 전체에 관한 공공사업이니 운동동지 간에는 애증친소의 별이 없어야 한다는 동포에게 드리는 유촉을 남겼다. 가족에게 유언을 남겼다는 이야기는 없다. 그는 위대한 독립운동가였다.

Ⅱ. 대한민국 임시정부와 신채호

머리말

1880년 12월 8일 충남 대덕군 산내면 어남리(桃林, 도리미)[1]에서 신숙주의 후손인 신광식(申光植)의 둘째 아들로 태어난 신채호는 전반기의 민족적 모순과 계급적 모순이 뒤엉켜 혼란된 시대를 경험하였다.

신채호는 이 혼란되고 암울한 조국의 현실 앞에서 도피하지 않고 대결로서 일관하였다. 그것이 구한말(舊韓末)에는 문필을 통한 언론활동과 민족혼을 불러일으키기 위한 민족사학(民族史學)의 새로운 개척으로 구체화되었다. 그런데, 이러한 민족사학의 연구자세는 현학도로서의 것이 아니라 혼란된 조국 현실, 기울어져 가는 조국에 대한 위국충절(爲國忠節)의 표현이었다. 이 언론

---

1) 崔洪奎, 1979 ≪丹齋 申采浩≫太極出版社에는 대덕군 산내면 어남리(도리미)에서 태어났다고 했으나, ≪나라사랑≫에 의하면 대덕군 정생면 도림리 익동에서 태어난 것으로 되어 있는바 후자는 옛 지명인 듯하다.

활동과 민족사학 연구는 일제에 의하여 주권이 강탈되자 단재는 국내의 동지들과 함께 해외망명의 길을 떠나게 되어 이후 새로운 항일구국운동을 전개하게 된다.

이에 본고에서는 탁월한 민족사학자이면서 구국독립의 민족운동에 헌신한 실천적인 독립투사인 단재의 중국 망명 중 임시정부와의 관계에 대하여 살펴보고자 한다.

1. 대한민국 임시정부의 수립과 신채호

3·1운동 최대의 결정체는 임시정부의 수립이었다고 할 수 있다. 독립을 선언한 이상 우리의 정부를 수립해야 한다는 당연한 논리적 귀결에서 조직된 것이 대한민국임시정부였던 것이다.

그러나 처음부터 대한민국임시정부가 유일한 정부는 아니었다. 국가를 대표할 정부를 수립한다는 데는 이의가 있을 수 없었지만 지도자들 간의 연락의 곤란과 그들의 견해 차이로 인해 처음에는 몇 갈래의 임시정부가 수립될 수밖에 없었다.[2] 즉, 한성정부(漢城政府)를 비롯하여 상해정부(上海政府), 노령(露領)의 대한민국의회(大韓民國議會)와 조선민국임시정부(朝鮮民國臨時政府), 신한민국임시정부(新韓民國臨時政府), 고려임시정부(高麗臨時政府) 등 전단정부(傳單政府)가 3·1운동 직후에 나타난 임시정부였다. 그런데 이 가운데서 가장 먼저 수립된 정부는 블라디보스톡 신한촌(新韓村)에서 결성된 대한민국의회였다.

---

2) 여기에서 주의할 일은 임시정부의 수립을 여러 곳에서 발표했다고 해서 민족의 분열에 의한 政府의 난립으로 볼 것이 아니라 3·1운동의 확대과정에서 나타난 全民族이 臨時政府 수립을 요망했기에 애국심의 발로로 파악해야 한다.

1864년 노령에 진출하기 시작한 교포가 3·1운동 당시에는 20여만 명이
나 되었다. 이들은 1905년의 한족회(韓族會)를 비롯하여 대한청년교회(大韓
靑年敎育會)·공진회(共進會)·공공회(公共會)·암살단(暗殺團)·성명회
(聲鳴會) 등을 조직하여 자치활동과 함께 반일 구국운동을 전개해오다가
1917년 5월 블라디보스톡·신한촌에서 전로한족회중앙총회(全露韓族會中
央總會)를 결성하였다. 교포들은 1919년 2월에 이를 발전적으로 해소시켜
대한민국의회로 개칭하고 윤해(尹海), 고창일(高昌一)을 파리강화회의에 파
견하는 한편, 3·1운동이 일어나자 임시정부의 수립을 서두르게 되었다. 드
디어 이들은 3월 17일에 대한민국의회를 조직하고 21일에는 독립선언서와
5개항의 결의안 및 다음과 같은 각료를 발표하였다.

大 統 領　孫秉熙	
副 統 領　朴泳孝	國務總理　李承晩
軍務總長　李東振	度支總長　尹顯振
內務總長　安昌浩	産業總長　南亨祐
參謀總長　柳東說	講和大使　金奎植

이와 같이 수립된 노령정부는 상해의 대한민국임시정부에 흡수·통합되게
된다. 또한 이 무렵 서울에서도 임시정부 조직이 구체화되어 가고 있었다.
3·1운동이 소기의 효과를 거두기 불능하므로 한남수(韓南洙)·김사국(金
思國) 등은 홍면희(洪冕禧, 洪震)·이규갑(李奎甲) 등과 국민대회를 조직하
고 각 독립운동단체를 망라한 조선임시정부(朝鮮臨時政府)를 수립하기 위하
여 3월 중순경부터 비밀리에 협의를 진행하였다. 즉 3월 16일, 17일에 서울
내자동 64번지에 있는 한성오(韓聖吾)의 집에서 임시정부 수립위원회를 열

고, 4월 2일에는 인천 만국공원(萬國公園)에서 13도 대표자 대회를 소집하여
임시정부를 수립 선포할 것을 의정하고 이를 계속 추진하였다. 4월 23일에
드디어 이들은 서린동 봉춘관(奉春館)에 '국민대회(國民大會)' 간판을 걸고
임시정부 각료 및 파리 강화회의 대표와 함께 '선포문', '국민대회취지서',
'결의사항', '약법(約法)', '임시정부령' 제1호(납세를 거절하라는 내용)와 제
2호(적의 재판과 또는 행정상 명령을 거절하라는 내용)를 발표하였다. 이때
발표된 각료는 다음과 같다.

執 政 官　總裁　李承晚	
國務總理　總長　李東輝	外 務 部　總長　朴容萬
軍 務 部　總長　盧伯麟	內 務 府　總長　李東寧
學 務 部　總長　金奎植	法 務 部　總長　申圭植
財 務 部　總長　李始榮	財 務 部　次長　韓南洙
交 通 部　總長　文昌範	勞 動 局　總辦　安昌浩
參 謀 部　總長　柳東說	參 謀 部　次長　李世永

　이밖에 평정관(評定官)으로는 신채호·박은식·박찬익·조성환 등 18명
이 있었다. 이 사실은 '연합통신(up)'을 통하여 전 세계에 알려졌고, 또 서울에
서 그것도 국민대회라는 국민적 절차에 의하여 조직되었다는 강점 때문에 한
성정부(漢城政府)는 그 후 대한민국임시정부에 그 법통을 이어주게 되었다.
　이와 같이 노령정부와 한성정부가 조직되고 있는 사이에 상해에서도 임시
정부가 태동하고 있었다. 상해에 우리나라의 독립 지사들이 진출하기 시작한
것은 일제가 한국을 강점하면서부터였다. 신규식을 비롯하여 박은식·김규
식·신채호 등의 지사들이 '동제사(同濟社)', '대동보국단(大同輔國團)'을

조직하여 독립운동에 기여하고 있었다. 동서교통의 요충이며 국제 조계(租界)가 즐비한 상해는 당시 동양 굴지의 자유항으로 우리 독립운동가 들에게는 어느 곳보다도 적합한 지역이었다. 여기에서 1918년 8월에는 한국 최초의 정당이랄 수 있는 '신한청년당(新韓靑年黨)'이 조직되기까지 하였다. 그러기에 당시 일본인들은 "조선의 소요사건(3·1운동 : 필자 주)은 당초부터 상해에 거주하는 불령선인(不逞鮮人)과 밀접한 관계가 있었음이 분명하다."고 보고 있는 것이다.[3] 이렇게 독립지사들의 활동무대로 상당한 역사를 가지고 있는 상해에 3·1운동을 전후하여 더 많은 독립운동가들이 집결하게 되어 4월 중순에는 그 수가 1천여 명을 헤아리게 되었다. 신채호가 상해에 도착한 것도 이 때를 전후해서의 일이었다. 이들은 마침내 4월 10일·11일에 프랑스 조계 김신부로(金神父路)에서 29명의 의원이 참석한 가운데 임시의정원 회의를 개최했다.[4]

이 때, 임시의정원 의원으로 선출된 신채호는 한성정부의 법통을 따를 것을 강력히 주장했다.[5] 또한 11일 속개된 비공식토의에서 국무총리를 한성정부의 집정관 총재로 선출된 이승만으로 선정하자는 신석우(申錫雨)·조완구(趙琬九)의 동의 제청에 대해 "이승만은 위임통치 및 자치를 제청한 자로서 그 이유로 신임할 수 없다."고 위임통치 청원문제와 관련해서 이에 정면으로 반대하였다.[6]

---

3) 上田務, 1920 ≪朝鮮統治論≫中國 安東.
4) 임시의정원 회의에 참석한 29명은 다음과 같다.
   玄楯·孫貞道·申翼熙·曺成煥·李光·李光洙·崔謹愚·白南七·趙素昂·金大池·南亨祐·李會榮·李始榮·李東寧·趙琬九·申采浩·金澈·鮮于爀·韓鎭敎·秦熙昌·申鐵·李漢根·申錫雨·趙東祜·呂運亨·呂運弘·玄彰運·金東三
5) 崔洪奎, 1983 ≪申采浩의 民族主義 思想≫, p.150.
6) 독립운동사편찬위원회, 1975 ≪독립운동사 자료집≫9, p.139.

신채호가 미국에서 외교활동을 하고 있는 이승만의 부당성을 지적하며 질타한 것은 이미 2월 16일 '연합통신'을 통해 재미대한국민총회임시위원회(在美大韓國民總會臨時委員會) 대표자격으로 이승만이 정한경(鄭翰景)·민찬호(閔讚鎬) 등과 같이 한국이 완전한 정부를 설립하고 내치와 외교의 권리가 있을 때까지 국제연맹(國際聯盟) 위임 통치에 부쳐 보호받게 해달라는 내용의 위임통치 청원서를 미국대통령 윌슨에게 전달했다는 소식이 보도된바 있었다.[7] 이 소식을 전해들은 신채호는 분개해 마지않았다. 그리하여 이것은 신채호가 이승만의 국무총리 선임은 물론 뒤에 이승만을 수반으로 하는 임시정부를 배척하고, 1921년 4월 19일 '성토문(聲討文)'을 기초 발표하여,[8] 위

---

7) 李承晩이 國際聯盟 위임통치지역으로 만들어 일차적으로 日本의 지배에서 벗어나게 하려는 외교기술을 구사하려는 것으로 이것이 美國의 위임통치로 와전되어 申采浩등 민족지도자가 임시정부를 떠나게 되었다.

8) 我 二千萬 兄弟姉妹에 向하여 李承晩·鄭翰卿等 對美委任統治請願 및 賣國·賣族의 請願을 提出한 事實을 擧하여 그 罪를 聲討하노라.

李等의 該請願提出을 곧 四二五二年 三月頃 我國 獨立運動 勃發의 同時하여 世界의 大戰이 終結되자, 平和會義가 開設되며, 따라서 民族自決의 聲浪이 높았도다. 이에 各 民族이 自由대로 (一) 固有의 獨立을 잃은 民族은 다시 그 獨立을 恢復하며, (二) 甲國의 所有로 乙國에 빼앗기었던 土地는 다시 甲國으로 돌리며, (三) 兩 强國間 彼此 爭奪되는 地方은 그 地方 居民의 意志에 依하여 統治의 主權을 自擇하게 하며, (四) 오직 德·奧·土의 各 殖民地는 그 主國이 亂首의 責罰로 이를 沒收하여 協約國에 委托統治한 배 되었도다. 以上 一二三項 및 民族自決問題에 依하여 歐洲內 數十個 新獨立國관 新變更한 幾個地方이 있는 以外에 實行되지 못한 곳이 더 많거니와 當初에는 各 强國들도 다 그와 같이 떠들었으며 許多 亡國民族들은 이와 같이 되기를 빌었도다.

五千年 獨立의 古國으로 無理한 蠻國의 並呑을 받아, 十年 血戰을 계속하여 온, 우리 朝鮮도 이 思潮에 응하여 더욱 奮發할 새, 內地는 勿論이요 中領의 朝鮮人도 獨立을 부르며, 俄領의 朝鮮人도 獨立을 부르며, 美領의 朝鮮人도 독립을 부르며, 日本 東京의 朝鮮留學生도 獨立을 부를새, 더욱 美領의 同胞들은 國民會의 主動으로 各處 響應하여 勞動所得의 血汗錢을 거두어 平和會義에 朝鮮獨立問題를 提出하기 위하여 代表를 뽑아 巴黎(빠리)에 보낼새, 李와 鄭 等이 그 뽑힌 바 되어 發程하다가 旅行券의 難得으로 中路에서 滯留할새, 彼等이 合倂 十年 日人의 殖民地된 痛恨을 잊었던가, 獨立을 위하여, 釖에, 銃에, 惡刑에 죽은 先忠先烈이 계심을 몰랐던가. 朝鮮을 自來 獨立國이 아닌 줄로 생각하였던가. 遽然이

委任統治請願書 및 朝鮮의 美國殖民地 되어지이다 하는 要求를 美國政府에 提出하여 賣國·賣族의 行爲를 敢行하였도다.

獨立이란 금에서 一步를 물러서면 合倂賊魁의 李完用이이 되거나, 政合邦論煮의 宋秉畯이 되거나, 自治運動의 閔元植이 되어, 禍國의 妖藥이 並作하리니, 獨立의 大防을 위하여, 李·政 等을 誅討치 아니할 수 없으며, 傍觀者의 眼中에는 朝鮮이 이미 滅亡하였다 할지라도 朝鮮人의 心中에는 永遠獨立의 朝鮮이 있어, 日本뿐 아니라 곧 世界 何國을 勿論하고 우리 朝鮮에 向하여 無體를 加하거든 釰으로나 銃으로나 아니며 赤手空拳으로라도 血戰함이 朝鮮民族의 精神이니, 만일 이 精神이 없이 親日煮는 日本에, 親美煮는 美國에, 親英煮나 親俄煮는 英國이나 俄國에 奴隸됨을 願한다 하면, 朝鮮民族은 生生世世 奴隸의 一道에 輪廻되리니, 獨立의 精神을 위하여 李·鄭 等을 誅討아니 할 수 없으며, 우리 前途는 全國 二千萬의 要求가 「倒立뿐」이란 血과 淚의 叫呼로 內론 同胞의 誠力을 團合하며, 外론 列國의 同情을 博得하메 在하거늘, 이제 委任統治의 邪論을 容許하면 岐路를 열어 同胞를 迷惑케 할 뿐 아니라, 또 滑稽矛盾으로써 外國人에게 보이어 朝鮮民族의 眞意가 어데 있는가를 懷疑케 하리니 獨立運動의 전도를 위하여 李·鄭 等을 誅討아니할 수 없도다.

委任統治請願에 대하여 在美 國民會中央總會長 安昌浩 는 同意든지 默認이든지 該會의 主幹煮로서 李·鄭 等을 代表로 보내어 該請願을 올리었으니 그 罪責도 容恕할 수 없으며, 上海議政院이 所謂 臨時政府를 組織할 때에, 앞서 傳播된 委任統治請願 云云의 說을 李 等과 私憾있는 煮의 做出이라 하여 徹底히 査核하지 않고 李承晚을 國務總理로 推定함도 千萬의 輕擧어니와 第二次 所謂 閣員을 改造할 때에는 환하게 該請願의 提出이 事實임을 알았는데, 마침내 李承晚을 大統領으로 選擧한 罪는 더 重大하며, 特派大使 金奎植이 歐洲로부터 돌아와 『朝鮮 사람이 獨立運動을 하면서 어찌하여 委任統治請願者 李承晚을 大統領에 任하였느냐』 하는 각 國人士의 反問에 아무 回答할 말이 없었다 하여, 萬邦에 騰笑된 實狀을 전하거늘, 그래도 李는 尊戴하였다 하여 그 犯罪의 彈劾은 없으며, 그 請願의 取消시킬 意志도 없이, 오직 擁護의 策劃함에 熱中하는 議定員이나 閣員이란 某某들의 그 心理를 알지 못하겠도다.

或曰 李承晚의 委任統治請願은 自治運動의 閔元植과 같이 徹底한 主張이 아니고 다만 時의 迷誤인 故로 李도 至今에는 이 일을 옳은 줄로 自處함이 아니니 구태여 追罪할 것이 없다 하나, 그럴진대 彼等이 卽時 美國政府에 向하여, 그 請願의 取消를 聲明하고 國人에게 向하여 妄作의 罪를 謝하여써 萬分의 一이라도 自贖의 道를 求함이 可하거늘, 이제 十手의 指點을 不顧하고 儼然히 上海에 來하여 所謂 大統領의 名義로 오히려 與論을 籠絡하려 하니 이는 禍心을 包藏한 逆賊이 아니면, 苟且庸碌의 鄙夫라, 逆賊이나 鄙夫를 仮借하여 國民의 名譽를 汚辱하면 또한 可痛하지 아니한가.

當初에는 該請願이 提出 與否·接受 與否가 모두 模糊暗昧에 中에 있으므로 本人 等도 疑慮만 抱할 뿐이요, 進하여 誅討의 擧를 伸치 못하였더니, 오늘 와서는 事實의 全部가 暴

임통치의 반민족적 허구성을 맹렬히 규탄한 끝에 1925년 3월 11일 임시의정원에서 이승만을 탄핵케 하는 역할을 하였다.

이렇게 이승만의 국무총리선임에 대해 신채호의 반대는 매우 강력하였다. 당시 국무총리 후보자로 신채호는 박용만을, 조소앙은 박영효를, 김동삼은 이상재를, 여운형은 이동녕을, 현순은 조성환을, 이영근은 김규식을, 현순은 이회영을, 신채호 자신도 현창운에 의해 국무총리 후보로 천거되었으나,[9] 회중의 여론이 이승만 수반 안의 지지로 기울어지자 신채호는 분개하여 주위의 만류에도 불고하고 퇴장한 가운데 무기명 단기식 투표에 들어가 한성임시정부의 수반이던 이승만이 정부수반인 국무총리에 당선되었다.[10]

露되어 우리 國民이라고는 容忍하지 못하겠도다. 玆에

第一 李 等에 罪狀을 宣布하여 後來者를 위하여 警懲의 義를 昭華하며,

第二 美國政府에 向하여 二千萬을 代表하였다 云함은 李承晩·鄭翰卿等은 誣自이니, 該 請願은 곧 李承晩·鄭翰卿 등 一, 二個人의 自作이요 우리 國民의 與知할 배 아니라 하여, 그 請願의 無效됨을 聲明하기로 決議하고 右의 聲討文을 發하여 遠近의 同聲으로 前途의 共濟를 바라노라.

紀元 四千二百五十四年 四月 十九日

姜卿文·高光寅·奇雲·金周炳·金世畯·金在禧·金元鳳·金昌淑·金孟汝·金天浩·金　甲·金世相·金炳植·金一鐸·金昌根·金子言·南公善·都經·李大根·李聲波·李康埈·李一春·李起一·朴大柱·朴健秉·朴容珏·朴基重·方漢泰·裴達武·裴煥·徐白羊·徐曰甫·孫學海·宋虎·申達模·安知磐·吳基燦·吳成崙·尹大濟·張元城·張建相·金鴻陞·鄭寅敎·趙鎭元·趙鼎·朱哲·崔用德·崔默·崔允明·河鶴·韓興(丹齋申采浩先生紀念事業會, ＜聲討文＞ ≪丹齋 申采浩全集≫別集, pp.87~90).

9) 國會圖書館, 1974 ≪大韓民國臨時政府 議定院文書≫, pp.39~41.

10) ……(중략)……또 이승만 박사의 면테도리 문제는 대의상 용서할 수 없고 安島山은 국민회장으로 이박사를 대표로 임명 파견하였으니, 그래서 私分으로 무척 흠모하건마는 찾지 아니하노라 말하고, '우리가 이제 남은 것이 무엇이오? 大義밖에 더 있소? 결개 밖에 더 있소?' 하고, 절개의식의 磨滅은 무엇보다도 무서운 것이라고 極論하였다.……(중략)……먼저 임시정부를 조직할 때에는 단재는 이박사의 수반을 반대하며 一座의 위협 만류도 듣지 아니하고 '나를 죽이구랴' 하고 벌떡 일어나서 유유히 회장에서 나가 버리고 말았다. 그것도 기미년 4월 10일 그 전날, 즉 9일부터 만 24시간 不眠不休의 토의한 임시정부 성립의 날이었다. 그는 熱血있는 청년 수인의 생명에 대한 위협도 모른 체하고 初志를 굽히지 아니하였

국무총리에 이승만이 선출되고 이날 신석우(申錫雨)·이영근(李泳根) 등의 제청에 의해 국호를 '대한민국'으로 결정하고, '대한민국임시헌장' 10개조와 헌장선포문을 통과시켰다. 국무원으로는 다음의 인물들이 선출되어 역사적인 '대한민국임시정부'의 탄생을 보게 되었던 것이다.

國務總理　李承晚	
內務總長　安昌浩	內務次長　申翼熙
外務總長　金奎植	外務次長　玄　楯
財務總長　崔在亨	財務次長　李春塾
交通總長　文昌範	交通次長　鮮于爀
軍務總長　李東輝	軍務次長　曹成煥
法務總長　李始榮	法務次長　南亨祐
國務院 祕書長　趙素昻	

2. 임시정부의 통합과 신채호의 탈퇴

대한민국임시정부가 조직된 후 4월 22일 제2회 임시의정원 회의가 제 1차 때 보다 40명이 증가된 69명이 참석한 가운데 차장제(次長制) 폐지와 위원제(委員制) 사용의 가결 및 각부위원의 인선을 끝냈는 데 신채호는 여기에 참여하였다. 이어 4월 25일 제3회 의정원 회의에서 임시의정원법(臨時義政院法)을 의결하고 의원을 선거하기로 하였다.[11] 이리하여 정원 51명으로 하는 의

다. 거기 단재의 不屈하는 성격이 가장 잘 나타났던 것이다(李光洙, <脫出途中의 丹齋印象> ≪改全集≫下, pp.472~473).
11) 당시 臨時議政院의 결의 부분을 보면 다음과 같다.
　　제1조 議政院은 各地方人民의 대표위원으로 조직함.
　　제2조 의원의 자격은 大韓民國으로 중등교육을 받은 만 23세 이상 男女에게 한함.

정원 의원을 각도별로 선출하였다.

한편 제5회(회기 1919. 7. 7~7. 19) 임시의정원 회의에서 신채호는 전원위원회위원장(全院委員會委員長) 겸 충청도의원으로 선임되었으며,[12] 회기 중 정부관계자 및 각 지방출신 인사들의 의견을 모아 다음의 사항의 합의하였다.[13] 따라서 노령의 대한민국의회는 대한민국임시정부에 통합되었다.

① 상해와 俄領에서 설립한 정부를 일체 작소하고 국내에서 13도 대표가 창설한 漢城政府를 계승한다.
② 정부의 위치는 상해에 둔다.
③ 상해에서 설립한 제도와 人選을 작소한 후에 漢城政府의 집정관총재제도와 그 인선을 채용하고 상해에서 정부설립 이래에 실시한 행정은 그대로 유효함을 인정한다.
④ 정부의 명칭은 大韓民國臨時政府라고 한다.
⑤ 현임 정부 각원은 일제히 퇴직하고 漢城政府가 택선한 각원들이 정부를 인계한다.

이후 1개월이 지난 8월 18일부터 제6회 임시의정원 회의가 열려 임시정부가 제안한 임시헌법(臨時憲法) 개정안 및 임시정부 개조안을 상정하여 집정관총재 제도를 폐지하고 대통령제를 채용하는[14] 등 신채호가 상해임시정부

의원의 액수는 지방인구 다과에 의지하여 정하되 30만에 의원 1일을 정하고 성수 미급에 대하여도 1인을 선정함을 얻음. 인구 정사전에는 좌에 의하여 정함. 경기도-6인, 충청도-6인, 경상도-6인, 전라도-6인, 강원도-3인, 함경도-6인, 황해도-3인, 평안도-6인, 중령교민-3인, 아령교민-3인, 미령교민-3인
제3조 의원 임기는 2個年으로 하되 매년에 1/3을 개선함을 얻음(國會圖書館, 1974 ≪大韓民國臨時政府 議政院文書≫, pp.42~45).

12) 國會圖書館, 1974 앞의 책, pp.50~51.
13) 김원용, 1959 ≪在美韓人 50年史≫, p.458.
14) 독립운동사편찬위원회, 1972 ≪독립운동사≫제4권, pp.216~222.

에서 탈퇴하는 격동의 변화가 있었다.

이 제6회 임시의정원회의(회기 1919. 8. 18~9. 17) 도중 임시대통령·임시의정원 국무원·법원 등 삼권분립에 의한 임시헌법 개정안과 총리제를 대통령제로 바꾸어 이승만을 대통령에 추대하는 임시정부 개조안이 임시의정원에 상정되었다. 이 때 안창호 국무총리 대리는 "대한민국임시정부 외에 다시 한성정부가 발표되어 한국에 두 정부가 있음을 의심하게 되는 형편이니 정부의 완전한 존재를 세계에 표시하기 위해서는 현 정부를 희생하고 한성정부로 통일하며 집정관총재를 대통령으로 하여야 하겠다"는 제안설명을 하였다.

당시 한성정부의 집정관총재인 이승만은 국내에서 정부가 조직되고 '연합통신(UP)'을 통해 그것이 세계에 알려지자 5월에 미국의 워싱턴에 집정관총재 사무실을 설치하고 한성정부를 대표하여 대내외적인 활동을 하고 있었다. 그는 국무총리라는 상해임시정부의 관명(官名)을 사용하지 않고 '집정관총재' 직명을 그대로 사용하고, 밖으로는 외국인을 대상으로 하는 서류나 신문발표에 있어서는 '프레지던트'라는 상해임시정부 관명을 사용하여 문제가 있었다.

이에 상해임시정부 측에서는 8월 25일 국무총리 대리 안창호의 명으로 이승만에게 프레지던트 칭호의 사용 중지를 요청하였다.[15] 그런데 이승만은 이미 각국에 보낸 국서에 프레지던트 칭호를 사용했고, 이러한 내부적인 마찰이 세상에 알려지면 독립운동에 방해가 된다고 거절하였다.[16] 따라서 임시정부

---

15) 1919년 8월 25일 상해발 전보. 워싱턴 구미위원부 李承晚각하, 처음의 臨時政府는 국무총리제도이고, 漢城政府는 집정관총재 制度이며, 어느 정부에나 大統領 직명이 없으므로 각하가 대통령이 아닙니다. 지금은 각하가 집정관총재 직명을 가지고 政府를 대표하실 것이요, 헌법을 개정하지 않고 大統領 행세를 하시면 헌법위반이며 정부를 통일하던 신조를 배반하는 것이니 대통령행세를 하지 마시오. 大韓民國臨時政府 國務總理 代理 安昌浩(주요한, 1971 ≪安島山全書≫, p.218).

는 안창호의 주도로 독립운동을 위해 노령·한성정부와 서북간도의 군정부를 통합하고, 이승만을 프레지던트로 고쳐 합법화시키려고 정부 개조안을 제출하였다.[17]

이 때 신채호는 제6회 임시의정원회의의 중요 안건인 이승만의 대통령 추대문제가 정식으로 상정되어 통과하자 그는 몹시 분개하고, 곧 임시의정원 전원위장과 의원직을 사퇴하여 이후 이승만을 대통령에 추대한 안창호를 비롯한 임시정부의 정치노선과 독립운동노선에 반기를 들어 전위적인 투사의 역할을 하게 된다. 임시정부 수립 이래 7월까지 4개월간 신채호는 상당히 적극적으로 참여하였다고 할 수 있다.

신채호는 이미 임시정부 조직 당시부터 한성정부의 법통을 따를 것을 주장하였고, 이승만의 대통령 추대에 관해서는 위임통치청원문제를 들어 지도자의 반민족적·비자주적인 태도와 외교론 위주의 정치노선에 대하여 강력히 반대하였다.[18]

---

16) 1919년 8월 26일 워싱턴발 전보. 상해 대한민국 임시정부 안창호씨, 우리가 정부승인을 얻으려고 진력하는데 내가 대통령명의로 한국 사정을 발표한 까닭에 지금 대통령 명칭을 변경하게 못하겠소. 만일, 우리끼리 떠들어서 행동 일치하지 못한 소문이 세상에 전파되면 독립운동에 방해가 있을 것이며 그 책임이 당신들에게 돌아갈 것이니 떠들지 마시오 美京 워싱톤 이 승만(주요한, 1971 앞의 책, p.218).

17) 國會圖書館, 1974 앞의 책, pp.60~61.

18) ……(중략)……하루는 白巖 선생과 내가 여관에 있자니까 신채호 선생이 편지 한 장을 들고 들어와 아무말도 없이 펑펑 울기 시작했다. '그래서 무슨 일이길래 말도 없이 우시오?'라고 물었더니, 그는 미국 친구가 보내온 서신을 내보이었다. 물론 倭人의 한국 침략이 분하기도 하지만, 그렇다고 조국을 미국의 위임통치하에 넣겠다고 하므로……(중략)……이것이 웬 말이냐고 우리 3인이 통곡을 했던 것이다. 여기서 우리 3인은 李承晩氏를 임정에서 제거하지 않으면 안되겠다는 결론을 내리고 그의 제거공작에 착수했다. 제1차로 우리는 워싱턴에 있는 이승만씨에게 '위임통치청원서를 낸 것이 사실이냐, 만일 냈다면 즉시 取下하라'는 요지의 서신을 발송했다. 그 때 상해서 미국 워싱턴까지 편지가 가려면 14일간이나 걸렸다. 1차 서신에 대한 回信은 28일 지나도록 까지 오지 않았다. 그래서 나와 신채호 선생은

대한민국임시정부와 결별한 신채호는 주간신문인 '신대한(新大韓)'의 주필이 되어 정부의 현상유지와 외교활동에만 급급하는 대통령의 지도노선, 곧 외교론 일변도의 활동에 대하여 비판을 가했다. 이것은 이승만의 수반추대를 계기로 정치적 입장이 다른 안창호의 교화주의(敎化主義)적 준비론(準備論)에 대한 비판과 무력항쟁을 전제로 한 독립운동을 외면하는 임시정부 지도부에 대한 경고였다.

또한 신채호는 '신대한'에 이승만의 위임통치청원사건과 임시정부의 현상유지책을 통렬하게 비판하여 임정 기관지인 ≪독립신문≫과 정치적인 논쟁을 벌이는 한편 이승만이 전횡하는 구미위원부 폐지를 주장했다. 그리고 임시정부 외무차장인 여운형이 일제와 정치협상을 위해 도일하자 신채호는 원세훈(元世勳)·한위건(韓偉健)·정해리(鄭海里) 등과 그를 조선민족의 뜻에 역행하는 타협주의자, 반민족주의자인 국적(國賊)으로 규정하고 사형을 주장하기까지 하였다.[19] 이런한 일련의 사건이 있은 뒤, 끝내 신채호는 임정지도부의 무능은 물론 임시정부 자체를 부인하는 '신대한 사건'을 유발하게 되었다.[20]

제2차 서신을 내자 했고, 백암 선생은 즉시 罷免工作을 하자고 우겼다. 그래서 우리가 백암 선생을 이해시켜 40일간만 기다려 보자고 했다. 그러나 이승만씨는 끝내 회신을 보내지 않았다.(金昌淑, <獨立運動秘話> ≪全集≫別集, p.402). 또한 申采浩는 '꿈하늘(1916)'에서 亡國奴를 가두는 지옥 12가지를 논하고 있다(똥물지옥, 멧돌지옥·엉금지옥·댕댕이지옥·어둠지옥 등). 특히 이 中에서 '댕댕이지옥'은 李承晩의 外交方路를 매도하는 것이고, '어둠지옥'은 安昌浩의 民族改造論과 準備論을 공격하는 것으로 申采浩의 자세가 어떠한 것인지 잘 알게 해 주는 것이다(김철준, 1983 ≪한국문화전통론≫, pp.157~159).

19) 독립운동사편찬위원회, 1972 앞의 책, p.393.

20) 이 때 臨時政府에서는 여운형의 도일을 한 때, 國務總理 포고 제1호로 문책했으나 곧 철회하고 1919년 12월 29일 포고 제3호로서 '독립에 위반되는 행동이 없으므로 여운형 일행의 前過를 특사함을 일반 국민에게 포고'(≪독립신문≫1920. 1. 10)함으로써 종결지었다. 이후 ≪新大韓≫은 임정요인과 ≪독립신문≫의 방해공작과 일제의 이간정책으로 사실상

'신대한 사건' 후 신채호는 상해를 떠나 북경에서 박용만(朴容萬)·고일청(高一淸)·이일양(李日羊)·김창식(金昌植) 등과 '대한민국군정부(大韓民國軍政府)'를 조직하여 반임정 노선을 걷게 되는데 이는 이승만·안창호의 임정 지도노선(정치노선과 독립노선)에 반대하여 군사적인 무력항쟁만이 민족독립운동의 가장 유효하고 적절한 수단이라고 주장하였다. 이를 계기로 신채호는 무력급진노선의 조직화에 전념하여 군자금모집에 직접 참여하는 등 각지의 독립운동자들과 긴밀한 접촉을 시도하여 새로운 독립운동 즉 무장투쟁노선의 독립운동 방향을 제시하였다.

3. 군사통일회의와 국민대표회

처음으로 국민대표회의 소집을 선언한 것은 북경의 '군사통일회(軍事統一會)'였다. 당시 신채호는 북경에 머물면서 민족전선의 분열이 안고 있는 약점과 비리를 통감하고 이승만의 정치노선에 반대하는 신숙(申肅)·박용만(朴容萬) 등과 1920년 9월 '군사통일촉성회(軍事統一促成會)'를 독립군단체를 통합하여 능률적인 독립운동을 수행한다는 목적 하에 발기하고, 배달무(裵達武)를 남만주에, 남공선(南公善)을 북만주에 파견하여 각 단체와 교섭토록 조치하였다.[21] 그리하여 그 결실로써 1921년 4월 20일에는 내지국민회대표(內地國民會代表) 박용만, 포왜국민군대표(布哇國民軍代表) 김천호·박승선·김세준, 간도국민회대표(間島國民會代表) 김구우, 서로군정서대표(西路軍政署代表) 송호, 내지광복단대표(內地光復團代表) 권경지, 포왜독립단대표(布

폐간되고(1920?) 말았다.

21) 李延馥, 1970 〈초기의 대한민국 임시정부〉 ≪慶熙史學≫2, p.98.

哇獨立團代表) 권승근·김현구·박건병, 내지청년회대표(內地靑年會代表) 이장호·박광동, 대한민국의회대표(大韓民國議會代表) 남공선, 내지노동당대표(內地勞動黨代表) 김갑, 내지통일당대표(內地統一黨代表) 신숙·신성모·황학수 등이 참석하여 북경에서 군사통일회의를 개최할 수 있었다. 이 회의에서는 다음의 사항이 논의 되었다.

① 군사투쟁방법과 만주·시베리아의 군사단체 통합문제
② 李承晩의 불신임과 임정의 해체
③ 국민대표회의 준비
④ 주간신문 ≪大同≫ 발행문제

이어 이들은 4월 27일에 임시정부와 의정원안을 가결하고, 결의문을 채택하여 상해에 통전하는 동시에 이승만에 대한 성토문과 군사통일회의 결의문을 각처에 배부하고, 대표로 신성모를 상해임시정부에 파견하여 임시정부의 해산을 최후로 요구하였다. 군사통일회의 이 같은 결의는 내외 동포의 격분을 샀는데 이는 국민대표회 보다는 임시정부 해체에 초점을 두었기 때문이며,[22] 임시정부에서는 1921년 5월 30일 내부 공함(公函) 제121호 '불온언동에 대한 주의의 건'으로 각 관서에 경계를 촉구하기에 이르렀다.

군사통일회는 군사기관 문제로 속히 국민대표회의를 소집하기로 하고 신숙, 박용만, 박건병, 배달무, 김세준 등 5인을 준비위원으로 선출하였다. 한편 상해에서도 1921년 5월 12일에 김병조·나용균·이영열·서병호·한진교가 발기한 유호동포연설회(留滬同胞演說會)가 열려 국민대회를 소집하기로 하였다. 그리고 5월 19일에는 국민대표회 기성회 조직위원 20명을 선임하고,

---

22) 독립운동사편찬위원회, 1972 앞의 책, pp.516~519.

6월 6일에는 제 1회 기성회 총회를 열고 기성회간장(期成會簡章)을 제정하고, 새로 박용식 등 10명의 위원을 증선하였다.

이와 같이 북경과 상해에서 각각 국민대표회를 주장하게 되었으므로 이를 타협하기 위하여 북경과 상해간에 여러 번 대표가 오가면서 의견을 절충한 결과 1922년 5월 10일에 국민대표준비회가 성립되고, 회의가 소집되어 5월 30일에는 '국민대표회의주비위원회선언서(國民代表會議籌備委員會宣言書)'가 발표되고,23) 각지 관계 단체에 이를 발송하고 9월 1일 개최일자를 통과하

---

23) 我獨立運動의 過去를 回顧하면 四年前 獨立宣言 當時에는 一朝엔 宣言書를 配布하고 晩歲의 聲이 起하였는데 豫히 約條한 것도 아니었으나 二千萬民衆은 異口同聲으로 一齊히 響應하였다. 此는 純然한 半萬年 遺傳의 自由精神과 十年間 含蓄한 獨立思想의 固有의 本能이 그대로 發表된 것이다. 萬種의 草木이 春風에 遭하자 先後를 爭하면서 다 各各 스스로 萌芽를 發함과 加히 何等의 約條 又는 何等의 計劃이 없었다 하더라도, 優히 大同一致의 壯觀을 묘하는 것이 無難하였으나 其後 實際運動에 至하여는 그다지 單純히 容易한 것이 아니다. 굳은 約束과 相當한 計劃이 없으면 不可하다. 多大한 힘을 準備하고 無數한 生命을 犧牲하지 않으면 안 된다. 然而 此 實際運動에도 這間 內地方面에서는 敵의 肝膽을 寒케 한 炸彈運動과 如한 壯擧와 墾島地方에서는 數千名의 敵兵을 射殺한 快事 없음이 아니었으나 그러나 二千萬 國民이 統一指導下에 同一한 步調로써 規模的 組織的으로 秩序整然하게 進行한 것은 없었다. 從하여 같은 獨立黨으로서도 相互 主見이 背馳되어 意志가 衝突하는 點으로부터 紛糾와 軋轢은 日로 益益 甚하고 民心은 漸漸 渙散의 傾向이 있다. 軍人은 南北滿洲 西比利亞의 荒凉한 曠野에 彷徨하고 있을 뿐인 것은 實로 掩蔽할 수 없는 事實이다.

二千萬同胞여 國家의 運命은 國民全體의 解決을 要한다. 萬歲運動 卽思想發表期를 지나 實際運動에 入하고저 하면 劈頭에 際하여 正히 '我國民의 大約束'이 一面 없어서는 안되었을 것이 아니었겠는가. 그러나 其時에는 覺悟가 性하지 못하였거나 事情이 許諾치 아니하였거나 如何튼 이미 事實上 이루지 못한 것만은 旣往에 遡及할 수 없는 것이다. 悔한들 또 무엇하겠는가. 我等은 오직 過擧 數年間 經驗에 依하여 '國民의 大結束'이라는 深切한 覺悟를 얻어 將來를 圖하여 運動上 一大轉機를 召集하기에 至하였으나 前途의 至大한 幸運으로 思惟하는 '國民의 大結束' 이것은 卽今日 我步趣의 進退兩路를 分岐하는 點으로 我運動의 一切問題는 오직 此를 俟하여 解決할 것이다. 於是乎 遠近이 相應하고 中外가 一致하여 異口同聲으로 國民代表會를 主唱하였는데 昨年 以來 美, 墨, 布哇, 上海, 北京, 墾島 各地에서 國民代表會期成會가 次第로 成立하고 其他 個人 或은 團體로서 國民代表會를 贊成 又는 促進하는 信息이 逐日 遝至하는 것은 어찌 偶然한 일이겠

는 동시 개최준비에 박차를 가하였다. 이에 각지로부터 국민대표회의에 대한 반응이 있었고, 임시의정원에서는 6월 17일 대통령 이승만에 대한 불신임안을 가결함으로서 국민대표회의에 대한 기대는 더욱 커졌다.

그러나 한편 국민대표회는 각지 대표의 이견과 경비문제로 실현이 부진하다가 한형권이 모스크바에서 가져온 운동자금 20만 루블이 투입됨에 따라 준비사무는 활발히 전개되어 드디어 1922년 11월 각지 대표 70여명이 참석한 가운데 예비회의가 개최되었으며, 1923년 1월 3일부터는 정식으로 국민대표회가 열려 의장에 김동삼, 부의장에 안창호·윤해, 비서장에 배달무, 비서에 오창환·이중모 등이 선임되고, 군사·재정·외교·생계·교육·노동 등 6개 분과위원회가 성립되었다.

국민대표회의의 개최로 임시정부는 수립이래 최대의 시련을 맞이했던 것이며, 임시정부측에서는 계속 국민대표회의를 불법집회로 규정했으나 사실상

는가. 그렇다면 國民代表會의 實現은 抑遏할 수 없는 事實임을 알 것이다. 玆에 本籌備會는 時勢의 趨向과 民衆의 要求에 應하여 過擧의 모든 紛糾 錯雜한 問題를 解決하고 未來의 完全 確實한 方針을 樹立하여 我等의 獨立運動이 再次 統一的 組織的으로 進行하게끔 하는 兩大案件下에 國民代表會 召集事項도 籌準하여 責任을 負擔하고 成立한 것이다.

然而 本籌備會의 成立은 이미 一年에 近하기까지 아직 代表會를 召集하지 못한 것은 諸般 四圍事情의 不許에 因한 것이다. 實로 遺憾千萬하나 이제야 時期가 이미 濃熟하고 事勢가 此以上 遲滯됨을 容恕하지 않는다. 急速한 其間內에 代表會를 召集하기로 하고 于先 我等의 國民代表會를 籌備하는 主旨가 어디에 在한가를 中外에 宣布하여 二千萬 同胞의 同聲相應을 求한다.

紀元 四千二百二十五年

國民 四年 五月 十日

國民代表會籌備委員會 委員長 南亨祐

會計 金徹(澈) 同 元世勳

書記 羅容均 同 徐丙浩(國史編纂委員會, 1973

<國民代表會議籌備委員會宣言書> ≪韓國獨立運動史·資料臨政篇』 Ⅲ,

pp.343~344).

이 회의는 거의 모든 독립운동자들의 집합체였던 것이다.

　一. 報告
　　가) 籌備會의 經過報告(書面)
　　나) 各地 各團體의 事情報告(書面)
　二. 時局問題
　三. 宣誓 及 宣言
　四. 獨立運動의 大方針
　　가) 軍事, 나) 財政, 다) 外交, 라) 生計, 마) 敎育, 바) 勞動
　五. 國號 及 年號
　六. 憲法
　七. 委任統治事件(取消)
　八. 過去事件(追加)
　　가) 委任統治事件
　　나) 自由市事件
　　다) 四十萬元 橫領事件
　　라) 中領 密山事件
　　마) 寬甸縣 統義府事件
　　바) 其他 右와 同質上의 事件

　국민대표회의는 위의 일정 등으로 의안을 확정해서 이제까지의 독립운동의 문제점을 근본적으로 비판·검토하고 시정하여 독립운동을 재정비하려고 시도하였다.

　그러나 국민대표회의가 개최되고 있던 중 시국문제로(임시정부 개조안) 인하여 이후 국민대표회의는 창조파(創造派)와 개조파(改造派)로 대립되어 결렬되게 되는데, 창조파는 임시정부를 해산하고 새롭게 정부를 만들자는 것이며, 개조파는 임시정부를 실제 독립운동에 적합하도록 개조하자는 것이다.[24]

　이 창조파와 개조파의 대립으로 국민대표회의가 혼란상태에 빠지자 김동삼
(의장)·배달무(비서장)·이진산·김형식 등 만주대표들은 소속단체의 소환
을 받아 사임하고 만주로 철수하였다. 이로 인해 창조파의 윤해가 의장, 오창
환이 부의장에 당선되어 회의를 진행시켰으나 5월 16일 개조파의 퇴장으로
인하여 회의는 끝내 성공을 거두지 못한 채 끝나고 말았다.

---

24) 改造派와 創造派는 다음과 같다.이들 中立派 중에는 改造派에 贊意를 表하는 者가 있고,
또 創造派에 贊意를 表하는 者가 있는 것 같다(朴永錫, 1982 ≪韓民族獨立運動史硏究≫,
pp.315~316 再引用).

		西道(平安 潢海)派　安昌浩, 李鐸, 鮮于爀, 柳振昊
	幹部	西南(全羅 慶尙)派　金澈, 金甲, 裵天澤
		上海 共産黨派　金鼎夏, 玄鼎健, 王三德
改造派	幹部 附屬	鄭光好, 徐永琬, 尹滋英, 金洙鐐, 金尙德, 文時煥
	附屬 代表	孫貞道, 白南俊, 宋秉祚, 梁瀗, 羅愚, 金弘叙, 尹敬一, 朴應七, 李河蘇. 徐昇海, 金宇希, 金鐵, 金郇山, 金東三, 金衡植, 李震山, 楊承雨, 朴相浩, 金淳愛, 趙相璧, 朴景喆, 張志日, 林源, 禹鐸, 金瑪利亞, 金鉉九, 呂運亨, 張基永, 康景善, 徐丙浩, 朴春根, 郭然盛, 金昌煥, 金利濟
		露領派　尹海, 元世勳
	幹部	北京派　申肅, 朴健秉
創造派		西北間島 各派 其他　李民昌, 盧武寧
	幹部 附屬	李致龍, 柳善長, 方遠成
	附屬 代表	姜九禹, 張鵬翼, 李重浩, 朴完, 吳昌煥, 金鐘, 白洛鉉, 太龍端, 李濟河, 郭寅敎, 裵洪吉, 金鍾喆, 姜逸, 郭萬基, 許東奎, 郭南允, 姜愛禧, 尹珽鉉, 郭信, 金晋奎, 申目憲, 崔大甲, 韓光宇, 李漢浩, 金昌順, 朴健, 李春, 林恓極, 張志浩, 李靑大, 呂仁斌, 崔俊衡, 鄭學受, 尹實民, 李韓信, 方國春, 朴宗根, 黃郁, 李鴻來
中立派 代表		柳蓋, 柳時彦, 安基玉, 尹智淳, 韓承羽, 崔忠信, 朴愛, 鄭仁濟, 鄭庚爕, 崔成弼, 趙尙爕, 李裕弼, 安武, 朴容雲, 鮮于茸, 蔡君善

그러나 국민대표회의는 창조파만으로 새로운 정부를 세우기 위해 헌법 초안을 기초하고 1923년 6월 7일 회의를 속개하여 전문 10조의 헌법을 통과시킨 뒤, 국민위원회 의원에 윤해·김규식·김창환·원세훈·신숙·도인권·박용만 등 33인을 선출하고 고문에 박은식·문창범·신채호·이동휘·이상룡 등 30명을 천거하고 국호를 '한(韓)', 연호를 '단군기원'으로 정하였다. 이에 개조파 57명은 6월 3일 반대 성명을 발표하고,[25] 임시정부는 6월 6일 국무령포고 제3호로 윤해와 신숙을 비난하고 김구(내무총장)는 내무부령 제1호를 발표하여,[26] 국민대표회의의 해산을 명령하기에 이르렀다. 이어 창조파는 노령으로 이동하여 최고 독립운동기관을 만들려고 했으나 소련정부의 반대로 실패하였다.

이렇게 1921년부터 신채호가 박용만·신숙 등과 '정부문제를 근본적으로 해결하여 수습을 꾀하고', '각 군사단체의 완전한 통합'을 목표로 발의하여 시작된 국민대표회의는 민족의 여망에도 불구하고 2년만인 1923년 실패로 끝나고 말았다. 이는 본래의 국민대표회의의 의도와는 달리 공산당의 분열공작에 말려 들어 대한민국임시정부의 약화를 초래하는 결과를 가져오게 되었다.

---

25) ≪東亞日報≫ 1923. 6. 25 改造派 성명서.

26) <內務部令 第一號>

國民代表會는 6월 3일 年號와 國號를 따로 정하는 件을 可決하였다. 이는 民國에 대한 叛逆行爲이므로 懇論한 바 있었으나 頑然不應할 뿐 아니라 다시 憲法을 제정함은 祖國의 존엄한 權威를 侵犯하는 것이다. 이에 內務總長은 2千萬民族의 共同委託에 의해 治安上 少數者가 集會한 6월 2일 이후 일체의 행위의 撤消와 代表會의 即時 解散을 命함.

大韓民國 5年 6月 6日 內務總長 金九.

맺음말

신채호는 1907년 신민회(新民會)에 참가한 이래 대한협회(大韓協會), 광복회(光復會) 등의 독립운동단체에 참여하여 독립운동을 하였다. 3·1운동 후 그 결정체로 임시정부가 수립되자 단재는 한성정부의 평정관으로, 상해 대한민국임시정부에서는 의정원 의원 겸 전원위원회 위원장으로서 적극적인 활동을 전개하였으나 이승만의 위임통치(Mandatary)를 반대하고 임시정부를 떠나고 말았다. 이 후 단재는 학생단·신대한동맹단을 결성하고 민족전선의 분열이 안고 있는 약점과 독립운동보다도 권력쟁탈의 비리를 통감하여 신숙·박용만 등과 통일전선을 형성하여 군사통일회의를 발기하고 국민대표회의의 소집을 제창하여 안창호·여운형·김규식 등의 호응을 얻어 1922년 1월 상해에서 국민대표회의를 소집하였지만 공산당의 분열공작에 의해 임시정부의 약화만을 초래하였다.

결국 신채호의 초기 활동은 반봉건·반침략의 근대적인 자유·독립의 국가를 건설하는데 있었고 상해임시정부에 참여한 이후 3·1운동 후 유일한 합법적 정부였던 임시정부와 결별을 하게된 것은 이승만의 위임통치에 근거한 외교론, 실력양성 후에 국권을 회복하자는 나약한 안창호의 준비론에 대한 반발이었다.

실제 일제에 의해 주권을 침탈당한 국가를 다시 찾기 위해서는 이승만의 외교론이나 안창호의 준비론으론 신채호에게는 광복이란 요원한 것이었다. 이리하여 신채호는 무력투쟁의 급진노선만이 조국광복을 실현할 수 있는 첩경이라 믿고 '군사통일촉성회', '군사통일회의준비회', '국민대표회의'를 소집하여 각지의 독립운동자들을 하나로 하여 임시정부를 적극적인 독립투쟁의 기구로 만들려고 하였지만 이것마저 여의치 않아 무산되게 되었다. 이렇게 임시정부를 무력독립투쟁의 단체로 발전시키려 하는 것이 실패하자 이후 신채호는 '조선혁명선언'에서 나타나는 바, 일제에 대한 과격하고 급진적인 민중에 의한 직접적인 폭력혁명을 주장하게 된다. 결국 이러한 신채호의 임정에 대한 반대와 폭력혁명은 새로운 조국의 건설과 자유독립의 올바른 민족주의를 실현하는 것이지 비생산적인, 파괴적인 것만은 아닌 현실의 모순을 타파하기 위한 것이었다고 할 수 있다.

Ⅲ. 남파 박찬익 연구

머리말

외세의 도도한 침략을 받으면서 국가의 자주권을 수호하기 위해 안간힘을 다했음에도 불구하고 조선은 일제의 식민지로 전락하고 말았다. 구한말부터 애국지사들이 국가의 자주·자립을 위해, 그리고 독립을 위해 때로는 무장투쟁을 전개하는가 하면 한편에서는 교육·언론·문화활동을 통한 애국계몽운동을 펴기도 하고 또는 민족산업의 육성을 위해 민족자본을 형성하여 각종 공장이나 회사를 설립하기도 했다.

1896년 서재필을 중심으로 조직된 독립협회의 활동을 시작으로 하여 우리 민족의 국권회복을 위한 운동은 그 이후 그치지 않고 국내외 어디서나 다각적인 방법으로 이어져 왔던 것이다. 그러는 가운데 수많은 애국지사·독립운동가들이 활동하면서 우리 민족에게 등불이 되어주기도 했지만 그 중에서는 역사 속에 그만 묻혀버리고 마는 경우도 있다. 뚜렷한 공적을 남겨 그들의 업적을 기릴 수 있는 독립운동가들도 중요한 인물이지만, 그들의 그늘에서 묵묵히 뒷바라지를 하며 평생을 바친 인물들의 역할도 또한 소중한 것이다. 독립운동의 표면에 나서서 활동했건, 그늘에 숨어서 활동했건 간에 역사에서 사라져 가는 인물들을 다시 발굴해 내어 그들의 발자취를 더듬어 보는 것을 매우 뜻 깊은 일이라 할 수 있겠다. 왜냐하면 독립운동가 개개인에 대한 정밀한 인물연구를 통하여 당시 독립운동의 흐름을 좀 더 정확히 파악할 수 있기 때문이다.

본고에서 소개하고자 하는 박찬익도 평생을 통해 오로지 자주독립을 위해 헌신한 사람이다. 구한말에는 국내에서 보안회(保安會)나 신민회(新民會)에 직접 가담하였으며, 일제에 의해 국권이 강탈당한 뒤에는 만주로 망명하여 만주와 중국 여러 지역을 전전하면서 보냈다. 낯선 이국의 땅에서 교포들과 우리의 독립을 위해 교육활동, 대종교 운동을 비롯하여 임시정부의 외사국장 (外事局長) 등의 직책을 맡아 적극적으로 중국과의 외교관계를 위해 활동했 다. 또한 일제로부터 드디어 해방이 되었는데도 그립던 조국에 곧 바로 돌아 오지 못하고 대한민국 임시정부 주화대표단(駐華代表團)의 단장이 되어 중국 과 만주에 남아 있던 한교(韓僑)들을 보호하고 그들을 귀국시키는 데 온갖 노력을 아끼지 않았다.

박찬익의 헌신적인 독립운동에도 불구하고 그에 관한 많은 연구는 필자가 간단히 소개했던 것 외에는[1] 찾아 볼 수 없으며 다만 그에 관한 전기류[2]가 나와 있을 뿐이다. 이제 본고를 통해 그의 생애와 활동, 업적을 추적하여 그에 대한 올바른 소개와 함께 평가를 시도해 보고자 한다.

---

1) 李延馥, 1989 ＜南坡 朴贊翊＞ ≪獨立運動家列傳≫한국일보사, pp.151~157.

2) 朴英晚, 1963 ≪주춧돌≫新太陽社 ; 南坡 朴贊翊傳記刊行委員會, 1989 ≪南坡 朴贊翊傳記≫乙酉文化社

1. 국내 활동과 만주 망명

1) 성장기

박찬익은 1884년 음력 1월 2일 경기도 파주군 주내면 파주리에서 태어났다. 그의 호는 남파이며 망명시에는 신분을 숨기기 위해 복순(濮純) 또는 복정일(濮精一)이라 하기도 했다. 그는 반남 박씨 시조인 고려 호장(戶長) 응주(應珠)의 26대 손이며, 조선 정조 때 우의정을 지낸 충헌공 종악(宗岳)의 6대 손으로 그의 가계는 대대로 문과에 급제하여 현관을 배출한 명문이었다. 종조부 박영진(朴泳鎭)이 현감을 지낸 적이 있으나 가세는 점점 기울어 대원군 집정기에 와서는 거의 퇴락 지경에 이르렀지만 향리에서는 여전히 박 정승댁으로 불리면서 명문으로 꼽혀왔다.

그런데 박찬익이 어려서부터 총명을 보이자 가문에서는 박찬익에게 가문 중흥의 기대를 모으게 되었다. 박찬익은 아버지의 권유로 종조부(從祖父)가 되는 박영진이 있는 서울 통인동으로 올라와 머물면서 구학문에 열중하는 한편 한말의 어지러운 정국을 직접 목도하며 많은 것을 느끼게 되었다.

박찬익이 태어난 1884년에는 청의 세력에 의존하는 민씨 정권이 개화정책 추진에 소극적이자 이에 불만을 품던 소수의 개화당 인사들이 갑신정변을 일으켰으나 청군이 개입하여 3일만에 실패로 끝났다. 이후 청의 정치적 간섭이 강화되고, 정치적 열세에 놓이게 된 일본은 이를 만회하기 위해 경제적 침투에 주력하였다. 그러는 동안 일본의 경제적 침투에 시달리던 농민들이 중심이 되어 이번에는 동학혁명운동이 일어났다.

박찬익이 10세가 되던 해(1894)에 일어난 동학혁명운동은 삼남지방을 휩쓸었고 파주에 있던 그의 집안도 일시적으로 피난을 해야 할 정도로 더욱 확산되었다. 정부에서는 이의 진압을 위해 청군의 파병을 요청하자 일본도 천진조약(天津條約)을 근거로 조선에 군대를 파견했다. 결국 조선에서는 청일 양국간의 전쟁이 일어났고, 여기서 승리한 일본의 영향을 받아 갑오개혁이 단행되었다. 이로써 청의 세력은 한반도에서 물러나고, 대신 일본이 정치적 우위를 차지하여 조선에 대한 내정간섭을 본격화시켰다.

일본의 간섭이 강화되자 일부 인사들은 러시아 세력에 접근하여 일본을 견제하려 했는데 반해 일본은 당시 친로파의 중심인 민왕비를 시해하고 친일내각을 구성하여 단발령을 강행하였다. 조선에서는 이에 분노하여 이번에는 유생들을 중심으로 전국적인 의병이 봉기하게 되었다.

그러자 고종도 일본을 기피하여 러시아 공사관으로 처소를 옮겼다. 이로써 조선에서는 친러내각이 조직되고 크게 자주성을 손상당하면서 러시아의 영향하에 많은 경제적 이권이 열강으로 넘어가고 조선은 다시 일본과 러시아의 대결장이 되어 버렸다.

이럴 즈음 조선의 선각자들을 미국에서 돌아 온 서재필을 중심으로 독립협회를 만들고 신문을 발행하여 독립의식을 고취하고 고종의 환궁 요구와 함께 민권운동을 활발히 전개했다. 고종도 이들의 요구를 받아들여 덕수궁으로 환궁하고는 곧 이어 대한제국을 선포함으로써(1897) 자주국으로서의 면모를 회복하고자 하였다.

독립협회가 의회 설치를 요구하는 등 활동이 활발해지자 이에 위협을 느낀 정부는 보부상을 중심으로 황국협회라는 어용단체를 만들어 독립협회와 대립하게 한 끝에 두 단체를 모두 해산시켰다. 독립협회가 비록 해산되었지만 (1898) 그 영향으로 잇따라 여러 신문이 창간되고 민중계몽과 배일운동을 벌이는 단체가 속속 등장하게 되었다.

이 무렵 서울로 올라 온 박찬익은 점점 험악해지는 일련의 정국의 추이와 일본인 상가에 진열된 그들의 발달된 문물을 보고는 쓰러져가는 국가의 장래를 염려하지 않을 수 없게 되었다. 그리하여 종전의 구학문만으로는 외세의 침투에 대항할 수 없음을 깨닫고 신학문을 배워 동열(同列)의 입장에서 외세에 대항해야 한다는 결심을 하였다. 그는 생업에는 귀천이 없으며 공업이 발달해야 국가가 부강해지고, 국가가 부강해져야만 외세에 멸시를 당하지 않을 것이라는 생각에서 아버지를 설득하여 상공학교에 입학했다.(1990)[3]

상공학교에서는 영어·일어 등 외국어는 물론 기하·대수학과 제도·공작·기계실습 등을 가르쳤는데 박찬익은 신학문에 대해 대단한 흥미를 갖고 공부하였다. 특히 일어에서 두각을 나타내어 '어학의 천재'라는 칭찬을 듣기도 했다. 그러나 2학년이 되던 해 가을 삼촌(衫村) 교사의 인솔로 상공학교의 학생들은 수학여행이라는 구실 아래 부산에 내려가 경부철도 준설 공사장에서 혹사당했다. 강제 노역에 시달리던 중에 박찬익은 삼촌(衫村) 교사를 구타하고 서울로 도망쳐 학교에서 퇴학 처분을 받았다. 후에 삼촌(衫村) 교사가 파면되어 복학하였지만 더욱 배일사상(排日思想)이 강해지고 일본인 교사들과 충돌이 잦아지면서 다시 퇴학을 당하고 말았다.

---

3) ≪南坡 朴贊翊傳記≫에 의하면 閔泳煥은 1898년에 興化學校와 商工學校를 세웠는데 商工學校는 명의상으로는 官立이었지만 사실상은 私立學校로 세워졌다고 밝히고 있다. 한편 善隣八十年史編纂委, 1978 ≪善隣八十年史≫및 서울工高七十年史編纂委, 1976 ≪서울工高七十年史≫에 의하면 商工學校는 1899년 5월 관립으로 설립되어 商科·工科를 두고 현재의 중국대사관 동편에 위치했었다고 한다. 학비는 전액 官費였 으나 實業敎育에 대한 몰이해로 학생 수가 많지 않아 30명에서 수 명에 그칠 뿐이었다. 1904년 6월 農商工學校로 확대·개편되었다가 1906년에 私立善隣商業學校·官立工業專習所(서울工業高等學校 전신)로 분리되었다. 商工學校는 소기의 목적을 거두지 못한 듯하며 따라서 졸업생이나 기타 기록이 전해지지 않아 朴贊翊과 관계되는 자료를 찾을 수 없다.

2) 독립운동에 투신

　그러는 가운데에도 조선은 망국의 모습을 더해 가기만 했다. 박찬익은 거리에서 연설하고 있던 상공학교 동기생인 박호원(朴好元)을 우연히 만나 그의 추천으로 보안회(保安會)에 가입함으로써[4] 조직적인 독립운동에 헌신하게 되는 계기를 마련하였다(1904). 보안회는 송수만(宋秀萬)·심상진(沈相震) 등이 유생들과 더불어 보국안민을 목표로 하여 일본의 황무지 개척권 요구안에 대한 반대운동 등을 하면서 대중 집회를 통해 자주의식을 일깨우는 활동을 전개하는 단체였다. 박찬익은 보안회에서 그의 문장 실력을 발휘하여 방(榜)이나 격문(檄文)을 짓는 일을 했다. 그러나 유신회(維新會)라는 친일어용단체가 만들어져 보안회를 탄압하자 보안회 활동도 중지되고 말았다.

　이듬해 일본은 을사조약을 강제 체결하고 통감부를 설치하여 조선의 외교권을 박탈해 버렸다. 각 국의 공사관이 서둘러 철수하고, 외국에 나가 있던 우리 공사관도 모두 돌아오니 사실상 조선은 주권을 상실한 채 국제무대에서 사라지게 된 것이다. 전국에서는 조약체결을 반대하는 상소와 의병이 잇따라 일어났고, 민영환·이한응 등 수 많은 인사가 순국으로써 조약을 반대하였다. <황성신문>에서는 장지연이 '시일야방성대곡'이라는 논설을 써서 망국을 애통했고, 고종도 조약의 무효를 선언하고 이를 국제무대에 알리기 위해 헤이그에 특사를 파견했다. 학교와 상점은 문을 닫는 등 전 민족이 조약을 반대하고 일본에 항거했다.

　일제 통감부가 국권회복운동을 점점 가혹하게 탄압하자 1907년 4월 미국에서 돌아온 안창호의 발기에 의해 비밀결사인 신민회(新民會)가 결성되었다.[5]

---

4) 朴贊翊의 保安會 활동은 자료가 거의 없어 사실 여부가 불분명하다. 여기서는 朴英晩의 ≪주춧돌≫을 참고로 하여 기술했음을 밝힌다.

신민회는 양기탁·전덕기·이동휘·이동녕·이갑·유동렬 등이 중심이 되어 궁극적으로 국권을 회복하여 자유독립국을 세우자는 것으로 이를 위해 실력을 양성하여 국민을 새롭게 계몽하자는 것이다. 민주주의 사상에 기초하여 국가의 주인은 국민이며, 국가의 부강은 국민의 부강에서 나온다는 생각을 기초로 하여 반드시 스스로의 힘으로 '자신(自新)'을 해야한다는 것이 신민회의 의도였다. '자신(自新)'을 위해 백성을 계발하고, 인재를 양성하고, 실업을 장려하고, 무관학교를 세워 독립 전쟁에 대비하는 등의 활동을 전개하였다.

박찬익은 그 즈음 국가의 주권 회복을 위해 자신의 할 일을 찾던 중 다시 박호원을 만나 신민회를 알게 되고, 그를 따라 엄격한 심사를 거쳐 신민회에 가입하였다(1907. 5). 신민회는 비밀결사인 만큼 누가 회원인지 서로 알지 못하게 조직되어져 있어 입회 전에 그가 과연 애국사상이 확고하고 독립운동에 헌신할 각오가 되어 있는지 일정 기간동안 행동을 관찰한 다음 엄선하고 있었다.

박찬익이 신민회에 가입하고 나서의 행적은 자세하지 못하다. 처음에는 상부의 지시에 의해 신민회가 가장 많이 침투되어 있는 관서·관북지방을 순회하면서 신민회 계열의 학교 설립 현황과 교육활동을 돌아보았다. 개성·해주를 거쳐 장연(長連)의 보강학교(保强學校), 안악(安岳)의 양산학교(楊山學校), 사리원(沙里院)·황주(黃州)·신막(新幕)을 지나 평양의 안산학교(安山學校), 안주(安州)의 안홍학교(安興學校), 남포(南浦)의 삼성학교(三省學校) 등 구석구석을 살피면서 조국의 독립을 쟁취하리라는 확신을 굳힐 수 있었다. 특히 활발한 교육사업과 산업운동은 그에게 큰 영향을 주어 1908년 공업전습소(工業傳習所)에 입교하는 계기를 준 것 같다.

---

5) 新民會에 관한 사항은 慎鏞廈, 1985 ≪韓國民族獨立運動史研究≫乙酉文化社를 참조.

당시 박찬익에게 부여된 임무는 신민회 창립목적의 하나인, '회원이 산재한 구역은 연락 기관을 두어 연락·교통을 긴밀히 하려고 한다.'는 것과 관계가 있다고 보여 진다. 그 때 그 때 사람을 소개받아 한 장소에서 얼마씩 시간을 보내면서 다른 활동이 없었던 것으로 보여 지기 때문이다. 즉 활발히 전개되는 서북지방의 신민회 활동에 서로의 정보를 제공하고 간접적으로 자문역할을 수행했을 것이다.

서북지방을 돌고 박찬익이 서울로 돌아왔을 무렵 고종은 헤이그 특사를 파견해 을사조약의 무효를 세계에 호소하려 했지만 실패로 돌아가고, 이를 구실로 일제는 고종을 강제 퇴위시키고 순종을 즉위시켰다. 이어서 일제가 강제로 군대를 해산시키자 해산된 군인들이 무기를 들고 나와 의병에 가세함으로써 의병은 더욱 격화되었다.

국가의 위기, 일본의 경제침투가 더욱 심해지는 가운데 서북지방을 돌아보고 온 박찬익은 깊은 생각 끝에 관립공업전습소(官立工業傳習所)[6]에 들어가 방직공부를 하여 방직공장을 세우려는 결심을 하였다. 일본 상품이 판을 치는 상황이 계속되면 일제의 경제적 침식과 착취를 면할 수 없으므로 우리의 산업을 직접 일으켜 보겠다는 의지였다. 1908년 박찬익은 안창호를 만나 자신의 결심을 밝히고 그의 후원으로 입학하여 학업에 전념했다.[7] 이미 한문과 일어에 능통하고 상공학교에서 배운 것이 바탕이 되어 월등한 성적을 유지하여 3년만인 1910년 3월 31일 최우등으로 공업전습소 염직과를 졸업했다.[8]

---

6) ≪서울工高七十年史≫에 의하면 工業專習所는 商工學校의 후신, 서울工高의 전신으로 당시 梨花洞의 駱駝山(一名 駱山)에 위치했으며 염직·도기·금공·목공·응용화학·토목 등의 6개 학과가 설치되었다고 한다.
7) 朴英晚, 1963 ≪주춧돌≫참조.
8) ≪서울工高七十年史≫부록 동창회원 명단에 의하면 朴贊翊은 염직과 3회 졸업생 명단의 맨 처음에 나온다.

한편 박찬익은 1908년 9월 공업전습소 안에서 전습소 학생 127명을 회원으로 하고, 신규식·양기탁·남궁억·신채호·안창호·김윤식·김규식·오세창 등 당시 유명인사 147명을 찬성원(후원자)으로 하여 공업연구회(工業研究會)를 조직, 재학 기간 동안 줄곧 회장이 되어 이끌었다. 이는 조직적인 공업연구의 필요성을 깨달아 연구의 성과와 의견을 서로 교환하면서 백성의 부와 국가의 부강에는 공업이 필수적이라는 생각에서 출발한 단체였다.[9] 박찬익은 자신의 연구성과를 강연하고 거기에서 발행하는 학회지인 ≪공업계≫에 '색채의 리(理)와 염료의 혼합법'이란 제목으로 논문을 발표하기도 했다.[10]

박찬익은 공업전습소를 졸업할 무렵 그의 재주를 아껴 일본인 교장 야전충장(野田忠藏)[11]이 그에게 일본 유학을 권유하였으나 이를 거절하고 박찬익은 방직공장 설립에 힘을 기울이기로 했다.

박찬익은 방직공장 건설에 주력하면서 그 무렵 대종교에 입교하였다(1910).[12] 대종교는 1909년 나철·오기호 등이 주축이 되어 '단군태황조신위'를 모시고서, 국운의 회복은 어느 애국정객 몇 사람의 힘으로 되는 것이 아니라 전민족의 일치 단합된 힘으로써만 가능하다고 판단하고, 이를 가능하게 할 민족정신의 부활을 민족종교의 중광(重光)을 통해서 실현하자는 취지로 창립된 것이다.[13] 민족종교의 창시는 구국투쟁의 한 방법으로 단군을 구심점으로 하여 정신적 결속을 꾀함과 아울러 대일투쟁에 참여할 인구를 저변

---

9) 工業研究會, 1909 ≪工業界≫1호, p.53.

10) 工業研究會, 1909 ≪工業界≫1호, pp.13~15.

11) ≪서울工高七十年史≫에 의하면 초대 교장으로 되어 있다.

12) 대종교 총본사, 開元 4428 ≪大倧敎重光60年史≫, pp.635~636.

13) 국사편찬위원회, 1987 ≪한민족독립운동사≫2, pp.397~430.

확대할 수 있다는 의미에서 신규식·조완구·이시영·조성환 등의 독립운동가들이 대거 참여하고 있었다. 이런 소식을 접한 박찬익도 공업전습소의 학생들과 함께 대종교에 입교하게 되었던 것이다.

3) 만주망명

박찬익이 방직공장 설립을 위해 동분서주하고 다녔지만 일제의 경제침략 정책에 따라 방직공장 설립의 허가가 보류되고 있었다. 이 무렵 조선은 통치권이 완전히 일제에게 넘어가는 경술국치(庚戌國恥)를 당하고야 말았다. 전 민족이 절망감에 빠져있는데 동년 12월 일제는 소위 '사내(寺內) 총독 암살미수사건(安岳事件)'을 조작하여 안명근 외 160여 명을 검거하는 등 민족운동에 대한 탄압을 더욱 강화하였다. 결국 105인이 재판에 회부되어 형을 받게 되었다.[14] 이듬해 1911년 1월에는 '양기탁등보안법위반사건(梁起鐸等保安法違反事件)'을 만들어 서울에서 33명의 애국계몽 운동가들을 체포했다.[15] 이로써 신민회는 중앙본부의 기능이 마비되어 국내에서는 실질상 해체상태에 들어가게 되었다.

박찬익은 같이 활동하던 박승익·김원근·조열·심근 등이 일본 경찰에 발각되어 탄압이 가해지자 1910년 12월 방직공장 설립을 단념한 채 만주 용정(龍井)으로 망명하였다. 이미 이때에는 민족지도자에 대한 일제의 감시가 강화되자 안창호·이동녕·이동휘·이시영 등이 각지로 망명의 길을 떠나고 있었던 상황이었다.

---

14) 尹慶老, 1988 ≪「105人事件」을 통해 본 新民會研究≫高麗大學校博士學位論文, pp.6~35.
15) 김필자, 1988 ≪梁起鐸의 民族運動≫지구문화사, p.61.

박찬익은 만주에서 교육을 통한 민족운동의 전개를 목적으로 삼고 몇달 동안 중국어 체득에 열중하여 그의 타고난 어학적 재질 덕분에 곧 중국어를 능통하게 구사하게 되자 처음에는 중국관립학교(中國官立學校) 교원이 되었다.16) 그것은 중국에 망명한 이상 중국인의 협조와 이해를 얻어야만 목적한 독립투쟁도 효과적으로 수행할 수 있다고 생각한 까닭이며 그러기 위해서는 중국어와 그들의 관습·심리를 이해할 필요가 있었기 때문이다.

이를 바탕으로 1912년 중국 관헌의 지지를 얻어 화룡현(和龍縣) 삼도구(三道溝) 청파동(靑坡洞)에 한인학교(韓人學校)인 청일학교(淸一學校)를 설립하여 교육을 통한 민족운동을 적극적으로 펼쳤다. 이때부터 본격적인 구국운동을 다각적으로 전개하였는데, 김좌진과 접촉하여 직접적인 항일투쟁에 가담하였으며, 대종교에서도 정교(正敎)라는 직책을 맡아서 대종교를 통한 민족운동도 활발히 펴나갔다.17) 당시 만주에서는 대종교의 세력이 크게 팽창하고 있었으며 이에 따라 일본인의 주목을 받게 되자 중국 정부에서도 이러한 추세를 저지하려고 힘썼다.

이러한 상황에서 박찬익은 지기였던 중국인 교육감의 소개로 당시의 성장(省長)이자 독군(督軍)이었던 장작상(張作相)을 길림(吉林)에서 만났다. 박찬익은 그에게 대종교운동은 하나의 민족운동이며 이것은 곧 한국의 독립운동이라고 설득하여 북간도 지역에서의 대종교 탄압을 중지하도록 했다. 이런 활동으로 인하여 그는 일본 경찰의 심한 감시를 받게 되었고 만주를 떠나 상해로 가게 되었다.

상해에서는 이미 신규식이 중국의 혁명과 한국독립운동의 연대성을 확인하

---

16) 趙昌容의 ≪白農實記≫(未刊) 중의 北間島視察記 壬子年(1912) 3월 16일에 의하면 龍井市 中國官立學堂에서 朴贊翊을 만났다는 기록을 볼 수 있음.
17) ≪獨立新聞≫ 1920년 1월 1일자.

고 양국의 뜻 있는 청년들을 지도 육성할 목적으로 동제사(同濟社)를 조직하고 있었다. 동제사는 신규식 외에 박은식·신채호·홍명희·조소앙·문일평 등이 중심인물로 활동하고 있었는데 3백여 명에 이르는 사원을 확보하고 구미 등 해외 각지에 분사를 두기도 했다. 또한 신규식은 당대 중국혁명지사들과 친근한 교제를 갖고 서로 독립혁명운동을 협조함은 물론 한·중 양국의 지사·청년들로 신아동제사(新亞同濟社)·환구중국학생회(環球中國學生會) 등 단체를 조직 운영하여 공동 대처하고 있었다. 이러한 한·중 지사들의 친선협조 관계는 뒤에 대한민국임시정부가 성립된 다음에도 더욱 양국의 관계를 돈독히 하는 계기를 마련해 주었다.[18]

박찬익은 그가 공업전습소 재학 중 공업연구회를 뒤에서 후원해 준 인물로서 신규식을 이미 익히 알고 있던 터라, 상해에 오자 곧 신규식의 권유로 후진 양성 및 중국혁명가들과의 교제에 뜻을 두고 1914년 동제사에 가입하여 활동하면서 이 조직을 독립운동의 중심기구로 발전시켜 나갔다. 이와 함께 본국에서 독립운동을 지원하고 호응할 조직을 건설할 필요성을 절실히 깨닫고 동제사의 국내 설치를 단행하기에 이르렀다. 1917년 박찬익은 신규식의 위촉으로 국내에 잠입했다. 입국의 목적은 동제사에 호응할 국내 조직의 건설, 독립운동 자금의 조달, 박영효의 망명권유 등이었다.[19] 박영효에 대한 망명권유는 실패했지만 대신 국내유지였던 정두화(鄭斗和)로부터 자금조달을 받을 수 있었다.[20]

그는 다시 일경의 감시를 피해 북간도를 지나 상해·길림·봉천 등지로 전거하면서 광복 운동을 전개하였고 이때부터 중국명 복정일을 사용하며 행

---

18) 閔石麟, 1955 〈申圭植先生略傳〉《韓國魂》 睨觀先生紀念會 臺北, pp.72~73.
19) 南坡 朴贊翊傳記刊行委員會, 1989 《南坡 朴贊翊傳記》, p.11.
20) 鄭元澤, 1984 〈志山外遊日誌〉《獨立運動史資料集》 8, pp.440~442.

세하였다. 또 신흥무관학교 창립에 참가하였으며, 서로군정서의 외교처장으로도 활약했다. 1917년에는 북경에서 이시영·이동녕·신규식 등과 함께 원세개(袁世凱)를 만나 한교(韓僑)의 지위 보장을 약속받았다.

박찬익은 이듬해에 또 손문(孫文)을 만나 신규식과 함께 북벌에 참가하였으며, 신해혁명(辛亥革命)이 성공함으로써 동맹회(同盟會)의 지도급 인사들과도 가깝게 되어 중국의 여러 무관학교에 한국 청년들을 입교시켜 독립군 간부를 양성할 수 있게 했다.

1919년 1월 24일 길림에 있는 여준(呂準)의 집에서 박찬익을 비롯하여 조소앙·황상규·김좌진·손일민 등은 그 간의 독립운동 정황을 설명하고 앞으로의 운동을 어떻게 전개할 것인가를 놓고 많은 토론을 벌였다. 신규식과 박찬익은 자신들이 도모하려 했던 바를 밝히고 독립의군부(獨立義軍府)의 설립과 독립선언서 작성을 제안했다. 이 제안은 크게 지지를 받아 1월 27일 여준을 총재로 하여 독립의군부를 조직하고 박찬익에게는 총무 겸 외무를 담당하는 책임이 주어졌다.21) 독립의군부는 곧 활동을 개시하여 다음과 같은 4가지의 임무를 정했다.

① 상해에 길림 대표를 파견하여 연락을 취할 것.
② 마필(馬匹)과 무기를 구입할 것.
③ 근지(近地) 각처와 구미에 선언서를 발송할 것.
④ 서북간도와 벌영에 민속한 연락을 취할 것.

이 4가지 임무 수행을 위해 조소앙은 상해로 출발했고, 김좌진 등은 마필·군기 구입을 위해 노령으로 향했다. 그리고 성낙신·김일문은 서북간도와의

---

21) 南坡 朴贊翊傳記刊行委員會, 1989 《南坡 朴贊翊傳記》, pp.433~434.

연락을 위해, 정운해는 자금 조달을 위해 국내로 들어갔다. 선언서의 발송은 정원택이 맡았다.

이 선언서가 대한독립선언서(大韓獨立宣言書), 즉 무오독립선언서(戊午獨立宣言書)로 길림·상해·북간도·서간도·미주·노령·북경 등에 거주하던 각 지역 교포사회의 지도급 인사 39명의 이름으로 발기된 것인데, 발기인 명단에는 물론 박찬익의 이름도 포함되어 있었다.[22] 박찬익은 신규식의 비밀지령을 받고 서북간도·노령 등지에 선언서를 작성 배포하고 파리평화회의에도 '한국 민족은 한국의 독립을 원한다.'는 내용의 전문을 보내 한국독립의 지지를 청원했다.[23] 이것이 이른바 1919년의 동경 2·8 독립선언, 3·1 독립선언의 효시가 되는 무오독립선언서인 것이다.

2. 대한민국 임시정부와 박찬익

1) 외사국장과 광동주재대표

1919년의 3·1 운동은 일제의 극악한 식민지 폭압 통치에 저항한 전민족적 투쟁이었다. 이는 윌슨의 '민족자결주의'에 자극된 몇몇 지식인들만의 운동이 아니라, 각계 각층의 모든 민중이 일치 단결된 거족적인 민족운동이었다. 이에 대해 일제는 무자비한 살상과 검거로 탄압을 강화했지만, 독립만세운동은 곧 만주·중국·시베리아·미국·하와이 등에서도 일어나 일제 식민통치의 잔학상을 더욱 세계에 폭로시키게 되었다. 3·1 운동이라는 전민족

---

22) 송우혜, 1988 <대한독립선언서 '세칭「무오독립선언서」'의 실체-발표시기의 규명과 내용 분석-> ≪역사비평≫여름호, p.156.
23) 鄭元澤, 1984 <志山外遊日誌> ≪獨立運動史資料集≫, pp.427~428.

적 저항 투쟁을 거치면서 그만큼 한민족은 새로운 사회, 민주공화국 건설을 위한 적극적인 목표를 설정하게 되었다. 이는 민중의 의식을 각성시켜서 민족의 독립운동은 복벽운동의 차원을 넘어서서 민주공화국의 수립을 지향하게 한 것이다. 이를 위해 독립운동의 구심점이 필요했으며 새로운 민주공화국 건설을 주도할 임시정부의 설립이 절실히 요청되었다.

임시정부의 설립은 상해정부(上海政府)·한성정부(漢城政府) 외에도 블라디보스톡에 손병희를 대통령으로 하여 대한국민의회(大韓國民議會)가 조직되어 있었다. 그러나 대한국민의회는 이동휘가 상해측과 협의하여 상해정부와 통합을 이룸으로써 해체되었다. 한성정부는 1919년 4월 23일 한남수·김사국·이규갑·김규 등이 인천 만국공원에서 수립을 선포한 것이다. 박찬익은 한성정부의 평정관(評政官)으로 참여했다.24) 그러나 민족운동의 대열을 일체화하는 것이 중요한 일이기에 상해정부와 한성정부의 통합작업이 이루어져 결국 상해정부가 대한민국임시정부로서의 임무를 맡게 되었다.

상해정부는 이전에 이미 3·1 운동의 소식이 전해지자, 상해에 있던 여운형·장덕수 등은 상해 프랑스 조계에 사무소를 설치하여 중국 각계와 외국 신문들에게 한인독립혁명과 관계있는 선언문을 발송하였다.25) 또한 이동녕·김구·이시영·조성환 등 미국·일본·한국·시베리아 등지로부터 많은 한국인들이 상해로 몰려들어 1919년 4월 13일 정부의 수립을 정식으로 공포했다.26) 동월 17일에는 프랑스 조계 당국의 묵인 아래 하비로(霞飛路)

---

24) 李延馥, 1982 ≪大韓民國臨時政府(1919~1948)硏究-그 組織과 活動을 中心으로-≫慶熙大學校博士學位論文, p.13.
25) 國史編纂委員會, 1965 ≪韓國獨立運動史≫Ⅲ, p.8.
26) 李延馥, 1982 ≪大韓民國臨時政府(1919~1948)硏究-그 組織과 活動을 中心으로-≫慶熙大學校博士學位論文, p.10.

460호에서 정무를 시작했다.

상해·한성·블라디보스톡의 3정부가 모두 통합되자 1919년 9월 6일, 8장 56조로 된 <대한민국임시헌법>을 발표하였으며, 임시대통령에 이승만을 선출하였으며, 9월 11일에는 국무원을 개편했다. 이때 박찬익은 경기도 임시의정원 의원으로 피선되었다.[27]

한편 정의단(正義團) 단장이던 서일이 1919년 8월 7일에 왕청현(汪淸縣)에서 현천묵·김좌진과 함께 대한군정부(大韓軍政府)를 조직하여, 만주에서의 임시정부로서 교민들의 자치와 무장활동을 전개했다. 그러자 그들과도 교의가 깊은 박찬익은 임시정부에 활약하면서도 대한군정부의 외교처장이라는 중임도 맡았다. 박찬익이 임시정부와 대한 군정부 사이에서 외교활동을 펼친 결과 동년 12월 대한 군정부는 임시정부의 산하단체로 흡수되게 되었다. 대신 대한군정부는 대한군정서(大韓軍政署)로 개칭되는데, 이는 상해임시정부의 '정부'와 대한군정부의 '정부'가 중첩되어 2개의 정부가 존재한다는 오해를 살 소지가 있었기 때문이었다. 그런데 대한민국임시정부에서는 이미 서간도의 독립단체에 대해 서로군정서(西路軍政署)라는 명칭을 보낸 바 있기에 북간도의 대한군정서에 대해서는 북로군정서라는 별칭을 보내 주었던 것이다.

그런데 당시 국무총리이던 이동휘와 외무총장 박용만이 타방(他方)으로 감에 따라 국무원이 다시 개편되어 중국과의 외교술에 능한 신규식이 국무총리 겸 외무총장을 맡게 되었는데, 그를 보좌했던 박찬익은 외무차장대리 겸 외사국장이 되어 외교 임무를 전담하게 되었다(1921.7.7).[28] 신규식은 국민당의 초기부터 손문 등 중국 요인들과 두터운 친교관계를 맺어왔지만 중국어에 능

---

27) ≪獨立新聞≫1921년 4월 9일자.
28) ≪獨立新聞≫ 1921년 8월 15일자.

통하지는 못했다. 따라서 신규식으로서는 자신을 보좌해 줄 사람이 필요했고, 마침 정원택의 추천도 있어서 중국어에 능통한 박찬익을 상해로 불러들여 임무를 부여한 것이다.

신규식과 박찬익은 그 이전에도 함께 국내에 잠입하거나, 만주 독립군 건설에 힘을 기울이고, 북벌에도 참가했었다. 임시정부가 수립될 때에는 신규식은 임시정부에 직접 참여하고, 박찬익은 신규식과 계속 연락을 취하면서 만주·북경 등지에서 임시정부와 독립군을 지원하고, 양자를 연결하는 역할을 수행하다가 청산리 전투 이후 임시정부의 활동에 본격적으로 참여하게 되었다. 당시 임시정부에 있어서는 중국과의 관계 개선이 중요한 외교업무였는데, 그 중책을 맡아 볼 사람으로는 신규식과 박찬익이 가장 적격자로 꼽혔던 것이다.

그런데 1921년 8월 임시정부의 재정이 궁핍해지자 박찬익은 안창호와 함께 '임시정부경제후원회(臨時政府經濟後援會)'를 조직하여 상해 및 재만 교포들로부터 군자금을 모금하였고, 조소앙과 함께 중국 국민정부 요인들에게 임시정부의 취지와 형편을 설명하여 원조를 요청하는 등 적극적인 활약을 전개하였다. 또한 그는 8월 13일에 태평양회의 외교후원회의 창립총회에서 간사로 선임된 이후 태평양회의·만국교육대회·세계 신문대표자회의에 참가하여 이승만 임시대통령의 외교활동도 뒷받침했다.29)

임시정부는 초기에는 중국과의 외교를 적극 전개할 수 없었다. 그 이유는 중국 자신이 제국주의의 침략 앞에서 반식민지 상태로 놓여 있었기에 남을 도울 형편이 못되었고, 또 하나는 중국이 남북으로 갈려, 북에는 북양 군벌을 중심으로 한 북경정부(北京政府)가 있었으며 남에는 손문을 중심으로 한 광동정부(廣東政府)가 있어 서로 대립하고 있었기 때문이다. 이때 임시정부는

---

29) 金正明, 1967 《朝鮮獨立運動》 Ⅱ(原書房), p.287.

남북의 어느 정부와 밀접한 관계를 맺느냐 하는 것이 문제였다. 광동의 호법 정부(護法政府)는 임시정부의 정치 노선과 비슷했기에 가까워 질 가능성이 있었으나, 우리 동포가 만주에 1백만 이상이 거주하고 있는 상태에서 독립운 동을 전개해야 되었기에 현실적으로 북경정부 즉 동삼성(東三省)의 만주 집 권자와의 관계도 무시할 수 없었다.

한편 광동정부(國民黨政府, 護法政府)는 북경정부에 항쟁하면서 강력한 정당정치를 구현했는데 손문이 이 정부의 주석이자 대총통 자리에 오르게 되 어 취임식을 거행하게 되었다. 이 식장에 대한민국임시정부의 외무총장인 신 규식이 박찬익을 대동하고 참석하면서 광동정부에 대해 적극적인 외교정책 을 폈다. 이를 위해 임시정부는 의정원의 정식결의를 거쳐 신규식을 전권사절 (全權使節) 특사로, 박찬익을 부사로, 민필호를 수행원으로 하여 참석시켰 다.30) 그리고 동년(1921) 11월에는 손문을 직접 만나 5개조의 외교국서를 전달했다. 이로써 상해 임시정부는 중국의 광동정부로부터 정식 승인을 받았 고, 이때부터 한·중의 친선외교 관계는 돈독하게 이어져 나가게 되었다. 이 와 함께 손문은 한국 학생을 중국의 군관학교에 입학시켜 독립운동의 지도자 로 양성하는데 동의했으며, 이외에도 태평양회의에 참석하고 있는 중국 대표 에게 임시정부에서 파견한 대표와 긴밀한 연락을 갖고 한국 독립 문제에 대한 선전과 호소를 강화하도록 지시할 것도 약속했다.31)

그러한 것보다 더 큰 성과는 한·중 양국간의 외교가 보다 지속적이고 긴 밀하게 이루어질 수 있도록 임시정부의 파견 대표가 광동에 상주하여 외교 업무를 수행하기로 합의하고 이에 따른 일체의 비용은 중국 정부가 부담하기

---

30) 國史編纂委員會, 1965 ≪韓國獨立運動史≫Ⅲ, p.60.
31) 閔石麟, 1955 ≪한국의 얼≫, p.98.

로 한 것이다. 이 결정에 따라 박찬익은 임시정부의 광동주재대표(廣東駐在代表)가 되고 1922년 2월 7일 특파교섭원에 피선되어 대중외교를 전담했다.[32] 이로부터 박찬익은 대중외교의 최일선에서 모든 책임을 맡고 활발한 활동을 수행하게 되었다.

박찬익이 맡은 광동주재대표는 여러 가지 면에서 중요한 의의를 갖는다.[33] 첫째, 상해임시정부가 법리상 유일하게 광동정부로부터 국제적 승인을 받았기에 광동주재대표는 임시정부의 국제외교에 있어 상징적으로 큰 의미를 가졌다. 둘째, 이러한 의미 외에도 광동정부와 부단한 관계를 가지면서 정치·경제·군사적 지원을 획득해 낸 것이다. 이를 위해 박찬익은 광동정부의 요인들과 깊고도 폭 넓은 우호관계를 유지했다.

또한 박찬익은 민간 차원에서의 한·중 우호관계를 발전시키는 데에도 힘을 기울였다. 이 무렵 중국 내에서도 한·중의 동반 관계를 위해-그것이 그들의 혁명 완수를 위한 실리적 계산에서 출발했다 하더라도-한국의 독립운동을 지원할 원한운동단체(援韓運動團體)가 여러 지역에서 조직되어 활동하고 있었다. 이러한 조직들은 또한 광동정부에 대하여도 주요한 찬조자들이었기에 박찬익은 그들과 친교를 맺고 한국독립을 위해 선전과 외교활동을 적극 전개했다.

한편 박찬익은 동포 청년들이 실력을 닦고 공부할 수 있도록 광동정부의 지원을 얻어 운남강무당(雲南講武堂) 등의 군관학교에 유학할 수 있는 길을 열어 주어 무장 투쟁에서 중요한 역할을 수행할 수 있게 했는데, 이범석·김종진 등은 바로 이 학교에서 공부했었던 것이다. 광동주재 대표자로서의 박찬

---

32) 독립운동사편찬위원회, 1972 《독립운동사》4, p.379.
33) 南坡 朴贊翊傳記刊行委員會, 1989 《南坡 朴贊翊 傳記》, pp.167~169.

익의 활동은 뜻밖에 손문이 의탁하고 있던 군벌 진형명(陳炯明)의 광동정부에 대한 반란으로 중단되었다. 진형명의 반란으로 손문과 장개석 등 주요 인물들이 해외로 망명하거나 외국 조계로 피신하는 사태가 발생하여 중국의 혁명 사업도 중단되었던 것이다. 이로 인해 임시정부의 외교적 활동도 타격을 받게 되어 박찬익은 상해로 돌아왔다.

2) 만주에서의 활동재개와 남경정부와의 관계

당시 만주에서는 자유시(自由市) 참변을 겪어 독립군을 재건해야 하는 일이 급선무였다. 김좌진으로부터 독립군 재건을 위한 요청을 받고 박찬익은 1925년 다시 만주로 갔다. 박찬익은 김좌진과 함께 신민부(新民府)를 창립하여 여기에서도 외교부 대중전임위원(對中傳任委員)이 되어 그의 외교 솜씨를 발휘 신민부에 어려운 사건이 발생할 때마다 헌신적으로 해결하려고 노력했다.

그런데 1925년 6월 11일 장작림(張作霖)의 북경정부와 일본군 사이에 삼시협정(三矢協定)이 체결되자 양국군은 북만주 일대의 한국독립운동을 탄압했다. 이로 인하여 다시 신민부의 활동에 위기가 닥쳤는데, 사실 삼시협정은 중국의 혁명세력은 물론이고 대부분의 중국인들이 타당치 않게 생각하던 것이다. 박찬익은 북경으로 가서 원세개를 만나고 주요 인사들에게 호소하였으며, 다시 중국 국민당 만주 책임자인 공패성(貢沛誠)을 만나 함께 반장작림 투쟁을 협의하고, 또한 백두산 부근의 유력한 마적단인 양우일(楊宇一) 부대와 제휴하는데도 성공했다.

박찬익의 노력으로 1927년 8월 왕청현(汪淸縣) 석두하자(石頭河子)에서 중대한 한·중 합작회의가 개최되었다. 한국에서는 박찬익·김좌진 등이 참여하였고, 중국 측 에서는 공패성·양우일, 그리고 3천여 명의 기병과 2만명의 군인을 거느린 악유준(岳維峻) 장군 등이 참여 했다. 이 회의의 결과 한·중연합군이 조직되어 명칭은 중앙군 제8로군이라 칭해지게 되었다. 공패성은 군자금과 무기 조달을 위해 노력했으나 장작림에게 기밀이 누설되어 결국 공패성이 체포되고 박찬익의 노력도 무산되었다. 그리고 장작림의 뒤를 이어 만주의 집권자가 된 장학량(張學良)은 1930년에 '토지조례'와 '입국조례'를 공포하고 나아가 한인 공산당에 대한 단속을 강화하여 한국인은 독립운동과 일상생활에서 모두 어려운 처지에 놓이게 되었다.

이에 앞서 임시정부에서는 1925년 3월 이승만이 불신을 받아 면직되고, 이후 임시정부는 국무령(國務領) 중심 지도체제로 되었다. 그리고 1926년 국무령이 된 김구가 혼란과 침체를 정리하고 강력한 민주정부 형태를 취하면서 중국 정부와도 긴밀한 협조체계를 갖추려 했다. 그 뒤 1927년 2월에는 3차 개헌을 통해 집단지도체제인 국무원(國務員) 중심 지도체제로 변경하여 이동영이 주석이 되어 이후 1940년까지 이 체계가 유지되었다.

한편 중국에서는 장개석(蔣介石)이 남경(南京)을 수도로 정하고 손문의 국민당의 정통성을 계승하는 국민정부를 수립했다(1927.4.18). 장개석은 군(軍)·당(黨)·국부(國府)를 장악하긴 했지만, 군벌들의 도전·일본의 제남점령·소련의 중국 국경 위협 및 중동철도(中東鐵道) 회수문제 등 겹치는 난제를 해결하는 것이 더 급박하였기에 한국의 독립을 지원하는 일에는 소홀할 수밖에 없었다.[34]

그러나 임시정부에서는 1930년 10월 ≪동삼성한교문제(東三省韓僑問題)≫

---

34) 李炫熙, 1988 <大韓民國臨時政府와 國民黨政府-相互外交政策關係를 중심으로-> ≪轉換期의 韓國社會≫金大煥博士回甲紀念論文集刊行委員會, pp.136~137.

라는 책자를 만들어 한국인의 처지와 한국독립운동의 상황을 자세히 기록하여 남경정부와 장학량에게는 물론 당시 국민당 간부 및 중국 정계 요인들에게 전달하여 대대적인 외교 활동을 전개했다. 1930년 11월 중국 국민당 제4차 집행위원회가 개최되어 장학량이 남경에 오게 되었을 때 박찬익은 조소앙과 함께 앞의 문서를 가지고 장개석·장학량과 교섭한 결과 중국 측으로부터 적당한 조치를 강구하겠다는 회답을 받았다. 그 후 1931년 5월 남경에서 독립운동에 대한 중국 정부와 국민당의 지원을 다시 요청했다. 이리하여 이른바 동삼성 한교문제는 좋은 방향으로 해결될 가능성이 보이기 시작했다.

그런데 1931년 9월 18일 만주사변이 일어나자 이를 계기로 중국 정부는 그때까지의 미온적인 태도를 버리고 한국독립을 적극적으로 지원하게 되었다. 중국은 일본에 대해서도 그들의 일본에 대한 경제적인 의존도가 높았기에 미온적이었는데, 이러한 국민당의 태도에 분개하여 상해에 주둔하던 중국 제19로군·5군이 일본에 공격하여 상해사변이 일어나고, 학생들도 극렬한 시위를 전개했었던 것이다.[35]

그러는 가운데 1932년 4월 윤봉길 의사의 의거가 상해 홍구공원(虹口公園)에서 성공했다. 이는 바로 상해사변의 원흉들을 윤봉길이 대신 폭사시킨 것이다. 세계인의 관심을 일시에 집중시킨 이 의거는 한 때 만보산사건(萬寶山事件)으로 불편했던 한·중관계도 아울러 말끔히 씻어주었다. 그리고 김구는 신변의 위험에도 불구하고 일본 천황에게 폭탄을 던진 이봉창 의거와 이번의 윤봉길 의거는 자신이 주모자라는 내용의 성명서를 발표했다.

한편 박찬익은 즉시 김구의 피신처를 물색하는 등 신속한 후속조치를 취하

---

35) 李炫熙, 1988 <大韓民國臨時政府와 國民黨政府-相互外交政策關係를 중심으로-> ≪轉換期의 韓國社會≫金大煥博士回甲紀念論文集刊行委員會, p.138.

였다.36) 그의 외교술을 발휘되어 중국 측으로부터 송미령(宋美齡)이 10만원을 내는 등 각지에서 경제적 원조가 쇄도하자 임시정부 자체에 침체와 안일을 뛰어넘는 활력소를 불어넣게 되었으며, 중국으로서도 자기네들 문제로 미쳐 소홀히 했던 임시정부에 대한 지원을 보다 확실히 하게 되었다.

중국에서는 윤봉길의 의거로 임시정부에 대한 신망이 높아짐에 따라 장개석은 임시정부와의 교섭을 원했다. 그래서 장개석은 중국 국민당 조직부장인 진과부(陳果夫)를 통해 김구를 만나자고 했다. 이리하여 박찬익이 김구와 함께 1932년 5월 남경중앙군관학교(南京中央軍官學校)에서 장개석을 만나는 역사적인 한·중 회견이 이루어졌다.37)

이 회담에서 임시정부는 ① 한국독립운동을 물심양면으로 적극 도와줄 것, ② 중국 교육 기관에서 한국 청년의 교육을 해줄 것, ③ 만주에 있는 독립운동자의 지원과 교포의 보호 등을 확약 받았다. 이 결정에 따라 낙양(洛陽)에 있는 중국군관 학교 낙양 분교에 한국인 간부 교육 중대가 설치되어 한국 청년 100여명이 교육을 받게 되면서 독립운동 재건의 기틀을 잡아갔다. 또 중국 측에서는 한국독립운동의 지원을 위해 임시정부에 군자금을 제공했다. 이 원조비를 초기에는 박찬익이 받아왔고, 후에는 안공근(安恭根)이 대신했다.

동년 11월 박찬익이 오문(澳門)에 피신했을 때에는 당시 상해 동북의용군(東北義勇軍) 후원회장 왕보진(王葆眞)이 광동으로 가는 도중 박찬익을 방문했다. 이때 왕보진은 박찬익이 주선하여 김구·안공근과 함께 한·중협회의 설립을 결의했다. 그리하여 종전의 '임시정부경제후원회'를 '한중연합동화의용군대회(韓中聯合東和義勇軍大會)'라고 고쳐서 한·중합작의 항일전을 펼

---

36) 정정화, 1987 ≪녹두꽃-여자독립군 정정화의 낮은 목소리-≫, p.38.
37) 金九, 1979 ≪白凡逸志≫ 敎文社, pp.253~254.

것을 명백히 하여 광동에 본거지를 두고 김구·왕보진·황명당(黃明堂)이 위원이 되어 동북의용군 후원기금을 모으는데 힘썼다.

3) 임시의정원 의원 재취임과 법무부장

1937년 7월 노구교(蘆溝橋) 사건이 원인이 되어 중일전쟁이 발발했다. 일본과의 전쟁에 소극적이던 중국이 싫든 좋든 일본과 일전을 치루게 된 것은 한국독립운동의 조건을 한층 유리하게 작용시켰다. 중국정부가 표면적으로라도 가장 적극적인 지원을 하게 된 것도 중·일 전쟁 이후였던 것이다. 중국으로서도 한국 독립운동가들이 나서서 특수공작 작전을 해줄 것을 기대했기 때문이다. 임시정부에서는 국무회의를 개최하여 항일전에 참전할 것을 공식화하고 김구는 휘하의 공작대를 보안(保安)과 천진(天津)으로 보내 항일전에 참전케 하면서 일본에 대한 정보공작에 적극 협조했다. 그리고 또 김구는 한독당(韓獨黨) 등 9개 단체를 연합하여 광복진선(光復陳線)을 결성하여 주체기관화(主體機關化) 했다. 중국 정부가 사천성(四川省)으로 소산(疏散)하자 임시정부도 1937년 11월에는 한구(漢口)로, 1938년 2월에는 호남성(湖南省) 장사(長沙)로, 1938년 7월에는 광동성(廣東省) 광주(廣州)로, 동 10월에는 광서성(廣西省) 유주(柳州)로 이동했다. 그리고 광선청년공작대(光線靑年工作隊)를 조직하여 광서(廣西) 남쪽에서 중국을 지원하도록 조치했다.

1939년 5월에는 임시정부가 다시 사천성(四川省) 기강(綦江)에 자리 잡게 되었다. 기강에 도착한 후 임시정부가 한 일은 임시의정원(臨時議政院) 의원의 증보선(增補選)과 임시정부를 개조하는 일이었다. 1932년 윤봉길 의거 이후 임시정부가 유랑 전전한 까닭에 임시의정원의 의원 수는 34인에서 15인으로 줄어들어 있었다. 동년 10월 임시정부는 5차 내각을 출범시키는데 한국국

민당의 이동녕·이시영·김구·차이석·조성환·송병조·조완구 등 7인
은 그대로 유임시키고, 조선혁명당의 이청천·유동열, 한국독립당의 조소
앙·홍진 등 모두 11인의 국무위원을 임명했다. 그리고 13인의 의정원을 보
강했는데 박찬익은 중령대표(中領代表)로 임시의정원 의원에 피선되었다. 이
것은 박찬익으로서 5년 만에 공직을 맡은 것이고, 1921년 의원을 지냈었다가
18년 만에 의원직에 복직한 셈이다.[38] 박찬익은 기강에서 김구를 도와 본격
적인 활동을 개시하게 됨으로써 외교뿐만 아니라 그의 정치적인 위치도 뚜렷
해지게 되었다.[39]

　1940년 9월 임시정부는 중경(重慶)으로 옮겼다. 이 무렵 한국국민당(韓國
國民黨) 공작원으로부터 주요 정보가 들어왔다. 즉 화북(華北) 지방에 주둔한
일본군 중에 한국인 사병이 적지 않은데, 이들 중 많은 수가 일본군에서 탈출
하여 독립운동에 참여하려 한다는 것이었다. 김구와 박찬익은 일본군 내의
한국인 사병들을 빼내어 광복군을 결성하여 항일전쟁을 수행해야겠다는 계
획을 갖게 되고 이것은 곧 실행으로 옮겨졌다. 그리고 이 준비를 위해 기강(綦
江)에서 중경으로 옮겨온 것이다. 김구를 중심으로 박찬익·이청천·이범
석·유동열·김학규·조경한(=안훈)등이 중심이 되어 의논에 의논을 거듭
하면서 확실히 준비했다. 박찬익은 중국 문장에 있어서 누구보다도 뛰어났기
에 중국 국민당정부에 보내는 광복군 창설에 관한 의견서나 계획서, 임시정부
의 공문 등을 작성했다. 드디어 1940년 9월 17일 장개석의 승인 아래 광복군
이 창설되었다.

　이를 마치고 동년 10월 임시정부는 곧 정기 의정원 회의를 열어 임시정부

---

38) 國史編纂委員會, 1968 〈大韓民國臨時政府 제31회 議事錄〉 《韓國獨立運動史 資料》
　　Ⅰ, p.89.
39) 白昌燮·張虎崗, 1987 《抗日獨立運動史》, p.254.

를 전시체제로 개편했다. 이때 4차 개헌으로 주석(主席) 중심 지도체제로 변경하면서 김구를 주석으로 선출하였는데, 이는 1944년 5차 개헌 때까지 지속되었다. 이와 함께 국무위원도 선출했는데 박찬익을 비롯하여 이시영·조성환·조완구·조소앙·송병조·차이석 등 7인이 선출되었다.[40]

이어 열린 국무위원회에서는 각 국무위원의 부서를 결정하고 검사원장에 이상만, 참모총장에 유동열을 선출했는데, 박찬익은 여기에서 법무부장이라는 직책을 맡았다.[41] 박찬익이 임시정부의 법무부장이 되었으나 그가 대중외교의 일선에서 물러난 것을 결코 아니었다. 임시정부의 외무부장은 조소앙이 맡았지만, 조소앙은 주로 중국 외교부와 공식적인 관계와 중경 주재 외교사절과의 교섭을 담당했고, 국민당 요인들과의 교섭은 김구가 직접 관장하면서 박찬익이 실무를 맡았던 것이다.

박찬익이 중경에서 한 일들을 보면 광복군 창설에 일익을 담당했던 것 외에도 임시정부의 유지비와 공작금으로서 총 9억 원(元)에 달하는 돈을 중국 정부로부터 끌어내어 임시정부 활동을 지탱시켰던 것이다. 또한 중경에 있는 한국독립운동자와 그 가족들에게 나눠 줄 배급미로서 평가미(平價米)라는 것을 매달 80섬씩 지급했다. 이밖에도 그가 정치적으로 비범한 수완을 가진 사람이란 것을 증명해 준 것으로는 바로 오당통일(五黨統一)의 작업에서 그 주역을 담당했다는 점이다.

그가 외교 일선에서 절실히 느낀 것은 우리 독립운동 진영의 통일과 단결이었다. 우리가 우선 통일되어 있어야 외국으로부터 보다 많은 지원과 도움을 얻을 수 있고, 힘 있는 외교 활동도 벌여 나갈 수 있는 것이다. 그는 1939년

---

40) 獨立運動史編纂委員會, 1972 《독립운동사》 4, p.820.
41) 獨立運動史編纂委員會, 1972 《독립운동사》 4, p.821.

김구와 김원봉의 좌우합작을 위해 노력했으며, 1940년에는 한국국민당(韓國國民黨)과 한국독립당(韓國獨立黨)·조선혁명당(朝鮮革命黨) 등 광복진선(光復陳線) 3당의 통일을 성취했었다. 그리고 독립운동 진영의 통일을 위해 남은 것은 임시정부 내의 여당인 한국독립당과 조선민족혁명당(朝鮮民族革命黨)·조선민족해방동맹(朝鮮民族解放同盟)·조선무정부주의자총연맹(朝鮮無政府主義者總聯盟)·신한민주당(新韓民主黨) 등 5당의 통일 작업이었다. 그런데 5당 통일에 있어 가장 지장을 준 것은 사실은 임시정부 안에서의 지위와 자리 배분 문제였다. 이에 박찬익은 자신이 맡고 있던 법무부장직을 사퇴하였다.[42]

세계대전이 막바지에 접어들 무렵인 1944년 4월 임시정부는 헌법을 개정하여 김구 중심의 주석·부주석 체제를 갖추면서 드디어 5당 통일에 성공하였다. 이로써 민족혁명당의 김규식이 부주석으로 선임된 이외에 같은 당의 김원봉·장건상과 조선민족해방동맹의 김성숙, 무정부주의자총연맹의 유림 등이 국무위원으로 선임되어 중경의 독립운동 진영은 임시정부를 중심으로 완전 통합을 이루게 된 것이다. 박찬익은 법무부장의 직을 사퇴했으나 무임소 국무위원에 선출되어[43] 다사다난했던 전시내각의 중책을 다시 맡게 되었다.

3. 주화대표단과 박찬익

1) 주화대표단 단장

전민족이 애타게 기다리는 해방이 되었다. 1945년 8월 15일 일본이 항복한

---

42) ≪朴南坡 贊翊先生 獨立運動闘爭經歷書≫ (油印本), pp.58~60.
43) 秋憲樹, 1971 ≪資料韓國獨立運動≫ Ⅰ 延世大出版部, pp.352~353.

것이다. 독립운동가들을 국내진입작전을 위해 수년간 피나는 노력을 기울여 왔는데 그 결실을 보기 바로 직전에 일본이 급작스럽게 항복한 것은 실로 충격적인 일이었다.

임시정부가 일제의 항복을 알게 된 것은 사실 8월 10일 이었다. 임시정부는 8월 13일 광복군 제2지대장 이범석을 광복군 국내정진군(國內挺進軍) 총사령관으로 임명, 8월 18일 국내로 출발시키는,[44) 한편 8월 17일부터 제39차 임시의정원 회의를 소집하여 입국문제를 토의했다. 여기에서 많은 논란이 있었지만 결국 김구 주석이, "서울에 들어가 전체 국민 앞에 정부를 내어 바칠 때까지 현상태로 가는 것이 옳다."는 강경한 주장에 의해 임시의정원과 임시정부는 모두 현 진영을 그대로 환국한 후 국민의 총의에 의해 재조직하기로 하고 중국에서의 현실 수습, 환국준비 등을 모두 국무위원회에 위임 수행하기로 결정했다. 그리고 8월 22일에는 김구 주석이 중국국민당 오철성(吳鐵城) 비서장을 방문하여 공산당 세력의 신장 방지, 임시정부의 즉시 정식승인을 요청했다.[45) 동 24일에는 장개석 총통에게 공한을 보내,

① 동맹 각국에 재차 임시정부를 승인토록 제의하고 최단시간 내 실현시켜 달라.
② 국내 질서가 혼란하니 신속히 미군 당국과 협상하여 임정요인이 입국할 수 있게 해 달라.
③ 중국 함락지구의 한교(韓僑)를 위무하고 국내동지와 상호 연락하기 위하여 중국 연해 각지에 기구를 설치함이 필요하다. 그 연락망을 조직하는데 협조해 달라.
④ 적군 중 한적(韓籍) 사병을 무장과 함께 광복군에 보내달라.

---

44) 李範奭, 1969 〈光復軍〉 《新東亞》 4월호, pp.188~202.
45) 秋憲樹 편, 1972 《資料 韓國獨立運動》 Ⅰ, 연세대학교출판부, p.460. ; 崔鍾健 譯, 1976 《大韓民國臨時政府文書輯覽》 知人社, p.159.

⑤ 수복지구 군정장관에게 한교(韓僑) 중 적에 붙어 악행을 한 자가 없지 않으니
잘 구별하여 선한 교민을 보호해 달라.
⑥ 중경 거주 한교(韓僑)를 우선 귀국시켜 달라.
⑦ 이상의 것을 실현하는데 필요한 화폐(華幣) 3억원을 발차(撥借)해 달라.46)

는 요청을 했다. 위의 ③ 항이 바로 주화대표단(駐華代表團)을 뜻한 것이라고
생각된다. 장개석은 대체로 이에 동의했고, 그에 따라 광복군을 확대하는 작
업은 이청천·김학규 등의 주도하에 진행되었다. 그러나 얼마 후 중국에서는
미국 정부의 의사라며 중경에 있는 임시정부와 광복군은 개인 자격으로 입국
하라는 통첩이 왔다. 그리고 중국 각 전구 사령관에게도 동일한 명령을 발하
여 우리 광복군의 무장을 회수해 갔다.

개인 자격의 귀국이라는 소식이 임시정부 요인들은 매우 분노하여 걸어서
라도 임시정부의 간판을 메고 가자는 주장을 펴기도 했다. 그러는 가운데 임
시정부의 환국만큼 또 중요한 것이 당시 400만으로 추정되는 재중교포들의
보호·구제문제와 일본군으로 징용되었다가 중국에서 포로가 된 10여 만의
동포 청년들을 중국 측으로부터 받아들여 광복군으로 편성하는 문제였다. 이
를 해결하기 위해 임시정부는 중국정부와 계속하여 외교적인 노력을 경주했
다. 특히 심각한 것은 만주의 상황이었으니 중국 땅에서 벌어진 오랫동안의
반일독립운동의 역사에도 불구하고 한교들이 일본 난민과 동등하게 취급 당
하는 일이 허다했기 때문이다. 게다가 1933년 이후로 임시정부와 만주와의
직접적인 연락은 거의 끊어진 상태였던 것이다.

당시 임시정부는 직접 만주로 가서 한교들을 보호해 줄 능력이 없었다. 그
래서 한국광복군 총사령부 설립 제5주년을 맞이하는 9월 17일에는 임시정부

---

46) 秋憲樹 편, 1972 ≪資料 韓國獨立運動≫ Ⅰ, 연세대학교출판부, pp.460~462.

의 주최로 중국 정부의 동북 지방 행정책임자들 20여 명에 대한 환송회를 개최하면서, 김구와 박찬익은 번갈아 동북 한교의 보호에 힘써 줄 것을 당부하기도 했다.[47]

그리고 9월 26일 김구와 박찬익은 장개석을 방문하여 전후수습책 7개항을 제시했는데 그 내용을 보면,

① 임시정부의 조속한 환국.
② 민선의 정식 민주정부를 수립토록 지원.
③ 400만 교포 중 악질친일분자를 제외하고는 관용을 베풀어 달라.
④ 중국국민당과 한국독립당 간의 대표 파견.
⑤ 한적 사병은 무장해제 후 광복군에 편입.
⑥ 중경 교민의 귀국 조치.
⑦ 중국 화폐 3억원 차관.

등이었다.[48] 이와 같이 한교문제는 여러 차례에 걸친 임시정부의 외교적 노력에 의해 원칙적인 합의를 보게 되었다. 이어서 김구는 10월 7일 중국의 오철성 비서장에게 '한국임시정부의 환국에 즈음하여 중국측에 제반지원을 요청하는 공함(公函)'을 보내면서, 그 중 넷째 항에서 '중경에 남아있는 우리 임시정부의 인원과 교민들의 뒷일을 잘 처리하기 위하여 박찬익과 민석린(閔石麟) 두 동지를 파견하여 귀당(貴黨) 및 귀정부(貴政府)와 긴밀히 연락하고 상의하여 교민의 환국문제와 각종 업무를 처리하도록 하겠아오니 이를 지원하여 줄 것'을 요청했다.[49] 이에 따라 10월 19일에 임시정부는 한국주화대표

---

47) 秋憲樹 편, 1972 ≪資料 韓國獨立運動≫ I, 연세대학교출판부, pp.487~488.
48) 秋憲樹 편, 1972 ≪資料 韓國獨立運動≫ I, 연세대학교출판부, pp.467~468.
49) 崔鐘健 편, 1976 ≪大韓民國臨時政府 文書輯覽≫, 知人社, p.167.

단을 별도로 설치하고 박찬익을 단장, 민석린을 대표로 임명하였다.[50)]

임시정부의 요인들 가운데 김구·김규식·이시영·김상덕·유동열·엄항섭 등 제1진이 11월 23일, 제2진은 12월 1일에 각기 상해를 떠나 환국했다. 그러나 박찬익은 1945년 11월 1일부터 정식으로 주화대표단의 사무를 시작하면서 환국의 대열에 낄 수가 없었다. 박찬익이 주화대표단의 단장을 맡게된 것은 전술했듯이 중국 외교부와의 공식적인 접촉은 조소앙이 외무부장으로서 담당했지만, 실권을 장악하고 있는 국민당 요인들과의 교섭은 모두 박찬익에 의해 실무가 이루어지고 있기 때문이었다. 박찬익 만큼 국민당 요인들과 오랜 교분을 가진 사람이 없었으며, 그는 또 청년 시절 신규식을 따라 손문의 북벌에 참여했었기에 국민당 요인들로부터 북벌동지로서의 예우를 받고있었던 때문이다. 그리하여 박찬익은 임시정부 귀국 후에 중국과의 연락, 교포들의 귀국문제를 맡아 처리하게 되었다.

한편 임시정부는 10월부터 교포에 대한 선무공작(宣撫工作)을 시작했다.[51)] 즉 중국을 화북(華北)·화중(華中)·화남(華南) 3지역으로 나누어 한교선무단(韓僑宣撫團)을 조직하여 각지의 한교를 조사·구호했다. 그리고 그 3지역의 한교선무단 단장으로는 각각 이광·이상만·이청천을 임명하였다. 한교선무단은 처음에는 임시정부 국무위원회 직속으로 설치되었지만 임시정부의 귀국 후에는 박찬익이 단장으로 있는 주화대표단의 지도 감독을 받도록 하였다.

주화대표단에 소속되었던 선무단과 그 분단 및 교민회를 보면 다음과 같다 (1946. 4. 1 현재).[52)]

---

50) 秋憲樹 편, 1972 ≪資料 韓國獨立運動≫ I , 연세대학교출판부, p.476.

51) 李延馥, 1987 <大韓民國臨時政府 駐華代表團에 대하여-資料紹介를 겸하여-> ≪慶熙史學≫14, pp.817~820.

<표 1> 韓國臨時政府 駐華代表團及 宣撫團○分團及 僑民會一覽

名　　　　　　稱	負責人	地　　　　　　　址	備　　考
駐華代表團	朴贊翊	重慶蓮花池前街四號	
華南區宣撫團	李靑天	南京市太平路一四四號	趙時元代
華中區宣撫團	李象萬	開對新興街三號	
華北區宣撫團	李　光	北平東單○鳳樓九號	
華北區韓僑宣撫團天津分團	李忠模	天津秋山街十六號	團長尹柱福
華北區韓僑宣撫團靑道分團	趙敬淵	靑道台東八號德合鐵尺敞	
華北區韓僑宣撫團太原分團	智一萬	太原新城街十一號	
華北區韓僑宣撫團平綏路分團	李慈海	○○○○市舊城雲華池後	
華北區韓僑宣撫團大同分團	李同植		
華北區韓僑宣撫團石家莊分團	池成沃		
華北區韓僑宣撫團上海分團	鮮于赫	上海北四川路新鄕街路一號	
華北區韓僑宣撫團武漢分團	權楊武	漢陽棲賢寺	
天津韓僑會	金贊亨	天津秋山街十六號	
上海僑民會	鮮于赫	上海北四川路新鄕街一號	
河內僑民會	田成和	河內市朝陳街一號	
廣州韓僑協會	崔宗昊	廣州沙面中興路三號	
開對韓僑協會	朴泰禮	開對新興路街三號	
東北大韓民團	羅金湧	長春東北行營收轉	
大同韓人會	申大吉	大東縣城內	
海南島韓人民聯合會	金元植	海南島海上	
瓜哇朝鮮人民會	崔浩善	吧城之經荷令一號	
北平韓僑會	金恩遠	北平東單棲鳳樓九號	
臨時政府東北代表部	崔明植	長春東北行營轉	
塘沽韓僑會	文武弘	河北搪沽	
太原韓僑會	李元吉	太原城內	
色頭韓僑會		色頭城內	

그리고 1945년 11월 1일부터 정식으로 창설된 대한민국임시정부주화대표단(大韓民國臨時政府駐華代表團)의 조직계통을 보면 다음 <표 2>와 같다.[53]

---

52) 李延馥, 1987 <大韓民國臨時政府 駐華代表團에 대하여-資料紹介를 겸하여-> ≪慶熙史學≫14, p.823.

53) 李延馥, 1987 <大韓民國臨時政府 駐華代表團에 대하여-資料紹介를 겸하여-> ≪慶熙史學≫14, p.826.

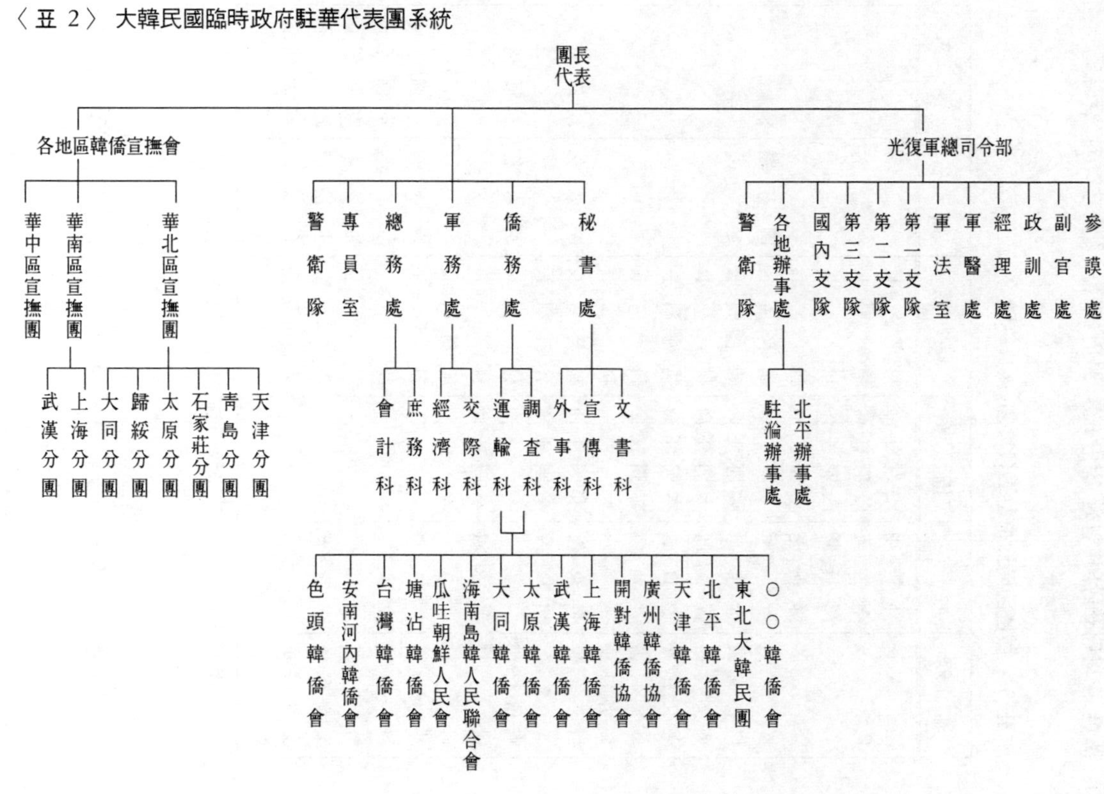

〈표 2〉 大韓民國臨時政府駐華代表團系統

또한 주화대표단의 인원 일람표를 보면 다음 <표 3>과 같다.[54]

<표 3> 韓國臨時政府駐華代表團 人員一覽

職　務	姓　名	備　考	職　務	姓　名	備　考
團　　　長	朴贊翊	政府任命	科　　　員		
代　　　表	李青天	政府任命	經理科長		
	閔石麟	政府任命	科　　　員		
顧　　　問	鄭逸庵	本團任命	科　　　員		
參　　　議	申　桓		僑務處長	閔石麟	暫　兼
秘書處長	金恩忠	政府任命	調査科長		
英文秘書	黃舜同	本團任命	科　　　員		
漢文秘書	金貞淑	本團任命	運輸科長		
華文秘書	唐乃○	本團任命	科　　　員		
文書科長			科　　　員		
科　　　員	金東傑	本團任命	總務處長	閔泳珠	政府任命
	胡俊卿	本團任命	會計科長		
宣傳科長			科　　　員	黃永植	本團任命
科　　　員	閔泳淑	本團任命	科　　　員		
科　　　員			庶務科長		
外事科長			科　　　長	李　鐸	本團任命
科　　　員				許志秀	本團任命
科　　　員				羅晟憲	本團任命
軍務處長	李青天		專　　　員	申松植	政府任命
交際科長			警衛分隊長	金○○	本團任命
科　　　員					

大韓民國 二十八年四月一日 韓國 臨時政府駐華代表團製

주화대표단은 1946년 4·5월 경 중경으로부터 그 위치를 남경으로 이전하

---

54) 李延馥, 1987 <大韓民國臨時政府 駐華代表團에 대하여-資料紹介를 겸하여-> ≪慶熙
史學≫14, pp.825~826.

였다. 그리고 이어 1947년 1월 1일부터는 그 명칭을 한국주화대표단(韓國駐華代表團)으로 변경하고 1948년 8월 10일까지 그 임무를 계속했다. 2년 10개월에 걸친 주화대표단의 활동은 400만에 달하는 한교의 현황 파악에서부터 보호·처우개선·농자금의 임대·송환·진학·재산처리·범법한인문제 그리고 광복군의 훈련 및 귀국 문제, 신탁통치반대운동에 이르기까지 그 노력이 미치지 않은 곳이 없을 정도였다.[55] 이것은 대표단의 초기 활동에 해당되는 것이지만 1946년 4월 1일자로 박찬익이 김구에게 보고한 <대한민국임시정부 주화대표단보고서(大韓民國臨時政府駐華代表團報告書)>를 통해서도 어느 정도였는지 대강은 짐작이 되고 있다.[56]

박찬익은 임시정부가 쓰던 연화지(蓮花池) 청사에 주화대표단을 설치하고 임시정부의 서무국장 임의탁(林義鐸)을 위원장으로 귀국 위원회를 조직하고 한교들의 재산 보호와 귀국 문제에 주력했다. 그리고 백방으로 노력해 6억 원의 자금을 마련해 그 경비를 조달했는바 그 결과 중경에 남은 임시정부의 가족들 100여 명을 1946년 1월 귀국시킬 수 있게 되었다.

한편 박찬익은 김구가 떠나면서 한국독립당 중국 총지부가 성립되고 그 집행위원장이 되었지만 많은 간부들이 귀국하게 되어 동년 3월 다시 임원진을 개편하여 당의 조직을 정비했다.[57]

또한 박찬익은 주화대표단 직속으로 광복군을 소속시키고 그 훈련 및 배치에도 힘을 기울였다. 당시 광복군 총사령부의 조직은 다음〈표 4〉와 같다.[58]

---

55) 李延馥, 1987 <大韓民國臨時政府 駐華代表團에 대하여-資料紹介를 겸하여-> ≪慶熙史學≫14, p.824.

56) 李延馥, 1987 <大韓民國臨時政府 駐華代表團에 대하여-資料紹介를 겸하여-> ≪慶熙史學≫14 참조.

57) 崔鐘健 편, 1976 ≪大韓民國臨時政府 文書輯覽≫, 知人社, p.206.

58) 李延馥, 1987 <大韓民國臨時政府 駐華代表團에 대하여-資料紹介를 겸하여-> ≪慶熙

<표 4> 韓國光復軍總司命部와 各部屬官佐一覽

區　別	階　級	職　別	姓　名	通　訊　處	備　考
總司令部	正　將	總　司　令	李靑天	南京太平路一四四號	
	副　將	參　謀　長	李範奭	上　海	
		顧　問	閔石麟	重慶蓮花池前第四號	
	參　將	參　議	金恩忠	同　上	
	參　將	參　議	汪祖繼	上　海	
	參　將	參　議	宋壽昌	重慶南岸	
	參　將	參　議	李集中	同　上	
	參　將	參　議	張　興	上　海	
	正　領	參　議	金紫東	上　海	正待船返國
	參　將	參謀處長	李俊植	南京太平路一四四號	
	參　將	政訓處長			
	正　領	副官處長	李錫華	南京太平路一四四號	
	正　領	經理處長	陳作楷	同　上	
	正　領	軍醫處長	張運漢	同　上	
	正　領	軍法室長			
	副　領	警衛隊長	韓聖○	重慶土僑	正待船返國
國內支隊	副　將	支　隊　長	吳光心	漢　城	
第一支隊	參　將	支　隊　長	蔡允凱	重慶南岸	正待船赴京
第二支隊	參　將	支　隊　長		開　對	卽　赴　京
第三支隊	參　將	支　隊　長	金學奎	徐　州	卽　赴　京
北平辦事處	參　將	處　長	崔用德	北　平	
駐渝辦事處	參　將	處　長	金恩忠	重慶蓮花池前第四號	兼

한편 박찬익은 이청천과 협의하여 한국 출신의 일본군병사의 광복군 편성
과 귀국 문제를 논의하는가 하면 각지의 교민단(僑民團)으로 하여금 우리 동
포의 명부록을 작성하여 현황을 파악하게 하고, 구호가 필요한 자를 조사해서
중국 행정원의 선후구제총서(善後救濟總署)를 통해 구호토록 하였던 것이다.

史學≫14, p.824.

또 한국인으로서 일본의 앞잡이 노릇을 한 한간(韓奸)의 실태도 파악했으며, 특히 중국 하급 관헌의 횡포로부터 동포를 보호하기 위해 집단 마을을 형성하여 집중 관리케 하는 작업을 추진하기도 했다.

주화대표단은 그러는 동안 중국정부가 중경에서 남경으로 천도하자 1946년 4·5월 경 대표단도 남경으로 이전했다. 동 6월에는 각 지의 한교선무단을 주화대표단의 각지 판사처(辦事處)로 개편하여 교포의 보호 및 본국 송환에 박차를 가하였다.

1946년 가을 박찬익은 이광과 함께 만주 봉천(奉天)으로 갔다. 이어서 박찬익의 요청으로 김학규도 갔는데,59) 김학규는 만주에서 성장하여 연고자가 가장 많았기 때문이었다. 만주는 해방이 되자 독립지도자들이 속속 귀국해 버리고, 일본군이 물러나자 소련군·중앙군(국민당 소속)·중공군이 차례로 닥치면서 지배자가 바뀌게 되는 대혼란의 상태였다. 그리고 그 이전 일본인들의 이간책으로 만주족과 한족(漢族)들은 한교(韓僑)들을 일본인 이상으로 적대시하고 있어, 한인들은 지도자도 없이 생명과 재산의 의협을 받고 있었던 것이다.

박찬익이 봉천에 도착하자 한교들은 수 없이 몰려나와 태극기를 들고 그의 도착을 환영했다. 이제는 그들의 지도자를 만나게 된 것이었다. 그가 봉천에서 활약한 것 중의 하나는 중국으로부터 교포들에게 영농자금을 받아 준 것이다. 그 당시 박찬익과 절친한 진과부(陳果夫)가 남경에서 중국농민은행(中國農民銀行)의 총재로 있었는데 이 은행은 중국의 중앙은행과 마찬가지로 농민은행권이라는 화폐를 발행하는 대 은행이었다. 박찬익은 이 진과부에게 연락

---

59) 金學奎, 1988 ＜白波自叙傳＞ ≪韓國獨立運動史硏究≫2, 韓國獨立運動史硏究所, p.606.

하여 영농자금에 대한 원칙적인 합의를 보고, 그 세부의 실무는 박찬익의 3남인 박영준(朴英俊)에게 맡아보게 했다. 박영준은 당시 주화대표단 동북총판사처(東北總辦事處)의 섭외주임(涉外主任)을 맡고 있었던 것이다. 박영준은 농민은행 장춘(長春) 지점과 절충하여 대표단동북총판사처에서 추천 보증하는 한교농민에 한해서 종자값과 추곡이 날 때까지의 식량을 대어주며 그들이 생산한 쌀은 중앙군의 군량미로 바칠 것을 합의하여 그러한 조건으로 6억 원의 융자를 받았다.

박찬익 부자는 또 고국으로 돌아가고 싶어하는 동포들이 중국의 국·공내전으로 길이 막히고 노자가 없어 안타까워 하는 것을 보고는, 이광·김학규·이백건 등과 함께 중국 당국자에게 강권하다시피하여 1,000여 명의 동포들을 천진(天津)까지 군용비행기로 수송하여 다시 배로 본국까지 돌아갈 수 있게 해 주었다. 그러나 박찬익이 단장으로 활약한 이 주화대표단은 그의 헌신적인 노력으로 많은 성과를 거두고 1948년 8월 10일 해체되었다.

2) 귀국과 천거

1948년 다시 남경에 와 있던 박찬익은 신문을 통해 김구가 조국 통일을 위해 북한의 공산주의자들과 남북회담을 하고자 평양으로 갈 것이며 회담일은 4월 19일이라는 사실을 알게 되었다.[60] 박찬익은 만주가 중공의 손아귀에 들어가게 되어 있고, 미국을 중재로 국·공이 합작하여 전쟁을 피하려고 온갖 지략과 노력을 했으나 서로의 이해가 엇갈려 중국의 형세가 점점 기울어져 가는 것을 직접 목도하고 있었다. 박찬익은 중국의 형세로 미루어 보더라도

---

60) 金祐銓, 1989 <金九 統一論의 硏究> ≪白凡硏究≫4, 敎文社, pp.35~40.

남북협상보다는 우선해야 될 것이 민족진영의 단결이라고 생각했다. 즉 김구와 이승만의 단결을 생각하였던 것이다. 그리하여 박찬익은 김구의 북한행을 막고자 병들고 늙은 몸을 이끌고 서둘러 귀국했다.

1948년 4월 19일 인천항으로 환국한 박찬익은 곧장 김구가 있는 경교장(京橋莊)으로 갔다. 그러나 김구는 이미 떠난 뒤이므로 만날 수가 없었다. 남북협상을 마치고 김구가 돌아오자, 이번에는 김구에게 마곡사(麻谷寺)로 은퇴할 것을 권유했다. 박찬익은 민족진영의 통일을 희망했기에 김구가 잠시 은퇴해서 냉각기를 가진 후, 다시 이승만과 합작할 것을 바라면서 김구의 은퇴 성명서까지 미리 작성해 두었던 것이다. 그러나 김구의 은퇴마저 김구 측근자들의 반대로 뜻을 이룰 수가 없었다.

한편 박찬익은 대종교 본부를 찾아갔다. 그는 1910년 대종교에 입교한 이래 만주 등지에서도 꾸준히 대종교 활동을 계속하고 있었다. 귀국하여 박찬익은 대종교의 단애(檀崖) 종사(宗師)를 만나 그로부터 대종교의 재정이 넉넉지 못함을 듣고는 그가 지니고 있던 재산의 전부인 400만원을 가족들도 모르게 기부했다. 이것은 해방 후 단애 종사가 귀국하여 교세 확장과 간경사업에 심혈을 기울이고 있던 터라 대종교의 부흥과 발전에 큰 도움이 되었다.[61]

박찬익이 이미 쇠약할 대로 쇠약해진데다가 병고가 겹쳐 창신동의 조그만 집에서 1949년 3월 9일 생을 마감했다. 나라가 이 꼴이 되었는데 자신이 무슨 일을 한 것이 있겠느냐면서 검소한 장례를 치르라는 유언은 남겼을 뿐이었다. 그리고 3월 12일 대종교장으로 장례식이 거행되었는데 그의 옛 동지였던 김구·이시영·조완구·조소앙 등 임정요인들과 이승만을 비롯한 정부요인, 사회단체 대표, 주한외무사절 등이 참석했다.

---

61) ≪大倧敎 重光 60年史≫, p.626.

단애 종사는 조사(弔辭)에서 박찬익의 고귀한 정신·이념·인격을 모범적
으로 추모하는 것이 우리의 전도에 큰 힘이 된다고 하면서, 박찬익이 생전에
종경 인쇄비로 400만원을 제공했던 사실을 비로소 밝혔다. 박찬익은 단애 종
사에게 400만원을 제공하면서, "이것은 명예나 사업한다는 관념이 없이 다만
나의 대교에 향하는 작은 정성을 표하는 것뿐이니 도형(道兄)만 아시고 취급
하는 사람도 나의 이름을 모르게 하여 주시오."라고 했다는 것이다.[62] 대종교
에 대하여 보여 준 그의 진심은 그가 평생을 두고 이역에서 독립운동과 동포
들을 위해 노심초사했고 어떠한 궂은 일도 가리지 않고 초지일관했던 그의
뜨거운 애국심과도 통하는 것이다. 1963년 정부에서는 그에게 건국 공로로
국민장을 수여하였다.

맺음말

박찬익은 국가가 점차 몰락해 가는 가운데서도 가장 혼란했던 1884년에
태어났다. 그는 성장하면서 갑오혁명운동을 직접 경험하고, 일본 상품들이
범람하는 가운데 우리의 경제가 더욱 궁핍해지면서 일본에 의해 경부철도가
놓여지고 이것은 곧 그들의 제국주의적 침략전쟁으로 이용되었던 것도 보았
다. 이어서 을사조약이 강제로 체결되고 경술국치를 당하게 되는 과정을 생생
히 체험했다.

국가의 불운과 대혼란의 격동기에 청소년 시절을 보내면서 박찬익은 현실
을 직시하였다. 그는 종래의 구학문으로는 선진문명을 가진 열강을 이길 수
없다고 판단하여 공업화로서 민족 산업을 육성하여 민족의 실력을 기르자는

---

62) ≪大倧敎 重光 60年史≫, p.626.

의지로 상공학교·공업전습소 등지에서 신학문에 몰두하였다. 그러나 박찬익의 꿈은 일제의 식민정책에 따른 방해로 말미암아 순조롭지 못했다.

박찬익은 그의 독립을 위한 의지를 달성하고자 보안회·신민회에 가입하여 헌신하였으나 이 역시 일제의 탄압에 의해 중도에 그치고 말았다. 한편 그는 그 무렵 창단된 대종교에 입교하여 민족정신과 민족종교의 중광을 통해 독립운동을 달성하고자 힘을 기울였다.

그런데 경술국치를 당하자 일제의 감시와 탄압은 더욱 심해져 마침내 조국을 등지고 만주로 망명의 길을 올라야 했다. 그는 만주에서도 독립을 위한 일이라면 무엇이든지 뛰어들어 노력했다. 만주에서 김좌진과 직접 항일 투쟁에 가담했으며, 한인학교를 설립하여 교육운동을 펴기도 하고, 대종교 활동도 계속하면서 이를 통한 민족운동을 활발히 펴 나갔다.

한편 신규식 등이 조직하여 독립혁명운동을 전개하고 있는 동제사에 가입하여 국내에 잠입하여 독립자금을 모금하고, 상해와 길림·봉천 등지를 돌면서 광복운동을 했다. 그러는 가운데 박찬익은 다시 대한독립의군부를 조직할 때 참가하여 총무 겸 외무를 담당했다. 그의 생애를 통한 활동 가운데 가장 두드러진 것이 외교활동인데 외무의 일을 맡기 시작한 것은 이 때부터 시작되었다고 하겠다. 독립의군부에서는 또한 박찬익을 포함한 39명의 발기자 이름으로 무오독립선언서를 발표하였는데, 이것이 시초가 되어 곧 이어서 동경에서 2·8선언이 나오고 국내에서는 3·1운동이 터지게 되었다. 3·1운동을 계기로 상해에서 대한민국임시정부가 수립되어 박찬익은 임시정부의 임시의정원 의원으로 활약하면서 대한군정부의 외교처장을 맡아 일하다가 그의 중재 노력으로 대한군정부는 대한군정서로 개칭하고 임시정부의 산하로 들어오게 되었다.

1921년 7월에는 임시정부의 외무차장대리 겸 외사국장을 맡게 되고 이어서 손문이 이끄는 광동정부의 광동주재대사가 되자 그의 외교적 솜씨를 유감없이 발휘하였다. 그는 상해와 재만 동포들로부터 군자금을 모금하고 국제회의에 참석하여 이승만의 외교활동을 뒷받침했으며 광동정부와도 지속적인 우호관계를 맺는 데에도 성공하였다. 그러나 일제로부터 조국이 해방되어 독립운동지도자들이 속속 귀국하였지만, 1948년 4월 귀국할 때까지 그는 여전히 중국에 남아 주화대표단의 단장으로 중국과 만주에 흩어져 있는 교포들의 생명과 재산을 보호하고 그들의 귀국을 도와주기 위해 그가 할 수 있는 일이라면 무엇이든지 헌신적인 노력을 아끼지 않았다.

그의 생애를 돌이켜보면, 교육자·종교인·외교관으로서 어느 곳에 어떠한 상황에 처하더라도 새롭게 현실을 타개하면서 오로지 독립을 위해 동분서주하며 자신의 온갖 정열을 바쳤음을 알 수 있다. 그리고 박찬익과 같은 독립지도자들의 뜨거운 애국심이 바로 우리의 독립을 앞당기는데 크게 기여할 수 있었던 것이다.

Ⅳ. 백범 김구

머리말

우리 민족의 금세기(今世紀) 전반사(前半史)는 곧 일제의 독점적 침략 시대로서 주체적으로는 이와 맞서 싸운 전쟁의 역사라고 할 수 있다. 1910년 이래 독립운동가들은 단절 없이 적과 현실적으로 교전을 하였던 것이 사실이다. 어떤 전쟁도 전투원과 비전투원으로 나누어지고 비전투원의 수가 더 많은 법이다. 흔히 말하는 독립운동가들을 전투원으로 볼 때 그들의 교전은 그칠 날이 없었던 것이다.

이 어려운 시기에 국내외에서는 수많은 독립운동 단체들이 명멸하였다. 이런 와중에서도 유독 대한민국임시정부는 꿋꿋이 그 자리를 지켜왔다. 물론 임시 정부의 역할이 만족스러웠느냐는 문제는 다르게 평가될 수도 있겠지만 임시 정부의 긴 역사 자체 그것만으로도 독립운동사는 물론 한국 최근세사에서 특별한 주목을 받기에 족하다 할 것이다. 이 임시 정부를 논하는데 빼놓을 수 없는 인물이 바로 백범(白凡) 김구(金九)이다. 그가 독립운동사상 차지하는 위치는 그만큼 확고부동하고 어느 의미에서는 상징적 존재였다고 하지 않을 수 없다.

'네 소원이 무엇이냐'라고 하느님이 내게 물으시면 나는 서슴지 않고 '내 소원은 대한 독립이오' 하고 대답할 것이다. 그 다음 소원은 무엇이냐 하면 나는 또 '우리 나라의 독립이오' 할 것이요, 또 그 다음 소원이 무엇이냐 하는 세번째 물음에도 나는 더욱 소리를 높여서 '나의 소원은 우리 나라 대한의 완전한 자주 독립이오' 하고 대답하겠다는, '직업이 독립운동'이었던 백범에 대하여 살펴보는 것은 한국 독립운동사상 그 의의가 적지 않다고 하겠다.

그러나 백범에 관한 연구는 자료 문제나 남북 분단의 비극 등의 이유가 있어서인지 독립운동사 연구와 마찬가지로 1970 년대에 들어와서야 비교적 활기를 띠기 시작했다고 할 수 있다.[1] 따라서 그에 관한 체계적인 연구는 앞으로 더욱 활발해질 것으로 기대된다.

본고는 그 시기를 한정, 즉 제2차 세계대전에서 일제가 패망한 1945년 8월 15일부터 1948년 8월 15일 대한민국이 수립되기까지의 기간 동안 대한민국 임시 정부 주석(主席)으로서의 백범의 활동을 정리해 보고자 한다.

---

1) 이제까지의 白凡에 관한 傳記 및 硏究物은 다음과 같다.
金九,1947 ≪白凡逸志≫高麗先峰社 : 吳蘇白, 1949 ≪人間 金九≫國際文化社 : 孫世日, 1970 ≪李承晩과 金九≫一潮閣 : 鮮于鎭, 1972 ≪金九≫太極出版社 : 외솔회, 1975 ≪나라사랑 - 백범 김구선생 특집호-≫21 ; 李元模, 1977 ≪白凡一代記≫三友精版社 : 宋建鎬, 1980 ≪金九≫한길사 : 白凡金九先生記念事業協會, 1982 ≪白凡金九≫敎文社 : 백범김구선생기념사업회, 1985 · 1986 ≪白凡硏究≫1 · 2

1. 김구와 대한민국 임시정부

3·1 운동의 최대의 산물은 임시 정부의 수립이었다. 독립을 선언한 이상 우리의 정부를 세워야 한다는 당연한 논리적 귀결에서 조직된 것이 대한민국 임시 정부였던 것이다.

임시 정부와 김구가 인연을 맺게 되는 것은 1919년 3·1 운동이 일어난 직후이다. 그가 3·1 운동 직후 경의선 열차를 타고 압록강을 건너 안동을 경유하여 이륭양행(怡隆洋行)의 배를 타고 상해에 도착한 것은 같은 해 4월 13일이었다.[2] 상해 임시정부 의정원(議政院)의 내무위원이 된 백범은 어느 날 도산 안창호 내무총장에게 "나는 실력이 없는 허명을 탐하기를 두려워할 뿐더러 감옥에서 소제를 할 때에 내가 하느님께 원하기를, 생전에 한번 우리나라 정부의 정청(政廳)의 뜰을 쓸고 유리창을 닦게 하여 줍소서 라고 하였었으니, 임시 정부의 정문 파수를 보게 하여 달라"고 청원하였다.[3] 그래서 도산은 백범의 청원을 국무 회의에 상정하여 1919년 8월 12일 경무국장(警務局長)의 직무를 맡기게 되었다.

백범은 5년간의 경무국장 임기 동안 심문관(審問官)·판사·검사의 직무와 사형 집행까지 혼자 겸하였으며, 범죄자의 처벌은 '설유방송(說諭放送)이 아니면 사형이었다'고 할 정도로 대단한 실력 행사를 하였다.

1923년에는 노백린(盧伯麟) 국무총리가 이끄는 내각에 내무총장으로 입각하였고, 1924년에 노백린 총리가 사퇴하자 이동녕(李東寧)이 총리로 임명되기까지 내무총장으로 국무총리의 직무를 대리하다가 이동녕 총리 내각에서

---

2) 金九, 1947 ≪白凡逸志≫, p.271.
3) 김구, 1947 앞의 책, p.272.

노동국 총판(努働局 總辦)을 겸임하였다.4)

　그러나 의욕을 가지고 시작했던 임시 정부는 수년이 지나면서 정치훈련이 없는 각 지방의 인사가 모여 자금난과 파벌이 심해진데다가 독립운동 방략에 있어서도 외교·선전을 주로 하는 파와 실력 행사를 주장하는 파로 갈리어 혼돈과 어수선한 분위기에서 타개책을 찾지 못하고 있었다. 그래서 1925년 3월 30일 대통령과 국무총리를 없애고 그 대신 국무령(國務領)을 두는 내용을 담은 헌법 개정안을 급격히 통과시키게 되었고,5) 이상룡(李相龍)·양기탁(梁起鐸)·안창호(安昌浩)·홍진(洪震) 등이 잇달아 국무령에 취임했으나, 얼마 지나지 않아 국무령직을 사임 또는 단기(短期)로 끝나므로, 1926년 12월 14일 의장 이동녕의 주선으로 백범이 국무령이 되어 임시 정부의 수반이 되었다.6)

　그러나 취임한 지 10일 만에 의정원 회의에 제출된 개헌 초안이 종래의 약헌(約憲)과 너무도 거리가 멀다 하여 1927년 3월 25일, 의정원(議政院)이 최고 권력을 가지고, 행정부에는 대통령이나 국무령 같은 수반이 없이 국무위원들의 회의체로 국무 회의가 집단 지도하며, 국무회의에서는 의장으로 주석(主席)이라는 것을 두어 교대제로 맡는다는 헌법을 공포함으로써 백범의 국무령직은 4개월이 안되어 자연 해직되었다.7) 이는 당시 임시 정부의 조직 체계가 정비되지 않은 채 얼마나 혼돈스러웠는가를 나타내 주는 단적인 예라 할 수 있으며, 이런 시기적인 어려움을 타개하면서 백범은 한국 독립운동에

---

4) 在上海日本領事館 警察部, 1946 ＜1924년 6월 2일조＞ ≪朝鮮民族運動年鑑≫동문사.
5) '獨立新開' 第185號(民國 7년 5월 5일)에 憲法全文이 기재되어 있으나 부분적으로 잘리어 나갔다. 全文은 洪淳鈺, 1968 ＜'大韓民國 臨時政府와 憲政' 1919~25＞ ≪政經文化≫ 12월호, pp.190~192 및 ≪議政院文書≫, pp.9~11에 기재되어 있다.
6) 在上海日本領事館 警察部, 1946 ＜1924년 12월 14일조＞ ≪朝鮮民族運動年鑑≫동문사.
7) 김구, 1947 앞의 책, pp.211~213.

주의를 환기시킬 방법을 강구할 수밖에 없었다.

1927년 8월 19일, 이동녕이 주석 국무 위원으로 있을 때 백범은 내무장(內務長)을 맡았고,[8] 1930년 11월 8일에 다시 국무 위원에 선출되어 재무장(財務長)을 맡게 되었다.[9] 이 때 본국과 만주로부터 독립운동 자금이 들어오지 않자 미주(美洲)와 하와이의 각 유지들에게 재정을 조달하기 위한 편지 쓰기 작전을 벌일 정도로 임시 정부는 심각한 재정난에 시달리고 있었으며, 만주 사변과 만보산(萬寶山) 사건 등으로 중국인의 한국인에 대한 감정이 악화되어 가고 있어, 정부의 활동이 부진하기만 하였다. 그러던 중 항일 운동의 효과적인 방법으로 한인애국단(韓人愛國團)을 조직하여 특수 공작을 결행하기로 하고 백범은 그 공작의 전권을 일임받았다.

이 때 성공적으로 이루어진 것이 1932년 1월 8일, 이봉창(李奉昌) 의사의 일황(日皇)에 대한 투탄의거(投彈義擧)와, 1932년 4월 29일, 홍구공원(虹口公園)에서 윤봉길(尹奉吉) 의사의 의거였다.[10] 이봉창 의사의 의거는 폭탄의 불발로 실패로 그쳤으나 각국 신문에 그 소식이 대대적으로 보도되었고, 윤봉길 의사의 의거는 일제의 총사령관 이하 수뇌부를 살상한 일대 쾌거로서, 백범은 일경(日警)을 피해 미국인 피치 목사 댁에서 20여 일 숨어 지내면서 이번 사건의 책임자가 자신이라는 성명을 발표하였다. 이로써 백범은 중국인들에게 큰 호감을 불러일으키며 그 이름을 천하에 떨쳤고, 박찬익(朴贊翊)의 주선으로 중국 정부로부터 보호령을 받고 자금 지원을 받아 내기까지 했으며,[11] 일경이 체포에 혈안이 되자 백범은 상해를 떠나 가흥(嘉興)으로 가서

---

8) 慶北警察局, 1929 ≪高等警察史≫日本, pp.95~96.
9) 國史編纂委員會, 1968 ≪韓國獨立運動史≫資料3, pp.207~208.
10) 김구, 1947 앞의 책, pp.293~294, pp.303~310.
11) 백범은 이 義擧로 중국인의 한국인에 대한 감정이 극도로 호전되었으며 海外(美洲) 동포들

장진구(張震球) 또는 장진(張震)이란 변성명으로 지내기도 하였다.

이와 관련해 1933년 5월엔 남경(南京)에서 장개석을 만나 비록 1년 만에 폐쇄되기는 하지만 하남성 낙양(洛陽)군관학교 분교를 한국 군관 양성소로 쓰기로 합의하고 대일 전투 방책을 협의하는 등 막대한 공과(功果)를 거두면서 임시 정부 내에서의 백범의 위치는 확고해져 갔다.[12] 그래서 1935년 11월에 백범·이동녕·이시영·조성환(曺成換)·조완구(趙琬九)와 함께 한국 국민당이란 신당(新黨)을 결성하고,[13] 28회 의정원 회의에서 국무 위원으로 재선출되었다.[14]

1937년 7월 7일엔 중·일 전쟁이 발발하여 임시 정부는 일제의 폭격을 피해 강소성(江蘇省) 진강(鎭江)으로 옮겼다가 다시 장사(長沙)로 옮겼다. 그러는 동안 정국은 다소 진전되어, 중·일 전쟁 이후 민족진영 3당(韓國國民黨·韓國獨立黨·朝鮮革命黨)이 주가 되어 한국 광복운동 단체 연합회를 결성하고 항일 운동에 공동보조를 취하기로 하였다.[15] 그래서 1938년 5월 7일에 3당의 대표자 회의가 조선 혁명당 본부인 남목청(南木廳)에서 열렸는데, 조선혁명당계 당원인 이운한(李雲漢)이 회의장에 돌입하여 요인들을 저격하는 사건이 일어나 같은 자리에 있던 현익철(玄益哲)은 중상을 입어 사망하고, 백범도 심장 옆에 탄환을 맞고 중상을 입는 사건이 일어났다.[16] 이 때

의 후원이 급증하였다고 쓰고 있다(김구, 1947 앞의 책, pp.311~312).

12) 김구, 1947 앞의 책, pp.314~322.

13) 한국 국민당의 창당을 白凡은 "또 趙素昂이 벌써 韓國獨立黨을 再建한다 하니 내가 새 단체를 조직하더라도 통일을 파괴하는 책임을 지지 아니하리라 하여 동지들의 찬동을 얻어 한국 국민당을 조직하였다"라고 이유를 표명함으로써 趙素昂과의 不和를 엿볼 수 있다(김구, 1947 앞의 책, p.326).

14) 國會圖書館, 1974 <28회 의정원 회의록> ≪大韓民國 臨時政府 議政院文書≫

15) 金正明 編, 1967 ≪朝鮮獨立運動≫ II, p.532.

16) 金正明 編, 1967 앞의 책, p.613

백범의 어머니는, "자네 생명은 하느님이 보호하는 줄 아네 - 사불범정(邪不犯正)이지"17) 하였다고 하니 백범의 충실한 애국심은 총알까지도 빗겨 갈 만큼 위대한 것이 아니었나 싶다.

1939년 중·일 전쟁이 점점 더 치열해지자 100여 명의 동포를 이끌고 임시 정부를 광주(廣州)로 옮겼다가 기강(綦江)을 거쳐 다시 중경으로 옮겼다. 그 동안 독립운동계에서는 한국광복운동단체 연합회의 백범과 조선민족전선연맹의 김원봉(金元鳳)을 비롯한 좌·우 양측 대표는, 중국도 국공합작으로 항일하고 있고, 우리 측도 대동 단결의 필요성이 절실히 요청되므로 1939년 1월부터 모여 구체적 논의를 하자고 하면서 좌우 합작 공작을 시도하였다. 그러나 7월, 민족혁명당의 김원봉이 좌우 합작 전선의 탈퇴를 선언함으로써 대한민국 임시 정부 설립 이래 좌·우를 합한 유일한 대 독립당 운동은 와해되고 말았다.18)

백범은 대동단결 운동이 실패하자 1940년 4월 1일, 독립운동자의 단결과 민족주의자들의 단일 정당 조직의 필요성을 강조하고, 민족진영 3당의 동지들만이라도 하나로 합동하기로 결의, 한국 독립당을 결성하였으며, 그 집행위원장에 추대됨으로써 백범이 민족진영의 정상임을 확인하게 되었다. 또한 1940년 33회 의정원 회의에서는 약헌(約憲)을 개정하여 종래 국무 회의에서 호선(互選)하던 국무 위원회 주석을 의정원에서 뽑아 임기를 3년으로 하여

---

17) 김구, 1949 앞의 책, pp.316~337.

18) 秋憲樹, 1976 ≪韓國臨政下左右合作에 關한 研究≫國士統一院, pp.78~79. 이는 자체간의 요구와 蔣介石의 종용으로 마련되었는데 1939년 1월부터 교섭을 시작, 同年 5月 10일에 光復陣營의 金九와 民族戰線의 金元鳳 連名으로 공동선언을 발표하고, 7月, 7黨 會議(韓國國民黨, 韓國獨立黨, 朝鮮革命黨, 朝鮮民族革命黨, 朝鮮民族解放同盟, 朝鮮民族前衛同盟, 朝鮮革命煮聯盟)가 열렸으나 도중에 5黨 會議(朝鮮民族前衛同盟, 朝鮮革命者聯盟 불참)가 되고, 9월 全國聯合陣營의 협회를 조직했으나 내부의 사상적 대립으로 실패로 돌아갔다.

그 권한을 대폭 강화하였는데, 10월 9일, 백범은 국무 위원회 주석이 됨으로써 한국 독립당이나 임시 정부에서도 완전한 수반의 역할을 하였던 것이다.[19] 그리고 '일본의 침공 약탈 세력을 멸살하기 위해 일체 수단을 운용하며, 또한 대중의 반공(反攻)인 무장적 전투와 국제적 선전 등의 독립운동을 강화하고 또한 전국적으로 전면적 혈전을 전개한다'라는 대일 항쟁의 뜻을 강력히 나타낸 백범은, 1940년 9월 17일, 중경 가능빈관(嘉陵賓館)에서 한국 광복군을 조직하고, 총사령관에 이청천(李靑天), 참모장에 이범석(李範奭)을 임명하였으며, 1941년 12월 9일, 대한민국 임시 정부의 이름으로 대일 선전 포고문을 발표하기도 하였다.[20]

백범은 정상의 자리에 있었기 때문에 전에는 외면했던 좌우 합작에도 내외에 대한 대의 명분상 좌익과 합작할 필요성을 절실히 느끼고, 1941년 1월에 '임시정부 의정원의 문호 개방안'을 결의하여 조선민족혁명당 6명, 기타 좌파인 5명이 1942년 34회 의정원 회의에 의원으로 당선되는 등의 좌우 합작의 전기를 마련하였으나 의정원내에서의 좌파의 끊임없는 도전으로 백범은 주석을 사퇴하는 등의 위기를 견디어야 했다. 결국 1944년 4월 24일, 36회 임시 의정원 의회에서 백범은 다시 주석이 되고, 부주석에 김규식(金奎植)이 선출됨으로써 한국독립당과 조선민족혁명당과의 제휴가 성립되어, 이로써 좌파의 도전을 극복해 나가게 되었다.[21]

이 해 일본군에 강제로 끌려 나갔다가 탈출한 50여 명의 학도병들을 광복군에 편입시키고, 미국 OSS와 합작으로 국내 침투를 위한 특수 부대로 광복군 특공대를 편성하여 국내 입공(入攻) 작전을 계획하였으나,[22] 일본의 무조

---

19) ＜大韓民國臨時政府公報＞제65호.
20) 國史編纂委員會, 1969 ≪韓國獨立運動史 資料 2≫臨政編 Ⅱ, pp.84~85.
21) 國史編纂委員會, 1968 ≪韓國獨立運動史 資料 1≫臨政編 Ⅰ, pp.531~537.

건 항복이 이루어짐으로써 김구는 자력으로 일제를 굴복시키지 못했음에 한을 가슴에 품고서 임시 정부의 수석으로서가 아니라 개인 김구로서 입국하지 않으면 안 되었던 것이다.

2. 김구와 대한민국 임시정부의 환국

중·일 전쟁 이후 광복군을 창설한 임시 정부는, 1941년 태평양 전쟁이 발발하자 즉각 대일(對日) 선전을 포고하고 정부 조직을 전시 체제로 계속 재정비 강화하여 왔다. 더구나 1944년 4월에 이르는 동안 70여 회의 국무 회의를 개최하고 당면한 중요 사항들을 의결하였는데, 여기엔 대한민국 임시 정부 잠행중앙관제(暫行中央官制)를 위시한 각 행정 부서 및 위원회의 규정 조례가 포함되어 있었다.[23] 즉 모든 업무 집행의 근거가 마련된 것이었다.

일찍이 대일 선전을 포고한 바 있는 임시 정부는 1945년 2월 28일 대독 선전을 포고[24]하는 한편, 외교적으로는 열강에 대하여 4월 25일부터 개최되는 연합국 회의 참가를 요구하면서 그 준비 위원회를 설치하기도 하였다(3월 25일). 또 3월 3일에는 법국(法國) 임시정부와 외교대표를 교환하기로 하고, 서영해(徐嶺海)를 임시정부 주법(駐法) 대표로 선임함과 함께 연합회의 대표

---

22) 白凡金九先生記念事業協會, 1982 《白凡金九-생애와 사상-》教文社, pp.338~340.

23) 제38차 임시의정원 의회 회의록(1945. 4. 1~5. 8)에서 추인된 안건은, ① 大韓民國臨時政府暫行中央官制 ② 國務委員會會議規程 ③ 宣戰部編輯委員會組織條例 ④ 臨時政府中央職員給與暫行規程 ⑤ 駐美外務委員會規程 ⑥ 法務部法規編纂委員會條例 ⑦ 會計檢查暫行條例 ⑧ 韓國光復軍總司令部暫行組織條例 ⑨ 陸軍人標識 ⑩ 大韓民國臨時政府職員服務簡則 ⑪ 陸軍制服追認要求의 件 ⑫ 同盟國名戰區特派員服務規程 등이다(國會圖書館, 1974 《大韓民國臨時政府 議政院文書》, p.539).

24) 미국에서 열리는 聯合國會議에 참가할 국가는 1945년 3월 1일 전에 독일과 宣戰한 나라에 限한다 하여 여기에 참가하기 위해서였다(國會圖書館, 1974 앞의 책, p.854).

로 김평(金平)·한시대(韓始大)·김원용(金元容) 등 재미 인사 9명과 정부 대표로 조소앙(趙素昂)과 김규식(金奎植)을 선임하였다.25)

한편 이 무렵 광복군도 크게 성장하여 설립 당시 12명에 불과하던 것이 339명에 달하고 공작상황도 부양(阜陽)에 50여 명이 주유(駐留)한 외에 국내·만주·윤함구(淪陷區) 등 중요 거점에 50여 명의 공작원을 두어 선전·조직·초모(招募) 등 공작을 진행함과 동시에, 노하구(老河口) 금종부분(金種部分) 최전선에 20여 명이 활동하고 있었으며, 주인(駐印) 공작대 8인은 영군(英軍)과 합작하여 대적(對敵) 선전·포로 심문·적정(敵情)판단 등에 큰 성과를 올리고 있었다.26) 또한 1945년 1월 31일에는 학병(學兵)에서 탈출한 50여 명의 청년들이 임시정부 정청으로 몰려오고, 이것이 인연이 되어 주중(駐中) 미군과의 사이에 군사 합작 교섭이 적극적으로 진행되어 4월에는 광복군 제2지대(支隊長 李範奭)는 서안(西安)에서, 제3지대(支隊長 金學奎)는 부양(阜陽)에서 각각 미군 OSS(美陸軍戰略處)와 합작하여 특공 작전 훈련을 실시키로 합의를 보았다.27) 뿐만 아니라 중국과의 군사협정 문제도 오랜 협의 끝에 5월 1일(1945년)부터 발효된 '원조 한국광복군 판법(辦法)28)'으로 광복군의 지위가 한국 국민으로서 인정을 받게 되었고, 이에 따라 임정은 비록 국제적으로 정식 승인을 받지 못했지만 사실상의 승인으로 정부의 대우를 받게 되었다. 이 '판법'에 뒷받침되어 5월부터는 일군(日軍) 탈출 학병들을 중심으로 OSS 훈련도 실시되고, 5월 16일에는 중국의 각 포로 수용소에 있는

---

25) 國會圖書館, 1974 앞의 책, pp.854~856 참조.
26) 國史編纂委員會, 1968 ≪韓國獨立運動史 資料 1≫臨時編 Ⅰ, p.476 참조
27) 白凡金九先生記念事業協會, 1982 앞의 책, pp.338~339.
28) 秋憲樹 編, 1973 <韓國軍에 關한 軍事協定內容과 그 實施> ≪資料韓國獨立運動≫3, 延世大出版部, pp.261~262.

한국적(韓國籍) 포로를 석방하여 광복군에 편입시킴으로써 광복군의 증강에 많은 보탬이 되었다.29)

이와 같이 당시 임시정부는 대외 활동으로, ① 한국 독립운동 진상의 선양 ② 한국에 대한 동정의 환기와 정당한 인식의 촉진 ③ 맹국(盟國)의 대일 작전 협조를 적극적으로 추진하며, 한편 대내적 활동으로는 ① 전민족적 단결의 강화 ② 지하 조직과 정보 수집의 강화 ③ 반일 유격전의 개시 ④ 대규모 반일 군사 행동의 준비 ⑤ 반일 파괴 운동의 준비 ⑥ 전 민족적 총동원의 준비 ⑦ 맹국의 필승과 한국 독립의 필승 선전 ⑧ 전후 문제로 복국(復國)·건국(建國)·치국(治國)에 관한 연구를 계획적으로 진행하였다.30)

그 동안 세계정세도 크게 변하여 연합군은 5월 7일(1945년)에는 독일의 항복을 받아 내면서 일본의 이오지마(硫黃島)·오키나와(沖繩) 등 요세를 점령하고 있었다. 이러한 정세 하에서 1945년 7월 트루먼 대통령·장개석 주석·처칠 수상이 포츠담에서 회담하고 일본에 대한 무조건 항복을 요구하는 공동 선언을 발표하였다. 이 선언문 제 8항은 "카이로 선언의 조항은 이행될 것이며, 일본국의 주권은 혼슈(本州), 홋카이도(北海島), 규슈(九州), 시코쿠(四國)와 우리가 결정하는 제소도(諸小島)에 국한될 것이다"31)라 하여 한국의 독립을 재확인하고 있었다.

이 무렵 중경의 임시 정부는 OSS와 협동으로 전투 공작을 계획하고, 광복군이 연합국의 일원으로 항일전에 참가할 것을 서두르며 김구 주석과 이청천

---

29) 白凡金九先生記念事業協會, 1982 앞의 책, p.340.
30) 독립운동사편찬위원회, 1973 ≪독립운동사≫4, pp.1025~1026.
31) 포츠담 선언 8項 원문은 다음과 같다. "the terms of the Cairo Declaration shall be carried out Japanese sovereignty shall be limited to the island df Honshu, Hokkaido, Kyushu, Skikoku, and such minor island as we determine."

광복군 총사령관 등 일행이 서안(西安)으로 가서 공수(空輸)작전을 앞둔 국내 정진군(挺進軍)의 특수 훈련을 시찰하였는데, 바로 이 때 일본의 무조건 항복 소식을 듣게 되었다.[32] 이 소식에 접한 백범은 이범석 국내 정진대장(國內挺進隊長)을 비롯하여 장준하(張俊河) · 김준엽(金俊燁) · 노능서(魯能瑞) 등과 이 밖에도 한국인 2세 미군 장교 몇 사람과 미국측의 대령 한 사람 등을 합쳐 45인의 선발대를 국내로 출발시켰다.[33]

한편 8월 17일 중경에서는 국무 위원회의 요청으로 임시 의정원 회의(제39회)가 소집되었다. 이 회의에는 정부로부터 ① 27년간 우리가 대행했던 임시 정권을 금일 해방된 인민에게 봉환(奉還)하기로 결의함 ② 정권을 봉환하기 위하여 현 임시 정부는 곧 입국하기로 결의함이라는 결의안이 상정되었는데, 민족 혁명당 이정호(李貞浩), 신한 민주당 강홍대(姜弘大(周?)), 해방 동맹의 박건웅(朴健雄) 의원 등 야당 인사들은 '현 국무 위원이 총사직하기 전에는 여하한 제안일지라도 결의 할 수 없으니 총퇴석(總退席)한다'고 선언하고 퇴장하였다.[34] 이는 결국 백범의 '서울에 들어가 전체 국민 앞에 정부를 내어 바칠 때까지 현상대로 가는 것이 옳다'는 강경한 주장에 의하여, 임시 정부는 해방된 조국에 정통 정부의 자격으로 모두 현 진영 그대로 환국한 후 국민의 총의에 의하여 재조직하기로 하고, 중국에서의 현실 수습, 환국 준비 등을

---

32) 백범은 당시의 실정을 다음과 같이 쓰고 있다. "아! 왜적의 항복! 이것은 내게는 기쁜 소식이라기보다는 하늘이 무너지는 듯한 일이었다. 천신만고로 수년간 애를 써서 참전할 준비를 한 것도 다 허사라……그보다도 걱정되는 것은 우리가 이번 전쟁에 한 일이 없기 때문에 장래에 국제 간에 발언권이 박약하리라는 것이다……"(金九, 1954 《白凡逸志》高麗先鋒社, p.35).

33) 李範奭 등은 OSS대원들과 8月 18日 여의도 공항에 내렸으나 日帝의 거부로 그 익일 다시 중국땅으로 돌아갔다(동아일보사, 1969 <李範奭 光復軍> 《新東亞》4月號, pp.188~202).

34) 國會圖書館, 1974 <第30次 臨時議政院議會 會議錄> 앞의 책, p.572.

모두 국무 위원회에 위임 수행하기로 결정을 보게 하였다.[35] 그리고 정부는
중국전구(中國戰區) 사령관 웨드마이어(Wedemeyer) 장군에게 ① 귀국 후 국
내 치안 유지는 임시 정부에 맡길 것 ② 미군정은 임시 정부의 정치 활동에
대해 간섭하지 말 것 등 4개 조건을 제시하고 그 회답을 기다려 보았다.[36]
그러나 이미 남한에 군정의 방침을 정한 미군 당국은 임정이 제시한 조건에
대한 배려는 없이 개인 자격으로 귀국해야 한다[37]는 회답만 보내 왔다.

한편 8월 24일 장개석 총통에게 공한(公翰)을 보내, ① 동맹 각국에 다시
임시 정부를 빨리 승인토록 제의하고 실현시켜 달라는 것 ② 국내가 혼란하
니 곧 귀국해서 질서를 바로잡게 미군 당국과 상의해 줄 것 ③ 전선 지역에
임시 정부 요인을 파견하는 데 대한 협조 ④ 한국적(韓國籍) 사병을 무장과
더불어 광복군에 넘겨 달라는 것 ⑤ 수복 지구 사령관에게 한교(韓僑) 중 적
에 붙어 악행을 한 자가 없지 않으니 잘 구별하여 선한 교민을 보호해 달라는
것 ⑥ 재중경(在重慶) 인사들의 우선 귀국 알선 등을 요청하고 ⑦ 그것을
실행하는 데 수반되는 비용 3억원의 발차(撥借)를 요청했다.[38]

한편 일제의 항복 문서 조인식이 있었던 9월 2일에는 정부 대변인의 성명
을 통하여 연합국의 협조로 한국 해방을 가져온데 대하여 감사의 뜻을 표하는
동시에 아래와 같은 정부의 3대 임무를 발표하였다. ① 즉시 고국으로 돌아가
서 동맹군과 협력, 일인을 몰아낸다 ② 한국 임시 정부의 권력을 국민에게
반환하고 자유 선거를 실행하여 정식 정부를 조직한다 ③ 한국 인민과 동심

---

35) 독립운동사 편찬위원회, 1973 《독립운동사》 4, p.1043. 그러나 第39次 議政院議會 會議
   錄과 同速記錄(pp.548~570)에는 그런 기록이 보이지 않는다.
36) 孫世一, 1970 《李承晚과 金九》 一潮閣, p.182.
37) 金九, 1947 앞의 책, p.275.
38) 秋憲樹 編, 1971 《資料 韓國獨立運動》 1, 延世大出版部, pp.465.

육력(同心戮力)하여 한국으로 종속 독립하게 한다.[39]

그리고 이어 9월 3일에는 김구 주석 명의로 '국내외 동포에게 고함'과 14개 조의 '임시 정부 당면 정책'을 발표하였다.

⟨ 임시 정부의 당면 정책 ⟩

1. 본 임시 정부는 최속(最速) 기간 내에 곧 입국할 것.
2. 우리 민족의 해방과 독립을 위하여 혈전한 중·미·소·영 등 우방 민족으로 더불어 절실히 제휴하고, 연합국 헌장에 의하여 세계 일가의 안전과 평화를 실현함에 협조할 것.
3. 연합국 중의 중요 국가인 중·미·소·영·불 등 5국에 향하여 먼저 우호 협정을 체결하고 외교도경(外交途徑)을 전개할 것.
4. 맹군 주재 기간에 일체 필요한 사의(事宜)를 적극 협조할 것.
5. 평화 회의 및 각종 국제 집회에 참가하여 한국의 응유(應有)한 발언권을 행사할 것.
6. 국외 임무의 결속과 국내 임무의 전개가 서로 접속됨에 필수한 과도 조치를 집행하되, 전국적 보선(普選)에 의한 정식 정권이 수립되기까지의 국내 과도 정권을 수립하기 위하여 각 계층, 각 혁명당파, 각 종교집단, 각 지방 대표의 저명한 각 민주 영수 회의를 소집하도록 적극 노력할 것.
7. 국내 과도 정권이 수립된 즉시 본 정부의 임무는 완료된 것으로 인정하고 본 정부의 일체 직능 및 소유 물건은 과도 정권에게 교환할 것.
8. 국내에서 건립된 정식 정권은 반드시 독립 국가·민주정부·균등사회를 원칙으로 신헌장에 의하여 조직할 것.
9. 국내의 과도 정권이 성립되기 전에는 국내 일체 질서와 대회 일체 관계를 본정부 책임하에 유지할 것.
10. 교포의 안전 및 귀국과 국내외에 거주하는 동포의 구제를 신속히 처리할 것.
11. 적의 일체 법령의 무효와 신법령의 유효를 선포하는 동시에 적의 통치하에

---

39) 白凡思想硏究會 編, 1973 ≪白凡語錄≫, 思想社, p.17~21.

발생된 일체 벌범(罰犯)을 사면할 것.

12. 적산을 몰수하고 철교(撤僑)를 처리하되 맹군과 협상 진행할 것.

13. 적국에게 피박출전(被迫出戰)한 한적군인(韓籍軍人)을 국군으로 편입하되 맹군과 협상 진행할 것.

14. 독립운동을 방해한 자와 매국적에 대해서는 공개적으로 막중히 처분할 것.

대한민국 27년 9월 3일

임시정부 국무위원회 주석 김구

그는 여기에서 해방이 우연이 아님을 분명히 하여 선조의 업적과 맹군(盟軍)의 위업에 열렬한 사의를 표하고 임시 정부가 전체 한민족을 대표하여 조국의 법통을 이어 가는 조직체임을 분명히 하고 있다. 뿐만 아니라, 연합군에 의한 군정이 실시될 줄 알면서도 임시 정부는 해방된 조국의 정식 정부 수립 전까지의 과도기에 있어서 정통 정부임을 천명한 중대 성명이었다.[40] ‘본 임시 정부는 최속 기간 내에 곧 입국할 것’(당면정책 1항)을 발표한 만큼 환국하는 것이 급한 일이었다. 그러나 이보다 급한 것은 100만으로 추정되는 재중(在中)동포들의 보호 구제 문제와 일군(日軍)으로 나갔다가 중국에서 포로가 된 10여만 동포 청년들을 중국군측으로부터 받아들여 광복군으로 편성하는 문제였다.[41] 이는 바로 ‘교포의 안전 및 귀국과 국내외에 거주하는 동포의

---

40) 이는 인편으로 국내에 전달되었으며 9月 6日(1945) 전격적으로 조직·발표된 소위 ‘人民共和國’의 발상의 한가닥도 이 성명의 過渡政權論에 기인하지 않았나 추측된다는 것이다(孫世一, 1970 앞의 책, p.181). 또한 ‘독립운동을 방해한자와 賣國賊에 대해서는 公開的으로 莫重히 處分할 것’(당면 정책 14항)이란 條文은 親日賣國勢力의 결속·발악을 촉진시키는데 악용되었고, 일부 정상배 등은 민족적 양심을 거세하는 데 앞장서서, 독립운동자를 드높여 민족 정기를 양양하는 데 제동적인 역할을 서슴지 않았다는 것이다(鮮于鎭, 1982 〈臨時政府歸國〉 ≪轉換期의 內幕≫ 朝鮮日報社, p.19).

41) 독립운동사편찬위원회, 1973 ≪독립운동사≫ 4, p.1047. 참조 〈中央日報〉 1945년 10월

구제를 신속히 처리할 것'(당면정책 10항)과 '적군에게 피박 출전한 한적 군인을 국군으로 편입하되 맹군과 협상 진행할 것'(당면정책 13항)이라는 당면정책의 실현이었다.

그리하여 광복군 창설 5주년 기념일인 9월 17일에 임정은 정부 주최로 동북행영주임(東北行營主任) 웅식휘(熊式輝), 장춘(長春) 철로 호로군 총사령 하주국(何柱國) 등 중국의 현재 동북지방 장관 20여 명의 환영회를 개최하고 동북한교(東北韓僑)의 보호를 부탁하였다.[42] 그리고 10월에는 선전부장 엄항섭(嚴恒燮) 등이 상해 일대의 동포들을 선무하였다.[43] 뿐만 아니라 10월 15일경에는 화북(華北), 화중(華中), 화남(華南)지역의 선무단(宣撫團)을 임명하고, '선무 복무 조례'를 발표하였는데, 선무단은 국무 위원회 직속이었으며 정부 환국 후에는 주화(駐華) 대표단의 지도 감독을 받게 하였다.[44] 곧

15일자에 의하면 韓僑는 東北 300만, 天津 1만 5천, 上海 546, 北平 3만 5천, 太原 1만 5천, 濟南 4천, 徐洲 3천이었다(秋憲樹 編, 1971 앞의 책, p.490).

42) 秋憲樹 編, 1971 앞의 책, pp.487~488, pp.489~490참조

43) 秋憲樹 編, 1971 앞의 책, pp.489~490. 참조

44) 華北·華中·華南 韓僑宣撫團(秋憲樹, 1971 앞의 책, pp.487~488. 참조)

  華北韓僑宣撫團
  團長 兼 僑組　主任　　　　李 光
    救護組 主任　　　　趙成山
    軍務組 主任　　　　崔明德
  華中韓僑宣撫團
  團長　　　　　　　　李象萬
    僑務組 主任　　　　朴泰禮
    軍務組 主任
  華南韓僑宣撫團
  兼團長　　　　　　　李靑天
    僑務組 主任　　　　趙時元
    救護組 主任　　　　金毅漢
    軍務組 主任

이어 10월 20일에는 한국 주화(駐華) 대표단 단장으로 박찬익(朴贊翊)과 대표 민석린(閔石麟)·이광(李光)·이상만(李象萬)·김은충(金恩忠) 등을 임명하여 임정 환국 후에도 중국에 체류케 하였다.45)

한편 광복군의 경우는 이청천·이범석에게 중국 정부와 교섭하여 각 지대(支隊)에서 모두 중국의 각 일본군 점령지구로 들어가서 재류(在留) 동포들의 생명 재산을 보호하고 일본군 내의 한국인 장병들을 포섭 수용하며, 잠편지대(暫編支隊)를 편성하게 하였다.

이와 같이 환국 준비를 하는 사이 중국정부와 미군 사령부의 협조로 환국의 길이 열리게 되었다. 원래 한반도는 중국전구(中國戰區)에 속해 있었으나 종전 후 태평양 전구로 이관된 것이다. 따라서, 임시 정부의 귀국 문제는 한미 합작 군사 작전으로 임정과 우호 관계에 있던 중국 전구 사령관 웨드마이어 장군의 권한 밖으로 밀려나 늦어졌던 것이다.46) 장개석은 임시 정부의 공적 귀국이나 개인 자격의 환국이냐를 두고 맥아더 사령부와 미 대사를 통하여 여러 차례 협의했으나,47) 맥아더 사령부는 '이미 남한 군정이 실시되고 있으니 임정 한국은 받아들일 수 없다'는 것이었다.48) 장개석의 통보를 받은 긴급

---

45) 귀국 후에 취할 對內外 政策에 대하여는 金九 主席의 담화 참조(秋憲樹, 1971 앞의 책, p.476).

46) 鮮于鎭, 1972 ≪金九≫ 太極出版社, p.22.

47) 1945年 10月 17日 오전 10시, 밴스 미 국무장관은 重慶의 할리 駐中大使에게 "……미군정은 현지 문제에 대한 자문을 한국인 대표들로부터 구한다는 정책을 시행하게 됐다. 물론 개인 자격으로서……(중략)……중국에 있는 한국인들의 귀국도 개인 자격이라면 무방하다. 金九와 金奎植 등도 개인 자격으로 귀국한 후에는 자문 위원회에서 일하는 등 미군정에 협력하기 바란다는 사실이 그들에게 주지되기 바란다"는 전문을 보냈다 한다(東亞日報社, 1982 <秘錄 美軍政三年>18 ≪東亞日報≫ 4. 30).

48) 重慶 출발 전 金九는 임시 정부가 해방 후의 독립 한국을 대표하는 정통 정부라는 입장에서 미군정에 질문서를 보냈다. ① 귀국 후 국내 치안 유지는 임시 정부에 맡기고 ② 미군정은 임정의 정치 활동에 대해 간섭하지 않을 것 등 4개 안건을 제시하고 회답을 요구했으나 거

국무 회의는 논란 끝에 개인 자격이라도 환국하되 혼란을 막기 위해 각당은 활동을 중지하고 공식 발언은 대변인을 통해서만 하기로 결의하게 되었다.

백범 및 임시 정부 요인 일행은 11월 5일 중경을 출발, 상해에 도착하여 입국 승인을 기다려야 했다. 21일에야 오철성(吳鐵城) 장총통(蔣總統)의 비서장으로부터 맥아더 장군이 김구 주석의 입국을 승인하였다는 무전을 받았다. 드디어 11월 23일 하지 장군이 보낸 비행기로 김구 주석 이하 김규식(金奎植)·이시영(李始榮)·김상덕(金尙德)·엄항섭(嚴恒燮)·유동열(柳東說)·안미생(安未生)·김진동(金振東)·이영길(李永吉)·백정갑(白正甲)·장준하(張俊河)·윤도빈(尹渡彬)·민영원(閔泳院)·선우진(鮮于鎭)의 15명이 1차로 환국하고, 2차로 12월 1일에 홍 진(洪震)·조성환(曺成煥)·황학수(黃學秀)·장건상(張建相)·김붕준(金朋濬)·성주식(成周寔)·유임(柳林)·김성숙(金星淑)·조성보(趙聲輔)·조완구(趙琬九)·조소앙(趙素昂)·김원봉(金元鳳)·최동오(崔東旿)·신익희(申翼熙) 등의 요인과, 안우생(安偶生)·이계현(李啓賢)·노능서(魯能瑞)·서상열(徐相烈)·윤재현(尹在賢)(외 중국인 무선기사 3명 동승)이 돌아왔다.[49]

미 군정은 임정이 귀국한 2시간 후인 23일 오후 6시, 그들을 서대문에 마련된 죽첨장(竹添莊)(뒤에 경교장. 현 강북삼성병원)으로 안내한 다음에야 '오늘 오후 김구 선생 일생 15명이 서울에 도착하였다. 오랫동안 망명했던 애국자 김구 선생 일행은 개인의 자격으로 서울에 돌아온 것이다'[50]라는 하지의

절당했다 한다(林建彦, 1967 ≪韓國現代史≫ 東京, 至誠堂, p.26).

49) 林建彦, 1967 앞의 책, p.29 및 p.32. 제 1진 인사들을 이렇게 고른 것은 원로들과 정치적으로 원만한 이들이 먼저 귀국하여 임시 정부의 인상을 민족주의적인 것으로 굳혀 놓은 다음 각파로 구성된 제2진이 들어오게 하려고 한 金九와 嚴恒燮의 배려에 의한 것이었다(孫世一, 1970 앞의 책, p.184).

50) 鮮于鎭, 1970 ≪白凡 金九≫ 太極出版社, p.314.

짤막한 성명을 방송했다.

3. 제2차 대전 직후의 국내상황

1945년 8월 15일, 일제가 마침내 연합국에 항복함으로써 한국민족은 35년
간의 제국주의 학정으로부터 해방되었다. 그러나 한반도는 카이로(Cairo) ·
얄타(Yalta) 및 포츠담(Potsdam)에서 미국과 소련 간에 체결한 결정들에 따라
1945년에 소련과 미국에 의해 점령되고 말았다. 8월 10일, 북한의 대부분이
소련군의 수중에 들어가고, 9월 8일에 미군이 남한에 상륙하였다.

이 무렵의 국내 상황은 대개 이러하다. 즉 일제의 항복을 요구하고 포츠담
선언이 통고된 후에 히로시마(廣島)와 나가사키(長崎)에 원자탄이 투하되고,
8월 9일 소련이 대일 선전(對日宣戰) 포고하자 8월 10일 일제는 포츠담 선언
수락에 관한 신청을 연합국에 발송하여 무조건 항복이 결정적으로 진행되고
있었다. 이를 단파(短波)로 수신한 총독부는 퇴거할 때까지의 그들의 생명 ·
재산의 보호를 위해 민족 지도자에게 치안 유지의 협력을 간청하였다. 총독부
는 우선 8월 10일 상오 4시, 경무국 하라다(原田)(차석 사무관)를 비롯하여
4차례에 걸쳐 가미사키(神岐)(조선군 참모), 오카(岡)(경기도 경무부장), 우미
다(生田)(경기지사) 등으로 송진우(宋鎭禹)와 교섭을 벌였으나 실패하고, 김
준연(金俊淵)에게 협조를 구했으나 그 역시 이를 거절하였다.[51]

뿐만 아니라 송진우는 그 후 8월 12, 13 양일간에 걸쳐 여운형(呂運亨)측의
민족 역량 총집중에 대한 교섭을 받았으나 이것도 거절하였다. 즉 여운형은
민족 총전선을 결성하기 위해 안재홍(安在鴻) · 정백(鄭栢) · 조동호(趙東祜)

---

51) 古下先生傳記編纂委員會, 1965 ≪古下宋鎭禹先生傳≫ 東亞日報, pp.295~299.

등과 협의 끝에 송진우파와 연결하기로 하고, 송진우 측에 일제 패퇴에 따라서 민중의 보안과 민생 문제와 건국 준비를 위하여 협력할 것을 제의하였다. 여운형 측에서 정백, 송진우 측에서 김준연이 8월 12, 13 양일에 밀의를 하였으나, 다음과 같은 의견대립으로 성공하지 못하였다.52) 즉 여운형 측 주장은 ① 일제는 이미 무조건 항복이 결정되었음 즉 조선 민족이 자주 자위적으로 당면의 보안·민생 문제를 위시하여 주권 확립에 매진할 것 ② 국내에서 적과 투쟁하던 인민 대중의 혁명 역량을 중심으로 국내외 혁명 단체를 총망라하여 독립 정부를 수립할 것 등이었고, 송진우 측 주장은 ① 왜정(倭政)이 완전히 철폐될 때까지 그대로 참고 있을 것이며, 총독부가 연합군에게 조선 정권을 인도하기 전까지는 독립 정권을 허용치 않을 것이므로 함부로 움직이지 말것 ② 재중경 임시 정부를 정통으로 환영 추대할 것 등이었다.

이와 같이 송진우를 설득하는데 실패한 총독부는 엔도(遠藤) 정무총감이 8월 14일 밤 경성 보호 관찰소장 나가사키(長岐祐三)에게 전화로 15일 오전 6시에 여운형과 같이 관저로 오라고 통지하였다. 여운형은 8월 15일 오전 6시 반 통역 백윤화(白允和) 검사(경성 지청 검사)와 나가사키의 안내로 필동의 정무 총감 관저로 가 여운형·엔도(遠藤) 회담이 이루어졌다.53)

여기에서 엔도는 '그대는 치안을 맡아다오. 이제부터 우리의 생명은 그대에게 달렸다'라고 하였으며, 여운형은 이때 ① 전조선의 정치범·경제범을 즉시 석방하라 ② 집단 생활지인 서울의 3개월분(8·9·10월) 식량을 확보하

---

52) 宋南憲, 1976 ≪解放三十年史≫成文閣, p.36. 그 후 8월 15일 오후 李如星을 보내고 그 다음에 또 다른 사람을 보내고 그 다음에 夢陽이 친히 가서 협조를 구했으나, 송진우는 "輕擧妄動을 삼가라. 重慶政府를 지지하여야 한다"고 협동을 거부하였다 한다(李萬珪, 1946 ≪呂運亨鬪爭史≫ 叢文閣, p.204 및 呂運弘, 1967 ≪夢陽呂運亨≫ 靑玖閣, p.146).

53) 森田芳夫, 1967 ≪朝鮮終戰の記錄≫ 嚴南堂書店, pp.69~71 및 宋南憲, 1976 앞의 책, pp.34~35. 그리고 呂運弘, 1967 앞의 책, pp.137~138 참조.

라 ③ 치안 유지와 건설 사업에 아무런 구속과 간섭을 하지 말라 ④ 조선의 추진력인 학생의 훈련과 청년의 조직화에 간섭을 하지 말라 ⑤ 조선내 각 사업장에 있는 일본 노무자들은 우리의 건설 사업에 협력을 하라고 요구하여 승낙을 받았다. 그리하여 그는 치안 유지의 협력선(協力線)을 비약하여 신정부 건설의 준비를 명확히 하고, 당일로 계동 임용상(林龍相) 집에 조선 건국 준비 위원회 본부를 설치하고 건국 동맹54)을 중심으로 조직에 착수하여 17일 제1차 부서를 결정 완료하였다(委員長 呂運亨, 副委員長 安在鴻, 總務部長 崔護憲, 財務部長 李奎甲, 組織部長 鄭栢, 宣傳部長 趙東祜, 武警部長 權泰錫).

이에 앞서 16일에는 건국 치안대를 설치(本部 豊文學校)했는가 하면, 8월 22일 건준 중앙 위원회의 확충을 단행하고, 12부(部) 1국제(局制)를 채택했으며, 8월 25일에는 선언과 강령을 발표하였다.

그런데 건준은 여운형의 건국 동맹을 중심으로 하는 사회주의 세력과, 안재홍(安在鴻) 중심의 민족주의 세력, 이운(李芸)·최익한(崔益翰)·정백(鄭栢) 중심의 상안파 공산주의 세력, 박헌영(朴憲永)·이강국(李康國)·최용건(崔容建) 중심의 재건파(再建派) 공산주의 세력이 중심 세력을 형성한 연합 전선 형태였다. 그러나 발족 이후 점차 좌경 독주하는 경향을 보이자 우익 진영의 김병로(金炳魯)·백관수(白寬洙) 등은 '전국 유지자(有志者) 대회'를 개최하여 건준과 합작할 것을 제의하였다. 이것이 계기가 되어 좌우 분열이 노정되고 우익의 안재홍 일파가 탈퇴하자, 9월 4일 중앙 집행 위원 중 일부를 개편한

---

54) 1944년 8월 10일 呂運亨을 비롯한 趙東祜·玄叉玄·黃雲·李錫玖·金鎭宇 등 국내 老壯 社會主義者 일파들이 제2차 세계대전의 終戰을 예견하고 慶雲洞 三光醫院(現 建國大學校 鍾路 校舍)에 비밀히 집합하여 日本의 패망과 이에 따른 조국 해방에 대비하여 조선 건국 동맹을 만들었다(宋南憲, 1976 앞의 책, p.42).

후 점차 좌경화하여 9월 6일에는 소위 '조선 인민 공화국'이란 단체를 조직하
였다.55) 그들은 전국적인 통신 및 방송 선전망을 이용하여 선전에 전력을 기
울여, 미군이 서울에 진주한 후에도 정부로서 행세를 하여 미 군정청에서 10
월 10일 아놀드 군정 장관의 성명, 10월 16일 하지 미군 사령관의 성명으로
그 존재를 부인하였으나, 1946년 2월 좌익 세력의 집결체인 민주주의 민족
전선이 출현할 때까지 중경에서 환국한 대한민국 임시 정부와 대립하여 좌익
의 상징적인 존재로 민중에게 인상을 남기려고 광분하였다.56)

한편, 전술한 바와 같이 여운형과의 합작을 거부한 송진우는 미군의 진주와
임정의 환국이 지연되고 있는 가운데, 9월 1일 '대한민국 임시 정부 환국 환
영회'를 조직하고 임시 정부의 지지를 재천명하였다. 그는 김성수·서상일
(徐相日)·김준연·장택상·김동규(金東圭)·이경희(李慶熙)·안동후(安
東厚)·강병순(姜柄順)·설의식(薛義植)·김동원(金東元) 등과 9월 7일 발
기인 330명의 이름으로 동아일보 사옥에서 국민 대회 준비회를 결성하였다.
당시의 결성 강령은, ① 연합국에 감사, ② 국민 대회를 열어서 해내 해외의
민족 총역량을 집결한다, ③ 중경에 있는 임시 정부의 법통(3·1 운동의 법

---

55) 이는 9월 7일 古下의 국민 대회 준비회 소집을 방해하고자 선수를 친 것이다. 그 후에도
夢陽은 화가 一洲 金振宇를 중간에 넣고 古下에게 교섭을 했으며, 그는 '후일 민족간의
相出血이 있게 되면 그것은 古下의 책임'이라고까지 강박했다고 한다(古下先生傳記編纂
委員會, 1965 앞의 책, pp.309~301. 참조).

56) 宋南憲, 1976 앞의 책, pp.63~85. 人民共和國의 성립은 세 가지의 중대 결과를 가져왔다
고 安在鴻은 지적하고 있다. 즉 ① 38線에서 대치하고 있는 미·소 양국 대립에서 소련적
聲勢를 상징하는 것이며 ② 민족진영과의 대립을 강화하게 되어 민족 통일상 큰 장애가 되
었고 ③ 미 주둔군의 남조선 상륙과 함께 미군정으로 하여금 인민 공화국의 존재로 말미암
아 자연히 우익 계열에서 그 긴밀한 지지자를 찾지 않을 수 없게 하여, 이로 말미암아 일제
와 결합, 의존 또는 타협으로 일정한 세력을 식민지 조선에 擁有하고 있던 보수적 부대로
하여금 점차 견고한 세력을 다시 扶植케 하는 계기를 지어 주었다 한다(朴奎植, 1970 <韓
國政治思想에 미친 美國의 影響> ≪亞細亞研究≫ 通卷 第26號, p.170).

통)을 지지한다, ④ 보수·진보 두 갈래의 정당을 만들어 민주주의 방식에 의한 정당 정치를 실현한다[57]는 것이었다.

한편 송진우는 김성수·서상일·김준연·김동원 등과 9월 16일 창당한 한국 민주당에 집단적으로 참가하여 동당의 핵심체가 되었다. 국민 대회 준비회는 그 첫 사업으로 한국 민주당·국민당·조선 공산당(장안파) 등 3당 대표들과 더불어 스스로 알선역이 되어, 10월 24일 동아일보 사옥에서 3당 연석 회의를 개최하고 다음과 같은 결의를 하였다.[58]

1) 우리는 재(在)중경 대한민국 임시 정부의 정치적·외교적 활동을 전면적·적극적으로 지지함.
2) 우리는 재외 제(諸)혁명 단체의 수십 년간의 우리 민족 해방 투쟁에 공헌한 위대한 업적을 지지함.
3) 우리는 대한민국 임시 정부의 환국을 촉진하여 국내 국외의 반민족 분자를 제외한 민주주의적인 각층 각파와 제휴 연락하여 한민족 총의(總意)에 의한 정식 정부의 급속한 수립을 기(期)함.
4) 한국 민주당·국민당·조선 공산당은 조선 민족의 통일된 완전한 민주주의적 자주 독립적 정부 수립을 위한 정비(整備)로 국민의 총의가 반영되고 집결될 수 있는 국민 대회 준비회를 구성함.

또한 10월 16일에는 이승만이 귀국하였다.[59] 그는 미 국무성에 의해 별로

---

57) 古下先生傳記編纂委員會, 1965 앞의 책, pp.312~313.
58) 당시 참석한 대표는 다음과 같다(宋南憲, 1976 앞의 책, pp.86~87).

韓國民主黨	宋鎭禹, 金炳魯, 元世勳, 白寬洙, 白南薰, 洪性夏
國民黨	安在鴻, 白弘均, 嚴雨龍, 韓奎淵, 朴容義, 金寅鉉, 閔大鎬
朝鮮共産黨(長安派)	李 芸, 崔益翰, 黃 郁, 尹亨植, 徐內寅, 朱鎭景
國民大會準備會	金俊淵, 徐相日, 姜柄順, 張澤相, 薛義植

59) 李承晩의 당초 귀국 코스는 미국 → 마닐라(맥아더) → 重慶(蔣介石) → 韓國이었으나 뜻

평가를 받지 못했으나, 마침 본국에서 여운형이 '인민 공화국'을 선포하고 미군정에 적대하고 있었으므로 여운형에 대항할 만한 인물을 찾고 있던 미군 정에게는 그가 필요한 존재였다. 따라서 그는 하지 중장에 의해 마치 '영웅'처럼 개선할 수 있었다.[60] 그는 10월 23일, 각 정당·단체 대표 200여 명과 독립 촉성 중앙 협의회를 결성, 회장에 취임하였다. 그리고 11월 7일에는 인민 공화국 주석직의 거부를 발표하였다.

그간 미군은 8월 20일, B-29로 서울 상공에 웨드마이어 장군 명의로 미군의 진주를 예고하는 전단을 살포하였다. 그리고 9월 2일, 일본의 항복에 이어 동일자로 연합군 최고 사령부 사령 제1호 첨부서로, 일반 명령 제1호 (2)항에 '만주·북위 38도 이북의 한국……(중략)……에 있는 일본국의 선임 지휘관과 모든 육상·해상·항공 및 보조 부대는 소비에트 극동군 최고 사령관에 항복할 것, (3)항에 '……북위 38선 이남의 한국……(중략)……에 있는 일본 지휘관과 모든 육상·해상·항공 및 보조 부대는 미합중국 태평양 육군 총사령관에게 항복할 것'[61]을 규정함으로써 38선이라는 인위적인 선으로 국

대로 되지 않았다. 마닐라·重慶을 생각한 것은 국내에 조직적인 정치 기반이 없는 李承晚으로서는 귀국 후의 활동을 뒷받침해 줄 어떤 後光이 필요했기 때문에 맥아더와 蔣介石이 훌륭한 정치적 후광 역할을 할 수 있다고 생각했기 때문(李元禹 敎授)이라는 것이다. 그리고 그는 "본인은 한반도 38도 이남이 미 군정하에 있음을 주지하고 있습니다. 또한 군정 당국의 法과 法令에 의해 규제된다는 사실도 아울러 인정합니다"란 서약을 하고 귀국하였다 한다(東亞日報社, 1982 <秘錄 美軍政三年>8 ≪東亞日報≫ 4. 30).

60) 宋建鎬, 1977 <李承晚과 金九의 民族路線> ≪韓國近代史論≫ Ⅲ, 知識産業社, p.331. 그는 臨政을 지지하고 있는 蔣介石 政府가 金九를 자기보다 먼저 귀국시켜 그에게 국내에서의 유리한 지반을 닦게 할지 모른다고 경계하고 그들보다 먼저 귀국할 것을 서둘렀다는 것이다(林建彦, 1967 앞의 책, p.26).

61) 宋南憲, 1976 앞의 책, pp.86~89. 1945년 8월 10일 밤 SWNCC(國務省과 陸軍 및 海軍省 合同調査委員會) 會義에서 채택된 38선 분할은 매클로이 次官補(陸軍省)를 보좌하던 딘 러스크大領과 본스틸大領에 의해서였다. 이 결정은 일본 항복에 쓰일 일반 명령 제1호의 草案에 담아져 8월 11일로 SWNCC가 작성한 修正된 일반 명령 초안에 실려 聯合參謀部

토와 민족을 동시에 양단하였던 것이다.

9월 2일에는 재(在)조선 미군 사령관 존 R. 하지 중장의 명의로 '남한 민중 각위에게 고함'이란 미군 상륙에 있어서의 미군 사령관의 포고 1호를 발표했는데, 여기에는 '민중에 대한 포고 및 제명령은 현존하는 여러 관청을 통해 공포된다.', '일본인 및 미 상륙군에 대한 반란행위', 등 '경거망동하지 말라'는 내용이 들어 있었다.[62] 그리고 9월 6일, 미군의 선견군사(先遣軍使) 해리스 준장 이하 일행 31명이 서울에 도착, 7일 오전 10시, 엔도(遠藤)가 "귀관의 의도는 한국에서 군정을 실시하려는 것인가"고 물으니, 해리스는 "군정시행 실시라고 명확히 말할 수는 없고, 한국은 여전히 총독의 총괄하에 두고 미군 사령관은 행정의 관리·감독을 하려는 생각이다"[63]라 하며 애매한 태도를 취했다.[64]

그러나 같은 9월 7일, 태평양 미국 육군 총사령관 포고 제1호(조선 주민에 포고함)가 발표됨으로써 미군정이 시작되었다. 맥아더 대장은 이 포고에서 '……38도 이남의 지역과 동지(同地)의 주민에 대하여 군정을 설립함. 따라서, 점령에 관한 조건을 좌기와 여히 포고함'이라 하여 군정의 실시를 발표하고, 제1조에서 '조선 북위 38도 이남의 지역과 동 주민에 대한 모든 행정권은 당분간 본관의 권한 하에 시행한다' 하였고, 제2조에서 '정부·공공 단체……공공 사업에 종사하는 직원……(중략)……기타 제반 중요한 직업에 종사하는 자는 별명(別命)이 있을 때까지 종래의 직무에 종사하고, 또한 모든

와 國務省에 의해 8월 12·13일에 수락되었고, 그 날로 트루먼 대통령의 승인을 받고 연합국과의 電報 협의를 거쳐 9월 2일 정식으로 발표되었다.

62) 宋南憲, 1976 앞의 책, pp.100~101 및 森田芳夫, 1967 앞의 책, p.269.

63) 森田芳夫, 1967 앞의 책, pp.272~273.

64) 하지中將은 한때 總督政治의 연장까지를 고려하다가 民心의 沸騰과 總司令部의 압력으로 군정 실시로 방침을 결정하였다는 것이다(宋南憲, 1976 앞의 책, p.109).

기록과 재산의 보관에 임할 사', 제3조에서 '주민은……(중략)……명령에 신속히 복종할 사. 점령군에 대하여 반항 행동을 하거나 또는 질서 보안을 교란하는 행위를 하는 자는 용서 없이 엄벌에 처함', 제4조 '주민의 소유권은 차를 존중함……', 제5조 '군정 기간 중 영어를 가지고 모든 목적에 사용하는 공용어로 함……', 제6조 '이후 공포하게 되는 모든 포고·법령·규약·고시·지시급(及) 조례는 본관 또는 본관의 권한 하에서 발포(發布)하여 주민의 이행하여야 될 사항을 명기함'이라 하였다.

동일자로 또 태평양 미 육군 총사령부 포고 제2호 '범죄 또는 법규 위반', 포고 제3호 '통화(通貨)'를 발표하여[65] 군정의 기틀을 잡았다. 이들 포고문에는 미군정의 성격이 잘 나타나 있다. 포고 제1호 제2조에는 종래의 통치 기구 내에서 일인의 잔류 여부가 명확히 제시되어 있지 않았으며, 제4조의 '주민'은 일인을 포함하는 것이었다. 제5조에서 영어를 공용어로 결정함으로써 미군정과 접촉이 가능한 사람은 구미 유학을 할 수 있었던 부유층과 영어를 할 수 있는 기독교도에 한하게 되었으며, '통역 정치의 현상'을 빚어내기까지 하였다. 포고 제2호는 군정 하에서 한국인은 군정청에 소속되는 법정에 의하여 재판을 받는다는 것을 규정하였고, 포고 3호는 군정 하에 있어 법화(法貨)는 조선 은행권과 미 군표(軍票)로써 한다는 것을 규정하였다.

미군은 9월 8일 인천에 상륙, 9일 서울에 들어와 제24군단 사령관 하지 중장과 제7함대 사령관 킨케이드(Thomas C, kinkaid) 제독은 총독부 제1회의실에서 일본군 우에쓰키(上月) 제17방면(方面) 군사령관, 야마구치(山口) 진해(鎭海) 경비 사령관, 아베(阿部) 총독 등으로부터 항복 문서에 서명을 받았

---

65) 布告 제1호·제2호·제3호의 發表日字는 國文·英文으로 된 原文에는 9月 7日字인데, 宋南憲의 ≪解放三十年史≫에는 모두 9月 9日로 되어 있다. 이는 잘못이다. 이 포고들이 서울에서 발표된 것은 9월 10일이었다.

다.66) 그리하여 9월 12일, 아베 총독이 파면되고 아놀드 소장이 군정장관으로 임명됨으로써 본격적인 군정이 실시되었다.

그러나 전술한바 포고 제1호 제2조와 같이 항복서 2의 ⑤항에 '……관계 문무관은 연합군 최고 사령관 또는 그 권력에 의하여 특히 그 직을 면치 않는 한 모두 그 현직에 머물러 비전투 사무를 수행함을 명함'이라 하여 일제의 관리들이 그대로 잔류하게 되었다. 9월 14일에는 정무총감 이하 각 국장을 해임하고 행정 고문으로 잔류할 것을 명령하였다.

18일에는 미군의 각 국장 임명이 발표되고, 20일에는 군정청의 조직에 대한 발표가 있었다. '군정청이란 것은 인민의, 인민을 위한, 인민에 의한 민주주의 정부를 건설하기까지의 과도 기간에 있어서 38도 이남의 한국 지역을 통치·지도·지배하는 연합군 총사령관 아래서 미군에 의하여 설립된 임시 정부인 것이다. 군정청은 남한에 있어서 유일한 정부……'67)라고 선언하고 그 기구와 군정장관 아놀드 이하의 인사를 발표한 것이다.

이렇게 미군정이 시작되었지만 이들은 사전에 한국에 대한 충분한 연구가 없었을 뿐 아니라 한국에서 점령 행정을 수행할 만한 지식과 경험을 가진 사람이란 미국 육군이나 해군이나 국무성에는 하나도 없었다는데 문제가 있었다. 뿐만 아니라, 재조선 미군 사령관 하지는 한국에 상륙할 때 일본군의 무장 해제 이외에 정치적·경제적 문제에 관하여 아무런 구체적인 복안도 없었다.68)

---

66) 宋南憲, 1976 앞의 책, pp.104~106.

67) 森田芳夫, 1967 앞의 책, p.291.

68) 리처드 E. 라우더베크, 1948 ≪韓國美軍政史≫ 國際新聞社, p.35, p.37. David W. Conde, ≪An Untold History of Modern Korea, 1945~50≫, 岡倉古志部 監譯 1980 ≪現代朝鮮史≫ 第1卷, 太平出版社, pp.39~40에 의하면 하지가 문서로서 받은 유일한 명령은 남한의 일본군 12만을 무장 해제하여 항복시키고, 舊 總督府의 일본인 행정관을 유임시

이어 미군은 춘천·대구·전주·광주·대전에 진주하면서 10월 5일에는 군정 장관 고문으로 김성수(위원장)·전용순(全用淳)·김동원(金東元)·이용설(李容卨)·오영수(吳泳秀)·송진우(宋鎭禹)·김용무(金用茂)·강병순(姜炳順)·윤기익(尹基益)·여운형(呂運亨)(사퇴)·조만식(曺晩植)(불참)등 11명[69]을 임명하여 그들의 진언과 충고를 받게 되었다. 그 후 군정은 일제의 여러 악법의 개폐와 적산(敵産)의 처리 등에 관한 조치를 취해 나갔다.

4. 신탁통치 반대운동의 주도

이러한 상황 하에 전술한 바와 같이 10월 16일 이승만이 귀국하고, 11월 23일 임시 정부가 환국하였던 것이다. 미군정의 정책이 한국 내에 어떠한 정치적 권위도 인정하지 않는다는 원칙 하에서 국내 정계는 대한민국 임시정부를 내세우는 우파와 소위 인민공화국을 지지하는 좌파로 대체적인 맥(脈)이 형성되어 가고 있었던 것이다.

11월 23일 환국한 백범은 가장 먼저 이승만의 방문을 받았고, 이어 도착 성명을 발표하였다.

27년간 꿈에도 잊지 못하던 조국 강산을 다시 밟을 때 나의 흥분되는 정서는 형용해서 말할 수 없읍니다. 나는 먼저 경건한 마음으로 우리 조국 독립을 전취하기 위하여 희생하신 유명·무명의 무수한 선열과 아울러 우리 조국의 해방을 위하여 피를 흘린 허다한 연합국 용사들에게 조의를 표합니다. 다음으로는 충성을 다하여 3천만 부모 형제 자매 및 우리 나라에 주둔하고 있는 미·소 등 우방군에게 위로의 뜻을 보냅니다.

키라는 것이었다 한다.
69) 이들의 대부분은 한민당 소속이었다.

　　나와 나의 동지들은 과거 20, 30년간을 중국의 원조 하에서 생명을 부지하고 우리의 공작을 전개해 왔습니다. 더욱이 이번 귀국에는 장개석 장군 이하 각계 각층의 덕택을 입었습니다. 그리고 또 한국에 있는 미군 당국의 융숭한 성의를 받은 것입니다. 그러므로 나와 나의 동료는 중·미·영국에 대해 최대의 경의를 표하는 바입니다. 또 우리는 우리 조국의 북부를 해방시켜 준 소련에 대해서도 마찬가지의 경의를 표합니다.

　　이번 전쟁은 민주를 수호하기 위하여 파시스트를 타도하는 전쟁이었습니다. 그런데 이 전쟁의 승리의 유일한 원인은 동맹이라는 약속을 통하여 상호 단결 협조함에 있었던 것입니다. 그러므로 금번 전쟁을 영도하였으며, 따라서 큰 전공을 세운 미국으로서도 승리의 공로를 독점하려 하지 않고 전체에 돌리고 있는 것입니다. 우리는 동맹국 미국의 겸허한 미덕을 찬양하거니와 동심육력(同心戮力)한 동맹국에 대해서도 일치하게 사의를 가지고 있습니다. 그들의 작풍(作風)은 다 우리에게 주는 큰 교훈이라고 확신합니다. 나와 나의 동료는 일개의 시민의 자격으로 귀국하였습니다. 동포 여러분의 부탁을 받아 가지고 노력한 결과에 이와 같이 여러분과 대면하게 되어 대단히 죄송합니다. 그러나 여러분도 나에게 죄를 주시지 아니하시고 도리어 열렬하게 환영해 주시니 감격의 눈물이 흐를 뿐입니다 나와 나의 동지는 오직 통일된 독립·자주의 민주 국가를 완수하기 위하여 여생을 바칠 결심을 가지고 귀국하였습니다. 여러분은 조금도 가림 없이 심부름을 시켜 주시기를 간절히 바랍니다. 조국의 통일과 독립을 위하여 유익한 일이라면 불 속이나 물 속이라도 들어가겠습니다.

　　우리는 미국과 중국의 도움으로 말미암아 여러분과 기쁘게 대면하게 되었습니다. 그러나 우리는 미구에는 또 소비에트의 도움으로 말미암아 북쪽의 동포도 기쁘게 대면할 것을 확신합니다.

　　여러분, 우리 함께 이 날을 기다립시다. 그리고 완전히 독립 자주하는 통일된 신 민주 국가를 건설하기 위하여 공동 분투합시다.

(자유신문, 1945년 11월 24일자)

그는 이튿날 아침 송진우(宋鎭禹)·정인보(鄭寅普)·김병로(金炳魯)·안재홍(安在鴻)·권동진(權東鎭)·김창숙(金昌淑)의 인사를 받은 다음 돈암장(敦岩莊)으로 이승만을 찾아 답례하였다. 그리고 그와 함께 군정청에 들러 하지 중장과 아놀드 소장을 예방하고 1시 반 경교장(京橋莊)에서 첫 기자 회견을 가졌다. 그는 여기에서 '선생은 개인 자격으로 환국하였다고 발표되었는데……'란 질문에 "우리나라에는 현재 군정이 실시되고 있는 관계로 대외적으로 개인 자격이 될 것이나 우리 한국 사람 입장으로 보면 임시 정부가 환국한 것입니다"[70]라고 하여 임시 정부의 입장을 분명히 밝혔다. 뿐만 아니라 11월 24일 밤 8시, 2분간에 걸친 방송에서의 귀국 인사를 통해,

> 친애하는 동포 여러분!
> 27년간이나 꿈에도 잊지 못하고 있던 조국 강산에 발을 들여 놓게 되니 감개무량합니다.
> 나는 지난 5일 중경을 떠나 상해로 와서 22일까지 머물다가 23일 상해를 떠나 당일 서울에 도착하였읍니다. 나와 나의 각원(閣員)일동은 한갓 평민의 자격을 갖고 들어왔읍니다. 앞으로는 여러분과 같이 우리의 독립 완성을 위하여 진력하겠읍니다.
> 앞으로 전국 동포가 하나가 되어 우리의 국가 독립의 시간을 최소한도로 단축시킵시다.
> 앞으로 여러분과 접촉할 기회도 많을 것이고 말할 기회도 많겠기에, 오늘은 다만 나와 나의 동사일동(同事一同)이 무사히 이 곳에 도착하였다는 소식을 전합니다.[71]

라고 하여 독립운동을 계속할 것을 선언하였다.

또한 임정 선전부장 엄항섭(嚴恒燮)은 24일 기자 회견에서 '임시 정부는

---

70) 張俊河, 1971 ≪돌베개≫ 思想社, p.431 : 白凡思想研究所 編, 1973 앞의 책, pp.34~35.
71) 國史編纂委員會 編, 1968 ≪資料大韓民國史≫ 1, p.462 : ≪自由新聞≫ 1945. 11. 26.

개인 자격으로 환국하였는데'란 질문에, "군정청과의 관계도 있어서 공식적으로는 개인 자격이나 인민에 대한 태도는 좀 다른 것이다. 왜 그러냐 하면, 임시 정부라는 것은 3·1 운동 때에 전 인민의 피로 생긴 것이다"라고 하였고, 또 "금후 조선에 완전한 독립 정권이 수립될 터인데 임시 정부를 해체하고 안 하는 것은 인민이 결정할 바이다. 그러나 해체를 강제할 성질의 것은 아니다"[72]라고 하여 임시 정부를 해체하지 않을 것을 분명히 하였다.

백범은 26일 군정청 기자 회견에 이어 27일 김규식(金奎植)(부주석)과 함께 국민당 당수 안재홍, 한민당의 수석 총무 송진우, 인민당 당수 여운형, '인공(人共)'의 총리 허헌(許憲)과 차례로 회담하였다. 여기에서 안재홍은 "……이 혼란을 하루 속히 안정시키는 의미에서 직접 임정이 집권을 해주어야 한다"[73]고 하였으며, 또 임시 정부의 정통론을 주장해 온 송진우는, "① 이번 2차 대전은 민주주의 대 파시스트의 대결이었으니 만치 승리를 이끈 연합 국가의 기치 아래로 우리도 나가야 할 것이므로, 국가가 통일되어 민주주의를 완성하는 데 최선을 다하여야 할 것입니다. ② 가급적 속히 최선을 다해 몇 개조의 친선 사절단을 조직하여 선생님의 친서를 가지고 각 연합국을 방문토록 하여, 우리 국내외에 사상적 통일이 되어 자주 독립을 할 만큼 실력이 양성되어 있음을 선전하여 연합국으로 하여금 우리의 독립을 승인하도록 독립 촉성을 기해야 할 것입니다. ③ 재정 문제에 있어서는 국내외의 유지들의 희사를 받는 것도 가능할 것으로 생각합니다. ④ 집무 계통의 사무 조직을 속히 완비시키는 것이 최선책이라 판단됩니다. ⑤ 하루바삐 국군을 편성시키는 것이 필요할 줄로 생각합니다. 이와 같은 5가지 건의를 채택하신다면 어느 정도

---

72) 장준하, 1971 앞의 책, p.462.
73) 白凡金九先生記念事業協會, 1982 앞의 책, p.372.

치안도 유지되고 생산 활동도 상당히 활발해지리라고 전망합니다"74) 등 다섯 가지를 제의했으나 이에 대하여 김구는 침묵으로 일관하였다.

또 여운형은 "선생님이 들어오시기 전과 후에 일할 수 있는 토대를 만들어 드린다고 애써보았습니다"며 인공(人共) 창설에 대해 말하였고, 인민 공화국 국무 총리 허헌도 4당수와의 회담에서 주요 쟁점은 결국 임정의 법통을 독자적으로 행사하여 민족 진영을 이끌어 가야 한다는 우파 및 중간파의 견해와, 이미 수립된 인민 공화국의 기존성을 인정하는 바탕위에서 임정이 활동해 나가야 된다는 좌파의 견해가 엇갈리는 데 말하였다.75)

12월 1일에는 3만여 인파가 모인 서울 운동장에서 임시 정부 환국 봉영회가 있었고, 이 날 임정의 제2진이 서울에 도착하였다. 그리고 12월 3일에는 환국 후 처음으로 임정 국무 회의가 백범 주재 하에 개최되었다. 이승만(주미 외교위원회 위원장)까지 포함 30여 명이 참석한 이 날의 회의는, '오늘은 보고를 듣는 것만으로 끝내고 우리도 국내 정세에 대해 직접 접할 기회를 가진 다음 다시 이야기하도록 하자'는 제의가 받아들여져 뚜렷한 의제 없이 간담 형식으로 진행되었다.

엄항섭(嚴恒燮)은 경과 보고 형식으로 임정이 그 동안 불편부당한 입장에서 행동해 왔다고 말하였고, 이승만이 공산주의자들의 움직임에 대해 우파적 입장에서 부연 설명을 하였다.

또한 12월 7일 조소앙(趙素昻)이 "우리는 봉건 제도를 지키려는 것도 아니

---

74) 孫世一, 1970 앞의 책, pp.189~190 및 白凡金九先生記念事業協會, 1982 앞의 책, p.373 참조. 그 후 12월 2일 宋鎭禹는 還國志士後援會에 국민 대회 준비회 대표 자격으로 張澤相과 臨政要人들을 禮訪하면서 후원회 기금 900만圓을 전달하였다(古下先生傳記編纂委員會, 1965 앞의 책, p.331). 이에 앞서 金九는 蔣介石으로부터 전별금 명목으로 30만 달러(20만 달러라고도 함)를 받았다(孫世一, 1970 앞의 책, p.183).
75) 白凡金九先生記念事業協會, 1982 앞의 책, p.374.

요 자본주의를 고수하려는 것도 아니며, 오직 인민 대중에게 기초를 둔 정부를 조직하려는 것입니다. 우리의 정치 포부는 영국의 노동당 보다 더 진보적인 정치 포부를 가졌음을 말해 둡시다"[76]라고 임정의 성명을 발표하였다. 이는 민족의 단합을 추구해 나가려는 임정의 정책 방향을 제시한 것으로 볼 수 있다. 한편, 12월 7일 한민당은 임정이 정부의 기능을 맡아 줄 것을 재차 건의하였다.[77]

반면 인공은 임정측에 양 정부를 다같이 해체하고 반반수의 균형으로 합작하자는 제의를 했으나 임정은 즉각 이를 거부하였다. 그러자 조선 공산당 당수 박헌영은 '민족 통일 전선과 망명 정부에 대하여'라는 성명을 발표, "그분들은 좀 왕가적(王家的)·전제적·군주적 생활의 분위기에서 해탈하고 나와서 조선의 인민 특히 근로 대중과 친히 접촉하여 조선인의 새로운 공기를 호흡할 필요가 있다. 과거 수십 년간 망명 생활 중에 조선과 분리된 생활을 계속하던 분들이 또다시 국내에 와서도 그러한 비민중적 생활의 노예가 되어 장래 조선의 지배자를 꿈꾸고 있는 현상은 차마 못 볼 기현상이다"[78]라고 하며 임정을 비난하고 나섰다.

민족 통일 전선 형성을 위한 임정의 노력은 공산당에 의해 처음부터 암초에 부딪쳤던 것이다.

한편 이승만은 독립 촉성 중앙 협의회의 조직을 확대해 가면서 12월 17일 밤 '공산당에 대한 나의 입장'이란 방송에서 공산당을 극렬하게 비난하고 나섰다.

---

76) ≪自由新聞≫ 1945. 12. 7(白凡金九先生記念事業協會, 1982 앞의 책, p.377에서 再引).
77) ≪朝鮮日報≫ 1945. 12. 7.
78) ≪서울新聞≫ 1945. 12. 21.

한국은 지금 우리는 세계 각국에 대하여 선언합니다. 간계를 써서 각처에 대하여 선전하기를 저희들이 공산주의자가 아니요 민족주의자라 하여 민심을 현혹시키니, 이 극렬분자들의 목적은 우리 독립국을 없이 해서 남의 노예로 만들고 저희 사욕을 채우려는 것을 누구나 볼 수 있을 것입니다. 이 분자들이 노국(露國)을 저희 조국이라 부른다니 과연 이 것이 사실이라면 우리의 요구하는 바는 이 사람들이 한국에서 떠나서 저희 조국에 들어가서 저희 나라를 충성스럽게 섬기라고 하고 싶습니다. 한인의 형용을 쓰고 와서 우리 것을 빼앗아다가 저희 조국에 붙이려는 것은 우리가 결코 허락지 않는 것이니 우리 2천만 남녀가 다 목숨을 내놓고 싸울 결심입니다.[79]

이같은 분열과 혼란의 와중에서 12월 19일 임시 정부 개선 환영 대회가 서울 운동장에서 성대하게 베풀어졌다.[80] 여기에서 백범은 답사를 통해 당시의 혼란된 정국에 임하는 자기의 소신을 피력하였다.

친애하는 동포 제군!

나는 오늘 이 성대한 환영을 받을 때에 무엇보다도 먼저 임시 정부를 대표해서 오랫동안 왜적의 통치 아래서 갖은 고난을 당하여 온 국내 동포 형제에게 가장 친절한 위문을 드립니다.

여러분도 아시는 바와 같이 우리 임시 정부는 3·1 대혁명의 민족적 대유혈 투쟁 속에서 산출된 유일무이 정부이었고, 동시에 왜적의 조선 통치에 대한 유일한 적대적 존재이었읍니다.

그러므로 우리 임시 정부는 과거 37년간 일대 혁명의 정신을 계승하여 전민족 총단결의 입장과 민주주의 원칙을 일관하게 고수하여 왔읍니다.

다시 말하면 우리 임시 정부는 결코 모일계급(某一階級)·모일파(某一派)의 정부가 아니라 전민족·각 계급·각 당파의 공동한 이해 입장에서 입각한 민족

---

79) 白凡金九先生記念事業協會, 1982 앞의 책, pp.378~379.
80) 國史編纂委員會, 1968 앞의 책, pp.624~629. 참조.

단결의 정부였읍니다.

그러므로 우리 정부의 유일한 목적은 오직 전 민족이 총 단결하여 일본 제국주의를 타도하고 한국에 진정한 민주 공화국을 건립하자는 데 있읍니다.

그러나 우리들이 분투한 결과는, 즉시 우리의 임무를 달성하자면 오직 3·1 대혁명의 민주 단결 정신을 계속 발양(發陽)해야 하고 좌파·우파가 단결해야 하고 남녀노소가 단결해야 합니다.

우리 민족 개개인의 혈관 속에는 다 같이 단군 왕조의 성혈이 흐르고 있읍니다. 극소의 친일파 민족 반도를 제외한 외에 무릇 우리 한국 동포는 마치 한 사람같이 단결해야 합니다. 오직 이러한 단결이 있은 후에야 우리의 독립 주권을 창조할 수 있고 소위 38도선을 물리쳐 없앨 수 있고 친일파 민족 반도들을 숙청할 수 있읍니다.

나는 확신불의(確信不疑)합니다. 유구한 문화 역사를 가진 우수한 우리 민족은 이 시기에 있어서 반드시 단결될 것입니다.

그러므로 나와 정부 동인들은 보다 더 많은 자신과 용기를 가지고 전민족 각계 당파의 철 같은 단결을 완성하기 위하여 분투하려 합니다.[81]

그리고 각계 670여 단체 대표자들은 '연합국의 원조에 인하여 중경에 있는 대한민국 임시 정부의 주석과 전 각원(閣員)을 환영하는 공전의 성전을 거행하게 됨과 동시에 이 결의로서 그들의 임시 정부의 정권을 중심으로 일로 추진하려는 한국 민족의 총의를 표명함이 타당함을 확신하고' 4개항의 결의문을 채택하였다.

이 무렵 백범은 임정 내에 좌우로 분열된 민주 세력을 총집결하기 위한 기구로 특별 정치 위원회의 구성을 준비하게 되었는데, 이 때부터 임정과 한민당 사이에 갈등이 표면화되기 시작하였다. 그 이유는 국내 인사 친일론 때

---

81) 白凡金九先生記念事業協會, 1982 앞의 책, pp.379~382.

문이었다.82)

이러한 때인 1945년 12월 16일부터 모스크바에서 미·영·소 3국의 외상
회의가 소집되어 한반도 문제가 논의되고 여기에서

제 1 조 독립 국가로서 한국을 재건하며 민주주의 원칙에 의하여 한국을 발전시
킴에 적합한 환경을 육성하며, 한국에 있어서의 장구한 일본 압정의 잔
재를 가급적 조속히 청산하기 위하여 한국의 산업·교통·농업 및 한국
민족의 고유한 문화를 발전함에 필요한 정책을 시(施)할 임시 한국 민주
정부를 조직할 것이다.

제 2 조 임시 한국 정부의 조직을 협조하며 또 적의(適宜)한 방략의 예비적 연찬
(研鑽)을 행하기 위하여 남조선 미군 대표와 북조선 소군(蘇軍)대표로
조성된 공동 위원회를 설치할 것이다. 제안을 준비함에 있어서 공동 위원
회는 한국의 민주주의 제(諸)정당과 사회 제단체와 협의할 것이다. 공동
위원회가 작성한 제안을 소·중·영·미 4국에 전달하여 그 검토를 구
하되 필히 공동 위원회가 대표하는 양국이 최후적 결정에 달하기 전에
할 것이다.

제 3 조 임시 한국 정부와 한국의 민주주의 단체의 참의(參議)하에 한국민의 정치
적·경제적 또는 사회적 진보와 민주주의적 자치 정신의 발달과 한국의
국가 독립의 완성을 원조 협찬하는 방안을 안출함이 공동 위원회의 임무
로 될 것이다. 임시 한국 정부와 협의한 후에 공동 위원회의 제안을 미·
소·영·중 4국의 공동 검토에 부(附)하여 5개년 한도의 한국의 4국 신
탁 통치에 관한 단안을 연출(研出)케 할 것이다.

제 4 조 남북 조선에 관계되는 긴급한 문제를 토의하기 위하여 남선(南鮮)의 미군
과 북선(北鮮)의 소군간의 정치·경제 문제에 있어서의 항구적 협조를
재래(齎來)하는 방안을 연출(研出)하기 위하여 2주내에 재조선 미군 및

---

82) 이 무렵 한민당측이 임정 요인에게 베푼 술좌석에서 국내 친일 인사를 둘러싸고 申翼熙·
池靑天·趙素昻 등이 이를 숙청해야 된다 주장하였고, 張德秀·宋鎭禹가 국내 숙청 문제
는 급할 것이 없다고 주장하였다(古下先生傳記編纂委員會, 1965 앞의 책, pp.332~333).

소군의 양대표의 회담이 개최될 것이다.[83)

라는 '조선에 관한 모스크바 3상 회의 결정'이 12월 27일 이루어졌다. 이와 같은 신탁 통치 결정이 국내에 전해진 것은 12월 28일이었다.[84)] 이 소식을 접한 백범은 즉시 28일 오후 경교장에서 긴급 국무 회의(전원 참석)를 소집하고 다음과 같은 결의문와 4개국 원수에게 보내는 결의문을 채택하였다.[85)]

1) 본 정부는 각층 각파 및 교회 전국민으로 하여금 신탁제(信託制)에 대하여 철저히 반대하고 불합작 운동을 단행할 것.
2) 즉시로 재경 각 정치 집단을 소집하여 본정부의 태도를 표명하고, 전술(前述) 정책에 대하여 절실히 동의 합작을 요하며 각 신문 기자도 열석(列席)케 할 것.
3) 신탁 제도에 관하여 중·미·소·영 4국에 대하여 반대하는 전문을 급전으로 발송할 것.
4) 즉시로 미·소 군정 당국에 향하여 질문하고 우리의 태도를 표명할 것.

그리고 4국 원수에게 보내는 다음과 같은 결의문을 발표하였다.[86)]

우리는 모스크바 회의에서 신탁 통치제를 적용한다는 결의에 대하여 반대한다.
1. 민족 자결의 원칙을 고수하는 한국 민족의 총의에 절대로 위반된다.
2. 제2차 대전 중 누차 선언한 귀국의 숙약(宿約)에 위반된다.

---

83) 國會圖書館 立法調査局, 1976 ＜趙素昻 文書＞ ≪韓國外交關係資料集≫, p.15에도 譯文이 보이는바 많은 부분이 생략되어 있다.
84) 이에 앞서 1945년 10월 20일 미국무성 극동국장 보인센트는 美國外交政策協議會에서 조선의 신탁통치제 실시를 제창한 바 있으며, 12월 25일에는 蘇는 신탁통치주장, 美는 즉시 독립 주장의 워싱턴 急報가 있었다. 이에 국내에서는 여기에 반대 운동이 일어나고 있다고 주장하였다(國史編纂委員會, 1968 앞의 책, p.278 및 pp.668〜670, 677〜699. 참조).
85) 國史編纂委員會, 1968 앞의 책, pp.682〜683.
86) 國史編纂委員會, 1968 앞의 책, p.683.

3. 연합국 헌장에 규정한 3종 탁치 적용 조례의 어느 항에도 한국에는 부합되지
   않는다.
4. 한국에 탁치를 실시함은 원동(遠東)의 안전과 평화를 파괴할 것이다.
이상 이유는 한국의 즉시 독립과 세계 평화를 위하여 탁치제에 반대하는 철저한
불합작을 미리 성명하고 귀국의 신중한 고려를 촉한다.

대한민국 27년 12월 28일
대한민국 임시정부 국무위원회
주   석 김 구
외교부장 조소앙

이와 같은 국무회의의 결의가 있은 후, 동일 하오 8시 각 정당에 대표 2인씩
과 6대 종교 단체 대표, 각 신문사 기자의 참집(參集)을 요청하여, 70여 명의
애국 동지들이 연합 의회를 열어 "우리는 피로써 건립한 독립국과 정부가
이미 존재하였음을 다시 선언한다. 오천 년의 주권과 삼천만의 자유를 전취하
기 위하여는 자기의 정치 활동을 옹호하고 외래의 탁치 세력을 배격함에 있
다. 우리의 혁혁한 혁명을 완성하자면 민족이 일치로써 최후까지 분투할 뿐이
다. 일어나자 동포여!"란 성명서를 발표하고,

1. 신탁 통치를 반대하기 위하여 기구를 창립하되 명칭을 탁치 반대 국민 총동원
   회라 칭함.
2. 탁치 반대 국민 총동원 위원회는 각 정당·각 종교·각 사회 단체, 기타 유지
   인사로 조직함.
3. 탁치 반대 국민 총동원 위원회의 기관은 중앙·군·면에 종(從)으로 분설(分
   設)할 것.
4. 탁치 반대 국민 총동원회는 국무 위원의 지도를 수(受)할 것.
5. 탁치 반대 국민 총동원 위원회에는 탁치 반대 국민 총동원 위원회를 지도하는

위원 7인을 선출하여 해외에 대한 지도 위원회를 설치함.

6. 재정은 지원자의 희망과 정부의 보조로써 충용(充用)할 것.

7. 탁치 반대 국민 총동원 위원회의 장정(章程) 위원 9인을 김구·조소앙·김약
산·유림(柳林)·김규식·신익희·김붕준(金朋濬)·엄항섭(嚴恒燮)·최동
오(崔東旿) 제씨로 선임하여 기초(起草)를 제출케 할 것.[87]

이라는 결의문을 채택하였다. 이와 같이 반탁의 횃불은 임시 정부에 의하여
불붙여진 것이다.

이어 29일 오후 2시 임정 숙사(京橋莊)에서 백범 이하 국무 위원 전원과
각 정당·단체 대표가 회합하고, 90명의 좌·우익을 망라한 중앙 위원을 30
일에 발표키로 한편, 5시부터 임정 요인이 퇴장한 후 임시 의장 안재홍(安在
鴻)의 사회로, '① 우리 임시 정부의 즉시 주권 행사를 간망(懇望)할 것 ②
국민 운동 신탁 반대 국민 총동원 위원회의 지령에 복종할 것'을 건의키로
하고[88], 신탁 반대의 일대 시민 시위대회를 31일 개최키로 하였다. 이어 대회
임시사무소를 기독교 청년 회관 3층 강당에 두고 총무(總務)·정무(政務)·
행동(行動)의 3부(部)를 두어 업무를 개시하였다.

그리고 30일에는 장정 위원 9인에 의하여 신탁 통치 반대 국민 총동원 위원
회 중앙 위원 90명(24名은 追後發表, 委員長 權東鎭, 副委員長 安在鴻·金
俊淵)이 선임되었다.[89] 이어 31일, 임정 내무부장 신익희로 하여금 탁치에

---

87) 國史編纂委員會, 1968 앞의 책, pp.686~688. 참조 여기의 章程委員 9인 중에는 趙殘(趙
擎韓?)이 들어 있으나 1946년에 全南 光州府에서 발행한 《解放前後回顧》에는 그 이름
이 없어 뺀다.

88) 鮮于鎭, 1972 앞의 책, p.330.

89) 國史編纂委員會, 1968 앞의 책, p.719 참조 12월 28일 이후 反託을 결의한 단체는 大韓獨
立促成全國靑年總聯盟 등 42개 단체(28일), 朝鮮革命黨(28일), 普成專門學生會(28일),
'人共'(29일), 韓國民主黨(30일) 등이 있으며, 특히 市內 警察署長會議(29일)에서 탁치배

대한 불합작 단행 방침으로 국자(國字) 제1호와 2호를 발표하게 하였다.[90]

- 국자(國字) 제1호
1. 현재 전국 행정청 소속의 경찰 기구 및 한인 직원은 전부 본 임시 정부 지휘
   하에 종속케 함.
2. 탁치 반대의 시위 운동은 계통적·질서적으로 행할 것.
3. 폭력 행위와 파괴 행위는 절대 금지함.
4. 국민의 최저 생활에 필요한 식량·연료·수도·전기·교통·금융·의료 기
   관 등의 확보 운동에 대한 방해를 금지함.
5. 불량 상인의 폭리·매점 등은 엄중 취체함.

- 국자(國字) 제2호(要旨)
   차(此)운동은 반드시 우리의 최후 승리를 취득하기까지 계속함을 요하며 일반
국민은 금후 우리 정부 지도하에 제반 산업을 부흥하기를 요망한다.[91]

이는 미군정에 대한 공식적인 도전으로 한국의 주권을 선언한 것이라 하겠
다. 그리고 같은 12월 31일 오전 9시, 임시 숙사에서 임정측 지도 위원 9명과
중앙 위원 90명의 과반수 참석으로 백범이 개회를 선언한 후, 부위원장 안재
홍·김준연의 회의 진행에 앞서 유림(柳林)으로부터 '군정청 관리 중 경찰
부문을 맡은 보안(警察) 서장들이 임정을 방문하고, 우리는 임정의 명령에

격을 결의하는가 하면 서울 시청 직원들은 총사직을 결의(30일) 하였다. 한편 좌익에서는
12월 30일, 40여 단체로 反파쇼鬪爭委員會結成總會를 갖고 信託統治案 철폐 요구 성명
서를 발표하였다(國史編纂委員會, 1968 앞의 책, pp.683~726. 참조).

90) 國史編纂委員會, 1968 앞의 책, pp.722~723. 이 때 경찰관 대표들이 '임시 정부의 지령
밑에서 민중의 치안 확보와 중임을 다하겠다는 결의를 표명한 바' 이일로 서울 시내 8개
경찰서장은 1월 4일 사임하였다(國史編纂委員會, 1968 앞의 책, pp.730, 768. 참조). 당시
군정 경무부장 趙炳玉에 의하면, '附和雷同한 10개 경찰서장을 파면시켰다'고 쓰고 있다
(趙炳玉, 1959 ≪나의 回顧錄≫ 民敎社, p.168).

91) 申昌鉉, 1972 ≪申翼熙≫ 太極出版社, p.245.

복종하여 행동하겠으니 파업을 할 것인지 지도하여 달라는 진언이 있었는데, 정부로서는 정부의 명령하에 행동케 하기로 할 예정'이라는 보고가 있었고, 비서장 조경한(趙擎韓)으로부터

1. 철시는 1월 1일까지 단행하고 잠시 중지하였다가 다시 적당히 결정하여 재출발할 것.
2. 1월 1일까지의 철시 중 양미(糧米)·신탄(薪炭)·수도·전등·교통은 종전과 같이 개시(開市) 개통케 할 것. 단, 교통 중 전차(電車)는 파업 단행할 것.
3. 대외적·대내적으로 폭력은 절대 금지하여 외인에게 국제적으로 우리의 질서 없다는 구실을 주어서 우리의 운동에 방해로운 바 없이 할 것.

이라는 정부의 결정에 대한 보고가 있었다. 그리고 이어 '가무음곡을 일체 금할 것과, 유흥을 목적한 영업은 탁치의 보자기를 벗게 될 때까지 계속키로 하자는 의견', '경찰관은 임시 정부의 명령으로 행동케 하기로 하고 파업은 중지키로 가결'[92] 한 후, 오후 2시부터 서울 시민의 반탁 시위 대회가 서울 운동장에서 열렸다. '신탁 관리제를 배격하는 국민 운동을 전개하여 자주 독립을 완전히 획취(獲取)하기까지 삼천만 전민족의 최후의 피 한 방울까지도 흘려서 싸우는 항쟁 개시를 선언한다'는 선언문과 함께,

1. 우리 삼천만 전민족은 좌우 양익을 들어서 해외에서 과거 27년간 투쟁하고 환국한 대한민국 임시 정부를 진정한 우리 정부로서 절대 지지하는 동시에 그 지도하에 그 국민된 응분의 충식(忠識)을 다할 것을 맹세함.
2. 금번 신탁 관리제를 배격하기 위한 국민 총동원령에 의한 전민족의 항쟁 행동은 각층 각계의 각 직역(職域)과 직장에서 질서 있는 규율을 엄수하여 최대의 성과를 내도록 일치한 행동을 전개할 것을 자(玆)에 맹세함.

---

92) 國史編纂委員會, 1968 앞의 책, pp.719~720. 참조

3. 문화 수준이 높은 국민으로서의 금도를 잃지 않은 국민적 단체 행동으로서 비폭력적 항쟁으로 일시적 기분 감정에 그치지 않고 목적 달성까지 탁치에 살지 않고 완전한 자기 독립에 죽기를 자에 선서함.

이라는 선서문, 그리고 결의문으로,

1. 삼천만 전 국민이 절대 지지하는 대한민국 임시 정부를 우리의 정부로서 세계에 선포하는 동시에 세계 각국은 우리 정부를 정식으로 승인할 것을 요구함.
2. 우리는 오천 년의 유구한 문화를 가진 민족으로서 도저히 4개국 관리하에 신탁 통치를 받지 못함을 미 · 영 · 중 · 소국 원수에 통고함.
3. 현하 아국토(我國土) 남북으로 진주하고 있는 미 · 소 양군의 즉시 철퇴 요구를 연합군에 통고함.
4. 완전한 자주 독립을 획득할 때까지 삼천만 전 민족을 들어 탁치 반대 운동을 결사적으로 계속할 것을 4개국에 통고함.

을 결의하였다.93) 그리고 '삼천만은 죽음으로써 즉시 독립을 쟁취하자', '외국 군정의 철폐를 주장한다' 등의 구호를 외치며 시가 행진에 들어갔다.

당시의 상황에 대한 미국측 기록을 보면, "12월 3일 노(老) 김구 씨도 그의 힘에 날뛰는 추종자와 더불어 '이제는 어쩔 수 없으니 정부를 접수하겠다'라고 선언하였는데, 그를 완화시킬 방도를 하지 장군은 알지 못하였다. 그들은 실지로 사법권과 경찰권을 접수하려 하였다. 또 동일 오후 그들은 일대 데몬스트레이션을 일으키고 한 시간 반에 걸쳐 살기 등등하게 3만의 대중이 태극기와 기타 대기(大旗)를 들고 하지 장군 사령부 앞을 행진하였다. 확실히 김구 씨는 이러한 세력을 표시하면 미국으로 하여금 한국에서 철거케 하거나,

---

93) 國史編纂委員會, 1968 앞의 책, pp.720~722. 참조.

그렇지 못하면 적어도 미·소 공동 위원회 및 신탁을 포기케 하리라고 믿었다"[94]는 것이다.

이 때(12월 31일 오후) 하지는 경무부장 조병옥을 불러 "군정을 접수하려는 임시 정부 요인들을 처치해야 되겠다."면서 그 날 저녁 "대한민국 임시 정부 요인의 33인은 신탁 통치 반대 운동을 빙자하여 미군정을 접수하고 미군인들을 축출하려고 하므로 금야(今夜) 영시를 기하여 인천 소재 전(前) 일본 포로 수용소에 수용하였다가 중국으로 추방하겠다"는 방송 원고를 보였다. 조병옥은 이를 만류 백범과 협상을 중재하였다.[95]

12월 31일 오후, 하지 중장은 연락관을 보내어 자기 사령관실에서 나와 요담할 것을 요청해 왔으므로 나는 하지 중장을 만나러 갔던 것이다. 나는 이 원고를 읽고 난 후 경악한 표정으로 하지 장군에게 이 애국자들의 국외 추방은 미군정에 협조하는 한민족의 민심을 이탈시키는 결과를 초래하는 동시에 미군정은 한국에 있어서 실패로 돌아가는 결과를 가져올 것이며, 그런 조치는 중지하는 것이 좋겠다고 말하였던 것이다. 그래서 하지 중장은 나의 말을 신중히 듣고 있다가 그러면 방송을 중지하겠다고 말하므로, 나는 하지 중장에게 나에게 김구 주석과 협상할 것을 전권으로 맡겨 달라고 요청하였다.

그리하여 1946년 1월 1일 오후 2시 반도 호텔에서, 백범은 하지와 회담 끝에 반탁 운동은 계속 전개하되 질서의 파괴행위는 자제한다는 조건으로 합의를 보았다.[96] 그러나 그 날에도 국민 부녀 대회의 반탁 결의, 군정청 조선인

---

94) 리처드 E. 라우더베크. 國際新聞社 出版部 譯, 1948 ≪韓國美軍政史≫ 國際新聞社, p.97.
95) 趙炳玉, 1959 앞의 책, p.165~166.
96) 趙炳玉, 1959 앞의 책, pp.165~166. 참조.
　이 당시 회담 내용을 보면, (하지) : 당신들은 개인 자격으로 귀국한 사실을 잊었단 말이오.
　(金九) : 장군, 정 그렇다면 난 참모들과 중국으로 돌아가겠소⋯⋯(중략)⋯⋯그렇지도 못할

총회의 반탁과 임시 정부의 지지 결의, 경기도청 직원이 탁치를 반대하고 총 사직을 선명(宣明)하는 등 반탁의 열기는 쉽게 식지 않았다.[97] 그리하여 당일 밴스 미 국무장관의 '동 공동 위원회'(미·소 공동 위원회)는 조선 민주주의 임시 정부 수립에 관하여 미·소·영·중 4국에 건의를 하는 동시에 조선이 5개년 이내로 자주 독립이 되도록 준비하기 위하여 4개국의 신탁 통치에 관한 안을 4개국 정부에 제의한 것이다.

동 위원회는 조선민주주의 임시 정부와 연락하여서 일하여 나가도록 될 것인데, 경우에 따라서는 신탁 통치를 피면(避免)할 가능성도 없지 않았다.

'조선 탁치의 불필요 가능성을 시사하는 보도'도 있고 하여 백범은 1일 밤 8시 중앙 방송에서 민중은 파업을 중지하고 곧 복업하라는 요지의 방송을 하였다(엄항섭 선전부장 대리). 그러나 그는 "만일 불행히 신탁 통치가 결정될 때에는 또다시 반대 운동을 할 것은 물론이다"[98]라는 말을 잊지 않았다. 1월 2일에도 반탁 국민 총동원 위원회 중앙 상위는 중앙 위원 14인을 보충하고 각도 및 동경(東京)에 대표 파견원을 보내는 한편 반탁 지도 요령을 발표하였다.[99]

  1. 탁치 반대 운동은 민족 해방 운동으로서의 독립운동으로 재출발할 것.

때엔 난 차라리 자살해 버리고 말겠소 라고 맞섰다. 하지는 金九에게 만약 배신할 때는 죽여 버리겠다고 말했다고 한다. 그 후 金九는 '라디오 방송을 통해 파업을 끝내라고 연설을 했다'는 것이다(東亞日報社, 1982 <秘錄 美軍政三年>29 ≪東亞日報≫ 5. 31. 참조). 그리고 이 때 서울시는 모두 철시가 되었고, 3000여 명의 군정 관리 중 900여 명밖에 남지 않았으며, 하지의 쿡까지 도망하여 식사도 못할 정도였다고 한다(趙炳玉, 1959 앞의 책, p.168 참조).

97) 國史編纂委員會, 1968 앞의 책, pp.734~744. 참조
98) 國史編纂委員會, 1968 앞의 책, p.741.
99) 國史編纂委員會, 1968 앞의 책, pp.746~747.

2. 신탁안이 완전 취소되고 자주 독립이 될 때까지 반대 운동을 계속할 것.

3. 실천 행동으로서 시위 행렬·비합작 철시·파업·파과(罷課)·유흥 정지 등 방법으로 할 것.

4. 모든 실천 행동은 중앙 위원회의 지령에 따라 정기적으로 수시 집행하되 절대 비폭력의 정신에 의하여 자제적(自制的)으로 공안을 존중할 것.

5. 실천 행동은 탁치 취소 요구에 있으므로 연합국과의 우호 관계는 잃지 않도록 주의할 것.

6. 연락은 직접 통신·신문·라디오 방송으로 함.

이와 같이 이제까지 임시 정부 주도의 탁치 반대 운동은 제2의 독립 선언으로, 이를 계기로 좌우익은 하나로 단결되어 합작이 가능한 듯싶었다. 그러나 소위 조선 인민 공화국은 1946년 1월 2일 돌연히 '3상 회의 결정에 대한 중앙 인민 위원회의 결정서'를 미·소·중·영 4개국에 전문으로 보내고, 같은 날 조선 공산당도 신탁 통치를 지지하는 성명서를 발표하였다.100) "……① 모스크바 3상 회의의 진보적 결정을 전면적으로 지지하고, 민주주의 연합국과 같이 조선의 민주주의 정부 결정의 실행에 적극적으로 참가하고, 민주주의 제국의 원조와 협력에 의해 우리 조국을 민주주의적 문명 국가의 수준에 도달시키기 위해 투쟁함을 약속함 ② 전조선 인민 및 민주주의 정당과 사회 단체는 모스크바 회담 결정의 완전한 실천을 위해 적극적으로 투쟁해야 하며 본 인민 위원회를 중심으로……"101)

---

100) 國史編纂委員會, 1968 앞의 책, pp.747~749. 참조 이에 하루 앞서 1월 1일 소위 人共中央人民委員會는 臨政에 통일정부 수립방안을 제시한바 임정이 이를 거부하였다고 1월 2일 그 경위를 발표하였더니, "민족 분열의 최고 책임자라는 낙인을 소위 대한민국 임시정부 위에 찍지 않으면 안 되게 되었다"고 맹렬히 비난하였다(國史編纂委員會, 1968 앞의 책, pp.742~743, pp.749~752. 참조).

101) 중앙일보사, 1975 <모스크바 三相會議 決定에 대한 朝鮮人民共和國 中央人民委員會

그리고는 1월 3일 오후 1시, 서울 운동장에서 열린 신탁 반대 서울 시민 대회를 기만하여 반탁 반대(찬탁)로 진행시켜 버렸다.[102] 좌익계의 이러한 태도 표변은 비밀리에 급히 평양을 다녀온 박헌영의 지시에 의한 것이었다.[103] 그리하여 1946년 초의 사회는 우익의 반탁 시위대와 좌익의 찬탁 시위대가 서울 거리를 누비게 되었다.

5. 비상국민회의와 민주의원 총리

이러한 상황 하에서 백범은 통일 정권 수립 문제에 관하여 전 국민 앞에 성명을 발표하였다.[104] 그는 임정 환국으로부터 반탁 운동을 벌이게 된 경과 보고와 함께 다음과 같은 성명을 발표하였다.[105]

앞으로도 이것이 성공할 때까지 계속 노력하려 한다. 인식이 일치한 이상 이것은 반드시 성공되리라고 우리는 자신하고 있다. 그러면 우리의 통일에 대한 주장은 무엇인가?

1. 비상 정치 회의를 즉시 소집하자는 것이다. 우리는 작년 9월 3일에 우리의 당면 정책을 발포(發布)한 것이 있다.
   우리의 통일 공작도 당면 정책 중에 그 윤곽을 명시하였다. 이 비상 정치 회의의 소집이 그 당면 정책 제6항을 실시하는 방법이다. 곧 국내 과도 정권을 수립하기 위하여 국내외 각 계층·각 혁명당파·각 종교 집단·각 지방 대표와 저명한 각 민주 영수 회의를 소집하자는 것이다. 우리의 원 정책이 상술함과

의 결정서＞ ≪光復30年 重要資料集≫, p.37.
102) 國史編纂委員會, 1968 앞의 책, pp.756~758, 참조. 이때 각 정당은 이를 반박하는 성명을 발표하였다.
103) 孫世一, 1970 앞의 책, p.209.
104) 國史編纂委員會, 1968 앞의 책, pp.764~766.
105) ＜臨時政俯主席 金九의 統一政權 樹立問題에 관한 聲名＞ ≪光復 30年 重要 資料集≫

같을 뿐 아니라 더욱 현하 급전한 시국에 감(鑑)하여 남의 손을 기대할 것 없이 우리의 손으로 신속히 강공(强鞏)한 과도 정권을 수립하기에 여력을 불석(不惜)하고 있는 바이다.

2. 임시 정부를 확대 강화하자는 것이다. 본 안은 당면 정책 제6항과 제9항에 의거하여 세운 것이다. 본래 건설이 없는 파괴는 시국을 도연(徒然)히 혼란한 데로 인입할 것밖에 없다.

더구나 모 일부분과 모 일부분만이 민족의 운명을 좌우하는 국면을 결정하는 것은 민주 정신에 위배될 뿐이다. 또는 사실에 있어서도 그 목적을 달하기는 불가능한 것이다. 그러므로 우리는 비상 정치 회의에서 민주 의사로써 우리 전민족의 운명을 결정하는 동시에 전 민족에 의한 과도 정권을 수립하자는 것이다.

그러나 이 과도 정권이 수립되기 전에 우리는 민족의 대표 기관 즉 우리 민족의 손으로 만들어 놓은 정권이 있지 아니하면 안 될 것이다. 환언하면, 과도 정권이 수립되기 전까지의 과도 정권은 누가 행사할 것인가, 이것은 임시 정부일 것이다. 그러나 우리가 우리끼리만 독선적으로 임시 정부를 계속 유지하자는 것은 아니다. 그러므로 우리는 각계 영수를 망라하여 임시 정부를 확대 강화하여서 비상 정치 회의에서 과도 정권이 확립될 때까지 나아가는 것이다.

3. 국민 대표 대회를 소집하자는 것이다. 우리는 먼저 비상 정치 회의를 소집하는 동시에 임시 정부를 확대 강화하며 비상 정치 회의에서 과도 정권이 수립되면 임시 정부는 그 때 해체될 것이다. 그 다음에 그 과도 정권을 절대 민주적 정신 위에서 국민 대표 대회를 소집하여서 독립 국가·민주 정부·균등 사회를 원칙으로 한 신헌장(新憲章)에 의하여 정식 정권을 조직하자는 것이다.

경애하는 3천만 형제, 자매여, 우리의 통일에 대한 주장과 노력에 과오가 있거든 이것을 담백하게 지적하여 교정하게 하여 주시고, 그 반면에 과오가 없다고 인정하시면 이것을 성공하기 위하여 우리와 공동 분투하여 주시며 독려하여 주시기 간절히 바란다.

백범은 이 성명서에서, 1945년 9월 3일 중경에서 발표한 당면 정책 제6항을 실행에 옮길 구체적 방안을 제시하였으며, 이로써 신탁 통치를 사실상 배격하자는 것이었다.

이와 같은 성명을 발표한 임정은 비상 정치 회의와 결부를 목적으로 김약산(金若山)·김성숙(金星淑)·조소앙(趙素昻)·조완구(趙琬九)·장건상(張建相) 등 5인 교섭 위원을 선정하여 좌우익 각 정당 및 각계 인사들과의 활발한 합작 공작을 전개하였다.

한편, 인민공화국의 교섭 대표 홍남표(洪南杓)는 5일 인공(人共)과 임정과의 교섭은 임정의 독선적·군림적·관료적 태도로 결렬되고 인민위원회는 임정에게 민족 분열의 최고 책임자라는 낙인을 찍지 않을 수 없게 되었다고 공격하였다.106)

1월7일, 임정 중심의 반탁 우익 진영과 이를 반대하는 좌익측 각 정당, 즉 인민당(李如星·金世鎔·金午星), 한국 민주당(元世勳·金炳魯), 국민당(安在鴻·白泓均·李承複(昇馥), 공산당(李舟河·洪南杓)의 4대당은 "신탁 통치라는 제도는 배격하되 연합국의 우의의 협조는 거절하지 않는다"는 공동 성명을 발표하였고,107) 이에 대하여 임정의 외교부장 조소앙은 8일 기자 회견에서, "……5당의 전부 참석을 얻지 못하여 예비 회합으로 끝마치고 앞으로 속속히 회합을 거듭하여 노력하겠다……(중략)……4당의 의견이 일치된 바는 당연한 귀추"라고 논평하였다.108)

---

106) 國史編纂委員會, 1968 앞의 책, p.774.
107) 國史編纂委員會, 1968 앞의 책, p.783.
　　이에 대하여 한국 민주당은 8일 긴급 간부 회의에서 이 성명을 승인하지 않는다는 성명서를 발표하였다(國史編纂委員會, 1968 앞의 책, p.798).
108) 國史編纂委員會, 1968 앞의 책, pp.797~798.
　　이는 임시 정부에서 이미 제정 공포된 大韓民國建國綱領을 傳單으로 발표하였다(國史編纂委員會, 1968 앞의 책, pp.792~797).

　그리고 1월 9일에는 신한민족당을 가입시킨 5당 대표 회의가 열렸다. 임정 측에서 조완구·장건상·조소앙·김성숙이, 한국 민주당(張德秀·徐相日), 공산당(朴憲永·홍남표·이주하·조두원), 인민당(金午星·李如星·金在光), 국민당(安在鴻·明濟世), 신한 민족당(李圭甲)과 중앙 인민 위원회에서 발언권 없이 이강국(李康國), 정진태(鄭鎭泰)의 방청으로 개회되었는데, 임정 측은 비상 정치 회의 소집 예비 회합임을 주장하고, 좌측은 4당 회합의 연장으로 하자는 주장이 맞서다가 결국 유회되었다.109)

　그 후 1월 14일과 16일에 다시 5당 회합을 가졌으나 이 회의에서도 역시 탁치 반대나 지지냐의 문제로 원칙론에서 결렬되었다.110) 특히 16일 회의는 공산당의 박헌영이 8일 뉴욕타임즈 지와의 회견 중 "한국은 소비에트 연방의 1국 신탁 통치를 지지하며 몇십 년 후에는 소련의 한 연방으로 편입되기를 희망한다"라고 한 발언과 15일자 샌프란시스코 방송이 문제되어 전 우익 진영의 규탄의 대상이 되어 있을 때이므로 한민당 대표는 이 회의에 불참하였다.111)

　1월 16일부터는 군정청 제 1회의실에서 미·소 공동 위원회가 개최되었다. 임정은 더 기다릴 수가 없었다. 임정은 17일 공산당에 대하여는 "또 한 번

---

109) 國史編纂委員會, 1968 앞의 책, pp.810～811.

110) 國史編纂委員會, 1968 앞의 책, p.835, 850.
　　이 때(1월 14일) 李承晩은 민족 통일 문제에 대한 담화를 발표하여 '독립운동에 방해 되는 물건은 다 용납지 않을 결심'이라고 좌측을 공격 하였으며(國史編纂委員會, 1968 앞의 책, pp.834～835), 한국민주당 수석 총무 金性洙 역시 임정의 주장을 지지하고 있었다(國史編纂委員會, 1968 앞의 책, pp.836～837).

111) 宋南憲, 1976 ≪解放三十年史≫ 1, p.219.
　　이때 右翼의 38團體는 1월 16일 한국 민주당 본부에서 회합하여 賣國賊懲治緊急協議會를 조직하고 朝鮮共産黨을 擊殺하기로 결의하였다(國史編纂委員會, 1968 앞의 책, pp.855～856).

성의를 가지고 불러볼 터이나 응하지 않는다면 단결을 위하여 독립운동까지 버릴 수는 없다."하여 기존 방침대로 비상 정치 회의를 소집할 것을 발표하였다.112) 그리하여 20일에 남북의 정치 단체, 중경 혁명 단체, 재미 혁명 단체, 재만(在滿) 혁명 단체, 종교 단체 등 18단체 대표(21단체 중 인민당, 조선 공산당, 독립 동맹의 3단체 불참)와 정부측에서 조소앙·장건상·최동오(崔東旿)가 옵저버로 참석한 가운데 임시 숙소에서 비상 정치 회의 주비회(籌備會)가 개최되었다.113) 이 때 임정이 제시한 의견은 다음과 같다.

1) 비상 정치 회의는 대한민국의 과도적 최고 입법 기관으로서 임시 의정원의 직권을 계승하고 임시 의정원 의원은 당연히 성원이 됨.
2) 본회는 정식 국회가 성립될 때까지 존속함.
3) 본회에 참가할 각 집단의 대표는 각해(各該) 집단에서 선파(選派)하되 국가를 방매(放賣)한 자, 민족 반도(叛徒), 독립운동 방해자, 친일 분자는 참석치 못함.
4) 각 집단 대표자는 각개 집단의 전권 대표로 함.
5) 비상 정치 회의의 조직 조례와 의사 규정은 주비회(籌備會)에서 정함.

이어 21일, 임정 회의실에서 열린 비상 정치 회의 주비회는 독립 촉성 중앙 협의회를 합류시키고 그 명칭을 비상 국민회의 주비회로 바꾸었다.114) 백범

---

112) 國史編纂委員會, 1968 앞의 책, pp.858~859.
113) 주비회에 참가한 대표는 다음과 같다(國史編纂委員會, 1968 앞의 책, pp.878~879).
    安在鴻(國民黨) 徐相目(韓國民主黨) 權泰錫(新韓民族黨) 李宗鉉(朝鮮民主黨) 趙琬九(韓國獨立黨) 成周寔(朝鮮民族革命黨) 金朋濬(新韓民主黨) 金星淑(朝鮮民族革命黨) 柳林(無政府主義總聯盟) 韓始大(在美韓族聯合會) 張德秀(在美韓國同志會) 金燉(在滿朝鮮革命團) 鄭寬(大倧敎) 南相(天主敎) 金權植(基督敎) 白世明(天道敎) 朴允進(佛敎) 李載億(儒敎).
114) 國史編纂委員會, 1968 앞의 책, pp.882~883.
    '獨立促成中央協議會'와 '非常政治會議'의 합작을 추진한 것은 한민당 계통 사람들(白南薰, 張德秀, 金炳魯, 徐相目)로 京橋莊과 敦岩莊의 居中仲裁로 非常政治會議를 非常

과 이승만의 합작이 이루어진 것이다. 계속하여 수차에 걸친 회의 끝에 2월 1일(1946), 임시 정부 주도하에 자주적 과도 정부 수립을 목표로 한 비상 국민회의가 명동 천주교 대강당에서 209명 초청에 167명이 참석한 가운데 개막되었다.115)

이 날 대회에서는 임정에 대한 감사의 말, 러치 군정 장관의 축사 등이 있었고, 과도 정부 수립을 위한 최고 정무 위원회를 설치하되 인원수와 선정은 이승만·김구에게 일임하는 건의안을 가결하고 이에 불참한 좌익 단체의 참가 권유안을 가결한 후, 의장에 홍진(洪震), 부의장에 최동오(崔東旿)를 뽑았다. 그리고 제2일에는 38선 철폐안을 가결하였다. 그리고 정무, 외무, 재정, 산업 경제, 국방, 법제, 교통, 문교, 예결(豫決), 노농(勞農), 후생, 선전 정보, 청원 징계 위원을 각각 선임하였다. 이 회의를 '대한민국 임시 정부의 법통을 완전히 계승한 건국적 회의'116)라고도 하고 '비록 임시 성질을 가진 비상 국민회의라 하지만……(중략)……여론의 대표 기관이며 입법 기관이며 정식 국회의 전신이 될 것'이라고도 하였다.117) 결국 이 회의는 '대한민국 임시 의정원의 직능을 계승'하는 것이었다고 하겠다.118)

國民會議로 바꾸고 李承晩과 金九를 영수로 받드는데 성공하였다(白凡金九先生記念事業協會, 1982 앞의 책, p.405 ; 孫世一, 1970 앞의 책, p.215). 그 후 2月 8日에는 독립촉성 중앙협의회와 탁치 반대 국민총동원회가 합하여 大韓獨立促成國民會로 새로이 발족되었다.

115) 國史編纂委員會, 1969 ≪資料大韓民國史≫ 2, 探求堂, pp.3~7.
그 사이 1월 23일 임시 정부 요인 金元鳳(民族革命黨), 金星淑(朝鮮民族解放同盟), 成周寔(民族革命黨)은 임정의 우익 편향화에 반대하는 성명서를 발표하고 非常國民會議籌備會에서 탈퇴하였고, 非常國民會議籌備會 역시 1월 13일 이탈 단체의 복귀를 희망하는 성명서를 발표하였다(國史編纂委員會, 1968 앞의 책, pp.896~898). 그리고 같은 2월 1일 좌익에서는 民主主義 民族戰線準備委員會를 열었다.

116) 孫世一, 1970 앞의 책, p.219.

117) 國史編纂委員會, 1979 <洪震 議長 就任辭> 앞의 책, p.25.

2월 10일 비상 국민 회의 헌법·선거법 조정 위원회(위원장 김병로)는 한
미 호텔에서 회의를 열고 '임시 정부 헌장을 그대로 계승할 것'을 결의하였
다.[119] 그리고 2월 13일에 이르러서는 각 상임 위원장과 아울러 최고 정무
위원 28명의 명단을 발표한바 그 명단은 아래와 같다.[120]

직 책	이 름
의장	홍 진(洪 震)
부의장	최동오(崔東旿)
정무위원장	안재홍(安在鴻)
외무위원장	조소앙(趙素昻)
재정위원장	조완구(趙琓九)
산업경제위원장	김성수(金性洙)
국방위원장	유동열(柳東說)
법제위원장	김병로(金炳魯)
교통위원장	백관수(白寬洙)
문교위원장	김관식(金觀植)
예산위원장	이 운(李 雲)
노농위원장	유 림(柳 林)
후생위원장	이학송(李鶴松)
선전위원장	엄항섭(嚴恒燮)
청원징계위원장	조경한(趙擎韓)

---

118) 宋南憲, 1976 <非常國民會議 組織大綱 第3條> 앞의 책, p.228.
119) 國史編纂委員會, 1969 앞의 책, p.53.
120) 國史編纂委員會, 1969 앞의 책, pp.69~70.

최고정무위원	이승만, 김구(臨政), 김규식(臨政), 조소앙(臨政), 조완구(臨政), 김붕준(臨政), 최익환(新民族), 함태영(基督敎), 장면(天主敎), 정인보(無所屬), 김준연(韓民), 김도연(韓民), 김법린(佛敎), 김선, 김여식(新民族), 김창숙, 권동진(新民族), 오세창, 이의식(國民), 여운형(人民), 백상규(人民), 백관수(韓民), 백남훈(新民), 박용의(國民), 원세훈(韓民), 황진남(人民), 황현숙, 안재홍(國民)

그러나 익일(14일) 비상 국민회의의 결의[121]로 구성된 최고 정무위원회는 미군 사령관의 자문 기관인 '남조선 대한민국 대표 민주의원'으로 개편되어 일종의 입법 기관의 역할을 하게 되었고, 비상 국민회의는 그대로 존속되어 창덕궁 인정전 서행각(西行閣)에 본부를 두고 민주의원과는 수시로 합동 의회를 개최하면서 유기적인 유대를 지속하여 왔다.[122] 민주 의원은 2월 14일 '미군정 사령관이 한국의 과도 정부 수립을 준비하는 노력에 자문 자격으로 협조하며', '한국 인민의 현상(現狀)을 개선하며, 그로써 한국의 완전 독립을 속히 실현하기에 공헌한다'는 선언문[123]과 함께 의장에 이승만, 부의장에 김구와 김규식을 선출하였다.

---

121) 이는 당시 미군정 정치 고문으로 내한하였던 굿펠로우 대령의 알선으로 이루어진 것으로 (中央選擧管理委員會, 1964 《大韓民國政黨史》 中央選管委, p.119), 하지 장군에게 정치적 조언을 제공하고 한국민의 여론을 대변하며, 모스크바 신탁통치 협정에 대한 순종의 필요성을 받아들이도록 한국 국민의 교육을 돕는 것 등이었다(로버트 T. 올리버, 박영일 역, 1982 《李承晚秘錄》 韓國文化出版社, p.54).

122) 宋南憲, 1976 앞의 책, p.229.
民主議院의 임무는 '한국의 자주적 민주주의의 과도 정부 수립과 기타 긴급한 제문제의 해결에 관하여 관계 방면과 절충하에 필요한 제 조치를 행하는' 것이었다(國史編纂委員會, 1969 앞의 책, p.124). 그리고 일반적으로 비상 국민 회의는 의회의 기능을, 민주 의원은 정부의 기능을 갖는 것으로 이해되었다 한다. 이는 제헌 국회 성립 후인 1948년 5월 29일에 정식으로 해산되었다. 그리고 이때 임정은 해산되지 않았으며, 좌익에서는 2월 15일 민주주의 민족 전선(呂運亨, 朴憲永 등)을 결성하였다(孫世一, 1970 앞의 책, pp.223~226).

123) 國史編纂委員會, 1969 앞의 책, p.75.

이어 2월 23일 민주 의원 규범(총32개조)[124]을 발표하고 이에 준거하여 25일 새 기구가 결정됨에 따라 새로운 인선이 있었다. 즉 의장에 이승만, 부의장 김규식, 총리 김구, 비서국장 윤치영, 서무국장 고희동(高羲東), 공보국장 함상훈(咸尙勳), 통계국장 조종구(趙鍾九), 기획국장 최익(崔益) 등이 선임되었다.[125]

민주 의원의 직제는 의장·부의장·총리와 15부 4국을 두고, 당면한 긴급 사항을 심의 연구할 10개 상임위원회를 설치하고, 또한 민생 및 경제 문제를 처리하고자 경제 전문 위원회와 민생 대책 협의회를 두고, 경제 전문 위원회에는 다시 7개 분과 위원회를 두고 있었다.

그 후 민주 의원은 3월 5일 덕수궁으로부터 창덕궁 인정전 동행각(東行閣)으로 이전, 연일(連日) 개원되어 3일 18일에는 다음과 같은 임시 정책 대강을 발표하였다.[126]

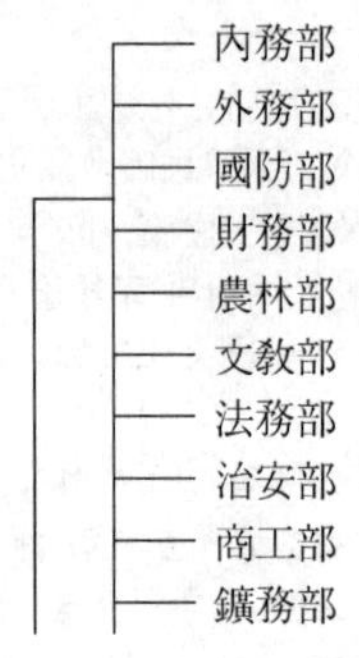

民主議院機構

---

124) 國史編纂委員會, 1968 앞의 책, pp.124~126.
125) 國史編纂委員會, 1968 앞의 책, p.232.
126) 國史編纂委員會, 1969 앞의 책, pp.244~245.

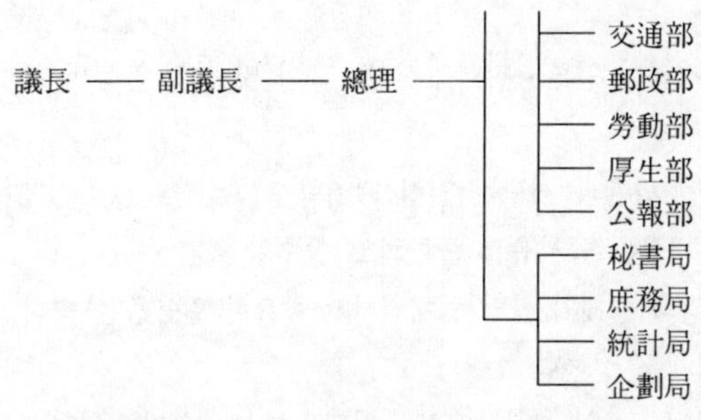

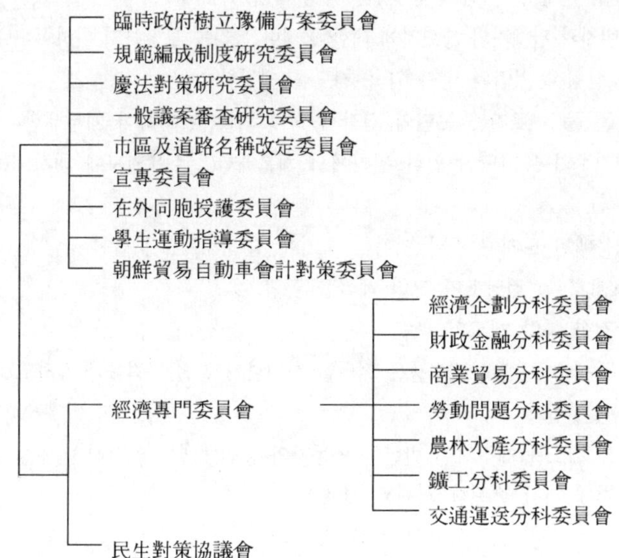

(資料 : ≪資料大韓民國史≫ 2. pp.123-125 및 ≪解放30年史≫ 1. p.233

1. 전국민이 완전한 정치적·경제적·교육적 평등의 원칙을 기초로 한 독립 국가
   의 균등 사회를 건설함.
2. 정식 정부는 가급적 속히 보선(普選)제도에 의한 국민 의회를 통하여 건립하고
   보선에는 남녀 만 20세 이상된 자는 선거권이 있고 만 25세 이상된 자는 피선

거권이 있음.

3. 진정한 민주적 헌법을 제정하여 언론·집회·신앙·출판 및 정치 운동의 자유를 보장함.

4. 일본이 한국에서 실시하던 법률과 제도는 일절 폐기함

5. 적산(敵産) 및 반역자의 재산은 공사유를 물론하고 몰수함.

6. 최속(最速) 한도 내에 우리의 경제와 산업을 재건하고 중요한 일용품을 속히 생산하기 위하여 계획 경제를 실행함.

7. 주요한 중공업·광산·삼림·공익 시설·은행·철도·통신·수리·어업·전기 및 운수 기관 등은 이를 국영(國營)으로 함.

8. 소비자와 판매자와 생산자에 대한 공정한 복리를 보장하기 위하여 모든 상업적 및 산업적 기업의 국가 감독 제도를 제정함.

9. 모든 몰수 토지는 농민의 경작 능력에 의준(依準)하여 재분배함.

10. 대지주의 토지도 동일한 원칙에서 재분배함(현소유권자에 대하여는 적당히 보상).

11. 재분배된 토지에 관한 댓가는 국가에 장기적으로 분납함.

12. 사영(私營) 전당포와 고리 대금을 금함.

13. 건전한 통화 제도의 확립.

14. 모든 중요한 생활 필수품은 적당한 시기까지 일절 가격을 통제하고 배급 제도를 실시함.

15. 징세 제도를 제정하여 빈한한 노동자와 농민에게는 완전히 면세케 하여 영세 농지에 대한 편중한 과세를 철폐함.

16. 상속세의 제도를 고도의 누진율로 정함.

17. 국가의 부담으로 의무 교육제를 실시함.

18. 국가 부담으로 민족 문화를 발양시킴.

19. 모든 노동자와 고용인의 위하여 실업 보험과 사회 보험 제도를 제정함.

20. 최저 임금법을 제정함.

21. 의약의 국가 통제를 실시하고, 모든 노동자와 농민과 고용인의 복리를 위하여 적당한 공공 후생 시설을 설치함.

22. 14세 미만 소아의 고용을 금함.

23. 모든 부녀와 19세 미만 소아에게는 6시간, 장정 노동자에게는 8시간 노동 제도를 확립함.

24. 임산부에 대한 의료는 원조와 사회적 보조를 시행함.

25. 자유를 애호하는 모든 나라들과 우호 관계를 긴밀히 하여 또 상호간의 통상을 평등 호혜 원칙하에서 여행(勵行)하되 어떠한 나라에게든지 특권을 주지 않음.

26. 어느 일개국이나 기(幾)개국으로서 우리 주권을 침해하지 못하도록 방비할 것.

27. 적당한 육해공의 국방군을 설치함.

이 정책 대강은 정치·경제·문화 등 국가적·사회적 당면 시책을 발표한 것으로 계획 경제에 입각한 균등 사회 건설을 목표로 하고 있는 바 이는 임정의 3균주의(三均主義) 이념에서 나온 것이라 할 수 있다.

그러나 3월 20(1946), 덕수궁에서 제1차 미·소 공위가 개최되자, 지금까지 신탁 통치를 반대하고 자립 정부를 수립할 것을 주장하고 민주 의원을 그 과도기의 대표 기관으로 생각하였던 우익 민족 진영의 입장이 난처하게 되어 민주 의원 의장 이승만은 사표를 제출하게 되었는데, 동원에서는 수리 여부를 전 의원 투표로 의장 유임을 결정하고, 건강 회복기의 휴가를 제의하고, 그 후로부터는 김규식이 의장의 직무를 대리하여 민주 의원을 운영하였으나 민주 의원이 부진 상태에 빠지게 되었다.[127)]

3월 20일 민주 의원 부의장 김규식은 미·소 공동 위원회에 협력해야 한다고 말하고, 4월 18일에는 민주 의원을 대표하여 미·소 공동 위원회 5호 성명인 한국의 민주주의적인 전(全) 정당·사회 단체와 협력하여 헌법 작성과 임시 정부를 수립한다는 데 대해서, 과거 찬탁·반탁을 불문하고 합작 노력하

---

127) 金赫東, 1970 ≪美軍政下의 立法議院≫ 汎文社, p.21.

자는 요지의 성명도 발표하였다.[128] 이에 대하여 논의가 적지 않았으나 5월 1일에 이르러 반탁은 정부 수립 후 실시하고 우선 미·소 공동 위원회에 참가 협의하자고 하는 데 대하여 정식으로 민주 의원과 비상국민회의는 합의를 보았다.[129]

그러나 그 후 5호 해석 실행 문제로 공위(共委)가 무기 휴회로 들어가자 민의(民議)는 사후 국내 문제를 중심으로 비국의(非國議)(非商國民會議)와 5월 14일 공동 회의를 개최하고, 그 후에도 수차 양의(兩議)합동 회의를 개최하였으며, 이후로도 1주 1차씩 연합 회의를 개최하여 국내 문제를 토의하였다.

그간 동원(同院)이 개원된 이후 그 활동은 국가의 기초가 될 헌법을 위시하여 제반 법령을 제정하였고, 당면 시책을 강구하였으며, 군정에서까지 당초 호의적 대우로 모든 후원과 경비를 제공하고, 헌법을 비롯하여 제반 법령을 의뢰하여 오며 온갖 협조를 부단히 계속하였다.[130]

그러나 미·소 공동 위원회의 결렬과 함께 민주 의원 부의장이며 의장 대리인 김규식은 1946년 5월 25일 미군정 정치 고문 버치 중위의 알선으로 민족 통일 공작을 위하여 좌우 합작을 시작하였다. 이어 6월 14일, 김규식·여운형을 대표로 하는 좌우 합작 운동이 구체화되고, 동년 10월 7일 좌우 합작 위원회를 구성하였다. 이 합작 위원회는 미군정 당국의 적극적인 지원하

128) 國史編纂委員會, 1969 앞의 책, p.260, p.435.
이 무렵 민주 의원은 미·소 공위 대표의 接洽團을 구성하고 미·소 공위와의 제반 관계 문제를 연구 검토케 하는 동시에 전 우익 진영의 미·소 공위에 제출하는 모든 안건을 총괄케 하였다. 接洽團員은 金奎植. 元世勳, 趙素昂, 安在鴻, 金俊淵, 秘書處의 卞榮泰, 金振東(이하 英文), 高昌一(露文), 宋南憲, 趙東振, 尹慶彬(이하 국문)이었다(宋南憲, 1976 앞의 책, p.235).
129) 中央選擧管理委員會, 1964 앞의 책, p.120.
130) 李起夏, 1961 ≪韓國政黨發達史≫ 議會政治社, p.164.

에 이루어졌다. 이 합작 위원회가 구성된 후 동년 12월 20일 남조선 과도정부 입법의원131)의 설치로서 중간 우파 제정당의 합작을 보게 되었던 것이다.132)

　민주 의원은 미군정의 정치적 자문 기관으로 자처하고 미군정의 보조 역할을 기대하였으나, 이와는 달리 민주 의원 독자적인 활동뿐 아니라 의장 이승만과 하지와의 개인적인 감정까지 개재되어 급기야는 미군정이 태도를 돌변하여 협조를 안 할 뿐 아니라 결국에는 소요 경비조차 단절하게 되니, 민주 의원의 위대한 사업도 중단되지 않을 수 없는 처지가 되었다.133) 민주 의원은 입법 의원의 설치를 계기로 동년 12월 14일 회의에서 독자적 활동체로 존속하자는 김구 중심의 의견과, 이승만 귀국 후에 결정하자는 김규식 중심의 의견, 그리고 폐지 주장의 의견이 있었으나,134) 그대로 존속되면서 문제점이 제기될 때마다 성명서를 발표하는 것으로 그 기능이 유지되었다. 그러다가 1948년 5월 29일 해산되었다.135)

---

131) 이는 1946년 6월 29일 러치軍政長官의 건의로 하지中將의 동의를 얻어 미군정 법령 제118호(1946. 8. 24)로 남조선 과도정부 입법의원 설치령 공포로 설치된 것이다. 이는 임시 조선민주주의의 수립을 기하며, 정치적·경제적 및 사회적 개혁을 기초로 사용될 법령 초안을 작성하여 軍政長官에게 제출할 직무가 있는 입법 기관(제2조)이었다.

132) 宋南憲, 1976 앞의 책, pp.296~317.

133) 李起夏, 1961 앞의 책, p.165.
이 무렵 미군정은 국무성의 제3의 지도층을 구축하라는 지시에 따라 좌우 합작 위원회를 구성했다고 한다(李庭植 外, 1982 ≪韓國現代史의 재조명≫ 돌베개, p.166).

134) 國史編纂委員會, 1970 ≪資料大韓民國史≫ 3, 探究堂, p.1093.

135) 國史編纂委員會, 1974 ≪資料大韓民國史≫ 7, 探究堂, p.182.
'民主議院은 ……(중략)…… 대한민국 임시 정부 의정원의 職能을 계승한 것으로서 ……(중략)…… 국회가 5월 31일에 소집되게 되었으니 本院은 정부 수립을 목적한 최고 정무위원으로서의 임무를 완수하였다고 생각하므로 玆에 本院의 해산을 결의'하였다(金俊淵, 1950 ＜民主議院 解散聲明書 草案＞ ≪獨立路線≫ 興國財團, p.171).

6. 국민의회(대한국민회) 부주석

전술한 바와 같이 1946년 2월 1일 대한민국 임시 의정원의 직능을 계승하여 발족한 비상 국민 회의는 민주 의원과 유기적인 유대를 지속하여 오던 중 1947년 2월 14~17일에 걸쳐 제2차 본회의가 개최되었다. 2월 14일 개회한 전국 대의원 대회는 152명중 87명이 참석하여 입법의원에 당선된 대의원과 미군정청 고위 관리로 취임한 대의원 등의 자격을 취소하고, 정부(正副)의장 선거에서 의장에 조소앙 52표, 부의장에 유임(柳林) 42표로 각각 당선시키고, 의안 정리 문제 및 추인안·반탁안·분과 위원 보선(補選)을 끝마치고 폐회하였다. 17일 회의에서 백범의 제안으로 민족 통일 본부, 독립 촉성 국민회, 비상 국민 회의 등 3단체의 통합안이 가결되어 그 실현은 신임 상임 위원회에 일임하였으며, 동회의 명칭을 '국민의회(國民議會)'로 개칭하자는 황학수(黃學秀) 외 21인의 공동 발의가 가결되었다.136)

그리고 3월 1일(1947) 대한독립촉성국민회는 '한국 민족은 기미년에 전국의 총의(總議)로써 수립한 대한민국 임시 정부가 한국의 주권을 계승한 지 이미 30년이 된 법통 정부이므로, 이 정부를 봉대하고 천하에 공포하며 오직 그 명령 밑에 복종할 것'을 건의하였다.137)

이를 받아 국민의회는 3월 3일 운현궁 독립촉성국민회 회의실에서 긴급 대의원 대회를 비공개로 소집하고, 임정의 확대 강화에 대하여 토의한 결과

---

136) 宋南憲, 1976 앞의 책, p.229 및 國史編纂委員會, 1971 앞의 책, p.280~282. 이에 앞서 1947년 1월 24일 민족 진영 42단체는 경교장에서 반탁독립관계위원회(委員長 金九, 副委員長 趙素昂, 金性洙, 指導委員 趙琬九, 明濟世, 李允學, 金俊淵, 李鍾學, 朴容義, 許政, 黃愛德, 中央委員 嚴恒燮 外 29名 等)를 결성, 金九는 右翼의 대표격이었다.
137) 國史編纂委員會, 1971 앞의 책, p.357.

대한민국 임시정부 주석에 이승만, 부주석에 김구를 추대하는 동시에 국무위원에 장건상(張建相)·김붕준(金朋濬)·차이석(車利錫)·김원봉(金元鳳)·김성숙(金星淑)·오세창(吳世昌, 成周憲 대신)·김창숙(金昌淑)·박열(朴烈)·이청천(李靑天)·조만식(曺晚植)·이을규(李乙圭)를 보선하고, 각 부장(長官)의 개선은 주석과 부주석에게 일임하였다.138)

이와 같이 임정을 정비 강화하는 한편 백범은 중국에 체재하여 있는 임정 대표로 하여금 미·영·중·소·불 5국에 대하여 ① 조선에 대한 즉시 독립 부여 ② 신탁 통치 폐지 ③ 미국 및 소련의 점령군 철퇴 등을 요구케 하였다.139)

그러나 4월 21일(1947) 귀국한 이승만은 미국의 정책 변화140)에 힘입어

---

138) 國史編纂委員會, 1971 앞의 책, p.390.
　　이 무렵(3월 5일) 金九, 趙琬九, 李始榮, 柳林 등은 브라운中將과 만나 임정 승인을 요구하였으며, 3월 6일 러치軍政長官은 기자 회견에서 '최근 다시 대한 임정 강화를 표방하고 나오는데 1년 전 이미 성명한 바와 같이 그러한 단체는 정당으로는 인정하나 政府로는 인정치 않는다. 남조선에 있어서는 군정만이 유일한 정부다'라고 강조하고 있다(國史編纂委員會, 1971 앞의 책, pp.37~376, 389).
139) 國史編纂委員會, 1971 앞의 책, p.390.
　　이는 3월 8일(1947) 발송하였다. 1946년 6월 30일 井邑에서 南韓만이라도 單獨政府를 조직해야 되겠다고 주장한 李承晩은 1946년 6월 29일 민족 통일 본부를 설치하였다. 당시 진용은 總裁 李承晩, 副總裁 金九, 協議員 李始榮, 趙成煥 吳夏榮, 金性洙, 李範奭, 尹潽善, 金東元, 許政, 方應謨, 李卯默, 金淳愛, 盧馬利亞이고 그 외 政經, 勞農, 靑年, 婦女部를 두었다(宋南憲, 1976 앞의 책, p.268). 이는 大韓獨立促成國民會의 後身이라 할 수 있다. 그리고 1946년 12월 4일부터 1947년 4월 21일까지 渡美하여 자신의 한국 독립 방안을 美國務省과 세계 여론에 호소하려 하였다. 李承晩의 訪美 목적은 어떻게 하면 한국독립당의 지지를 잃지 않고도 김구를 견제하느냐, 어떤 방법으로 김규식, 여운형 제휴 운동에 대항하느냐, 어떻게 하면 미국방성의 지원을 확보한 채로 신탁통지를 막아내느냐는 것이다(로버트 T. 올리버 저, 박영일 역, 1982 ≪李承晩秘錄≫ 韓國文化出版社, p.98). 그런데 2월 말경 金九로부터 '臨政의 주권을 선포할 시기가 도래하였다고 생각한다'는 電文을 받고 李承晩은 귀국을 서둘렀다고 한다(孫世一, 1970 앞의 책, p.262).
140) 즉 3월 12일의 '트루먼 독트린'으로 미국은 전체주의의 직접 및 간접 침략으로부터 자유로운 국가나 제도를 수호할 것이라고 선언했고, 이어 마샬 장관은 한국 문제에 대한 소련의 비협조를 비난하면서 미국으로서는 남한에 독자적인 적극적 계획을 추진할 용의가 있다고

"임시 입법 의원으로 하여금 총선거 법안을 급속히 제정케 하여, 남북통일을 위한 남한 과도정권을 수립하여야 합니다.……(중략)……미 정책의 전환에 따라 우리가 미군정과 합작해서 우리 문제를 해결할 수 있게 되었으니 이제 우리는 대한 임정의 법통을 고집할 필요가 없으며 이 문제는 보류해 두어야 할 것입니다"[141]라고 하여 이 때까지 중시해 오던 임정의 법통을 내세우려 하지 않았다.

뿐만 아니라 5월 9일 또 "대한 임정 법통 관계는 지금 문제삼지 말고 아직 잠복(潛伏) 상태로 계속하였다가 정식 국회와 정식 정부가 수립된 후에는 의정원과 임정의 법통을 정당히 전임(轉任)시킬 수 있을 것이요"[142]라고 하여 임정을 강화하여 자율 정부 수립을 서두르고 있던 김구의 모든 활동을 무시하는 태도를 보이고 있었다. 이 무렵인 5월 29일 국민의회 중앙상임위원회는 미·소 공동 위원회 대책 및 임정추진 문제에 대하여 토의한 결과, 임정 문제는 종래의 임정 추진회를 대한 국민회로 개편하는 동시에 국민운동을 전개하였다.[143] 그리고 9월 1일부터 5일간 제43차 임시 회의를 소집하고, 다음의 내용을 토의 결정하였다.[144]

언명했다. 또 3월 20일 AP통신은 마샬이 말한 '적극적인 계획'이란 단독 정부 수립 계획이라고 해설했다(孫世一, 1970 앞의 책, pp.62~263).

141) 1947년 4월 27일 서울 운동장 李承晩 귀국 환영 대회 연설문(國史編纂委員會, 1971 앞의 책, p.613).

142) 國史編纂委員會, 1971 앞의 책, p.671.

143) 宋南憲, 1976 앞의 책, p.230.

144) 國史編纂委員會, 1972 ≪資料大韓民國史≫ 5, p.324.
이에 앞서 7월 10일(1947년) 李承晩은 한국 민족 대표자 대회(民代)를 소집 金九 세력을 합하여 南韓單政樹立案을 밀고 나가려 하였다. 民代는 國民議會와 통합할 것을 결의, 17일부터 회의를 가졌으나 8월 1일 결렬되었다(雩南實錄編纂會, 1976 ≪雩南實錄≫ 悅話堂, p.229). 그리고 李承晩은 9월 3일 國民議會에 보내는 메시지에서 臨政의 법통은 '아직 潛伏하였다가 정부를 수립하여 계통을 연임키로 할 것이며', '38선 이남은 고사하고

1. 4대국 회의 절대 지지와 남조선 총선거 반대 긴급 제의안
2. 4대국 회의 실현 성공에 메시지 발송
3. 조직 대강(大綱)
4. 민대(民大)와의 통합 교섭에 대한 전말 보고
5. 국민 의회 임시 선거법
6. 정무 위원 법무 위원회 조직 조례
7. 정·부 주석 및 국무 위원 보선

국회에서 개선된 진용은 다음과 같다.

주석	이승만		
부주석	김 구		
국무위원	조소앙(趙素昻), 유림(柳林), 조완구(趙琬九), 이시영(李始榮), 조성환(曺成煥), 황학수(黃學秀), 조경한(趙擎韓), 박찬익(朴贊翊), 김창숙(金昌淑), 조만식(曺晚植), 이청천(李靑天), 박열(朴烈) (이상 연임), 김승학(金承學), 김성수(金性洙) (이상 신임)		
정부위원회	위 원 장	이승학(李承學)	부위원장	조경한(趙擎韓)
	서기부장	조상항(趙尙恒)	조직부장	손정수(孫貞秀)
	선전부장	엄항섭(嚴恒燮)	훈련부장	신일준(辛一俊)
	동원부장	김석황(金錫璜)	연락부장	송종옥(宋鍾玉)
	농민부장	연병호(延秉昊)	노동부장	황중극(黃中極)
	사법부장	기성도(奇成度)	산업경제부장	남상철(南相喆)
	문교부장	박윤진(朴允鎭)	후생부장	이학송(李鶴松)
	재무부장	미 정	외무부장	김여식(金麗植)
	기술부장	김두영(金斗榮)	법무위원회	미정

다만 한 道나 한 郡으로 만이라도 정부를 세워야……(중략)……'한다고 주장하였다(國史編纂委員會, 1972 앞의 책, pp.324~326).

대한국민회 제43차 임시 총회에서 이와 같이 조직 부서를 발표하자, 동회 내 독립노동당 소속 대의원 일동은 9월 9일 대한국민회 제43차 소집은 한국독립당이 일당 독재로 임정의 법통을 전담하였기 때문에 이를 불신임하여, 독립노동당 대의원 일동은 국민의회와 임정의 법통은 물론 지지하려니와 전기(前記) 대한국민회 제43차 회의에서 조직된 정무 및 법무 위원회, 기타 일체 기구에 불참 및 지원을 거부한다는 성명을 발표하였다.[145] 이어서 9월 16일 동회 주석 이승만도 "지난 3월에 조직한 임시 정부 주석 책임에 추대된 본인은 감당치 못할 형편이므로 이를 사임하며 남한만이라도 총선거를 실시하여 국제적으로 발언권을 취득하자는 생각이니 일반 동포는 양해하여 달라"는 요지의 성명을 발표하였다.[146]

또한 임정의 원로인 이시영(李始榮)도 대한국민회 제43차 회의의 결의에 대하여 불만을 품고 임정 국무위원과 의정원 의원 등을 사퇴한다는 성명을 발표하였다. 대한국민회는 그 발족이 비상정치회의 이래 비상국민회의 → 국민회의 → 대한국민회의 순서로 발전을 해 오던 중 1947년 3월 임시 정부 강화책으로 국무 위원회 개편을 단행하고 다시 동년 9월 동회 제43차 임시 총회를 계기로 자체의 모순이 드디어 노정된 것이다.

그것은 비상정치회의가 그 출발에 있어 모스크바 3상회의 결정 발표로 야기된 신탁통치 문제를 자율적인 과도 정권을 수립함으로써 신탁통치를 배격해 보자는 데 그 목적이 있었던 것이다.

그러나 미·소 공동 위원회가 1,2차에 걸쳐 결렬이 되고 국제적인 정세로 남한에서만 선거 실시가 예견되자, 이승만은 그의 종래의 주장과 일치된 결과

---

145) 國史編纂委員會, 1972 앞의 책, p.347.
146) 國史編纂委員會, 1972 앞의 책, p.371.

가 되었고, 임정의 법통을 내세우는 김구의 지도 노선은 남한만의 단선(單選)을 용인할 수 없는 입장이 된 것이다. 여기에 있어 우익을 영도하던 양 영수의 지도노선은 필연적으로 분열을 하게 되었다.[147]

그 후 한국 문제는 9월 17일 유엔에 상정되었으며, 11월 14일 유엔 총회는 한국의 독립 정부를 돕기 위한 '유엔조선임시위원회'의 설치를 가결,[148] 1948년 1월 8일 내한하였다. 그 사이 국민의회와 한국민족대표자대회는 12월 3일 합작을 결의하고 협상서(協商書)를 발표하기도 하였다.[149] 이는 물론 김구와 이승만의 회담이 있은 후 이루어진 것이었다. 협상서를 따라 12일 '민대'와 '국의'는 합동 대회를 개최하고 주로 합동 문제를 토의한 결과, 당국의 집회 금지와 이에 따른 쌍방의 사무 취급의 결함으로 인하여 회동을 보류하기로 가결하였다.[150] 그리고 13일 '민대'는 유엔을 통한 선거에 대비하여 행동 바임을 결정함으로써 합장은 어려워져 가고 있었다.

12월 20일, 김규식은 민족자주연맹을 결성하게 되고, 22일 백범은 단독정부 반대 성명을 발표하였다. 이런 상황에서 백범은 이승만과 다시 우익 진영의 통일을 위해 12월 26일 이후 수차에 걸친 교섭 끝에 1948년 1월 11일 '국의'와 '민대'의 합동은 일단락되어, 의장에 조소앙, 부의장에 명제세(明濟

---

147) 宋南憲, 1976 앞의 책, p.231.
　　이 무렵부터 金九를 단념한 李承晚은 韓民黨을 포함 共委로부터 떨어져 나온 단체와 측근 우익 세력들을 소집하여 남한의 총선거에 대비한 간담회를 갖고 우익 진영의 공동 보조를 위한 단일 정책의 수립, 中央과 地方을 통한 세포 조직의 구성 등 구체적인 문제를 토의하기 시작했다. 또 民族代表者大會에 總選擧對策委員會(위원장 申翼熙)를 구성하고(8월 26일) 밖으로는 任永信을 통해 南韓單政 수립을 위한 여건 조성에 힘쓸 것을 지시하였다(雩南實錄編纂會, 1976 앞의 책, p.231).
148) 國史編纂委員會, 1972 앞의 책, p.672.
149) 國史編纂委員會, 1972 앞의 책, pp.765~766.
150) 國史編纂委員會, 1972 앞의 책, p.813.

世)를 증선(增選)하였으며, 사무국장에는 최규설(崔奎卨)을 결정하였다.[151]
그러나 전국 총선거를 주장하는 국민 의회와 남한 총선거를 주장하는 한국
민족 대표자 대회가 여기에 더하여 영도권 문제까지 겹치니 교착 상태에 빠질
수밖에 없었다.

1월 26일(1948), '유엔 한위' 제2분과위에서 이승만은 "유엔 위원이 과도
선거를 허락하여 3, 4주일 내로 민선 대표단을 성립하여 협의 공결(公決)을
주장하든지, 그렇지 않으면 하루바삐 남한에서 선거를 실시하여 3분의 2이상
의 인구를 가진 남한에서 통일 정부를 수립"할 것을 주장하였으며,[152] 백범
은 1월 28일 '유엔 한위'에 보내는 조선의 통일 독립에 관한 의견서를 아래와
같이 발표하였다.[153]

(1) 우리는 신속한 총선거에 의한 한국의 통일된 완전 자주적 정부만의 수립을
    요구한다.
(2) 총선거는 인민의 절대 자유 의사에 의하여 실시할 수 있게 되기를 요구한다.
(3) 북한에서 소련이 입경을 거절하였다는 구실로서 유엔이 그 임무를 태만히 하
    지 아니할 것을 요구한다.
(4) 현재에 남북한에서 이미 구금되어 있으며 혹은 체포하려는 일체 정치범을 석
    방하기를 요구한다.
(5) 미·소 양군은 한국에서 즉시 철퇴하되 소위 진공 상태로 인한 기간의 치안
    책임은 유엔에서 부담하기를 요구한다.
(6) 남·북한인 지도자 회의를 소집할 것을 요구한다.

---

151) 國史編纂委員會, 1973 ≪資料大韓民國史≫ 6. 探求堂, p.52. 그 사이 1월 8일에는 國聯
    朝鮮臨時委員團이 來韓하였다.
152) 國史編纂委員會, 1973 앞의 책, p.154.
153) 國史編纂委員會, 1973 앞의 책, pp.174～178.

이에 대하여 한협(韓國獨立政府樹立對策協議會)·여자 국민당·학련(學聯) 등은 "이것은 결국 군정을 연장시킬 것이며 공산주의자들의 주장과 동일하다"고 반박 성명을 발표하였다.[154] 그리고 1월 27일, '유엔 한위'와 회담한 김규식은 담화를 통해 "조선은 역사적으로 남한이 분할 된 일이 없었다. 그러므로 여(余)는 군정이란 말은 모른다. 세계 어느 나라든지 중앙 정부는 있으나 군정이 정부 행세하는 일은 없다"면서 "소(蘇)의 주장이 한인 문제는 남·북 한인을 모아 자율적으로 결정하게 하자 하였으니 이에 근거하여 남북 요인 회담을 알선할 수 있을 것"이라 하여 남북 회담을 주장하고 나섰다.[155]

민족의 오랜 숙원이던 독립정부 수립을 최후로 결정할 유엔 소총회의 개회가 현실로 다가오게 됨에 따라 소용돌이치던 반탁의 외침들은 남한 단선(單選)으로 구호가 바뀌었고, 그것은 미·소간의 냉전 체계가 굳어져 가는 국제 정치 환경 속에서 민족의 분열을 항구화시킬 위험을 내포하고 있는 것이다. 오랜 세월 중국의 내전(內戰)에서 민족 상잔의 비극을 목격했던 김구는 김규식과 함께, 국토의 분단과 민족의 분열이 항구화될 최후 순간에서 그 목적하는바 성공 가능성 여부는 불문하고 전 생애를 조국의 독립을 위하여 희생했던 최후의 명분으로 남북 요인 간의 회의를 통하여 민족이 위기를 배제하고 통일 정부의 수립을 시도해 보려고 하였다.[156] 그리하여 2월 6일 김구는 김규식과 같이 남북 요인 회담에 대한 구체적 방안을 유엔 한국임시위원단 메논 위장에게 제의하고, 9일에는 메논 의장에게 남북 지도자 회의에 관한 서신을 보냄으로써 남북 협상의 길이 트이기 시작하였다.[157]

---

154) 國史編纂委員會, 1973 앞의 책, pp.184~187.
155) 國史編纂委員會, 1973 앞의 책, pp.163~165.
156) 宋南憲, 1976 앞의 책, pp.443~444.
157) 國史編纂委員會, 1973 앞의 책, p.238, p.257.

그리고 김구는 2월 13일, 유명한 '삼천만 동포에게 읍고함'[158]이라는 장문 (長文)의 성명에서 "나는 통일된 조국을 건설하려다가 38선을 베고 쓰러질지 언정 일신의 구차한 안일을 취하여 단독 정부를 세우는 데는 협력하지 아니하 겠다"고 하였다.

이러한 상황에서 2월 26일 유엔 소총회의 결정[159]이 국내에 전해지자 독촉 국민회를 비롯한 정당·단체 대표들은 27일 이화장에서 회합하고 축하 국민 대회를 개최키로 하는 한편, 이북 단체 연합회와 제휴, 총선거 대비책 등을 토의하였다.[160]

한편 백범은 "……(중략)……유엔 소총회가 일개 소련의 태도로 시정하지 못하고서 한국 문제에 관한 유엔의 결정에 위반되는 남한에서만의 단독선거 를 실시한다는 것은 민주주의의 파산을 세계적으로 선고함이나 다름이 없다 고 본다……(중략)……나는 조국을 분할하는 남한의 단선도, 북한의 인민공 화국도 반대한다. 정의의 깃발을 잡고 절대 다수의 애국 동포들과 함께 조국 의 통일과 완전 자주 독립을 실현하기 위하여만 계속하겠다"고 선언하였다. 김규식은 "과도 입의(立議)의 일만 끝나면 남북을 통일한 총선거라 할지라도 참가할 생각이 없으니까 남조선 선거에서는 물론 불참하겠다. 그러나 남조선 선거에는 반대치 않겠고, 이 앞으로 아무런 정치 행동에도 불참하겠다"고 언 명하였다.[161] 그 후 4월 김구는 김규식과 함께 남북 협상에 나서게 되었다.

이에 앞선 2월 3일 '總選擧를 이 이상 더 遷延하지 않도록 行動과 思想을 통일하가'는 내용의 聲明書를 발표하였다(國史編纂委員會, 1973 앞의 책, pp.218~219).

158) 백범사상연구소, 1973 앞의 책, p.172~181.

159) 朝鮮委員會에 대하여 소련이 그의 점령 지대를 참가시키기를 거부함에도 불구하고 조선 에 전국 선거를 추진시키기를 요구하는 미국의 제안을 31대 2(기권 11표)로 가결하였다(國 史編纂委員會, 1973 앞의 책, p.401).

160) 國史編纂委員會, 1973 앞의 책, p.412.

7. 김구의 민족통일운동

광복은 우리 민족에게 새로운 목표를 가질 수 있는 절호의 기회를 제공하였으나 미·소의 냉전 체계 하에서 이루어졌기 때문에 통일된 독립 국가를 지향하는 우리 민족의 기본 원칙과는 충돌할 수밖에 없었다.

이러한 상황 하에서 광복 직후 미 군정하의 한국의 통일을 위한 노력은 여운형의 건국 준비 운동과, 김규식·여운형의 좌우 합작 운동이 실패로 끝나고, 마침내 남북한에 외세 의존적인 분단 정부가 수립되려고 하자 이에 대항하여 김구는 김규식과 통일 정부 수립을 위한 노력에 적극적으로 뛰어들게 되었다.

전술한 바와 같이, 광복 후 민족주의자들이 당면 정책을 모색하는 중에 전 민족의 감정에 충격을 던져 준 사건이 바로 모스크바 3상 회의의 한국에 대한 4국에 의한 신탁 통치 결의였다. 이 신탁통치안을 둘러싼 좌우익의 반탁·찬탁 논쟁과 미군정의 정책에 의한 좌우 합작 운동(신탁 통치와 토지 개혁 문제로 인하여 공산당과 김구·이승만 등 좌우 세력은 끌어들이지 못하고 중간 세력의 통합에 그침)으로 남한이 혼란을 거듭하고 있는 동안, 북한에서는 소비에트화가 진행되어 이미 1946년 2월 8일 발족된 임시 인민 위원회는 토지 개혁 실시와 민주 기지의 건설을 표방한 정책을 발표하는 등 단독 정권적 성격을 띄고 있었다.

이에 자극된 이승만은 1946년 6월 3일, 단독 정부 수립을 위한 정읍(井邑)

---

161) 國史編纂委員會, 1973 앞의 책, p.419.
　　金九는 南北協商길에 오르기 전에 남긴 揮毫에서 '踏雪野中去不須胡行今日我行跡作後人程'이라 하였다 한다(조일문, 1976 〈金九의 獨立鬪爭과 獨立思想〉 ≪統一問題硏究≫ 1, 건국대, p.8).

발언을 통하여,162) "이제 우리는 무기 휴회된 공위(共委)가 재개될 기색도 보이지 않으며, 통일 정부를 고대하나 여의치 않으니, 우리는 남방만이라도 임시 정부 혹은 위원회 같은 것을 조직하여 38선 이북에서 소련이 철퇴하도록 세계 공론에 호소하여야 될 것이니, 여러분도 결심하여야 될 것이다. 그리고 민족 통일 기관 설치에 대하여 지금까지 노력해 왔으나 이번에는 우리 민족의 대표적 통일 기관을 귀경한 즉시 설치하게 되었으니 각 지방에 있어서도 중앙의 지시에 순응하여 조직적으로 활동하여 주기 바란다"라고 발언하고, 12월 도미하여 '남한에서만도 단독 정부를 세워 줄 것'을 호소하고 유엔에 의한 한국 문제 해결을 주장하였다.

이 때 반탁 운동의 격화, 남한 공산 세력의 폭력 투쟁, 남조선 노동당 결성 등으로 정국은 더욱 혼란해지고, 1947년 2월 21일 북한에서는 '북조선 인민 위원회'가 행정 각 부처를 갖추고 김일성을 위원장으로 하여 조직되었다.

이어 5월 21일 제2차 미·소 공위가 속개 되었으나 제 1차 때와 같이 협의 대상 문제에 관한 합의를 보지 못하고 8월 12일 결렬되었다. 그리하여 미국은 한국 독립 문제를 4대 강국으로부터 유엔으로 이관하였다. 유엔으로 이관된 한국 문제는 1947년 11월 14일 총회에서 인구 비례에 의한 총선거 관리를 위한 'UN 조선 임시 위원단' 설치를 43대 9(기권 9)로 가결시켰다. 그러나 소련이 동위원단의 북한 입북을 거부하였으므로 임시 위원단은 1948년 5월 10일 안에 남한만의 총선거를 실시하기로 결정하였다. 그러나 남한의 민족주의적인 남북 협상파와 사회주의 집단은 단독 선거가 민족 분단을 영구화시킨다고 거부하였다.

---

162) 중앙일보사, 1975 <南朝鮮만의 單政樹立에 관한 李承晩의 井邑發言> ≪光復30年重要資料集≫

한편 이즈음 북한에서는 소비에트화가 상당히 진척되어, 1948년 2월 28일 정규군인 '인민군'이 창설되고, 단독 정부적 독립 체제가 이미 확립되어 정부 수립은 오직 공식 선포와 의식 절차만 남아 있었다.

이렇게 남북이 모두 단독 정부 수립으로 치닫게 되자 외세 의존을 배격한 통일 정부 수립을 위한 마지막 노력으로서 김구·김규식 중심의 민족 지도자들은 자신들이 일제 치하로부터 일관하게 추구해 온 자주적인 통일 국가 수립에 대한 완전한 배반을 앉아서 보고만 있을 수 없었다. 이에 그 동안 신탁 통치 문제 등 여러 문제에 이승만과 보조를 같이 하였던 김구는 "한국 문제는 결국 한국이 해결할 것이다. 만일 한인 자체가 한국 문제 해결에 관하여 공통되는 안을 작성치 못한다면 유엔의 협조도 도영무공(徒榮無功)일 것이다. 그러므로 언제든지 남북 지도자 회의가 필요한 것이다. 그러므로 우리는 미·소 양군이 철퇴하는 대로 즉시 평화로운 국면 위에 남북 지도자 회의를 소집하여서 조국의 완전 독립 염원과 해방의 목적을 관철하기 위하여 공동 노력할 수 있는 방안을 작성하자는 것이다"163)라고 하여 이승만의 단정 운동에 대한 반대와 남북 협상의 필요성을 역설하였다.

1948년 2월 16일, 김구·김규식이 김일성에게 보낸 서한의 요지는 다음과 같다.164)

첫째, 우리 민족의 생존과 멸망을 결정하며 국토의 영원 분열과 완전 통일을 판가름하려 하는 최후의 순간에 수수방관할 수 없다.
둘째, 아무리 외세의 제약을 받고 있는 우리의 현실일지라도 우리의 일은 우리가 해야 할 것이다.

---

163) ≪서울신문≫ 1948. 1. 28.
164) 중앙일보사, 1975 <南北政治會談 提議에 대한 金九·金奎植의 왕복 서한> ≪光復30年重要資料集≫

셋째, 남북 정치 지도자 사이의 정치 협상을 통해 통일 정부 수립과 새로운 민주
    국가 건설에 관한 방안을 토의하자.
넷째, 북쪽의 여러 지도자들도 동일한 의향을 가진 줄로 믿는데, 우선 남쪽에 있어
    서 정치 협상을 찬성하는 애국 정당 대표 회의를 소집하여 대표를 선출하려
    한다.

그러나 북한으로부터의 공식적 반응은 없었고, 단지 우익 진영의 한국 민주
당은 이에 대항해서 남한만의 단정(單政)을 실시할 것을 발표하였으며, 2월
26일에는 유엔 소총회에서 남한만의 총선거 실시라는 미국안(案)이 31대 2로
가결되었다. 이에 김구는 "나는 한국을 분할하는 남한 단선(單選)도, 북한 인
민 공화국도 반대한다. 오직 정의의 깃발을 잡고 남복 통일에 최후까지 노력
하겠다"고 하였고, 김규식은 "남한 단선에 참여하지도 않을 것이며 모든 정치
행동에서 물러나겠다"고 발표하였다.

북한으로부터 반응을 기다리면서 김구는 김규식과 단선(單選)·단정(單政)
반대 운동에 기치를 높였다. 그리하여 1948년 3월 12일 김구·김규식은 임
시 정부계의 조소앙·조완구 및 조성환, 그리고 민주 독립당의 홍명희(洪命
憙), 유림(儒林)의 대표인 김창숙(金昌淑)과 더불어 단선·단정을 반대하는
7거두 성명을 발표하였다.

이 성명에서 그들은 "외국인이 보면 우리 한국 민족이 멸망하더라도, 우리
한국 명칭이 세계 지도에서 소실되더라도 그다지 큰 관심사가 아닐지 모르나
우리 한인에게는 이보다 더 큰 문제가 없다.……(중략)……남북의 우리 형제
자매가 미·소 전쟁에서 전초전을 개시하여 서로 대하게 될 것이 명약관화한
일이니 우리 민족의 참화(慘禍)가 이에서 더할 것이 없다. ……(중략)……우
리 문제를 미·소 공위가 해결 못 하였고 국제 연합도 해결 못 할 모양이니

이제는 우리 민족으로 자결하는 길밖에 없을 것이다"라고 결론지었다.[165]

김구·김규식의 남북 정치 회담 공동 서한이 발송된 지 40여 일 만인 3월 25일 북한측은 평양 방송을 통해 이른바 북조선 노동당·조선 민주당·천도교 청우당(靑友黨) 및 6개 사회 단체 명의로 된 '남조선 단독 정부 수립을 반대하는 남조선 정당·사회 단체에 고함'이라는 제목의 초청장을 남로당과 한독당 및 민주 독립당을 비롯한 17개 정당·사회 단체에 발송한다는 내용을 보도하였다.

그런데 이 초청장에는 김구·김규식의 2월 16일자 공동 서한에 대해서는 한 마디 언급도 없이, 다만 미국이 우리 조국을 노예화하고 분열시키는 제국주의 정책을 써 민족적 존립(存立)을 위협한다고 공격하고, 유엔 한위의 철수와 미·소 양군의 철퇴 이후 전한(全韓) 총선거를 통한 통일 정부의 수립을 제안하면서 단독 선거에 반대, 투쟁하는 남북 조선의 모든 민족주의 정당·사회단체 대표자 연석회의를 4월 14일 평양에서 개최할 것을 제시하였다.

평양 방송에 이어 김일성·김두봉의 밀사가 서울에 당도하여 서한을 전달하였는데, 그 내용은 우선 김구와 김규식의 2월 16일자 서한을 받았음을 인정하고, 이어 "남한에서 모스크바 3상 회의의 결정을 반대하지 않고 이를 성공시켰더라면 통일이 이뤄졌을 터인데 이를 따르지 않았기 때문에 미·소 공동위원회가 결렬되고 통일이 안 되었다"고 책임을 전가한 다음, "그러나 이를 좌시할 수 없어 전조선의 제정당·사회단체 연석회의를 4월 초에 평양에서 개최하려 하니 참석해 주기 바란다"고 하였다.

이 초청장과 서신이 도착하자 김구의 한독당, 김규식의 민련(民聯)은 연일 대책을 토론하였으나 좀처럼 결론을 내리지 못하고 있었다. 이는 김일성·김

---

165) 白凡思想硏究所 編, 1973 앞의 책, p.185.

두봉이 김구·김규식의 제의는 무시한 채 일방적으로 남북 대표자 연석 회의에 참석을 요망한 데 있었다. 그러나 남북 협상을 적극적으로 제의했던 김구·김규식은 3월 31일 일단 참석 원칙을 세우고, 이 날, 그 동안의 경과를 공개하고 제1차 회합을 평양에서 하자는 것이나 남한의 제의에 대해서는 언급이 없어 제1차 회담이 미리 다 준비된 잔치에 들러리만 하라는 것이 아닌가 하는 기우가 없지 않았으나, 남북 협상 요구를 한 이상 대국적 견지에서 참여하겠다고 공개 성명을 발표하였다.

이 내용이 공개되자 남한 정국은 단정파와 협상파 간의 논쟁으로 시끄러워졌다. 이에 대하여 이승만과 한민당 및 미 군정은 부정적 성명을 발표하고, 유림(柳林)·엄항섭과 여운홍·홍명희·김붕준 등은 통일 운동자 협의회를 결성하여 연석 회의 참가와 통일 촉진 운동을 주장하였다.

이런 가운데 김구·김규식은 안경근(安敬根)·권태양을 평양에 특사로 파견하여 평양측의 진의를 타진하고 내왕 절차를 교섭시키면서 남북 협상을 성사시키려고 노력하였다.

이때(4월 18일) 문화인 108인의 남북 협상지지 성명이 있었다.

우리의 지표와 우리의 진로는 가능·불가능의 문제가 아니라 가위(可爲)·불가위의 당위론인 것이니, 올바른 길이건대 사력을 다하여 진군할 뿐이다.
협상 자체도 애로의 난관이 중중(重重)하거니와 사위(四圍)의 이모저모에도 저해의 요운(妖雲)이 첩첩한 실정이매, 성패와 이둔(利鈍)이 예산될 바가 아니다.
……
선진(先進)의 남북 지도자여, 후군의 육속(陸續)을 믿고 오직 전진하시라. 참된 자유와 자주, 참된 민의와 민주 역사의 순류(順流)를 향하여 드높게 북을 울리자.
이 길은 오직 남북 협상에 있다. 남북통일을 지상적 과제로 한 정치적 합작에 있다. 남북 상호의 수정과 양보로써 건설되는 통일체의 재발족에 있다.166)

이 명문의 호소가 김구와 북한행을 망설이고 있던 김규식을 고무해, 김규식은 4월 19일 민련 간부를 소집하여 김일성에게 5개항의 선행 조건을 제시하고, 그것이 수락되면서 북행할 것을 결의하였다. 그 5개항은 다음과 같았다.

첫째, 어떠한 형태의 독재 정치라도 이를 배격하고 진정한 민주주의 국가를 세울 것.
둘째, 독점 자본주의의 경제 제도를 배격하고 사유 재산 제도를 승인하는 국가를 세울 것.
세째, 전국적 총선거를 통해 통일 중앙 정부를 세울 것.
네째, 어떠한 외국에게도 군사 기지를 제공하지 말 것.
다섯째, 미·소 양군의 조속한 철퇴에 관해서는 먼저 양군 당국의 철퇴의 조건과 방법 및 기일을 협정하여 공포할 것을 주장할 것[167]

이 조건은 김규식의 민련측에서는 북한이 받아들일 수 없을 것으로 판단했으나, 그러나 당시 북한의 공산주의자들은 연합 전선의 형태를 취하고 있었으므로 계급의 독재를 배격한다는 것이나 진정한 민주주의 국가를 건립한다는 것은 문제가 되지 않았고, 또한 1948년 당시는 토지까지도 사유화 형태였고 상인까지도 인정되던 때이므로 이 5개항은 쉽게 받아들여질 수 있었다.

이렇게 하여 김구·김규식 등 남한의 여러 인사들이 남북 협상을 위해 북한으로 향하였다. 그러나 이미 그들이 평양에 도착했을 때 연석회의는 4월 19일부터 시작되어 있었다.

1948년 4월 19일부터 시작된 연석 회의의 진행은 북한 측의 의도대로 진행되어, 사실상 김구·김규식이 제의했던 남북 정치 협상과는 전혀 거리가 먼

---

166) ≪새한민보≫ 1948. 4. 중순호.
167) ≪새한민보≫ 1948. 4. 중순호.

것으로, 연석 회의가 실제로 남한의 단정 수립을 저지하고 통일 정부를 세우기 위한 남북한의 정치 협상의 자리가 되지를 못했다. 이에 연석 회의가 끝난 직후 김구·김규식은 실질적인 정치 협상을 위해 남북 요인 회담을 요구하였다.

이리하여 남북 요인 회담이 4월 27일부터 남북 인사 15인을 중심으로 남북 조선정당사회단체지도자협의회(南北朝鮮政黨社會團體指導者協議會)가 개최되었는데, 김규식이 북행 때 제시한 5개항을 중심으로 논의가 진행되어, 외군(外軍) 철수와 그런 연후의 남북 총선거 및 남한 단정 반대의 대원칙을 합의하고, 또한 미·소 양군의 철수 후에도 내전이 있을 수 없다는 것을 확인했으며, 미·소 양군의 철수 후 전(全)조선 정치 회의를 소집하여 조선 인민의 각계 각층을 대표하는 민주주의 정부를 수립할 것이라는 조항, 동 회의가 일반적·직접적·평등적 비밀 투표로써 통일적 입법 기관을 선거할 것이라는 조항들은 상당히 현실성이 있는 대안이었다.

이리하여 김구·김규식은 이 회담 결과에 대해 비교적 만족스럽다는 반응을 보였다. 이 남북 요인 회담을 끝낸 후 5월 6일, 김구는 북행에 대한 공동 성명을 발표하였다.

> 첫째, 금번 우리의 북행은 우리 민족의 단결을 의심하는 세계 인사에게는 물론이요, 조국의 통일을 갈망하는 다수 동포들에게까지 금번 행동으로써 많은 기대를 이루어 주었다.
> 둘째, 자주적 통일 조국을 재건하기 위해 양 조선의 단선·단정을 반대하며, 미·소 양군이 철퇴하는데 의견이 일치했으며, 북한 당국자도 단정을 절대로 수립하지 않겠다고 약속했다.
> 세째, 기타 문제에 있어서도 앞으로 각자가 노력하며, 남북 지도자들이 자주 접촉하는 데서 원활히 해결될 수 있을 것이다.

네째, 단전(單電)도 하지 않을 것이며 저수지도 개방하겠다는 것, 조만식 선생
　　남하 문제도 미구에 그리 되도록 노력하겠다.

이렇게 김구·김규식이 남북 협상을 통한 통일 운동에 쏟는 열의와 성의가
지대하였음에도 불구하고, 단선이 5·10 선거는 남한만의 참여로 치러졌다.
민족의 통일을 갈망하는 겨레의 염원이 일단 유보될 수밖에 없었다. 이에 5월
14일, 북한은 남한 단선을 빌미로 하여 송전을 중단하였다.

5·10 선거에 의해 이승만과 한민당이 정치 주도 세력으로 등장한 후 김
구·김규식은 6월 7일, 남북 협상 세력을 중심으로 통일 독립 촉성회를 조직
하여 '현하의 정세를 극복하고 통일 독립을 전취하기 위하여' 통일 독립운동
을 전개하면서 김구·김규식은 계속 남북 관계에 상당히 낙관적인 견해를
나타냈다(실제 그들의 진실된 통일에의 열망은 북한에 이용당했었다).

그런 가운데 6월 초순 김일성·김두봉은 김구·김규식에게 해주에서 회담
을 갖자고 제의했으나, 김구·김규식은 그들의 저의를 간파하고 두 번째의
'준비된 결혼식(?)' 참가 요청에 대해 "국토 양단과 민족 분열을 방지하기 위
해 우리들은 4월에 평양 회의를 가졌었고 앞으로도 계속 통일을 모색하자고
굳은 언약을 하였던 것인데, 이제 남한에서 단정이 수립되어 여기 대항해서
북한에서도 새로운 단정을 수립하겠다는 것은 민족 분열 행위가 아니고 무엇
인가?" 하면서 냉담한 반응을 보였다. 김구·김규식에게 제2차 남북 회담을
거절당한 북한은 북한 지역 정권 구성을 위해 1948년 6월 29일 평양에서
제2차 남북 제정당·사회 단체 지도자 협의회를 개최하고, 8월 9일 소위 '조
선 인민 공화국'을 수립하였다.

이로써 한반도에서는 두 개의 정부가 들어서게 되었고, 김구·김규식에 의
한 남북통일 운동은 이상(理想)으로 그쳐 사실상 실패로 끝나고 말았다

이상 우리는 남북 협상 운동의 전개를 살펴보았다. 위에서 분석한 바와 같이 남북 협상은 현실적으로는 실패하고 말았다. 애초부터 성공할 수 없었던 이유는 다음과 같았다.

첫째, 북한 공산주의자들의 속셈이 남한 지도자들과의 협상을 통한 통일 정부를 이룩하자는 것이 아니라, 다만 남한 지도자들의 이름을 빌어 자신들의 노선을 합리화 내지는 합법화하자는 데 있었다.

둘째, 한반도의 문제는 이미 기본적으로 국제 문제화하여 미·소의 직접적 합의 없이는 해결할 수 없는 상황이었다.

세째, 김일성과 그 추종자들은 소련의 비호 아래 북한의 정치적 실권을 장악하고 있는데 비해 남한 협상에 참여한 남한 지도자들은 남한의 정치적 실권을 장악하지 못했다. 따라서 동등한 정치력의 바탕 위에서 협상이 될 수 없었다.

네째, 북한 공산주의자들의 기만성이다. 그들은 처음부터 끝까지 남한의 정치 지도자들을 기만했다.

이러한 여러 가지 복합적 이유로 하여 남북통일 운동은 실패하였다. 김구·김규식이 추진한 남북통일 운동상은 이상주의적인 민족적 정열로써 분단 현실을 뛰어넘으려고 한 것이었다.

8·15 광복 후 한국은 미·소의 냉전 체제의 희생물이 되어 남북한으로 양분되었다. 남북한으로 분단된 상태에서 자국의 이데올로기와 이익의 확대 및 그것을 보장해 줄 수 있는 친미 혹은 친소적인 정권 수립을 강요하는 강대국의 확고한 논리를 극복하기에는 민족주의 세력의 힘이 너무나 미약했다.

그러나 분단을 눈앞에 둔 상황은 김구·김규식 등의 민족주의자에게는 남북 협상이 실현 가능한가하는 것을 고려할 계제가 아니었다. 이는 성공하든 실패하든 민족주의 세력을 총집결하여 한민족 스스로의 통일 정부 수립을 위해 노력하는 길만이 선택의 길이었다. 이는 "우리의 지표와 우리의 진로는 가능·불가능의 문제가 아니라 가위·불가위의 당위론인 것이니 올바른 길일진대 사력을 다하여 진군할 뿐일 것이다. 인사를 다하여 완수를 기할 뿐인 것이다"라고 한 108인 남북 협상 지지성명이 잘 나타내 주고 있다.

결국 남북통일 운동은 해방 직후 외세 의존을 포기한 민족주의 운동의 집약적 표현으로 한국 민주주의 마지막 움직임으로 별다른 성과를 거두지 못하고, 남북은 각각 미·소라는 강대국의 정책에 의해 분단이 고정화되고 말았다. 이후 6·25등을 거쳐 이데올로기적 대립이 첨예화되면서 남북통일을 주장한 이들의 이상은 점차 사라졌다.

그러나 남북통일 운동은 강대국이 한국에 강요하는 '필연의 구조'에 대항하여 일어난 한국 민족의 주체적 운동으로 우리는 이를 통해 현실을 타파해 나가기 위한 교훈을 얻기 위해 재평가를 시도해야만 한다.

맺음말

이상에서 필자는 1945년 8월 15일부터 1948년 8월 15일까지 이른바 미군정기에 백범과 대한민국 임시 정부의 활동을 중점적으로 살펴보았다.

제2차 세계대전 후 김구는 주석의 자격이 아닌 개인의 자격으로 귀국하였다. 임정과 김구는 제2의 독립운동에 나서지 않으면 안 되었다. 그는 임정의 주석으로서 신탁 통치 반대 운동을 주도하였을 뿐만 아니라 임정의 법통을 계승한 비상 국민 회의를 조직하여 최고 정무 위원으로, 이어 '남조선 대한 국민 대표 민주 의원' 부의장으로, 후에 총리로, 다시 비상 국민 회의가 국민의회(후에 대한 국민회로 개칭)로 개편되자 부주석에 취임하여 활동하였다(이 때 주석은 이승만이었다).

이제까지 김구와 이승만은 지도 노선을 같이 해 왔으나, 미·소 공위가 분열되고 국제 관계가 남한만의 선거 실시로 기울면서 지도 노선은 분열할 수밖에 없었다. 이승만은 단정수립에 나서 결국 5·10선거를 거쳐 제헌 국회가 제정한 헌법 전문에, 우리 대한 국민은 기미 3·1운동으로 대한민국을 건립하여 세계에 선포한 위대한 독립 정신을 계승하여 이제 민주 독립 국가를 재건한다고 하며 대한민국의 전신이 대한민국 임시 정부임을 명백히 하였다. 그는 임정으로부터 상당 기간 떠나있었지만 귀국 후 김구 등의 임정 요인들과 궤(軌)를 같이 하면서 민주 의원 의장, 국민 의회 주석, 그리고 임정의 주석이 대한민국의 대통령이 되었다고 할 수 있다. 환언하면 임시 정부의 법통을 최대로 활용한 이가 이승만이었다.

30년 내 임정을 지켜온 김구는 김규식과 함께 남한 단정론에 반대하여 5·10총선에 불참하면서 민족 통일 운동에 나서 실패하지만 그들의 애족 정신은 결코 과소 평가될 수 없을 것이다.

이렇게 볼 때 이승만이 정치가라면 김구는 역시 혁명가라고 할 수 있다. 훌륭한 혁명가가 훌륭한 정치가는 될 수 없는 것인지 모르겠다.

끝으로 부언해 두고 싶은 것은 신탁 통치 반대 운동에 대한 상반된 평가 문제이다. 그 하나는 '모스크바 결정이 순조롭게 구체화되었다면 적어도 분단의 고정화와 그것에 뒤따른 동족 상잔은 회피될 수 있지 않았을까?'하는 것이고,[168] 다른 하나는 이러한 해석을 '신탁사관(信託史觀)'으로 비판한 견해이

---

168) 金學俊, 1986 ＜韓國信託統治案과 그것을 둘러싼 初期의 論爭＞ ≪現代史의 諸問題 (政治)≫ 韓國精神文化硏究院, p.23. 이런 문제 제기의 근본적인 문제로 그것은 '모스크바 합의대로 한반도 상황이 통일은 됐을지 몰라도 그것은 적화 통일이었을 것이다'라고

다.169) 그러나 보다 중요한 것은 결과론적인 평가보다도 역사적 사실이라고 보아야 할 것이다. 1942년부터 미국이 한국 독립 문제를 국제 공동 관리로 해결해야 한다는 입장에 서 있는 일련의 사실을 알고 있었던 임정으로서는 여기에 반대하지 않을 수 없었을 것이다.

판단하고 있다.
169) 劉英俊, 1986 <8·15 後 政治集團의 動向과 政府樹立> ≪新東亞≫ 11월호, p.530.

제 2 부 대한민국 임시정부와 광복정책

I. 대한민국 임시정부의 대소외교

머리말

1919년 3·1운동의 최대의 결실로서 수립된 대한민국임시정부는 국내의 지방조직 연락망으로 교통국(交通局)과 연통제(聯通制)를 완성하며, 국민과의 긴밀한 연락을 유지함으로써 정부의 정통성을 확보하는 한편 무장독립전쟁을 위하여 군사적 준비태세를 갖추는 동시에 국제적 승인을 얻기 위하여 외교활동을 적극적으로 추진시켜 나갔다. 당시 일제로부터 독립을 쟁취할 수 있는 방법으로는 군사력을 배양하여 일제에 직접 대항하는 것과 외교에 주력하여 국제적으로 여론을 조성하여 열국(列國)들로부터 후원을 받아 독립을 쟁취해 보는 것이 가장 현명한 방법이라는 것이 당시 독립을 위한 민족지도자들의 한결같은 의견이었다. 이같이 군사적인 방법이나 외교적인 방법은 모두 우리 민족의 독립운동에 있어서는 불가분의 관계를 가지고 있었다.

그리하여 대한민국임시정부는 설립과 더불어 군사와 외교를 전담하는 부서를 각각 설치하였으며, 또한 정부의 조직과 동시에 파리위원부와 구미위원부로 하여금 외교활동을 펴게 하였던 것이다. 이처럼 일면 군사, 일면 외교로서의 독립운동은 대한민국정부의 수립 때까지 지속되었다. 그러나 대다수 사람들은 독립운동이 마치 무장투쟁 만이라고 생각하여 외교활동을 통한 독립운동에는 소홀한 감이 없지 않다.

따라서 본고에서는 임시정부가 전개한 외교활동 중에서 소련과의 외교에 대해서만 고찰하고자 한다. 임시정부의 대소외교에 관한 연구는 부분적으로 다루어지고 있지만 어느 의미에선 상당히 소홀히 다루어지고 있는 것이 아닌가 싶다.[1] 그 까닭은 자료부족에서 오는 것이고 또 냉전시대에 수교관계가 없었던 때문이라고 생각된다. 그러나 소련과의 국교가 정상화됨에 따라 소련의 자료가 수집될 것 같다.[2] 이를 기대하면서 우선 국내자료나마 모아서 임시정부의 대소외교활동을 정리해 보고자 한다.

1. 대한민국 임시정부 초기의 외교정책과 외교기구

1919년 4월 중국 상해에 수립된 대한민국임시정부는 우리의 민족독립을 이끌어 나갈 핵심기관이었으며 정신적인 지주였다. 그러기에 임시정부는 앞으로 지속될 독립운동을 좀더 조직적으로 통솔하고 이끌어 나갈 책임이 있었던 것이다.

그리하여 임시정부도 수립과 더불어 즉시 여러 무장독립군을 하나로 통일

---

1) 韓國史研究協議會에서 1984년에 발간한 ≪韓露關係 100年史≫에서는 修交 이전의 韓露관계로부터 光復 後의 韓露관계까지 다루면서 임시정부와 소련과의 관계는 전혀 언급하고 있지 않다.
2) ≪朝鮮日報≫ 1911년 11월 28일.

하는 일과 병행하여 적극적으로 외교활동을 전개하기에 이르렀다. 즉 임시헌장 제7조에 "대한민국은 신(神)의 의사(意思)에 건국한 정신을 세계에 발휘하여 진(進)하여 인류의 문화 및 화평(和平)에 공헌하기 위하여 국제연맹에 가입함"이라 규정하여 정부수립 초의 외교활동 목표가 국제연맹의 가입에 있음을 밝혔다. 그래서 임시정부는 이를 보다 효과적으로 추진하기 위하여 신한청년당(新韓靑年黨)에서 국민대표로 파리에 파견한 김규식(金奎植)을 외무총장 겸 주파리위원(駐巴里委員)으로 임명하여 대한민국임시정부의 정식대표로 삼아 외교활동을 전개하도록 하였다.

이와 같이 정부가 국제연맹 외교를 외교정책의 가장 시급한 목표로 하였다 함은 정부의 시정 방침에서도 확인될 수 있다. 즉 임시정부의 시정 방침 중 외교에 관한 부분은 다음과 같다.[3]

「세계에 대한 선전」

세계열강으로 하여금 대한의 독립이 세계평화 유지상 필요함을 깨닫게 하며 우리 民國에 동정을 느끼게 하기 위하여 下記와 같은 방법으로 선전을 실행한다.
① 선전사무확장 : 선전부를 확장하여 일본의 침략주의가 세계평화의 화근이라는 이유와 한국에 대한 비인도적 행위에 관한 사실과 한국의 독립이 세계평화에 필요한 것으로서 한족의 자격을 독립국민으로써 충분함을 실증하는 등의 자료를 수집하여 민활하게 선전한다.
② 선전원의 파견 : 동아 및 구미 각국에 선전원을 파견하고 혹은 연설로써 도서로써 해국의 신문 잡지에 저작가·연설가 등을 이용하여 주의를 선전한다.
③ 정당 교회 급 각 단체 이용 : 동아 및 구미 각국의 정당 교회 및 기타 단체를 이용하 여 여론을 환기시킨다.
④ 원동거류 미인사용 : 원동에 있는 각국 신문 및 저작가·선교사 등과 의사를

---

3) 李相九 譯編, 1967 <上海仮政府의 組織과 活動> ≪新東亞≫ 2월호, p.510.

소통하여 선전을 방조시킨다.

⑤ 한중친목회를 조직 : 중국에 한중친목회 혹은 다른 명의로 회를 조직하여 선전
  및 기타의 사항에 활동하는 외에 각국 중에도 가능한 방편에 따라서 이것을
  실행한다.

이와 함께 임시정부는 대외선전 자료를 수집키 위하여 국내 및 일본에 조사
원을 파견하여 독립운동 진행상황과 일본의 정책을 탐지·보고하도록 하였
다. 조사원들은 임시정부에 국제문제, 열국정책, 세계사조, 세계 각국의 한국
관계론 등을 조사 수집하여 보고하였다. 또 '제8항 교섭'에서는 좀 더 구체적
인 대외정책을 들고 있다.[4]

① 중국외교단 편성 : 중국외교에 적당한 인원을 선발하여 중국 외교단을 편성하
  고 중국 남북정부 및 각 省長及 督軍과 교섭하여 중국지방으로 하여금 우리
  민국의 정치활동 및 군사준비에 편의를 얻게하고 중국사관학교에 우리 청년을
  입학시켜서 우리 민국(이후 10자 불명)과 중국이 연합 행동할 것을 요구한다.
② 露國에 교섭원 파견 : 露國외교에 적당한 인원을 선발해서 露國 내정을 주밀
  하게 시찰하며 유력한 기관에 교섭하여 군기 및 군수품의 공급과 우리 민국이
  일본과 개전 시는 후원해 줄 것을 요구한다.
③ 몽고에 교섭원 파견 : 상당한 인원을 몽고에 파견하여 우리 국민이 일본과
  개전 시는 원조하게 한다.
④ 美日戰爭 촉진 및 군사원조요구 : 미국에 파견한 외교원으로 하여금 미국과
  교섭시켜서 미일 전쟁을 촉진하고 우리 민국에 대해서는 軍資·軍器 및 군수
  품의 대여를 요구한다.
⑤ 외국 차관교섭 : 구미에 있는 대자본가에 교섭하여 차관을 얻게 한다.
⑥ 일본을 기피하는 제국에 특별교섭 : 오스트리아 혹은 기타 일본의 무력주의를

---

4) 李相九 譯編, 1967 앞의 글, pp.510~511.

기탄하는 국가에 교섭하여 한일 개전시 한국을 후원하게 한다.

⑦ 독일에 교섭원 파견 : 독일에 상당한 인원을 파견하여 군사상 기술가를 만나서 軍器 및 군수품을 차입시킨다.

⑧ 英·佛·伊에 교섭 : 영·불·이 삼국에 대해서 한일전쟁시는 우리 민국에 동정하도록 교섭한다.

⑨ 신흥 약소국에 교섭 : 새로 일어선 소약국 등에 교섭하여 인재와 군수품 및 軍器를 우리민국에 원조하게 한다.

⑩ 중일 주재 외교관에 교섭 : 중국 및 일본에 주재한 각국 외교관과 교섭하여 우리 민국에 동정하게 한다.

⑪ 국제연맹에 독립승인 및 참가요구 : 국제연맹회에 대하여 대사를 파견하여 독립승인을 요구하고 또 한국을 국제연맹에 참가시켜 줄 것을 요구한다.

이와 함께 1919년 5월 11일 국무위원 조완구(趙琬九)가 발표한 정부 시정 방침의 외교에 관한 부분에서도 '국제연맹에 대한 활동강화'를 첫째로 꼽고 있다. 또한 동년 7월 8일 안창호가 발표한 시정 방침에서는 '파리 워싱톤의 외교강화', '김규식을 국제연맹에 정식파견', '서재필을 공식대표로 임명', '외교원의 증가', '외국인의 고용'을 강조하고 있다.5)

그러나 1919년 파리강화회의가 한국정부와 한국민의 희망과 기대를 묵살한 채 아무런 보장이나 언급도 없이 폐막되자 임시정부의 외교정책은 근본적으로 변경될 수밖에 없었다. 그리하여 1920년 3월 2일 국무총리 이동휘(李東輝)가 임시의정원 제1회 정기회의에서 행한 시정방침 연설 중 '선전사무의 확장', '일본제국주의의 세계평화에 화근이 되는 이유', '대한민국의 자주독립 능력의 선전', '우리에게 동정을 표하는 열강 및 신흥국가와의 유대강화'로써 세계열강으로부터 외교적 지원 획득이 외교정책의 목표라는 내용을 발

---

5) 國史編纂委員會, 1971 ≪韓國獨立運動史資料≫ 2 - 臨政篇 Ⅱ一, pp.397~400.

표하였다.

외교에는 세계열강으로 하여금 대한의 독립이 세계평화 유지상 필요됨을 각오하여 아국민에 동정케 하기 위하여, 그 방침으로 선전사무를 확장하여 일본의 침략주의가 세계평화에 화근 되는 이유와 한국에 대한 비인도적 행위에 관한 사실과 한국의 독립이 세계평화에 필요되며 한족의 자격이 독립국민 되기에 충분함을 실증하는 등의 일에 전력하려 하며, 따라서 우리에게 특별한 동정을 표하는 열국 및 신흥국과 특히 연락을 취하여 우리의 장래에 많은 원조가 있도록 꾀하려 하나이다.[6]

그러나 이와 같은 외교정책은 국제연맹의 한국에 대한 무관심과 1921년 태평양회의에서 한국문제 상정이라는 목표가 좌절된 이후에 또다시 변경되지 않을 수 없게 되었다. 이는 일본의 국제적 지위와 그들의 외교활동의 결과로 국제회의와 세계열강으로부터 한국독립의 보장이라는 기대가 무산되어 버리자 자연 외교정책을 수정할 수밖에 없었던 것이다. 그래서 1922년에는 '세계 각국에 대한 친교강화'로 변모되고 말았다.[7] 즉 이것은 세계열강으로부터의 한국독립의 보장획득에서 임시정부의 승인과 독립운동의 지원획득이었던 바, 이는 급진적인 외교에서 점진적인 외교로 바뀌었음을 의미한다. 다시 말하면 당면정세에 대처한 단기적 외교에서 독립운동의 장기화에 대비한 장기적 외교로 정책이 전환되었음을 뜻하는 것이다.

이상의 외교정책을 집행하기 위해서 어떤 외교기구를 가지고 있었는가를 살펴보면 정부수립 초기에는 국무원내에 내무·외무·군무·재무·법무·교통의 6부를 설치하여 각부에 총장과 차장을 두었는데, 외무부에는 외교사

---

6) ≪獨立新聞≫ 제50호(1920년 3월 4일).
7) ≪獨立新聞≫ 제124호(1922년 5월 6일).

무를 관장하는 외사(外事)국, 그리고 통상관계를 맡아보는 통상(通商)국이 설치되어 있었다. 그러나 이때의 외무부가 할 수 있는 일은 별로 없었다. 당시 외교정책의 목표가 어디까지나 파리강화회의와 국제연맹에 대한 외교활동에 있었을 뿐만 아니라, 외무총장인 김규식이 정부대표로 파리에 주재하여 외교활동을 펴고 있었던 관계로 초기에 외무부가 할수 있었던 외교업무는 대중·대소외교 정도였다. 특히 거기에 대통령 이승만은 미국 워싱턴에 구미위원부(歐美委員部)를 설치하고 국무총리에게 지시하기를 "원동(遠東)의 일은 총리가 주장(主張)하라……(중략)……구미(歐美)의 일은 여(余)에게 임시로 전임(全任)한다"8)라고 하여, 구미 방면의 외교업무는 직접 자신이 관장하고 총리는 대소외교 활동만 전개하도록 하였다. 따라서 구미위원부가 임시정부 외교활동의 중추기관이 되었던 것이다.

한편 대한민국임시정부는 1920년 9월 2일 교령(敎令) 10호로 '임시주외외교위원부규정(臨時駐外外交委員部規程)'을 공포하고 다음과 같이 외교위원을 선정하기도 하였다.9)

臨時外交委員(北京駐在)	韓世良	歐美委員部臨時委員長	徐載弼
臨時外交委員(北京駐在)	曺成煥	倫敦委員部委員	黃玘煥
臨時外交委員(北京駐在)	李　光	東三省外交委員會	李　鐸
臨時外交委員 (露領　烏蘇里駐在)	韋惠林		

8)　≪獨立新聞≫ 제32호(1919년 12월 25일).
9)　國史編纂委員會, 1967 ≪韓國獨立運動史≫ 3, p.53.

2. 대소외교의 전개

대한민국임시정부의 대소외교는 다른 나라의 경우에서 볼 수 없는 몇 가지 특수성을 지니고 있다. 그것은 첫째 두 정부간의 외교관계가 예상외로 빨리 성립된 점, 둘째 임시정부의 일방적 외교가 아니라 쌍방이 모두 외교관계 성립을 추진하고 있던 점, 셋째 국제관계 때문에 서로 비밀외교를 하고 있던 점, 넷째 외교관계에서 공산당이 중매적 역할을 맡아 하였던 것을 들 수 있다.10)

그런데 대소 외교관계가 빨리 성립하게 것은 다음의 몇 가지 요인 때문이다. 첫째는 초기공산주의 지도자인 이동휘가 국무총리로 재임하고 있었던 까닭에 임시정부가 소련과 접근하는 것을 긍정적으로 촉진시켰다. 둘째는 임시정부 지도층 인사들의 사상적 방황이 대소관계를 추진하는 한 이유가 되었다. 마지막으로 파리강화회의·태평양회의 등에서 미국을 비롯한 서구열강들이 한국문제에 대하여 냉담한 태도를 취하자 민족주의자들이 소련에 대하여 관심과 기대를 갖게 되었던 것이다.11)

한편 소련은 원래 유럽 공산화에 주력을 하다가 이것이 여의치 않자 1920

---

10) 독립운동사편찬위원회, 1973 ≪독립운동사≫ 제4권 - 임시정부사 -, pp.355~356.

11) 文昌範이 독립신문과의 인터뷰에서 한 발언이 이를 잘 나타내고 있다. "옴스크정부는 장차 멸망되고 過激派의 세력이 확대케 되리라. 其理由는 이러하다. 코착이 자기세력을 수립하기 위하야 他種族인 일본군대를 이용하야 同類인 과격파를 파멸코져하며 此로 因하야 無罪한 백성들도 공연히 日兵의 학살을 당하는 때문에 西比利亞人民은 將次 옴스크정부를 전복하고 過激派軍과 握手하야 日兵을 驅逐코져 한다. 俄人이 日兵을 疾視하는 程度는 우리 韓人보다도 심하다. 不遠에 日兵은 서 비리아에서 세력이 업시되고 막대한 해를 당하리라. 우리 韓人은 近日 일병에게 무한한 학대를 당하나 옴스크정부가 변경되는 날이면 北大陸에 활동이 용이하리라. 緩進黨의 동정은 多大하다. 侍日과 기회를 고대하는 중이다." (≪獨立新聞≫ 1919년 11월 11일).

년대부터는 아시아로 그 방향을 돌리고 있었으며, 아시아 약소민족의 독립운동에 대하여 극렬한 찬사와 지원을 공언하고 있었다. 특히 소련의 국제혁명노선으로 보면 피압박 민족이나 피압적 계급과 연합한다는 것은 필연적인 것이었다. 따라서 소련은 약소민족의 지원이나 피압박 민족의 해방을 입버릇처럼 외쳐댔으며, 이를 구체화하고 있었기 때문에 소련은 이와 같은 정책에 이끌려 갔던 것이며 한국의 일부 독립운동자들도 마찬가지였다.[12] 또한 대소외교관계가 비밀외교로 추진되었던 까닭은 어디까지나 소련의 대 국제관계에서 고려된 것이다. 다시 말하면 소련은 한국과의 공공연한 외교관계를 수립함으로써 일본의 시베리아 진주의 구실을 줄 수 없었던 것이다. 그리고 대소 관계에서 한국의 공산주의 단체가 중간에 게재되었던 이유는 소련의 대한관계의 유지 목표가 한국의 공산혁명의 달성에 있었기 때문이었다.[13]

이와 같은 특수성을 지닌 대소외교는 이동휘의 국무총리 취임으로 성장할 수 있었다. 이동휘의 국무총리 취임은 처음부터 상당한 불씨를 안은 것이었다. 즉 그는 공산주의자는 아닐지라도 이미 볼셰비키와 손을 잡고 있는 한인사회당 당수의 몸으로 국무총리 직에 취임하였다. 그 결과 객관적으로는 임시정부의 성격이 민족·공산의 연합정부적 형태로 되어졌기 때문이다.[14]

---

12) 이는 독립운동 지도층 인사들의 사상적인 방황에서 잘 드러나고 있다. 그 예로는 첫째 李光洙가 기초 한 2·8독립선언서에서는 "동양평화의 견지로 보건대 위협이던 我國은 이미 군국주의적 야심을 포기하고 정의와 자유를 기초로 한 신국가의 건설에 종사하는 중이며……(하략)……", 둘째 朴殷植이 ≪韓國獨立運動之血史≫에서 소련을 가리켜 "전제정치를 전복하고 각 민족에게 자유와 자치를 선포하며 극단의 침략주의에서 극단의 공화주의로 일변하였으니 이것이 세계개조의 첫 번째 동기였다"고 쓰고 있는 데서도 알 수 있다.

13) 독립운동사편찬위원회, 1973 앞의 책, pp.355~357.

14) 韓人社會黨은 이동휘가 1918년 6월 26일 하바로브스크에서 '朴鎭淳·金立·朴愛·朴漢榮 등과 하바로브스크 駐在 그레고리노프와 악수하여 조직한 것으로 이동휘에 있어서는 反日독립운동의 방편이었고 볼셰비키에 있어서는 韓人의 反日精力을 당장에 이용하려는 混成 성격을 가지고 있다(金俊燁·金昌順, 1967 『韓國共產主義運動史』 1, pp.175~179,

이동휘 자신은 유력한 정부의 지원을 얻어 독립의 숙원을 성취하는 데는 국무총리에 취임하는 것이 첩경이라고 생각하여, 1919년 8월 30일 심복 김립과 오영선을 대동하고 상해에 도착하여 11월 3일 임시정부 초대 국무총리가 되었다.[15)]

이동휘는 상해에 도착하여 독립 숙원을 달성하려는 포석으로써 우선 자파세력의 확대 강화에 주력하게 되었다. 1920년 봄에는 임시정부에 참가하고 있는 김립(金立)·이한영(李漢榮)·김만겸(金萬謙) 등과 함께 '공산주의자그룹'을 조직하였다. 여기에는 임시정부 관계의 민족주의 인사들인 조완구(趙琬九)·신채호(申采浩)·안병찬(安秉讚)·이춘숙(李春塾)·조동호(趙東祜)·최창식(崔昌植)·양헌(梁憲)·선우혁(鮮于爀)·윤기섭(尹琦燮)·김두봉(金枓奉) 등도 모두 당원으로 참가했다.[16)] 그러므로 공산주의자그룹은 한인사회당의 별칭이라고 할 수 있다. 그리하여 1921년 1월 10일 형식상 '한인사회당대회'를 열어 고려공산당의 창립절차를 밟았던 것이다.

이와 같이 이동휘는 임시정부의 국무총리로 있으면서도 계속하여 한인사회당을 발전시키고 있는 것이다. 그는 1919년 11월 코민테른의 신임을 쟁취하기 위하여 그의 가장 유력한 막료인 박진순(朴鎭淳)에게 "한국 임시정부는 내용에 있어 한인사회당의 정부이며 한인사회당은 공산주의를 위하여 심신을 바치겠다."는 서약서 등을 휴대시켜 모스크바에 파견하였다.[17)]

---

p.185).

15) 金俊燁·金昌順, 1967 앞의 책, p.185.

16) 金俊燁·金昌順, 1967 앞의 책, pp.187~192.

17) 한인사회당은 1919년 4월 25일 브라디보스톡 신한촌에서 대표자대회를 개최하고 박진순·박애·이한영의 3인을 사절단으로 선출하여 코민테른에 파견하였다. 이들은 동년 늦은 봄 모스크바에 도착하여 코민테른에 가입할 것을 선언하고 당원명부를 코민테른에 제출하였다. 이들은 코민테른으로부터 막대한 운동자금을 받았다. 그런데 이 자금이 한인사회당에

임시정부 수립 이래의 경제 토대는 재미동포들의 의연금에 의하였다. 1920년 정부에서는 신흥 사회주의국가 소련의 원수 레닌과 정식으로 외교관계를 맺어 볼 양으로 1월 22일 국무회의에서 안공근(安恭根) · 여운형(呂運亨) · 한형권(韓馨權) 3인을 모스크바 특파 외교원으로 정하였다.[18] 이것은 물론 레닌 정권에 한국 독립운동의 원조를 교섭하려는 것이었다. 그러나 이동휘와 국무원비서장 김립은 국무회의의 의결을 무시하고 심복인 한형권에게만 국서를 휴대시켜 1920년 1월 말경 상해로부터 출발시켰다.[19] 그는 북경 장가구

입수되지 않고 운반 도중 1919년 9월 10일 김철훈 · 오하묵 등 이르쿠츠크집단에게 동자금을 강탈당하고 박진순 등은 동년 11월 빈손으로 상해에 도착하였다. 이떼 이동휘 당은 코민테른의 신임을 쟁취하는 데는 상해임시정부의 유용성을 강조하고 이 정부를 코민테른의 지도 하에 직결시키겠다는 서약이 필요하다는 것이다. 그리하여 박진순을 재차 모스크바에 파견하기로 한 것이다(金俊燁 · 金昌順, 1967 앞의 책, pp.196~197).

18) ≪安島山日記≫ 1920년 1월 21일자에 "……(중략)……李國務總理가 내방하야 俄國 레닌 정부에 派人할 事를 速히 결정하자 함에 同意를 표하다.……(하략)……", 1월 22일자에 "國務會議에 出席하여……(중략)……快議事項은 俄國에 外交員 密送할 事(결정인원은 여운형 · 안공근)……(하략)……"라 하여 한형권의 이름은 보이지 않는다(愛國同志援護會, 1956 ≪韓國獨立運動史≫, p.367). 그런데 한형권의 수기에는 "……(중략)……共産黨員으로 革命爆發時 宣傳責任을 지고 일본에 갔다가 축출되어 상해 法租界에서 뽀다뽀브 장군과 러시아 혁명 성공에 관함과 한국독립운동 前途에 대한 소견을 서로 교환해 본 결과 氣味相合하여 뽀다뽀브 장군에게 한국임시정부는 勞農러시아와 연락하여 유기적 관계를 맺어야 한다는 구체적 조건을 들어, 우리 임시정부에 長書를 제출하여 달라하여 그가 응락하고 곧 韓俄連絡의 필요조건을 열거하여 成文한 후 韓이 번역하여 국무총리 이동휘에게 전달한 바 그 翌日 정부회의에서 그 제의에 대하여 토의가 있은 결과 全數로 가결되어 마침내 密使 3인을 모스크바로 파견하게 되었는데 피선자는 한형권 · 여운형 · 안공근 3인이었다"라고 되어 있다(韓馨權, 1948 <臨時政府의 對俄外交와 國民代表會議의 顚末> ≪카톨릭靑年≫ 59, pp.68~73). 또한 김준엽은 여운형 조서를 인용하여 "1919년 10월 안창호 · 여운형 · 이동휘 · 이동녕 · 이시영 · 신규식 등 요인이 회합하여 임정의 사절단을 모스크바에 파견하기로 회의하고……(중략)……익년 1월에 3인이 같이 떠나기로 되어 있었으나, 한형권은 어느새 단독으로 떠나가 버렸다"라고 한 것은 착오이거나 아니면 인선에 앞서 파견 원칙만 10월에 정한 것일 것이다 라고 하고 있다(金俊燁 · 金昌順, 1967 앞의 책, p.197).
19) 김준엽의 책에는 1919년 12월 초에 상해를 떠났을 것이라 하였으며(金俊燁 · 金昌順, 1967 앞의 책, p.197), 韓馨權은 "……(중략)……때는 3 · 1운동 익년 1월 초순이었다"라

(張家口) 외몽고(外蒙古)의 수도 고윤(庫倫)을 경유, 4월 중순 경 아령(俄領) 뜨로이츠꼬삽스코에 도착하였다. 그날부터 국빈의 대우를 받아 특별차와 적위군(赤衛軍)의 호위를 받으며 이르쿠츠크를 거쳐 모스크바에 도착한 것이 5월말이었다.[20] 그는 노농정부(勞農政府)의 외무인민위원회(外務人民委員會) 아주 외교 담당 차석 까라한과 교섭을 전개하면서 레닌 수상, 외무인민위원장 치체린과도 동서정세에 관한 의견을 교환하였다. 그리고 한국혁명의 현상과 전도(前途) 일본의 실정 및 중국의 현황을 문서로 보고한 후 정식으로 아래와 같은 요구조건을 제출하였다.[21]

1. 귀 러시아 勞農政府는 대한민국임시정부를 승인할 것.

고 쓰고 있다(韓馨權, 1948 앞의 글, pp.68~73). ≪安島山日記≫ 1920년 1월 26일자 "……(중략)……국무원에 출석하야 俄國派員에게 信任狀을 줄 것과 俄國政府에 公函할 것과……(중략)……의정하고"라고 쓰고 있으며, 1월 31일자에는 "李總理 來訪日 俄國에 密派員 한형권을 파송하노라하고 여운형군은 파송치 않겠노라 함으로 余答日 국무원에서 即決事項을 단독히 정지시킴이 不可하니 다시 국무원에 제의함이 可하다"라 한 것으로 보아 한형권이 상해를 떠난 것은 이때가 될 것이다. 그리고 한형권만이 출발한데 대해서 그는 그의 수기에서 "안공근이 해삼위에 있었으므로 별문제고 여운형이 러시아로 갈만한 노선이 없으니 東西間에 어느편으로든지 개통될 시기를 기달려 출발하는 수밖에 없다고 고집하였고 자기는 '국제교섭도 적절한 시기를 違失하면 성공할 수 없으니 아무리 險路라 할지라도 冒險이라도 하여야겠다고' 역설하여 의견이 불일치하여 할 수 없이 자기만 떠났다"고 쓰고 있다. 그러나 그런 이유에서만은 아닌 것 같다. 즉 국무회의에서 밀파원을 정하기 전에 1월 15일에 島山과 安定根은 '安恭根을 파견하기로' 합의한 점(≪安島山日記≫ 1920년 1월 15일자)으로 보아 안공근은 이동휘 측근은 아니고 여운형에 대해서도 이동휘가 "俄國에 파견원으로 선정한 呂運亨君을 보내면 俄領韓人의 人心을 수합하기 곤란한 즉 정지하자"(≪安島山日記≫ 1920년 1월 28일자)고 재차 주장하고 있으며 결국 1월 31일에는 "여운형군은 절대로 파송치 않겠노라"(≪安島山日記≫ 1920년 1월 31일자)고 강경한 태도를 보이고 있는 것으로 보아 이는 이동휘가 계획적으로 한형권만을 파송한 것으로 보인다.
20) 韓馨權, 1948 앞의 글, p.69.
21) 韓馨權, 1948 앞의 글, pp.69~70 ; 金弘壹, 1965 <自由市事變前後> ≪思想界≫ 2월 호, p.220에는 부분적으로 일치되는 4개 항목이 보이는데, 이를 '독립운동 지원에 관한 협정'이라 하여 1920년 7월에 체결된 것으로 쓰고 있다.

1. 貴國과 한국은 제국침략주의자 일본을 타도하는데 동일전선을 협진하여 있는 고로 귀정부는 貴赤衛軍이 가지는 무장 기타 군수품 일체로써 한국독립군에게 공급하여 줄 것.
1. 蔽革命 정부에는 전문가가 아직 결여한 현상임으로 西比利亞의 緊適한 지대에 사관 양성소를 개설할 터이니 此에 대한 일체 경비를 擔責하여 줄 것.
1. 蔽革命 정부에는 운동비가 충족치 못하므로 상당한 계획을 실행치 못하는 우려가 있으니 귀정부는 계속적으로 借款을 승낙하되 제1기 금액 이백만 루블을 지출하여 줄 것.

이상의 요구에 대하여 노농정부는 약 1개월 후에 이를 전폭적으로 응락하였다.[22] 이렇게 하여 한형권은 레닌정부와 교섭하여 한소비밀협약(韓蘇秘密協約)을 체결하였는데, 그 내용은 다음과 같다.[23]

① 조선정부는 공산주의를 채용하고 그 목적을 수행하기 위한 선전사업에 종사할 것.
② 노농정부는 동양에 공고한 평화를 수립하기 위하여 한인 독립활동을 원조할 것임.
③ 시베리아에서의 조선군대의 훈련집결을 허용하고, 이에 필요한 군수품은 노농정부에서 제공할 것임.
④ 시베리아의 조선군대는 노농정부에서 지정한 露國士官 지휘아래에 두고 시베리아의 일본 출병군에 대항하는 장차의 행동에 관해서는 노농정부와 공동동작을 취할 것임.
⑤ 이상의 사무를 관리하기 위하여 露·鮮兩國聯合局을 설치하고 이 국의 위원은 양국정부에서 임명할 것.

---

22) 韓馨權, 1948 앞의 글, p.70 ; 金俊燁·金昌順, 1967 앞의 책, p.208에는 "韓이 박진순 등과 교섭한 것이 사실이다"라고 쓰고 있다.
23) 金俊燁·金昌順, 1967 앞의 책, p.295.

⑥ 조선정부에 의하여 領收되는 軍事補給과 기타 원조는 장차의 적당한 시기에
   보상될 것임.

　　이상의 협약은 임시정부가 최초로 외국과 맺은 조약이 된다. 이후 한은 차
관 2백만 루블의 휴대 수속에 대하여 까라한과 협의한 결과 오던 길로 다수
금액을 가지고 가기에는 너무나 모험적이니 우선 약 20뿌드 금전을 가지고
시험해 보는 것이 가(可)하다고 하였다. 당시 노농(勞農) 러시아 국고에 있는
것은 순 금전(金錢) 뿐이었다. 이와 같은 20뿌드 중량으로 된 것이 약 40만
루블이었다. 한형권은 1920년 10월 경[24] 이 돈을 특별열차에 싣고 호위병
4명을 데리고 모스크바를 떠났다.[25] 도중에 옴스크시에 수일 체류 후 완충정
부(緩衝政府) 소재지인 웰호우진스크에 도착하는 즉시 상해로부터 온 국무원
비서 김립을 만났다. 김립은 임시정부에는 내홍이 생겨 현상유지도 불능이며,
한형권이 떠난 후 연락이 없어 궁금하여 모스크바로 갈 예정으로 이곳에 도착
하였다고 하였다.[26] 한형권은 무슨 방법으로든지 임시정부의 원상을 회복하
는 것이 급선무이니 그의 정부에 대한 보고서와 40만 루블을 가지고 상해로
가서 원상회복의 공작에 주력하여, 우리의 뜻대로 그것을 완성하면서 그가
다시 모스크바에 가서 160만 루블 잔액을 휴대하고 상해로 돌아갈 시기를
고대하여 달라고 부탁하였다. 그리하여 김립은 상해로, 한형권은 모스크바로
향하였다.[27] 김립은 그 돈을 가지고 외몽고를 거쳐 12월 상해에 당도하였
다.[28]

---

24) 金俊燁·金昌順, 1967 앞의 책, p.208.
25) 韓馨權, 1948 앞의 글, p.70.
26) 韓馨權, 1948 앞의 글, p.70.
27) 韓馨權, 1948 앞의 글, pp.70~71.
28) 金弘壹, 1965 앞의 글, p.220.

한형권이 모스크바로 향할 무렵 국내외에서 공산당그룹이 형성되어 코민테른을 향하여 임시정부에 관한 악평과 소위 모스크바 주재 한국대사 한형권은 군국주의자라고 악선전하였다. 그리하여 코민테른의 야욕은 이런 사태를 이용하여 조선혁명지도권 획득에 급급하였다. 그러나 노농정부의 간부는 이를 반대하였다. 즉 한인에게는 공산당이란 것이 시기상조이며 오직 민족해방운동이 귀중하다는 것이었다.29)

그러나 코민테른의 반대적 간섭이 빈번하므로 인하여 레닌 정부는 200만 루블 중 160만 루블 문제까지도 보류하게 되었다. 이에 한형권은 이미 타협된 차관에 대하여 어찌 식언하느냐고 항의하였다. 치체린은 한형권에게 상해에 가서 임시정부 내부를 정리하여 원상태로 회복한 후 다시 모스크바에 와서 일체를 해결하고자 하였다. 한형권은 결렬된 내부를 정리할 운동비 20만 루블을 가지고 구주(歐洲)를 경유하여 상해로 돌아왔다.30)

따라서 임시정부가 실제로 차관한 금액은 60만 루블이 되는 셈이다. 그러나 그 돈은 한푼도 임시정부를 위해 사용되지 않았을 뿐만 아니라 오히려 임시정부를 약화시키는 자금으로 사용된 데에 문제가 있다.

한형권은 상해 도착 즉시 김립을 만났다. 그에 의하면 자기는 상해에 돌아와서 탈퇴한 요인들을 데려오기 위해 임시정부에 잔류한 이들과 직·간접으로 노력하였지만 반년이 되도록 효과가 없어 낙망하였다. 그러므로 그 돈을 둘 수 없어 공산당을 조직하고 그 운동을 암암리에 전개하고 있는 중 이라고 하였다. 한형권은 그 돈을 어찌하여 정부에 맡기고 정리 운동을 못하였느냐며 그 돈은 공산당을 위한 돈이 아니고 한국 독립운동에 쓰기 위해 외국에서

---

29) 韓馨權, 1948 앞의 글, p.71.
30) 韓馨權, 1948 앞의 글, p.71.

차관한 것인데 그와 같이 역행하였는가고 따지면서 남은 돈을 내놓으라고 추
궁하였다. 김립은 조선과 일본에 대한 공산당 운동비로 쓴 것을 제외하고 남
은 금액이 15만 루블이라 하여, 한형권은 이를 곧 내놓으라고 했으나 간부회
의에 제출하여 결정한다 운운하여 그와는 손을 뗐다는 것이다.[31]

　그 후 한형권은 임시정부에 남아있는 여러 사람을 방문하고 회합된 자리에
서 전후 경과를 보고하였다. 그리고 한형권이 가져온 20만 루블은 국민대표
회의의 경비로 충당되었다. 어쨌든 이 차관의 상당액이 공산주의자들에게 의
하여 소비되었음은 부인할 수 없을 것이다.[32] 그런데 여기서 문제되는 것은
이 자금이 임시정부에 가는 것이냐 또는 고려공산당에 가는 것이냐는 것이다.
그러나 이는 전술한 바와 같이 임시정부 대표로 파견된 한형권에게 차관된
것이라던가 또한 공산주의 이론[33]으로 보더라도 당연히 임시정부 책임 하에
사용 되었어야 할 것이었다. 때문에 이동휘는 임시정부로부터 동 자금에 관한
회계를 요청 받았으나 그는 그의 동료를 옹호하였다. 그리하여 고려공산당은
1921년 봄에 분열되고 말았다.[34] 그리하여 이동휘는 1921년 1월 5일부터
개최된 국무회의가 결렬됨을 기회로 1921년 1월 24일 "자기의 쇄신의안을
정무회의에 제출하였는데 일언의 심의도 없이 유멸(揉滅)한 바 본인의 실력
으로서는 이 난관을 도저히 극복할 수 없다"는 국무총리 사직 이유를 선포하

---

31) 韓馨權, 1948 앞의 글, p.72 ; 金 九, 1954 ≪白凡逸志≫ 高麗先鋒社, p.283.
32) 모스크바로부터 받아온 40萬圓 중 국내로 들여온 4萬 8千圓은 주로 잡지 ≪新生活≫・
　　≪共濟≫ 등을 간행하는데 사용되었다고 한다(申奎浩, 1976 <對臨政 레닌 資金事件의
　　顚末> ≪月刊中央≫ 8월호, pp.182~195. 그리고 總督府 法務局 자료에 의하면 8萬圓
　　은 朝鮮에, 2萬圓은 日本에, 1萬圓은 中國共產黨員 등에 썼다고 기록되어 있다(總督府
　　法務局, 1931 ≪朝鮮獨立思想運動の變遷≫, p.44).
33) 改造社, 1939 <Leninism 民族問題> ≪社會科學大辭典≫, p.205 ; 李錫台, 1948 ≪社
　　會科學大辭典≫ 文友堂書館, p.179.
34) 로버트 A. 스칼라피노・李庭植, 1961 ≪韓國共產主義運動의 起源≫, p.19.

고 임시정부를 떠나고 말았다.[35]

한편 임시정부에서는 레닌이 약속한 200만 루블 중 나머지 140만 루블을 얻어오고자 뒤늦게 이희경·안공근·김규식을 모스크바에 파견하였으나 공산도배의 농간으로 뜻을 이루지 못한 채 5개월간이나 고생하다가 되돌아왔다.[36]

대소외교에서 또 하나 특기할 일은 1922년 1월 21일부터 2월2일까지 모스크바와 레닌그라드(당시 페트로그라드)에서 개최된 극동인민대표대회(極東人民代表大會)의 참가였다. 이 대회는 극동아시아에서의 공산주의 혁명을 수행하기 위한 과제를 토의하는 대회였는데 한국·중국·일본·몽고·쟈바·러시아 등의 지역에서 144명의 대표가 참가하였다. 한국은 23개 단체에서 선발된 52명이 참가하였는데 이중 중요 인물은 이동휘·박진순·나용균·김시현·장건상·박헌영·임원근·김태연·김원경·권애라 등이었다.

144명의 참가자 중 52명이 한국대표였다는 것은 이 대회가 얼마만큼 한국문제에 대하여 큰 관심을 가졌던가를 잘 알 수 있다.[37] 그러나 이 대회에서

---

35) 在上海日本總領事館 警察部 第二課, 1946 ≪朝鮮民族運動年鑑≫ 東文社書店, p.126.
36) 國史編纂委員會, 1967 ≪韓國獨立運動史≫ 3, p.57.
37) 김규식은 "우리가 미국에 대한 기대를 크게 가졌으나(태평양회의) 이제 실망한 나머지 이곳에나 희망을 걸어 보려고 하는 뜻에서 참가하였다"고 한 바와 같이 미국에 대한 실망이 많은 사람으로 하여금 극동인민대표대회에 참가케 된 이유이다. 이때 참가한 자를 단체별로 분류하면 다음과 같다.

愛國婦人會	金元慶·權愛羅
朝鮮公産靑年會	崔昌植·金柱·朴元根·金丹冶·朴憲永·趙勳·元世勳·高漢·鄭海利
學生代表	鄭光好
이르크츠크	金萬謙·安秉瓚·金哲勳·張建相·呂運亨·羅容均·趙東祜·朴熙權·金相德
기타	金奎植(위원장)·金始顯·閔宗榮

채택된 한국문제의 결의안은 다음과 같다.

① 한국에는 공업발전이 미약하여 계급의식이 형성되어 있지 않아 계급운동은 시기가 빠르다.
② 한국의 대다수 주민이 저수준의 농민이니 이들이 공명하는 민족독립운동을 전개하고 계급운동자는 이 운동을 지도하여야 한다.
③ 상해 임시정부는 명칭만 과대하고 실력이 이에 동반하지 못하여 지금까지 유감이 허다하므로 개혁할 필요가 있다.

위의 결의안에서 볼 수 있듯이 독립문제에 대하여는 별다른 언급이 없었고 공산세력 확장에 대해서만 결의하고 있다.[38]

맺음말

이상 살펴본 바와 같이 처음부터 대한민국임시정부의 대소외교는 대중국·대미 등 구미열강과의 외교가 지지부진한 가운데 레닌집권 이후 우리 임시정부 외교가를 고무시키기에 충분한 것이었다. 더욱이 레닌 정부가 60만 루블을 독립운동자금으로 지원하는 등 실질적으로 지원을 하였으나, 이동휘 일파의 자금 스캔들로 인하여 임시정부는 사실상 혜택을 받지 못하였다. 그러나 한소관계는 공산혁명을 전제로 한 특수한 접촉이었으며 그 중간에 공산주의자들이 개재되어 물의를 자아냈다. 따라서 이러한 점은 공산주의단체의 분열뿐만 아니라 더 나아가서는 임시정부의 운영도 크게 위태롭게 하였다. 소련은 1922년 공산당의 재건과 1924년 국민대표자대회를 통한 공산세력 만회에 어느 정도 힘을 기울였으나 끝내 실패하고 말았다. 따라서 이후의 대소외교관

---

38) 朝鮮精版社, 1946 ≪呂運亨訊問調書及判決書≫, pp.24~26.

계는 거의 단절되고 말았던 것이다.

「부 : 에스토니아(Estonia)와의 외교」

제일 먼저 한국임시정부를 승인한 나라는 곧 에스토니아(Estonia)다. 1919년 에스토니아 국회는 한국임시정부를 승인하라는 의안을 통과시켰다.[39]

에스토니아란 최근 언론에 많이 보도된 바 리투아니아, 라트비아와 함께 소련의 소위 발트 3국을 이루는 공화국 중 하나였다. 이 발트 3국이 1991년 9월 소련으로부터 독립을 선언, 승인되어 독립국이 되었다.[40]

에스토니아는 에스토니아인으로 구성되어 있으며 30년 전쟁을 계기로 100년 간 스웨덴의 지배 하에 있다가 북방전쟁의 결과 1721년 러시아가 지배하게 되었다(니스타트의 화약). 그후 1917년 10월 혁명이 일어나자 에스토니아공화국으로 독립하였다.

1934년에는 발트 3국 군사동맹을 결성하는 등 반소 친독의 파시스트 체제를 폈으나 1940년 7월 14일 3국은 일제히 소련 모델에 따른 새로운 선거를 치러 새 의회를 구성하였다. 이 의회들은 7월 21일 소련에의 편입을 청원하기로 의결했고, 소련의 최고 소비에트는 8월 8일 에스토니아(8월 1일 리투아니아, 8월 5일에 라트비아)를 소련에 편입시켰다.[41]

그런데 과연 1919년 에스토니아가 임정을 승인하였는지에 의문을 제기하는 자료도 있다. 이는 임정의 기관지인 ≪독립신문≫의 보도내용이다.

11월 13일 발 동부 호외를 인용 "에스토니아 공화국 노동당 대표 마트나씨는

---

39) 大韓民國臨時政府宣傳部, 1946 ≪大韓民國臨時政府에 關한 參考文件≫ 1, p.22.

40) 우리나라도 1991년 9월 7일 이를 승인하고 10월 17일 修交에 합의, 대사관(주핀랜드대사 겸직)을 설치한 바 있다.

41) 金學俊, 1989 ≪蘇聯外交論序說≫ 서울大出版部, p.254. 이는 獨·蘇不可侵條約에 추가된 秘密議定書(① 발트諸國(핀랜드·에스토니아·라트비아·리투아니아)에 屬하는 지역의 領土的·政治的再調整을 할때는 리투아니아의 北部 境界를 獨·蘇의 勢力範圍의 境界로 한다)에 의한 것이라 한다(申基碩, 1958 ≪增訂 近代外交史≫ 一潮閣, pp.273~274).

대한민국의 독립을 정식으로 승인하기를 요구하는 결의안을 그 나라 국회에 제출하다"[42]라고 쓰고 있는 바, 어느 해 11월 13일인지 알 수가 없다. 다만 언론의 속성 즉 시사성으로 본다면 11월 13일은 1920년 11월 13일일 가능성이 크지 않은가 하는 생각이다. 이 날짜를 포함해서 임정의 승인 여부는 이제 정식 수교된 에스토니아공화국에 조회하면 가능하리라 생각된다.

42) ≪獨立新聞≫ 제89호(1921년 1월 1일).

Ⅱ. 대한민국 임시정부의 군사정책

머리말

대한민국임시정부가 거족적인 3·1운동의 한 결정체임은 주지의 사실이다. 따라서 임시정부는 독립운동의 중심에 있었고, 그 기능이 국민의 기대에 만족스럽게 부응했느냐 와는 관계없이 국민의 마음속에 항상 살아있는 정부였다고 할 수 있다. 물론 독립운동의 방략은 여러 가지가 있을 수 있다. 외교, 독립전쟁, 의열투쟁, 자치 등 수 많은 방법이 있을 것이다.

흔히 임시정부의 독립운동방략은 외교일변도인 것과 같이 오해되는 경우가 있는 듯하다. 당시 우리 민족지도자들은 독립을 쟁취할 수 있는 방법으로 군사력을 배양하여 독립전쟁을 하는 방법과 외교에 주력하여 국제적 여론으로 독립을 쟁취하는 방법을 생각하고 있었다. 그러나 초기 임시정부의 정책은 외교론 쪽으로 기울어졌던 것이 사실이지만 결코 독립전쟁을 포기하였다고 볼 수는 없다. 따라서 임시정부의 독립운동 방략은 일면 군사, 일면 외교로 일관해 왔다고 해야 할 것이다. 지금까지 임시정부의 군사정책에 관한 연구[1] 는 광복군에만 치우친 감이 없지 않다. 본고에서는 임시정부가 1919년 수립 되면서부터 광복군이 창설되기까지의 군사정책에 대한 것을 정리해 보고자 한다.

1. 법령의 정비와 국민개병제의 채택

대한민국 임시정부의 군사에 관한 최초의 기록은 1919년 4월11일에 공포 된 '대한민국임시헌장' 제6조에 "대한민국의 인민은 교육 납세 급 병역의 의 무가 유함 "이 아닌가한다. 그리고 4월 25일(1919) 공포된 '대한민국임시정 부장정'[2]에서는 국무회의에서 응의할 사항으로 군대 편제와 선정권 강화를

---

1) 임시정부의 군사 활동에 관한 연구로는 다음과 같은 것이 있다.

朴成壽, 1967 ＜韓國光復軍에 對하여＞ ≪白山學報≫ 3.

秋憲樹, 1975 ＜中·日戰爭과 臨政의 軍事活動＞ ≪亞細亞學報≫ 11.

李鍾學, 1975 ＜大韓民國臨時政府 軍事制度에 關한 研究＞ ≪亞細亞學報≫ 11.

李鉉淙, 1975 ＜光復軍聯絡隊의 印度派遣과 活動狀況＞ ≪亞細亞學報≫ 11.

李鍾學, 1981 ＜大韓民國臨時政府의 軍事活動＞ ≪韓國史論≫ 10.

李延馥, 1982 ＜光復軍의 參戰＞ ≪한미수교 100년사≫ 국제역사학회의 한국위원회.

盧景彩, 1988 ＜광복군의 창설과 활동＞ ≪한민족독립운동사≫ 3.

愼鏞廈, 1988 ≪광복군의 창립과 활동≫ 독립유공자협회.

金昌洙, 1988 ≪한국 광복군의 조직과 그 활동≫ 독립기념관 개관 1주년 기념 심포지움.

李炫熙, 1989 ＜광복군의 항전＞ ≪광복 제44주년기념학술회의 논문집≫ 광복회.

申載洪, 1989 ＜독립군과 광복군＞ ≪제6호 삼균학회 학술연구발표회 논문집≫ 삼균학회.

趙恒來, 1997 ＜중경시대의 대한민국임시정부와 한국광복군＞ ≪대한민국임시정부의 법통 과 역사적 재조명≫ 국가보훈처.

李炫熙, 1997 ＜대한민국임시정부의 군사적 광복운동＞ ≪대한민국임시정부의 법통과 역 사적 재조명≫ 국가보훈처.

2) 延世大學校 現代韓國學研究所, 1988 ≪雩南李承晩文書≫ 東文篇 6, pp.143～173 ; 韓詩 俊 編, 1999 ≪大韓民國臨時政府法令集≫ 國家報勳處, pp.88～89.

들었으며, 군무부에는 총장 1인, 차장 1인, 국장 4인, 참사, 서기 인을 두고(57조) 군무부에는 비서·군사·군수·군법·해군의 5국을 치하고(63조), 비서국에서는 군령급 기밀의 차견(差遣), 군사회의 군사첩보, 부내수위, 풍기, 헌병대, 군악 등에 관한 사무를(64조), 군사국, 군수국, 군법국, 해군국의 사무는 다음과 같다.

군사국

1. 육해군 군무관의 임면 보충에 관한 사무
2. 각 종 표책 즉 고적표 병적 전시 명부 등의 조제 편존에 관한 사무
3. 은급 서훈 포장 상공 급가, 결혼 등에 관한 사무
4. 폐병 원병 휼병에 관한 사무
5. 육군 건제급 평시 전시편제 계엄 연습 검열에 관한 사무
6. 육해군 유학생 급 학교와 각과병 징발 등에 관한 사무
7. 군기금 군의에 관한 일체 사무(65조)

군수국

1. 피복 양식 물품 관유재산의 관리 급 건축에 관한 사무
2. 폐물 처분에 관한 사무
3. 예산 결산에 관한 사무
4. 군수관 교육 양성에 관한 사무(66조)

군법국

1. 육해군 군사 사법 급 징벌에 관한 사무
2. 육해군 감옥에 관한 사무
3. 군사심판 급 감옥 직원의 인사 급 보충사무
4. 특사 등 죄인 인도에 관한 사무
5. 군법회의의 사무(67조)

해군국

1. 군정에 관한 사무

2. 함무에 관한 사무

3. 해군에 관한 사무(68조)를 장리하게 되어 있었다.

그러나 이때까지의 임정 독립운동 노선은 외교론과 준비론에 치우쳐 있었
다. 따라서 임정의 주요활동부분은 파리 강화회의 등 외교활동에 할애되고
있었다고 할 수 있다. 7월 8일(1919) 내무총장 안창호의 시정 연설에서 "가급
적 군사 활동에 대한 노력을 경주 할 것"3)이라는 언급이 있었지만 독립운동
노선에서 군사 활동이 차지하는 비중은 보잘 것이 없었다. 이는 당시 임정의
내부사정을 말해주는 일면이기도 하다.

그러나 이러한 상황은 오래 지속될 수 없었다. 1919년 9월 한성정부, 노령
정부, 상해정부가 하나의 정부로 통일됨에 따라 헌법이 개정되고 정부기구도
개편되지 않으면 안되었다. 개정된 헌법(1919년 9월 11일 공포)에서도 앞에
서 서술한 헌장에서와 마찬가지로 "병역에 복하는 의무(제10조 2항)"와 대통
령의 직권으로 "육해군을 통솔함(제15조2항)" 그리고 행정 사무는 군무부를
두고 그 직무를 관장(제38조)하게 되어 있었다.

이 무렵(1919. 9. 17경)에 만들어진 것으로 보이는 '대한민국임시정부 시정
방침' 중 군사관계를 보면 다음과 같다.4)

軍事

第五項 開戰 準備

獨立運動의 最後手段인 戰爭을 大大的으로 開始하여 規律的으로 進行하고 最

---

3) 國史編纂委員會, 1971 ≪韓國獨立運動史≫ 資料 2, 臨政篇Ⅱ, p.400.

4) 이 시정방침은 1920. 5. 7 일본의 재상해총영사가 외무대신에게 보고한 것인데 '임시지방교
통사무국장정' 등과 함께 보고된 것으로 보아, 1919년 9월에 발표된 것 같다. 또 그 주기에
'본건의 결정은 다른 기록에 의하면 1919년 9월 17일 것으로 추측된다'고 하였다(國會圖書
館, 1976 ≪韓國民族運動史料≫ 中國篇, pp.109~110).

後의 勝利를 얻기까지 持久하기 위해 다음과 같이 準備方法을 實行한다.

一. 軍事 適材 召集

軍事上 修養과 經驗있는 人物을 調査 召集하여 軍事會議를 열고 作戰計劃을 籌備하며 아울러 各種 軍事職務를 分擔 服務케 한다.

二. 國外 義勇兵 募集 訓令

俄領 中領 各地에 十萬 以上의 義勇兵 志願者를 募集하여 다음과 같이 結束 訓練을 한다.

(가) 隊伍 編成

應募한 兵士로 隊伍를 編成하고 將官이 領督 指揮한다.

(나) 兵士의 職務와 夜學

應募한 兵士로 히여금 各其의 職業을 平時 보다 한층 勉勵케 하고 各地에 夜學을 開設하여 一般 兵士로 하여금 義務로 就學케 한다.

(다) 軍人의 學識

各地 夜學校에서는 軍人의 常識과 軍人의 精神을 啓發하여 軍人의 秩序와 紀律 練習 등에 관하여 敎授하고 可能한 地點에는 兵式體操를 實施한다.

三. 司法部 分置

中俄領 各 區域에 司法部를 分置하여 應募한 兵士를 統率 指揮하며 軍事敎育을 監督케 한다.

四. 軍事私團 調査

이미 人民의 自意로 成立한 軍事的 機關을 調査하여 軍務部에 隸屬케 한다.

五. 國內義勇兵

國內 各地의 志願義勇兵을 應募하여 隊伍를 編成하고 各地方 要塞에 潛伏케 한다.

六. 士官學校 設立

中俄領과 政府 所在地에 可能한 方便을 取하여 士官學校를 設立하여 士官을 養成한다.

七. 飛行機隊 編成

美國에 伎倆 優秀한 靑年을 選拔 派遣하여 飛行機 製造와 飛行戰術을 學
習케 한다.

八. 炸彈隊 編成

內外에 冒險靑年을 選拔하여 炸彈隊를 編成하여 炸彈 製造와 炸彈 使用術
을 學習케 한다.

九. 外國 士官學校 遊學

中國과 歐美 各國에 交涉하여 武官學生을 派遣한다.

十. 戰時緊用技術 學習

聰明한 靑年을 選拔하여 砲槍術 火車機關手 等 其他 戰時에 緊用한 技術
을 學習케 한다.

十一. 軍物輸入 交涉

美國 露國 其他 外國에 交涉하여 軍物輸入을 準備한다.

十二. 準備糧食

國內와 中領의 必要한 地點에 貿易商의 名義로 糧食을 準備하여 戰時에
使用한다.

十三. 軍事宣傳員 派遣

軍事宣傳隊를 特設하여 宣傳方法을 講究하며 各地에 宣傳員을 派遣하여
戰鬪的 精神을 鼓吹하여 部分的으로 無統一 無組織의 妄動을 發生치 않게
한다.

十四. 軍法 軍規의 制定

軍法과 法規를 制定하여 軍隊의 秩序와 紀律을 嚴하게 한다.

이 개정된 헌법에 따라 법률 제2호5)로 개정 공포된(1919년 11월 5일)것이
"대한민국 임시관제"다. 이 관제는 바로 전술한 '대한민국 임시정부장정'을
개정한 것으로 여기에서는 임시 대통령 직할기관으로 대본영 참모부 군사참

---

5) 國史編纂委員會, 1971 앞의 책, pp.34～42 ; 韓詩俊, 1999 앞의 책, pp.102～112.

의회의 설치를 규정하고 있으며, 군무부의 조직과 직무를 8개조 29개항(장정에서는 12개조 19개항)에 걸쳐 명문화 하고 있다. 대본영은 대통령을 원수로한 최고 통솔부로서 국무총리와 참모총장은 막료의 주간이 되어 유악(帷幄)의 기밀을 운주(運籌)하고 작전계획을 수립하여 실행하는 곳이었다. 참모부는 국방급 용병에 관한 계획을 관장하고 총장, 차장, 참모로 조직되었으며 군사참의회는 중요 군사사무에 관한 대통령의 자순기관으로 대통령이 선임한 의장, 부의장, 참의원으로 조직하도록 되어있었다.

그리고 군무부에는 군무총장 밑에 비서, 육군, 군사, 군수, 군법, 해군의 6개국(장정에서는 육군국이 빠진 5개국)으로 되어 있고 그 규정이 "장정"의 것과 대동소이 하나 "관제"에서는 육군국, 해군국에 육군비행대에 관한 사항, 해군비행대에 관한 사항을 규정하고 있는 점이 다른 점이다.

임정은 또 군무총장 노백린 명의의 군무부령 제1호로 "임시군사주비단제"(1919.12.18)를 발표하였다.[6] 이에 의하면 '군사주비단은 내외 각 단체와 기타 지원자를 군기적 조직하여 대동 통일하야 써 국방계획과 내외 향응을 주비케 하고(제1조), 군사주비단은 분단(10인으로 편성), 소단(분단장 10인으로 편성), 연단(소단장 10인으로 편성)으로 하며(제2조), '각 도 급 외국거류 중요지에 설치하고'(제 8조), '본부 직원은 사령장 1인, 부사령장 1인, 참모장 1인, 참모원 4인, 전령장 1인, 전령원 4인, 경리원 2인, 서기 1인을 두며'(제 10조), '지방에 지부를 설치하고'(제 14호), 주비단의 처리할 사무는 ① 단원모집과 제1조 주의 선전에 관한 사항 ② 군수품 징발 조사에 관한 사항 ③ 적군의 중요 주둔지 또는 중요 군용 건물 소재지의 형상급 수비 등 조사에 관한

---

6) 延世大學校 現代韓國學硏究所, 1998 ≪雩南李承晩文書≫ 東文篇 7, pp.400~411 ; 韓詩俊 編, 1999 앞의 책, pp.173~177.

사항 ④ 특정 모험에 관한 사항 ⑤ 독립운동 계속에 관한 사항 ⑥ 독립운동 방해자 조사처치에 관한 사항 ⑦ 일반 국민에게 자립적 독립 사항을 보급할 방법에 관한 사항 ⑧ 정부에서 발하는 법령 기타 공문 또는 지방통신 전달에 관한 사항 ⑨ 군사상 지식 경험이 있는 자의 군사집중에 관한 사항 등이 있다. 그리고 경비는 부 또는 단오(團伍) 소재지 유지자의 연금으로 지판하게(제 30조) 되어 있었다.

같은 날 "대한민국육군임시군제"(전문 55조 부칙 2조)[7]가 발표된 바 군대의 대오는 분대·소대(3개분대)·중대(3개 소대)·대대(4개 중대)·연대(3개 대대)·여단(2개 연대)·군단(2~5개 여단)으로 편제되어(제1·2조), 분대 17인, 소대 51인, 중대 155인, 대대 687인, 연대 2,239인, 여단 6,189인으로(제 3조) 구성토록 하였으며, 병역은 상비병과 국민병으로 구분, 상비병은 만 20~40세 이하의 남자로 징병령에 의해 징모된 자 및 18~50세 이하의 남녀로 지원한 자로 충원하였고, 국민병은 예비역을 마친 자로 하였다(제 4조). 병역기한은 현역은 만 1년, 예비역은 만 3년, 국민병역은 만 55세까지로 되어 있었다(제 5조).

지휘체제는 참모본부(참모회의, 비서국, 작전국, 탐전국, 측량국, 경리국 설치)(제 23조)와 총사령부(대본영의 직할하에 부하군대를 통솔하며 각 지방사령부를 통할(제 36조), 지방사령부(총사령부 관할 하에서 소관구역내의 단대를 지휘관리)(제 41조)로 되어 있었으며, 초급장교 양성을 위한 육군무관학교의 설치(제 45조)를 규정하고 있었다.

---

7) 國史編纂委員會, 1971 『韓國獨立運動史』 資料 2, 臨政篇 II, p.400.
　　國會圖書館, 1976 앞의 책, pp.132~139.
　　延世大學校 現代韓國學研究所, 1998 ≪雩南李承晩文書≫ 東文篇 7, pp.439~460.
　　韓詩俊 編, 1999 앞의 책, pp.178~189.

또 군인은 간부인 무관과 일반병인 병원으로 구분되어 있었으며 무관의 계급은 장관(정장, 부장, 참장), 영관(정령, 부령, 참령), 위관(정위, 부위, 참위), 하사(정사, 부사, 참사)(제 49조)로, 병원은 일등병, 이등병, 삼등병으로 구분되어 있었으며, 정장(군무총장, 참모총장, 군단장 등), 부장(군무총장 또는 차장, 참모총장 또는 차장 등), 참장(군무차장, 참모차장, 여단장, 무관학교장 등), 정령(여단장, 연대장, 군무부 국장 등), 부령(연대장 등), 참령(대대장 등), 정위(중대장 등), 부위(중대부로 소대장 등), 참위(중대부 소대장 등) 등으로 계급에 의한 보직 규정(제 53조)이 마련되어 있었다.

또 같은 날 병원확보를 위한 「대한민국육군 임시군구제」[8]가 공포되었다. 이 군구제의 목적은 독립군 편제를 위한 것으로 1. 서간도군구(할빈 이남 길림성 부근 봉천성 전역), 2. 북간도군구(연길부 일대), 3. 강동군구(노령 일대)로 획정하고(제 1조) 군구제 사무는 지역 사령관으로 겸임케 하였으며(제 2조) 만 20세 이상 50세 이하의 남자가 병역에 복종할 의무(제 3조)가 있었다. 또 임시육군무관학교조례(1919. 12. 18)[9]가 동일자로 발표된 바 중등이상의 학력을 가진 만 19세 이상 30세 이하의 남자를 입학시키는(제 1조) 임정의 사관학교였다. 수학기는 만 12개월(제 14조)이었으며 졸업 후 참위(제 23조)로 임명되었다.[10]

---

8) 國會圖書館, 1976 앞의 책, pp.139~146 ; 延世大學校 現代韓國學硏究所, 1998 ≪雩南李承晩文書≫ 東文篇 7, pp.465~470.

9) 延世大學校 現代韓國學硏究所, 1998 ≪雩南李承晩文書≫ 東文篇 7, pp.473~477.

10) 무관학교는 1919년말 개교 한 것 같다. 이 학교는 군무부 차장인 金羲善이 교장으로 都寅權이 학도대장으로 운영하였고, 훈련은 6개월 과정이었다. 1920년 5월 8일 첫 졸업생 19명, 동년 12월 24일에는 제2회 24명이 졸업하였다(韓詩俊, 1993 ≪韓國光復軍硏究≫, p.10)고 하고 있다. 수학기간이 "조례"에는 1년인데 실제로는 6개월에 졸업시킨 것인지 정확히 알 수 없다.

역시 같은 날 '육군사학학칙'(1919. 12. 18)[11]이 발표된바 '해외 재류하는 대한민국 청년의 지원자를 선발하며 육군 무관후보자의 자격을 양성하는 것이 그 목적(제 2조)이었으며, 교수과목은 군대내무서 야외요무령 육군예식 보병조전 사행교범 체조교범 지리, 지형학 축성학 병기학 전술학 군제학 전사술과 등이었으며(제3조), 입학 자격은 중등 이상 학력의 만 20세 이상의 남자로(제6조) 수료기간은 6개월로 되어있었다(제5조).

그리고 전술 법령외에도 군무령 제1호로 「군사경위근무조례」(1920. 2. 18)[12]를 공포하여 군사상 기밀을 경위하고, 「경무근무세칙」(1920. 4. 7)[13]을 발표하는 한편, 교령 제11호로 「군무부임시편집위원회규정」(1920. 10. 8)[14]을 만들어 군사교육에 필요한 교과용 도서를 편집하게 하였다.

이와 같이 법령을 정비하고 있었지만 재정의 곤란과 인적기반의 확보가 이루어지지 못했던 관계로 동포사회에 대한 실질적인 통치권이 발휘되지 못함으로써 한계를 느낄 수밖에 없었다.

뿐만 아니라 국무총리대리와 내무총장을 역임한 당시 노동국 총판 안창호는 1920년 1월 3·5일 신년축하회 연설 「우리 국민이 단정코 실행할 6대사」[15]에서 1. 군사 2. 외교 3. 교육 4. 사법 5. 재정 6. 통일이라 하여 첫째로 「독립전쟁」을 주장하고 「신년은 전쟁의 년」이라고 주장하였다. 이는 사실상 임정의 정책발표였다고 할 수 있다. 그리고 군무부는 포고 제1호(1920. 1. 24)를

---

11) 延世大學校 現代韓國學研究所, 1998 ≪雩南李承晩文書≫ 東文篇 7, pp.415~417.
12) ≪獨立新聞≫ 1920년 5월 18일 ; 延世大學校 現代韓國學研究所, 1998 ≪雩南李承晩文書≫ 東文篇 7, pp.424~425 ; 韓詩俊 編, 1999 ≪大韓民國臨時政府法令集≫, p.225.
13) 韓詩俊 編, 1999 ≪大韓民國臨時政府法令集≫, pp.245~246.
14) 延世大學校 現代韓國學研究所, 1998 ≪雩南李承晩文書≫ 東文篇 7, pp.510~511 ; 韓詩俊 編, 1999 ≪大韓民國臨時政府法令集≫, p.264.
15) ≪獨立新聞≫ 제35, 36호(1920년 1월 8일, 1월 10일).

발포하여 '너도 나와 대한민국의 군인이 되어 이천만 남녀는 1인까지 조직적·통일적으로 광복군 되기를 서심(誓心) 단행할 지어다'[16]라고 하여 국민개병제를 채택하였으며 기관지 독립신문 역시 1920년 2월 14일자 사설 「국민개병(國民皆兵)」에서 "임시정부는 내외각지에 18세 이상 남자의 군적등록을 명하야 지금 진행중이라……(중략)……헌법에 전 국민의 병역의 의무를 규정하였으나 아직은 강제징병을 실행치 아니하고 의무병제도를 취할 작정이며……(중략)……독립전쟁은 아등의 양심의 명명이며 천백세 조선의 명령이며 세계의 정의와 자유와 인도의 명명이며 억만대 기애로운 후손의 요구이며 사악을 죄하고 정선을 장하는 상천의 명명이라……(하략)……"하여 의용병으로서 대한 인이 군적에 입하라고 강조하고 있다. 군적은 갑·을종으로 구분되어 있었는데 갑종은 매일 1시간씩 을종은 매일 2시간 이상씩 군사훈련을 받도록 규정되어 있었다.

그리하여 3월 20일(1920) 군적에 등록한 100여명(갑종 40명, 을종 근100명)으로 제1기 국민군편성 및 개학식을 갖기도 하였다.[17] 여기에는 총리 이동휘, 법무총장 신규식, 노동총판 안창호, 비서장 김립, 내무차장 이규홍, 재무차장 윤현진 등 정부각료들이 포함되어 있었다.

육군무관학교는 1919년 말[18]에 개교한 이래 모두 43명(1회 19명, 1920년 5월 8일, 2회 24명 1920년 12월 24일 졸업)[19]의 졸업생을 배출하였다. 뿐만 아니라 대한적십자사에 부설한 간호원 양성소가 1920년 1월 31일 개교되었는데 이는 독립전쟁에 대비한 위생병으로서 간호원을 양성한 것이었다.[20]

---

16) ≪獨立新聞≫ 제46호(1920년 2월 14일).
17) ≪獨立新聞≫ 제57호(1920년 3월 23일).
18) 독립운동사편찬위원회, 1972 ≪독립운동사≫ 4권(임시정부사), p.398.
19) ≪獨立新聞≫ 제83호(1920년 6월 10일) 및 제89호(1921년 1월 1일).

2. 1920년대 임시정부의 군사정책과 활동

그러나 초창기 임정의 군사 활동은 주로 시베리아와 만주일대의 독립군단
체에 의지하고 있었다. 그것은 당시 임시정부의 주된 활동이 파리강화회의
및 미국에 대한 외교활동과 연통부와 교통국을 통한 국민독립운동통할에 집
중되고 있었기 때문이었다. 또 독립운동의 관점에서 국제외교상 유리한 지역
인 상해를 주요근거지로 삼은 지리적 조건도 작용하고 있었다. 따라서 독립전
쟁의 주도권을 교포가 다수 거주하고 있고 국내 무장광복운동의 기지인 만주,
시베리아 주재 독립운동단체가 장악하게 된 것은 자연스런 결과였다. 1920년
에 들어와서 임시정부는 만주, 시베리아의 독립군단체를 보족하는 형태의 사
관학교 설립, 비행대 편성문제, 군사법규의 정비 등으로 군사 활동을 벌이고
있었으나, 무관학교 관계이외는 거의 실현하지 못하였다. 그 이유는 임시정부
군무부를 정점으로 서간도군구, 북간도군구, 시베리아 강동군구의 3개 군사
지역으로 구분, 정상적 국가의 군사편제를 하였으나 임정 자체가 그 지역 교
포를 충분히 통할하지 못한 물적 기반의 취약성, 그리고 이에 맞지 않는 지나
친 대규모의 계획수립과 재정의 곤란이었다.

한편 임시정부로서는 군무부를 만주로 이동시켜서 독립군을 재편성하여 독
립전쟁을 수행하기 위한 계획도 있었다. 이러한 시도는 1920년 2월 23일부터
열린 제7회 임시의정원에서 윤기섭·이진산 등 5인이 제안하여 통과한 「군
사에 관한 건의안」에 나타나 있는데 그 내용은 ① 금년 5월 상순 이내로 적당
한 지점에 군사회의를 소집하여 군사계획을 절실히 확립하며 군무진행의 방
침을 주도히 규정할 일 ② 군무부의 육군·군사·군수·군법의 4국과 기타

---

20) 독립운동사편찬위원회, 1972 앞의 책, p.403.

모든 군사기관을 만주(중국 동삼성과 아령 연해 흑룡양주를 포함함)에 이치할 일 ③ 금년 내에 소하여도 만주에서 보병 10개 내지 20개 연대를 편성 훈련할 일 ④ 금년 내 소하여도 사관과 준사관 1천인을 양성할 일 ⑤ 금년 내에 전투를 개시하되 소하여도 보병 10개 연대를 출동하도록 할 일[21] 등으로 되어 있다.

한편 일제의 대한침략정책에 대항했던 의병활동도 1910년 그들의 병합으로 수포로 돌아가자 이제는 국내의 항전이 해외로 확대되어 해외에다 독립군 기지를 건설하게 되었다. 독립군 기지는 신흥무관학교를 비롯하여 거의 만주와 연해주, 그리고 미주(박용만), 상해, 남경, 말레이시아, 태국, 자바 등지(신규식·정원택)에서 개척이 추진되었다.[22] 특히 3·1운동 이래 1932년 소위 만주국 성립 전후에 이르는 만주에서의 한국독립운동은 무장독립군에 의한 항일전사로 상징될 수 있다. 이들 독립군 단체는 서북간도를 비롯한 각지에서 조직, 정비된 수많은 항일단체와 독립군단이었고 그 기반은 당시 1백만 명을 넘는다고 추정되는 그 지역이주 한족이었다.

3·1운동 발발 시부터 일군의 만주출병 시까지의 항일단체 및 독립군 군단 만도 북간도 및 북만주지방에 대한국민회, 북로군정서, 대한독립군 등 22개 단체와 서간도지방에 한족회, 서로군정서 등 22개 단체를 비롯하여 도합 46개 단체[23]에 이른다. 수많은 항일단체 및 독립군단 중에서 대한국민회(會長

---

21) ≪獨立新聞≫ 제61호(1920. 4. 3) ; 국회도서관, 1974 ≪大韓民國臨時政府議政院文書≫ 대한공론사, pp.94~95.

22) 趙東杰, 1982 <韓國軍史의 原流意識> ≪軍事≫ 5, p.19.

23) 46개 단체의 이름은 다음과 같다(尹炳奭, 1969 <參議·正義·新民府의 성립과정> ≪白山學報≫ 7, pp.113~140).

　　◇ 북간도 및 북만지방 : 大韓國民會, 北路軍政署, 大韓獨立軍, 軍務都督府, 大韓光復團, 義民團, 義軍府, 大韓新民團, 大韓正義軍政司, 野團, 血誠團, 朝鮮國民議會, 新大韓

구춘선), 북로군정서(독판 서일), 서로군정서(독판 이상용), 대한청년단연합회
(안병찬), 광복군총영(영장 오동진), 대한독립군(사령관 홍범도), 한족회(총장
이탁), 대한독립단(조맹선), 보합단(김중양) 등은 대한민국임시정부계이거나
임정을 지지, 후원, 송금 또는 명령에 따르는 단체들이었다. 이는 다름 아닌
대한민국임시정부 시정방침(군사관계)에 따른 결과라고 할 수 있다.

그러므로 만주에서의 중요한 무장투쟁은 사실상 임시정부의 활동이었다고
할 수 있다. 특히 이 중에서도 북로군정서는 대종교 영도자였던 서일 등이
1911년 북간도일대에서 의병들을 규합하여 조직한 중광단이 발전한 것이다.
왕청현에 본영을 두고 있던 중광단은 3·1운동이 일어나자 만주일대의 대종
교도 한말의병 및 공교회원을 규합하여 정의단으로 확장하였다가 1919년 8
월 군정회로 발전하였다. 그 후 5분단 70여지단의 조직을 갖는 유력한 독립군
단으로 발전한 군정회는 1919년 12월 임시정부의 명령에 복종키로 하고 군
정서로 개칭하여 임시정부 산하의 중요한 전투군단화 하였다.[24]

또한 서로군정서는 1919년 11월에 한족회가 조직했던 군정부를 개칭한 독
립군단체로 전신인 군 정부는 후술하는 바와 같이 신흥학교를 세워 독립군을
양성하였다. 그 후 임시정부가 수립되자 윤기섭을 상해에 파견하여 임시정부

靑年會, 大韓靑年團, 復皇團, 倡義團, 靑年猛虎團, 急進團, 外政會部, 學生光復團, 保皇
團, 忠烈隊, 建國會, 自衛團.

◇ 서간도지방 : 韓族會, 西路軍政署, 大韓獨立團, 大韓靑年團聯合會, 光復軍總營, 大
韓獨立軍備團, 光韓團, 義成團, 天摩隊, 太極團, 少年團, 大震團, 鄕約團, 白山武力團,
義勇團, 武裝團, 光復團, 靑年團, 農務團, 普合團, 中興團, 韓僑公會.

24) 1920년초 주요간부는 군정사군무서독판 徐一, 모집국장 桂和, 군사교육국장 金一, 외교부
장 金秉德, 의군단장 許根, 의용단장 許在明, 군정감시 鄭信會, 의원 高平, 金德賢, 孫範
哲, 金熙, 金根禹, 申元均 등이었으며, 무력은 일제 기록에 의해도 1920년 8월 현재 軍人
약 1,600명, 軍銃 1,300정, 拳銃 150정, 機關銃 7정을 보유하고 있었으며, 본영 부근에 무
관학교를 설립, 1919년 9월 9일에 198명의 사관생이 졸업식을 하였다(윤병석, 1975 ≪3·
1운동사≫, pp.111~116).

는 상해에 두되 만주에는 군 정부를 수립할 것을 협의하게 하였다. 이 타협안의 원칙이 1919년 11월 17일 임시정부의 특별국무회의에서 통과되었고 따라서 군정부를 군정서라 개칭하고 한족회와 함께 임시정부 통치하에 들어왔다.[25] 이와 같이 만주의 군정부가 거의 자체적으로 군정서로 명칭을 개칭하면서까지 임시정부의 통할을 받으려 한 것은 임정과의 통합을 기대한 것으로 보아야 할 것이다.

대한국민회, 대한청년단연합회, 대한광복군총영 등이 모두 임정의 행정조직으로 만들어진 것은 아니었다. 그리하여 임시정부에서는 1920년 10월 대한국민회 관할(연길, 화룡, 돈화, 액목현)에 내무부 산하 지방행정 조직인 북간남부총판부, 북로군정서 관할(왕청, 혼춘, 동령, 영안, 목릉)에 북부총판부를 설치하였으며 이어 1920년 12월 4일에 서간도에 간서총판부를 설치하려 했으나 일제의 간도출병으로 계획대로 진행되지 못하고 말았다.

그 중에서도 신흥무관학교는 1911년 봄 만주 봉천성 유화현 삼원보에서 구국사업운동으로 일면 생취, 일면 교육이라는 2대 과제를 내걸고 생취로는 경학사를 창설하여 이주동포들의 안착과 농업생산을 지도하는 기관으로 초대 사장에 이철영이 추대되었고 교육으로는 학술을 연마하며 군사훈련을 주목표로 조국광복의 중견간부를 양성할 목적으로 신흥강습소를 창설하여 초대교장에 이동녕, 교감에 김달, 학감에 윤기섭, 교관에 김창환, 교사에 이갑수, 이규용, 김순칠 등으로 이것이 서간도 독립군운동 단체의 요람인 신흥무관학교의 전신이었다.[26] 이 해 12월 제1회 특기생으로 김연, 이규봉, 변영태, 성주식 등 40여명을 배출하였다.

---

25) ≪獨立新聞≫ 제32호(1919년 12월 25일) 및 ≪조선민족운동연감≫, p.36.
26) 元秉常, ≪新興武官學校 - 독립군무관양성의 대본영-≫, pp.8∼10.

한편 일제의 박해에 견디다 못한 동포들이 정든 고향을 등지고 간도로 이주해 오는 수가 늘어나므로 경학사는 다시 부민단으로 바뀌어 초대 단장에 허혁이 추대되자 교육의 쇄신과 행정기구의 재정비를 목적으로 통화현 합니하로 옮기면서 신흥강습소도 이곳으로 이전하였는데 1913년 5월 교사 낙성과 더불어 신흥무관학교로 승격되었다.[27]

1919년 11월 군정부가 서로군정서로 개칭되어 임시정부 지배하에 들어가면서 신흥무관학교는 서로군정서의 부속기관이 되었고 1920년 4월 하순 일본군 장교로 있던 지청천(이청천, 일본육군사관학교 졸업)이 오광선과 함께 서로군정서를 찾아옴으로써 활기를 띠기 시작, 지원자가 날로 증가하여 한 학년의 학생수가 600여명에 이르렀다.

1911년 제1회 졸업생으로부터 합니하를 거쳐 1919년 11월 폐교에 이르기까지의 졸업생수는 본·지·분교를 통하여 3,500여명에 달한다.[28] 이들 졸업생들은 서로군정서뿐만 아니라 만주 무장독립군의 중추적 임무를 담당한 강력한 민족혁명단체로서 만주지방의 독립운동에 있어서 핵심적인 존재로 군림하였다.

3·1운동을 기점으로 대일독립전쟁은 본격적으로 전개되었다. 이때의 독립전쟁은 주로 재만독립군에 의해 추진되었던 것이니 그 변천단계를 보면 다음과 같다.[29]

① 격전기(1919~1921) : 3·1운동이후 100여회에 걸친 국내진공작전이 전개되었던 격렬한 전쟁시기로 鳳梧洞과 靑山里 싸움으로 독립군의 열기가 크게

---

27) 윤병석, 1973 ≪石州遺稿解題≫ 고려대출판부, p.4.
28) 독립운동사편찬위원회, 1976 ≪독립운동사자료집≫ 14, p.32.
29) 趙東杰, 1982 앞의 논문, pp.19~26.

올라간 시기였으나 결국 독립군이 연해주로 이동했다가 自由市참변의 수난으로 독립군의 조직이 큰 손상을 입게 되었다.

② 정비기(1922~1923) : 자유시참변이후 다시 만주로 돌아와 만주에 산재해 있던 독립군과 합세하여 독립전선의 대열을 정비하던 시기이다.

③ 三府정립기(1923~1927) : 參議府, 正義府, 新民府를 각각 결성하여 만주를 삼분하여 동포사회에 대한 민정을 베푸는 한편 독립전쟁을 발전시켜 간 시기이다.

④ 통합정비기(1927~1931) : 民族唯一黨運動의 방향으로 삼부 통합이 추진되어 國民府와 韓民族自治聯合會가 탄생하고 韓國獨立軍과 朝鮮革命軍이 결성된 시기이다.

⑤ 한·중연합전선기(1931~1933) : 일제의 만주침략(만주사변)에 대항하여 한·중연합전선을 형성, 항전하던 때로 1933년 재만 독립군지도자들이 중국 본토로 이동하여 洛陽軍官學校의 한인 특별 반에서 활동하게 되던 시기이다.

임시정부가 처음부터 독립전쟁에 관여했다면 그것은 외곽단체를 통한 간접적인 참여였다. 특히 만주에 있던 한족회와 그의 군사단체인 서로군정서 북로군정서가 대표적으로 독립전쟁을 수행했던 단체이다. 대한청년단연합회와 대한광복군총영은 임정과 밀접한 관계에 있었고 육군주만참의부는 임정의 직할단체였다. 그 밖에 한국노병회는 독립전쟁의 준비단체로서 임정 외곽단체로 들 수 있다. 1920년 만주에 파견되었던 최동오의 보고에 의하면 독립군단체의 총수는 22개로 무장군인은 약 2,000여명이었다 한다.[30] 그 중 대한광복군총영은 임시정부의 방계가 아닌 직속기관으로 독립전쟁을 수행하고 있던 유일한 단체였다고 말할 수 있다.

대한광복단총영의 설치문제는 1920년 5월 7일 상해에서 안창호·김희

---

30) 申肅, 1963 ≪나의 一生≫ 일신사, p.61.

선·이탁이 논의한 것이 처음이었고 6월중에는 남만주에서 대한독립단과 대한청년 단련합회의용대가 합쳐 대한광복단총영을 결성하였던 것이다.[31]

그 후 점차 조직이 확대되고 국내에 대한 작탄활동과 진격전을 감해하여 많은 업적을 남겼는데 특히 조직한 직후 미국의원단이 국내를 시찰할 때 곳곳에서 작탄활동을 벌여 일본 통치에 항거하는 한국인의 독립운동을 실증적으로 보여줬다. 그후 11월 15일에는 국내의 공채모집권을 임시정부로부터 허락받아 재정의 독립을 얻어 활동하다가 1921년 8월 남만주일대 군사단체통합운동이 이루어질 때 통의부로 결속하였다.[32]

이 무렵인 1920년 9월 북경에서는 박용만·신채호·신숙이 중심이 되어 군사통일촉성회를 조직하고 1921년 4월 20일 북경 교외 삼패자(三牌子) 화원에서 군사통일주비회를 열고 군사통일방침을 토의한 바 이에 참가한 단체 대표는 다음과 같다.[33]

內地國民會代表	朴容萬
布哇國民會代表	金天浩·朴承善·金世晙
間島國民會代表	金九禹
西路軍政署代表	宋 虎
內地光復團代表	權敬止
布哇獨立團代表	權承根·金鉉九·朴建秉
內地靑年會代表	李章浩·李光東
大韓國民議會代表	南公善
內地勞動黨代表	金 甲
內地統一黨代表	申 肅·申性模·黃學秀

31) 蔡根植, 1949 ≪武裝獨立運動秘史≫ 대한민국공보처, p.61.
32) 국사편찬위원회, 1967 ≪한국독립운동사≫ 3, p.181.
33) 독립운동사편찬위원회, 1976 ≪독립운동사자료집≫ 14, p.68.

이 회의는 노령주재대한독립군단의 대격진공과 만주근변의 여러 부대가 국경주변에서 게릴라전을 전개할 것을 기본계획으로 수립하였으나 이 지휘권을 임정의 군무부에 두느냐 따로 군사통일기관을 설치하느냐를 두고 토의 중 포왜(하와이)의 독립단 대표 권승근이 제의 증언한 이승만의 미국위임통치청원의 폭로와 물적 증거로 제시한 영자신문으로 박용만은 증언까지 하였다. 그리하여 이승만이 임시대통령으로 있는 임시정부를 부인하기로 결의하고 신성모를 상해에 파견하여 정부의 해산을 요구하였다. 이같은 군사통일회의 결의는 재외동포의 격분을 샀다. 1921년 5월 천진 재유동포들은 민중대회를 열고「아 조국 광복운동의 일대 위기에 제하여 동족 부모형제의 앞에 읍고」란 격문을 산포하였고 임시정부에서는 5월 30일(1921) 내무공함 제121호(불은언동에 대한 주의의 건)로 각 관서에 경계를 촉구하였다.

군사통일회는 군사기관문제로 속히 국민대표회의를 소집 해결하기로 선언하고 신숙·박용만·박건채·배달무·김세준 5인을 준비위원으로 선출 일임한 후 5월말에 와서 그 회의는 무기 정회된 후 창조파와 개조파로 분열됨으로써 독립운동은 균열을 가져와 국민의 기대에 어긋난 채 비판을 받게 되었던 것이다.

1925년 7월 정의부 간부 이상용이 초대 국무령으로 선임되어 9월 24일 취임했는데 10월에 조직한 내각을 보면 참의부에서 이유필, 정의부에서 이탁·오동진·김동삼, 신민부에서 김좌진·현천묵·조성환 그리고 남만주에서 동창학교를 경영하면서 그 지방에서 명망이 높은 윤세화와 윤병용으로34) 즉 재만항일독립운동단체를 중심으로 한 연립내각이 성립하였다. 그러나 참의, 정의, 신민 3부의 수령급이 상해로 떠나게 되면 만주에서의 항일독립운동

---

34) 독립운동사편찬위원회, 1976 《독립운동사자료집》 14, p.553.

전선은 지도노선이 마비될 뿐 아니라 일제의 삼시협정(三矢協定), 일소(日蘇)의 국교회복 등으로 만주에서의 항일독립투쟁이 더욱 강화되어야 할 때였기 때문에 오히려 동요를 일으켰던 것이다. 그리하여 새로 임명된 국무원들이 취임을 거부하므로 조각에 실패했을 뿐만 아니라 임시정부의 부족한 재정을 정의부에서 충당하지 못한 채35) 국무령 이상용은 이듬해 2월 18일 사임하고 말았다.

한국노병회는 1922년 10월 28일 김구·여운형 등이 조직한 단체로서36) 1922년부터 1932년까지 1백만 원 자금 확보와 노병양성을 위한 10년 계획을 세우고 활동하였던 것이니 특히 중국 각처의 군사학교에 학생을 파견하여 수학하게 하는 등의 좋은 성과도 있었으나 군자금의 조성문제와 1923년 이후의 거듭되는 상해 정계의 혼란, 특히 1927년부터 유일당 결성문제에 영향을 받아 김구·윤기섭 등의 중심인물이 탈퇴하니 점차 쇠퇴해 졌다가37) 1932년 10월 자연 해체되고 말았다.

한편 1920년 비행대 편성문제가 활발히 진행되어 비행기 구입문제를 놓고 구체적 논의가 시작되었다. 1월 14일 당시 상해의 영자신문(大陸報) 기자 에벤츠와 비행기 종류 및 구입절차가 협의되고 그 후 2월 2일부터 19일까지 거의 매일같이 미국인 비행기 기수 에드먼이란 사람과 보다 구체적인 협의가 계속되었다.38) 이 비행기 구입계획은 본래 국내에 선전문을 살포하여 각처에

---

35) ≪東亞日報≫ 1926년 2월 28일.

36) 金俊燁·金昌順, 1967 ≪韓國共産主義運動史≫ I, p.400에서는 '민족혁명운동의 통일전선형성에 대한 여운형의 이상주의는 좀처럼 꺾이지 않아서 여는 국민대표대회 주비대회와 시사책진회의 무위에 좌절하지 않고 이번에는 한국노병회를 조직하였고, 여운형의 주도하의 단체였다'고 하였다.

37) 대한노병회의 종말은 1928년 12월 유일촉성회를 전후하여 김구·윤기섭 등이 탈퇴함으로써 해체되고 말았다고 보고 있다(蔡根植, 1949 앞의 책, p.191).

있던 독립군단체 혹은 각처의 동포사회와 연락을 신속히 하는 임무를 수행하려던 것이었다.

아무튼 이 계획은 끝내 뜻을 이루지 못하였는데 처음에 미국인 에드먼을 통하여 조사한 결과 당시 임시정부로서 구할 수 있는 것은 150마일 밖에 비행할 수 없다는 것이었다. 그래서 결국 자금 문제도 겹쳐 좌절되고 말았던 것이다. 그러나 비행사양성소는 뜻을 이루어 1920년 2월 20일 미국 캘리포니아주에 당시 임시정부 군무총장 노백인이 한인 비행사양성소를 설치하였다.

5월에는 비행기 2대를 구입하여 미국인 기술자 1인과 비행사 6인으로 교관단을 구성하기에 이르렀다. 양성소의 학생 수는 처음 19명에서 1922년 6월에는 41명에 달하였으며 1923년에는 11명의 졸업생을 배출하였고 무선통신장비를 갖춘 비행기도 5대에 이르렀던 것이다.[39] 이 양성소는 동포의 재정지원에 의해 운용되었는데 독립전쟁이 예상대로 되지 않음에 따라 실전을 수행하지는 못하였다. 이 양성소에 관계되었던 임원은 다음과 같다.

총 재 : 金鍾麟
총 무 : 盧伯麟
서 기 : 康英文
재 무 : 李在秀・申光熙
감 독 : 郭臨大
간 사 : 진영규・윤응호・양순진・임치호・이암・마춘봉・이운경・한성준・
       이진섭
비행사 : 노정민・박낙선・우병옥・오임하・이용선・이초

---

38) 주요한 편저, 1963 <안창호일기> ≪安島山全集≫ 삼중당, pp.621~662.
39) 김원용, 1959 ≪재미 한인 50년사≫ 캘리포니아, p.350.

이외에도 임정은 독립전쟁에 대비한 위생병의 양성도 계획하였는데, 이는 상해 대한적십자사가 주관하였다. 이에 1920년 1월 31일 간호원양성소를 부설기관으로 개설하여 3개월 과정으로 13명의 남녀 간호병을 양성하였다. 그러나 이 사업도 재정적 곤란으로 1기생을 배출한 후 중단되었다.[40]

이와 같이 임시정부의 독립군 양성과 독립전쟁을 위한 군사적 정책은 다방면에서 폭넓게 실행되어 갔다.

3. 1930년대 임시정부의 군사정책

1920년 중반 이래 침체되어 있던 임시정부의 상황은 1930년대에 들어서서도 개선되지 않고 있었다. 이에 임시정부는 침체국면을 과감하게 벗어나는 계기로 의열투쟁을 선택하였다. 이 당시 의열투쟁을 전개할 수밖에 없었던 이유는, 첫째는 중국의 국내사정이다. 만주를 상실하고서도 내분으로 인하여 대일전을 회피하기만 하는 중국정부와 국민에게 적개심을 고취하고 싸울 용기를 불러 일으켜 주는 것이 무엇보다 필요하였다.[41] 어떤 형태로든 중국과 만주에서 일본세력이 발을 붙이고 있다는 것은 한국의 독립을 어렵게 만드는 것이니 중·일 전쟁을 유발시켜 독립의 기회를 노려야 했다.

의열투쟁을 택하게 된 또 하나의 중요한 이유는 독립운동이 침체된 주요 원인이 인물난·재정난이었다는 점에서도 찾을 수 있다. 즉 의열투쟁은 인물·재정난을 극복하면서 독립운동을 전개할 수 있는 방법이었기 때문이다. 군사 활동이나 그 외 큰 규모의 조직을 통한 투쟁은 그 조직의 지도자 간에

---

40) 독립운동사편찬위원회, 1974 ≪독립운동사≫ 4, p.476.
41) 金弘壹, 1976 <윤의사의 폭탄과 나> ≪나라 사랑≫ 25, 외솔회, p.134.

논의하고 합의하는 절차가 필요하며, 신속성과 비밀유지에 어려움이 있었다. 그렇지만 의열투쟁은 한 두 지도자의 영도 하에 소수인원으로도 전개할 수 있을 뿐 아니라 오히려 그것이 더 적절한 것이어서 인물난에 봉착한 1930년대 초기의 독립운동으로는 가장 적절한 방법이었다. 재정난이 아무리 극심하다 할지라도 속수무책으로 앉아 있을 수 없는 형편이었으므로 최소의 경비로 최대의 성과를 얻을 수 있는 방법으로 의열투쟁 이상의 것이 없었던 것이다. 즉 적은 인원과 자금으로 독립전쟁 이상의 효과를 올릴 수 있고, 어떠한 외교활동보다 높은 외교적 성과를 기대할 수 있는 것이었다.[42]

그리하여 상해 임시정부 주변에서는 독립운동의 활로를 찾기 위한 방법으로 특무공작이라 칭하는 의열활동으로 의견이 모아졌다. 기성단체인 한국독립당·의경대·병인의용대·의생단·한중항일대동맹·한인청년당 등에의해 의열활동이 추진되어 왔는데 이봉창·윤봉길의사의 의거를 계기로 특무공작에 대한 일은 김구의 한인애국단이 총 집약하여 추진하게 되었다. 당시 상해에는 임정이 쇠퇴함에 따라 강력한 통치처가 없었으므로 각 단체별로 특무공작을 추진하고 있었다. 그런데 여기에 임하는 사람들이 여러 단체에 중첩하여 소속해 있었으므로 어느 누가 어느 단체에 있었다고 분명하게 말하기 어려운 실정이었다. 그러나 어느 단체이건 당시 상해의 민족주의계 특무공작은 직·간접으로 임정에서 승인한 것이었기 때문에 임시정부에서 추진된 것이라고 간주해도 무방할 것이다.[43]

1930년대 초반 상해 중심의 활발한 의열투쟁 활동을 직·간접으로 주도해 간 것은 임시정부 승인 하에 김구가 주도한 한인애국단 이었다. 1931년 무렵

---

42) 독립운동사편찬위원회, 1972 ≪독립운동사≫ 7, pp.731~73쪽 ; 趙東杰, 1976 <상해임시 정부와 상해의거> ≪나라사랑≫ 25, 외솔회, p.74.
43) 독립운동사편찬위원회, 1972 앞의 책, p.768.

의 상해 독립운동전선은 비관적 상황에 봉착하고 있었다. 공산주의 세력이 팽창하여 야기된 민족주의 측과의 상쟁은 1920년대 말 이후 고질적인 병폐로 부각되어 있었으며, 그 속에서 임시정부의 활로는 더욱 좁아지고 있었다. 당시 임시 정부의 주변에서는 독립운동의 활로를 모색하기 위한 논의가 거듭되었다. 특히 상해거류민단 의경대를 주축으로 한 병인의용대와 무정부주의자 단체인 남화한인청년연맹의 청년들도 돌파구를 찾기 위한 논의를 활발히 전개하였다. 이때 일제가 만주사변을 일으켜 한국독립운동의 기반을 붕괴시키자 이에 임시정부는 국무회의를 거듭해 대책을 논의한 결과 군사작전을 능가할 공포작전으로써 특무공작을 추진할 것을 채택하여 일제에 철퇴를 가하고, 전세계에 임시정부의 존재를 현양하기로 하였다.44) 그리하여 특무대라는 명칭으로 이를 추진하기로 하고 김구에게 일체를 맡기고 그 결과만 정부에 보고하도록 하였다.45) 이것이 후에 한인애국단이라 불리게 된 것이다.

1932년 8월 14일 김구에 의해 한인애국단의 이름으로 발표한 '한인애국단 선언'을 통하여 애국단이 표방하는 입장을 밝히고 있는데 그 내용은 다음과 같이 요약할 수 있다.

첫째, 인류의 진정한 행복을 위하여 싸우기를 희망할 뿐이고 침략성을 가진 이름 없는 싸움을 바라는 것이 아니다. 무기가 없고 다른 길이 없는 까닭에 독립이 성공하는 날까지 이러한 폭열한 행동은 계속될 것이다.
둘째, 왜적 이외에는 어느 나라 사람이나 다같이 친우로 대하려 하며 절대로 이들을 해하려 하지 않는다.
셋째, 순수한 애국단체로 왜적들과 같은 야만적 방법을 흉내내어 국제문제를 일으키려 하지 않는다.

---

44) 독립운동사편찬위원회, 1972 앞의 책, p.734.
45) 金九, 1979 ≪백범일지≫ 교문사, p.236.

넷째, 철저한 애국단체로 오직 견고한 자립정신을 가지고 끝까지 분투할 뿐이요,
결코 어느 외국인이나 외국정부에 의뢰하지 않음을 맹세하는 바이다.[46]

이상으로 보아 구체적인 강령은 알 수 없다고 하더라도 애국단의 활동은
'독립을 목표로 일본만을 상대로 투쟁하되 국제분쟁이 야기되는 것을 원치
않으며 자주적으로 전개'하고자 했음을 알 수 있다.

한인애국단인 이봉창, 윤봉길로 대표되는 의열투쟁의 성공은 임시정부는
재생의 활력을 맛보게 된다. 즉 김구는 박찬익의 알선으로 장개석을 만날 수
있었고,[47] 그 결과 중국 중앙육군군관학교 낙양분교에 한인군관학교를 설치
하고 군간부를 양성하도록 하였다.[48] 그리고 1933년 동삼성에서 한국독립군
으로 활약하던 한국독립군 총사령관 지청천을 비롯한 황학수·공진원·조경
한·오광선·이복원·최용덕·김학규 등을 중국으로 초치하였다. 그리하여
교관에 지청천, 생도대장에 이범석, 생도반장에 오광선을 임명, 군사훈련에
전념케 하였다. 교육과정은 그 정도에 따라 보통반의 단기과정과 특별반의
장기과정으로 나누어 실시하였다. 이러한 교육과정을 거친 졸업생은 1936년
까지 250명에 달하고 있었으며, 이들이 뒷날 한국광복군의 기간요원이 되어
활약하게 되었다.[49]

임정이 상해를 떠난 1932년 이후 1934년과 1935년에 임정은 항주(抗州)시
대를 겪고 있을 때였다. 이때 임시정부의 주도권을 장악한 김구는 한인군관학
교를 운영하고 있었으며, 이미 특무활동으로 한인애국단 외에 1934년 12월

---

46) 金九, 1979 앞의 책, pp.65~67.
47) 조경한, 1976 <푸른피가 천추를 거슬러> ≪나라사랑≫ 25, pp.141~142.
48) 한상도, 1987 <金九의 韓人軍官學校(1934~35) 운영과 그 입교생> ≪韓國史硏究≫
    58, pp.93~95.
49) 국사편찬위원회, 1979 ≪한국독립운동사≫ 5, 탐구당, p.170.

에 한국특무대독립군을 조직하고, 1935년 2월에는 학생훈련소를 설치 운영
하고 있었다. 한국특무대독립군은 전위부대원들로 강력한 응징적 애국투쟁을
전개하였고, 학생훈련소는 김구가 모집한 중국 중앙육군군관하교 입교생에게
예비교육을 행한 훈련기구의 임무가 주어진 것이었다. 이같이 김구 주도 하에
운영되기 시작한 임시정부는 독립운동 방향을 군사노선으로 정립하였다. 이
에 1936년 11월 개최된 임시의정원에서는 "우리의 광복을 완성하는 데에는
적으로 더불어 일전을 결하는 외에 타도가 없고"라고 하여 군사인재 양성,
군사기구 설치, 특무사업을 주요 내용으로 하는 사업계획을 제시하였다. 독립
전쟁을 위한 본격적인 군사활동의 개시를 전제하는 것이었다. 그 내용을 도표
로 만들어 보면 다음과 같다.50)

한국인 군관학교 일람표

명 칭	기별	입학년월일	졸업년월일	학생수	교관수	학교소재지	주요교수과목	경영자
국민정부군사위원회간부훈련반제6대(조선혁명간부학교)	제1기	1932.10.22	1933.4.22	26명	약20명(중국인 3명 포함)	北京郊外 湯山善祠廟	① 정치조, 정치, 경제, 사회, 철학 ② 군사조, 步兵操典, 사격교범, 폭탄제조법, 기타 ③ 實科, 상동	교장 金元鳳
상 동	제2기	1933. 9.17	1934.4.20	54명	상동	南京郊外 江寧鎭	①경영학 ②唯物史觀 ③사격 ④전술 ⑤三民主義 ⑥陳中要務令 ⑦義烈團史 ⑧各國革命史 ⑨폭탄제작및사용법 ⑩기타	상 동
상 동	제3기	1935. 4. 2	1935	입학 44명 졸업 36명	상동	南京郊外 上方鎭 黃龍山 山麓 天寧寺	①조선혁명에 관한 훈화 ②사회학 ③세계경제 ④특무공작 ⑤경제학 ⑥보병조전 ⑦소총기관총조립법 ⑧진중요무령 ⑨정치학 ⑩실과교련 ⑪기타	상 동

---

50) 金正明, 1967 ≪朝鮮獨立運動≫ Ⅱ, 原書旁, pp.554~555.

국민정부군관학교낙양분교 육군군관 훈련반제17대 (보통반)		1933.12	1935. 4	입학 92명 졸업 62명	4명	洛 陽	① 학과목은 대략 제6대와 같음 ② 실과 일반군사훈련을 실시함	金九, 李靑天, 金元鳳, 3명의 합작대장 李範奭
남경중앙 군관학교 (특별반)		1933년말경	훈련중	입학50명 그후 대부분 퇴학	不詳	南 京	중국입학생과 동일한 훈련을 받음	金九, 李靑天, 金元鳳등이 중국측에 학생 훈련을 위탁함.
한국독립군 특무대예비 훈련소		1935년 2월경	1935년 10월 하순 중지	28명	不詳	南 京	주로 혁명적 훈련을 실시하는 동시에 중국측군관학교에 입학시키기 위한 예비적 훈련을 실시하고 있음.	金九

임시정부의 군사활동을 촉진시킨 것은 1937년 7월 중일전쟁의 발발이었다. 중일전쟁이 빌빌하자 임시정부에서는 전시체제에 대한 대비와 보다 적극적인 군사활동이 절실해졌다. 이를 위한 대책으로 임시정부는 1937년 7월 15일 국무회의에서 군무부에 '군사위원회'를 설치하였다. '군사위원회규정 (軍事委員會規程)'을 보면 다음과 같다.

1조　대한민국임시정부는 군무부 관할 하에 군사위원회를 치함.
2조　군사위원회는 독립전쟁에 대한 계획안을 연구 작성하며 군사간부 인재를 양성하며 군사상 필요서적을 연구 편찬함.
3조　군사위원회 위원은 임시정부에서 임명함.
4조　군사위원회 위원의 자격은 내외국 군관학교 필업생에 준하되 실지 전투에 상당한 경험이 유한 인도 위원됨을 得함.
5조　군사위원회에서는 3인 이상 7인 이내의 常務委員을 치하되 軍務長은 당연 일원이 됨.
6조　군사위원회는 매월 1회의 全委員會와 매월 2회의 常務委員를 개하되 개회 시에는 임시주석 1인을 互選함.
7조　군사위원회는 상당한 자격자를 군사위원으로 군무부에 薦保함을 得함.
8조　軍事委員會 開會時에 必要에 의하야 國務委員이 列席함을 得함.51)

이 규정을 따르면 이의 목적은 독립전쟁의 연구계획, 광복군 양성, 군사지식의 습득을 위한 서적 편찬 등 이었다. 그 중에서도 중점을 두었던 항목은 광복군의 양성 즉 중견 군사간부의 양성이었다. 이어 다음날 유동열·지청천·이복원·현익철·김학규·안공근 등 6명을 위원으로 선임하여 군사위원회를 발족시켰다. 이들은 동삼성에서 독립군을 조직·운영한 경험이 있는 인재들로서, 이들에게 전시체제에 대비한 대한민국임시정부의 군사정책과 실제적 활동을 전담하도록 한 것이다. 군사위원회가 설치된 이후 임시정부의 군사정책은 훈련소를 설립하여 단시일 내에 '초급장교 약 200명 양성'과 '1개 연대의 군대편성'할 계획을 세웠다.[52] 이를 위해 37만원의 예산을 책정하였다. 그러나 중국 측의 전세불리로 실현을 보지 못한 채 독자적인 군관학교의 설립은 못하고 다만 황포군관학교(黃浦軍官學校)의 분교에 한국인을 위한 특설 군사반을 두어 일본군의 학병으로 중국전선에서 탈출한 병사들을 3~4개월 세뇌교육과 군사훈련을 시켜 항일전에 참전케 했을 뿐이다.[53]

중일전쟁 전역의 확대와 중국군의 총퇴각으로 임정의 군사계획은 일단 무산되고 말았다. 임정이 남경(南京)에서 진강(鎭江), 장사(長沙)를 거쳐 유주(柳州), 기강(綦江)으로 피난하던 중에 군사계획에 쓰여 질 자금은 '백여 명 소속인원의 구급비에 소요되어 당초 예산하였던 금액을 적립'[54]치도 못하는 지경에 빠지고 말았다. 이런 가운데 1939년 중국국민당정부가 중경에 임시수도를 정한 후 임정 역시 중국정부의 협조 하에 중경 근처 기강(綦江)에 정착하여 난중의 혼란을 수습하게 되었다.

---

51) 國會圖書館, 1974 ≪大韓民國臨時政府議政院文書≫, pp.743~744.
52) 國史編纂委員會, 1970 ≪韓國獨立運動史 資料Ⅰ≫ 臨政篇Ⅰ, pp.83~88.
53) 李鍾學, 1981 <대한민국임시정부의 군사활동> ≪韓國史論≫ 10, 국사편찬위원회, p.143.
54) 國史編纂委員會, 1970 앞의 책, pp.90~91.

1939년 10월 3일부터 12월 5일까지 기강(綦江)의 임강가(臨江街) 43호에서 개최된 제31회 임시의정원회의에서는 국무위원을 임시약헌(臨時約憲)에 규정된 최대 수 11명으로 확대하기로 하고, 재건한독당의 홍진과 조소앙, 조선혁명당의 이청천·유동열을 각각 국무위원으로 선임하였다. 이로써 한국국민당, 재건한독당, 조선혁명당이 참여하는 소위 3당 연립내각을 구성하게 되면서, 임시정부의 진용이 확대 강화되었다.

임시정부는 기구의 확대 강화와 더불어 독립전쟁을 수행하기 위한 준비와 계획을 추진하였다. 그러한 첫 작업이 군사 특파단을 구성 파견한 것이다. 이는 중일전쟁 이후 화북 지역으로 이주해 온 한인들에 대한 선전초모 활동을 전개하기 위해서였다. 또 하나는 군사계획의 수립을 전담할 기구로 참모부를 설치하였다. 참모부는 독립된 기관으로서가 아니라, 정부의 내무, 외무, 군무, 법무, 재무의 5부와 더불어 정부의 한 부서로 증설된 것이다.

이와 아울러 임시정부에서는 조직·군사·외교·선전·재정 등 각 분야에서 임시정부가 추진해 나갈 3개년 계획으로 '독립운동방략'을 확립하였다. '독립운동방략'의 핵심은 군사양성과 독립전쟁 수행에 있었다. 즉 1940년(제1기) 200명의 장교양성(7만원), 10,000명의 무장군 편성(300만원), 50,000명(500만원) 이상의 유격전을 황하 이북 이소리강·송화강·압록강·두만강 연안 일대에서 개시하며, 1941년(제2기) 400명의 장교양성(14만원), 40,000명 이상의 신군 편성(1,200만원), 100,000명 이상의 유격대 활동(1,000만원), 1942년(제3기) 600명의 장교양성(21만원), 4만명 이상의 신군편성(1,200만원), 한국 부근에서 20만 이상의 유격전(2,000만원)을 개시할 것이라 하여 종합 신장교 1,200명, 기본무장군 10만, 유격대원 35만이 되어 '최하로 적을 관외로 구축하게 될 것이며 중으로는 동삼성에 적종을 끊게 할 것이며 최상으로도 한국 국경이내에 적 군경을 몰수 구축하게 할 수 있다고 하였다.[55] 그러나 이 원대한 계획은 계획대로 추진될 수 없었다. 인적·재정적 기반을 갖고 있지 못했기 때문이었다. 그렇지만 이 계획이 보다 현실적으로 구체화되어 나타난 것이 광복군의 창설이었다고 할 수 있다.

맺음말

1910년 일제의 한국 병탄으로 국내의 의병활동이 어렵게 되자 만주 연해주 등지를 중심으로 해외에 독립군기지가 건설되면서 대일항전이 지속되었다. 그 중에서도 1911년에 설립된 신흥무관학교가 중심이었던 것이다. 이 출신들은 만주 내 무장독립군의 중추적 임무를 담당했던 것이다. 그러나 3·1운동 이후 세계정세에 따른 봉오동·청산리전투의 대승과 국내진공작전은 일제로서는 치명적인 것이었다.

1920년대 임시정부의 군사활동은 전술한 바와 같이 중광단, 북로군정서, 서로군정서, 광복군총영, 대한독립군, 한족회, 보합단, 대한청년단연합회 등 만주의 독립군에 의존하는데 형태였다. 그러나 그동안 세계정세는 상대적으로 일제의 힘이 더욱 강해져 독립운동은 가장 심각한 침체의 시기에 접어들고 있었다. 그나마 만주지역을 중심으로 활약하던 소규모의 무장단체마저 일제의 만주침략으로 막심한 타격을 받아야 했다. 이러한 상황 속에서 독립운동가들은 무장투쟁으로 그 방법을 바꾸었다. 독립운동가들이 중국과 항일전쟁에 합류하게 된 1937년까지 중국에서의 그들의 노력은 주로 무장투쟁에 바쳐졌다. 이중에서 윤봉길의 의거는 당시 중국인의 한국관에 새로운 인식을 불어넣

---

55) 三均學會, 1979 ≪素昻先生文集≫ 上, pp.135~139.

는 계기가 되었고 한·중 양국의 공동의 적은 일제라는 강렬한 연대감을 불러일으킨 실로 독립운동사의 한 획을 그을 만큼 중대한 일이었다. 더욱이 1937년 중·일 전쟁의 발발은 한·중 양국의 공동의 적을 선명히 부각시킴에 따라 중국의 지원에 대부분 의존했던 임시정부의 군사활동도 보다 적극적인 항일 군사활동으로 옮겨졌다. 즉 임정내에 군사위원회가 조직되어「장교와 병력을 통일적으로 훈련할 것이며 혁명군을 창설할 것이다」라는 광복군 창설을 예고하는 새로운 군사정책이 입안되고 있었던 것이다.

　임정의 군사정책은 수립되면서부터 군사력을 배양 독립전쟁을 일으켜 국권을 회복하는 것이었다. 따라서 임정은 군무부 포고 제1호부터「2000만 남녀는……(중략)……광복군 되기를 서심단행할지어다」라 하여 광복군을 창설하려 하였다. 임정은 독립전쟁을 위한「대한민국 임시정부 시정방침」(1919. 9. 17) 중 군사분야에 14개항을 제시한 바「군법 군규의 제정」,「군사 적재(適材) 소집」,「국외 의용병 모집 훈령」,「군사 사단(私團) 조사」,「사관학교 설립」,「외국 사관학교 유학」,「비행기대 편성」등 상당 부분을 이룩해 왔다고 할 수 있다. 그리하여 1940년 숙원인 광복군의 창설은 가능하였던 것이다.

Ⅲ. 대한민국 임시정부의 교육정책에 대하여

머리말

1919년 국내외에서 3·1운동이 전 민족적 운동으로 확산될 때 그 독립정
신을 집약하여 우리 민족이 주권국민이라는 뜻을 표하고, 또 독립운동을 능률
적으로 발전시키기 위하여 조직한 것이 대한민국임시정부이다. 임시정부는
그 뒤 1948년 정부수립까지 30년 간 한국인의 완전한 독립과 자유를 위하여
투쟁하였다.

조국의 독립을 위한 대한민국임시정부의 노력은 정치나 외교, 군사 등 실질
적인 면에서 많은 성과를 거두었다.[1] 또한 교육이나 문화, 언론활동에 있어서
도 그에 못지않게 많은 관심과 실적을 쌓았다. 물론 당시 임시정부가 직면했
던 현실적인 문제들로 인하여 다른 분야만 아니라 교육 분야에 있어서도 이들

---

1) 李炫熙, 1982 ≪大韓民國臨時政府史≫ 集文堂 ; 李延馥, 1999 ≪大韓民國臨時政府 30
年史≫ 국학자료원.

이 계획, 의도했던 상황들이 구체화되고 실현되기까지는 많은 어려움이 뒤따랐다. 외교나 군사 등과 같이 단기적으로 힘을 쏟는 것도 중요시 되었지만, 장기간에 걸쳐 요구되는 민족교육의 필요성 역시 임시정부 지도부에서 깊은 관심 속에 거론되어 왔고 힘겨운 여건 아래서도 꾸준히 추진되었던 부분이었다. 이에 본 글에서는 임시정부의 교육분야의 정책적 추진에 관한 검토를 통해 그것이 어떻게 우리 독립투쟁에 영향을 미쳤는가 살펴보고자 한다.

1. 임시정부의 교육정책

1) 교육정책의 기본방향

1919년 3 · 1운동의 발발로 4월 13일 상해에서 대한민국임시정부가 수립 · 선포되었다. 임시정부의 수립은 비록 남의 나라에서 시작된 것이지만 "국권회복" 이란 한마음 아래 최초로 성문헌법에 의해 수립된 독립운동의 대표적인 정부였다.

임시정부 초기의 활동을 한 눈에 알 수 있는 것은 임시정부 시정방침이었다. 시정방침이란 임시정부에서 내놓은 기본시책을 말하는 것이며 이 방침은 대체로 5회에 걸쳐 발표 되었는데 의정원에서 4회의 시정방침을 요약 · 정리하여 1회 발표하였다.[2] 처음의 것은 1919년 5월 11일 국무원 의원 조완구가 발표한 것이고,[3] 두 번째 것은 같은 해 7월 8일 당시 내무총장인 안창호가 발표한 것이고,[4] 세 번째 것은 1920년 3월 2일 국무총리 이동휘가 발표한

---

2) 李炫熙, 1982 앞의 책, p.86.
3) 國史編纂委員會, 1973 ≪韓國獨立運動史資料≫ 2 -臨政篇Ⅱ-, pp.397∼398.
4) 國史編纂委員會, 1973 앞의 책, pp.400∼401.

것이며,5) 네 번째 것은 1922년 3월 2일 당시 국무총리(서리) 신규식이 발표한 것이다.6) 임시정부는 여기에서 구체적인 정책방침을 발표하였는데 그 내용은 내정과 교통, 외교와 군사, 교육과 문화, 재정과 사법 등 4가지로 요약된다.

임시정부 초기의 교육 시책은 당면 문제에 국한되어 뚜렷한 정책적 실시를 언급하지 못하였다. 그러나 독립운동의 장기화 조짐에 따라 1920년 이후로는 초등교육의 의무교육화, 고등교육은 외국 유학을 실시, 민족주의 교육의 기반인 교과서 편찬에 역점을 두는 등 장기적 계획을 수립하였다. 이것은 우리 민족의 실력배양에 초점을 두고 인재를 양성하여 조국 독립투쟁에 기용하려는 시책이었다고 보겠다. 임시정부에서는 이를 토대로 1922년 교육에 진력하기 위하여 시정방침을 책정 발표하였다. 그 중에서 제 4항 교육 부분은 다음과 같다.

一. 教科書 編纂 : 國定教科書를 編纂하여 兒童 敎育에 具給한다.
二. 義務敎育 實施 : 各地 可能한 地點에 學校設立을 獎勵하고 義務敎育制를 實施케 한다.
三. 官吏養成 : 臨時 官吏養成所를 分置하고 政務를 擔任할 人才를 準備한다.
四. 緊要使用에 關한 技術의 習學을 爲하여 外國에 遊學生을 派遣한다.
五. 書籍刊行 : 直接 或은 間接으로 偉人 烈士의 冒險 及 愛國的 小說 等을 刊行하여 國民의 忠烈한 志氣를 助長시킨다.7)

위의 내용을 볼 때 임시정부에서는 교육 정책의 범주를 5가지로 분류하였음을 알 수 있다. 즉 의무교육 실시를 기본으로 1과 5항은 교육 실천에 있어서

---

5) 國史編纂委員會, 1973 앞의 책, p.115.
6) ≪獨立新聞≫ 1922년 5월 6일.
7) 國史編纂委員會, 1969 ≪韓國獨立運動史 資料≫ 3 -臨政 Ⅲ-, p.180.

구체적인 실천 항의 책정이었고, 이를 바탕으로 독립투쟁에 필요한 인재를 양성하자는 의도에서 3과 4항을 책정하였다. 그 외에도 임시정부에서의 민족 교육 실시 노력은 당시 내무총장이었던 안창호의 연설문 중 "우리국민이 단정코 실행할 6대사(大事)"에서도 명확히 나타나고 있다.

> 독립운동 기간에 우리는 교육을 힘씀이 마땅할까요? 나는 단언하오 독립기간 일수록 더 교육에 힘써야 한다고 죽고 살고 노예되고 독립됨이 판정되는 것은 智力과 金力이요 우리는 아무리 하여도 이 약속을 벗어나지 못하오. 우리 청년이 하루동안 학업을 폐하면 그 만큼 국가에 해가 되는 것이오[8]

임시정부 지도층은 교육의 필요성과 민족교육의 실시가 우리나라 독립운동의 커다란 방편임을 강조하고 있다. 더욱이 국권회복을 위한 독립 투쟁이 장기전으로 돌입했음을 깨닫고 일반적인 교육정책 뿐만 아니라 민족을 이끌어갈 지도층이 요구되었다. 당시 상황에서 지도자 양성을 위한 교육기관이 없음을 통감하여 임시 의정원에서는 다음과 같은 제안을 하였다.

> ……(상략)……임시정부가 교육에 대하여 某방식과 某정도의 통제 계획을 수립하여 혁명교육을 적극적으로 보급함이 절대로 필요 또는 가능함은 물론이요 그 正鵠은 마땅히 간부 인재를 다량으로 양성함에 있는 것이라 생각함……(하략)……[9]

이와 같은 제안은 임시정부의 일정한 통제하에서 국권회복을 위한 기관을 설치·운영하면서 간부급 인재의 양성을 꾀하려는 시도였다고 보아진다. 조국의 독립을 위해서는 교육이 긴급한 문제였음을 인식했던 임시정부에서는

---

8) ≪獨立新聞≫ 1920년 1월 8일.
9) 國史編纂委員會, 1973 앞의 책, p.571.

마침내 1923년 5월 10일 임시 의정원회의에서 교육방침을 통과시켰다. 그 내용은 다음과 같다.

一. 교육宗旨는 조국 광복의 정신 下에서 健全한 시대적 인물을 양성할 일
二. 교육방침은 최신 교육의 원리를 응용하여 우리민족에 적합하도록 학교 특수의 兩種 교육을 병행할 일
三. 교육제도는 현대의 실용제도를 채용하되 小學은 남녀 만 7세부터 13까지 의무제로 할 일
四. 교과용 도서는 중앙 교육기관에서 최단 기간 내에 편찬 발행케 할 일[10]

이상에서 살펴 본 바와 같이 임시정부에서는 초기부터 교육의 근본 목표를 조국의 독립에 두고 그 실천방침을 설정해 놓고 정책 추진을 해 나아갔다. 그러나 독립운동의 통할과 재정면에서의 어려움으로 초기 계획대로 실행되지 못했기 때문에 교육에 관련되어서는 그 후 건국강령의 반포가 있기까지 실질적인 노력을 쏟지 못하였다.

2) 교육기관의 설치와 운영

임시정부의 교육방침 중 꾸준히 추진해 나간 '의무교육실시' 정책은 인성학교 설립을 기반으로 존속·유지 되었다고 볼 수 있다. 그 밖에도 민족교육기관의 계승·발전과 좀 더 현실적인 면, 즉 무력항쟁 준비를 위한 교육(무관학교의 설립) 등을 통하여 항일 민족교육의 지지 기반을 다져나갔다. 당시 설립되었던 교육기관의 구체적 내용은 다음과 같다.

---

10) ≪獨立新聞≫ 1923년 6월 13일.

(1) 초등교육기관

① 설립배경과 정신

임시정부 교육방침의 하나인 "의무교육의 실시"를 기초로 운영되어진 것
이 아동교육을 위해 유지된 '인성소학교'였다. 이 학교는 1916년 9월 27일
상해한인 기독교 소학교로 출범하여, 1917년 2월 정식 초등학교로 바뀌었으
며, 1918년 고려교민 친목회가 발족하자 이의 소속이 되어 인성학교로 다시
개칭하였다. 그리고 1919년 9월 거류민단이 대한민국임시정부 산하로 들어
가면서 이 학교도 추세에 따라 정비되었다.[11]

민족독립의 힘의 원천을 교육에 두고 교육진흥에 진력한 인성학교의 기본
정신 및 교육방침은 인성학교의 교장이었던 이유필(李裕弼)의 다음 논설을
통해서 어느 정도인지 알 수 있다.

> 인성학교는 上海에 있어서 韓國兒童에게 一層 高潮한 民族性을 注入하고
> 이것을 發揮하기 위한 기관이다. 故로 우리들이 인성학교에 대해서 희망하는 것
> 은 여기에서 百萬長者나 學士, 博士를 양성함이 아니고 우리들 子弟로 하여금
> 異民族의 敎育을 받기 전에 확고한 민족의식을 注入하는 데 있다. 換言하면
> 種族의 보존에 資하는데 있다.[12]

그는 이 논설을 통해 인성학교의 설립 의도가 첫째 상해 한국아동에게 민족
성을 주입 발휘케 하고, 둘째 이민족으로부터 종족을 보존하는데 있음을 강조
하고 있다. 이는 곧 민족주의 정신을 기반으로 한 근대교육을 통하여 항일
투쟁을 포함한 출발과 인재양성에 노력하여 조국의 독립을 꾀하는데 그 목적

---

11) 이명화, 1990 <上海에서의 韓人 民族敎育運動> ≪한국독립운동사연구≫ 4, pp.118~
    120.
12) ≪獨立新聞≫ 1932년 2월 28일.

을 두고 있음을 나타낸다.

인성학교에서 추구하는 기본정신은 학교 교육방침에서도 찾아 볼 수 있는데 이들은 학생들에게 조선혼(朝鮮魂) 즉, 민족혼(民族魂)을 심어주는 것을 근본으로 하였다. 그 실행을 위해서 학과목 중에서 조선어와 조선역사를 중요하게 가르치며, 한문은 보통 외국어와 같이 가르쳤다. 교수방법에 있어서도 아동들에게 자유덕성과 민족적 원기를 길러 주는데 주력하였다.[13] 이것은 곧 학생들에게 민족운동의 정신을 심어주어 자주독립 의식을 고취시키고 민족역량의 성장 및 인재양성에 노력하여 교육을 통해 자주광복을 실현하려는 뜻이었다.

② 교과목과 학급규모

민족의식을 고취시켜 독립운동을 전개하기 위한 인성학교의 기본방침에 따라 교과내용도 그에 합당한 방안을 실시하고 있었다. 교과내용은 한국내의 보통학교 과정을 기준으로 하고 교과목은 국어(國語), 국사(國史), 본국지리(本國地理)에 치중하고 그 이외 한문(漢文), 산술(算術), 이과(理科), 수공(手工) 등을 가르쳤다.[14] 인성학교는 한글을 배워주는 것이 가장 큰 교육 목표였

---

13) 敎育方針의 방향은 東亞日報 1924년 1월 4일 字에 실린 談話文을 통하여 상세히 알 수 있다. 仁成學校는 지금부터 7년 전에 설립한 학교로 많은 파란과 고난을 겪으며 오늘날 까지 유지하여 왔다. 생각컨대 우리에게는 民族的·模範小學校가 없다. 장래 우리의 향상과 발달을 도모하려면 무엇보다도 이 모범학교의 설립이 있어야 할 것이다. 이러한 의미에 있어서 우리는 비교적 가장 자유롭고 편리한 上海에 이 학교를 설립하고 그 뜻을 관철하고자 노력하는 중이다. 그 실행으로는 첫째로 조직을 완전히 하여야 하겠음으로 작년 가을부터 교육전부를 개정하였으며 學科에는 '朝鮮魂'을 넣어 주는 것으로 근본 뜻을 삼기 위하여 朝鮮語와 歷史를 중요하게 가르치며 이전에 우리에게 많은 해독을 준 漢文은 보통 외국어와 같이 교수한다. 그리고 교육방법에 있어서는 兒童에게 自由德性을 길러주고 또는 民族的 元氣를 넣어주기 위하여 陸軍小學 같은 규모 아래서 自然敎育의 방침을 취한다.

14) ≪獨立新聞≫ 1920년 3월 25일.

기 때문에 일본어는 절대 사용하지 않았다. 단지 중국어, 영어 등의 외국어는 가르치기도 하였다. 또 인성학교가 소학교였기에 중국 중학교에 입학할 수 있는 교과목을 모두 가르치지 못하는 형편이었기 때문에 동교 졸업생의 중국 중등학교 진학을 위하여 수업 연한 5년을 6년으로 1년 간 연장하기도 하였다.[15] 또한 학습의 정도가 미치지 못한 자나 한국으로부터 유학 오는 학생들 중 어학실력이 부족한 학생들을 위하여 보습과(補習科)도 설치·운영하였다.[16] 이와 같이 인성학교는 교과목과 교수 방법에 있어서도 민족성의 고취를 위하여 노력하였다.

다음으로 학급규모를 살펴보자면 당시의 학교현황으로 알 수 있다. 1919년 인성학교의 현황은 학생수 총 19명, 여학생이 9명이었고 연급별(年級別)로는 고등과(高等科) 1명, 3년 급 7명, 2년 급 3명, 1년 급 5명, 예비 급 3명이었다. 당시의 임시교실은 장안리(長安里) 267호에 위치하고 있었다.[17]

1920년 신학기에는 아령(俄領) 및 중국령으로부터 안중근의 자질(子姪), 권진오(權振五)의 자제, 학무총장 김규식의 자제가 동교에 입학하였다. 당시 학급현황은 학급 4, 유아원급이 있고, 학생수는 30명이었다.[18]

인성학교의 학생수는 재상해 한국인 자제뿐 아니라 한국인 유학생이 날로

---

15) 國史編纂委員會, 1973 《日帝侵略下 韓國三十六年史》 10, p.628.

16) 上海에 있는 仁成學校에서는 요사이 規則과 제도를 변경하야 그 전의 私立이던 것을 公立으로 하고 補習科를 설치하야 그 學校에서 卒業한 사람과 本國에서 오는 學生으로서 英語, 漢文, 算學 등의 정도가 不足하야 다른 中國學校에 入學하기 어려운 사람들을 敎育하며 또 敎授의 方法은 純國文으로써 모든 과정을 敎授하며 漢字及 漢文에 대하야는 外國語와 같이 따로 敎授한 터인데 三四學年에 이르러서는 몇 時間씩 揷入하기로 하는 등의 計劃을 세워서 民団議事會에 提出하야 결정할 터이더라(《東亞日報》 1923年 11月 5日).

17) 《獨立新聞》 1919년 9월 13일.

18) 《獨立新聞》 1920년 3월 25일.

증가해 가면서 점차 늘어났으며, 1935년까지 졸업한 인성학교와 부속유치원의 졸업생 수는 유아원 졸업생은 150여명이었고, 소학교 졸업생은 85명이었다. 졸업생 중 파악된 명단은 조동선, 한태순, 김필립, 옥인신, 김건석, 박용경, 현보라, 정홍순, 김영애, 옥인섭, 조인제 등 이었다.[19] 특히 조인제 등은 후에 광복군에서 활동하였다.

③ 인적 구성

인성학교의 운영담당자는 당시 임시정부 인사들로 구성되어 있었다. 역대 인성학교 교직원 상황에 관해서 알아보면 대개 다음과 같다.

년 도	교직원상황	출 전
1920. 3. 25.	校長: 孫貞道, 교감: 金泰淵, 敎師는 尹宗植, 鄭愛敬, 金蓮實 등이었다.	《獨立新聞》
1922. 7. 29.	仁成學校는 본래 僑民團에서 직접 관리해 오던 것을 중간에 維持會란 기관을 두어 학교를 民團으로 분리하여 維持會로서 관리하다가 일전에는 유지회가 스스로 해산하고 그 사무를 民團으로 인계하였는데 교장 安昌浩는 解免하고 前維持會長 金仁全이 교장으로 선출되었다.	《獨立新聞》
1923. 9. 1.	上海 民團長겸 仁成學校長 都寅權이 解免되고 李裕弼이 취임하다	《獨立新聞》
1924. 3. 3.	上海 僑民團에서는 第110回 定期總會를 개최하여 民團長에 呂運亨, 인성학교장 교장에 趙尙燮, 會計檢査員에 鄭信으로 개선하다.	國史編纂委員會, 《韓國獨立運動史》 7, p.281

---

19) 《獨立新聞》 1922년 5월 21일, 1923년 6월 8일.
　　이외에 귀국해서 활동한 졸업생으로는 민영구(전 해군 소장), 서재현(전 해군 준장), 진명균(전 조선호텔 지배인), 한태동(전 연세대 교수), 이만영(전 서울대 교수), 성악가 옥인찬 등이 있다(김명수, 1985 《明水散文錄》 삼영문화, p.27).

| 1924.
12. 18. | 仁成學校 校長 및 僑民團長에 呂運亨이 겸임하다. | 國史編纂委員會, ≪韓國
獨立運動史≫ 7, p.465 |
| 1934.
4. 20. | 校長 : 鮮于爀, 敎師: 安昶孫, 鄭炳淳, 朴明順,
鮮于愛 외 중국인 어학 교사 2명이 있음. | 國史編纂委員會, ≪韓國
獨立運動史≫ 10, p.628 |

이들 외에도 인성학교가 수회에 걸쳐 졸업생을 배출하기까지에는 도인권, 윤기섭, 김두봉, 이광수, 김규식 등의 노력이 컸다. 이와 같이 당시 인성학교의 임직원 및 학교운영자들은 거의가 상해 대한인 거류민단이면서 임시정부 요인들이었고, 이들은 인성학교를 통해 임시정부 교육정책의 실현 및 민족역량의 성장을 위해 노력하였다.

④ 학교 운영 및 변천

1917년 개설 당시부터 재정의 곤란을 겪었던 인성학교는 학교 운영 및 교사 건축에도 많은 어려움이 따랐다. 그리하여 1928년 1월 학부형 및 유지 170여명으로 '인성학교유지회(仁成學校維持會)'를 조직하고 동회의 경영아래 운영되기도 하였다. 그러나 1932년 8월 이후로는 '유지회비(維持會費)'의 미납자가 속출하여 학생의 수업료(1학기 1인당 10원)를 징수하여 지탱해 나갔다.[20] 이외 학교 경비사용을 목적으로 음악회 등을 개최하는 등 재정문제 타개를 위해 심혈을 기울였다.

이 같은 문제들로 인하여 인성학교는 개교 이후 몇 차례에 걸쳐 교사를 이전하였다.[21] 재정적 고난과 수차례에 걸친 교사의 이전 속에서도 인성학교는 교육의 기본방침인 '민족혼'을 살리기 위하여 노력하였고, 학교 학생들을

---

20) 玄圭煥, 1967 ≪韓國流移民史≫ 語文閣, p.679.
21) 인성학교 이전 내용

주축으로 독립운동을 전개시켰다. 그 대표적 사례로 '상해 소년회'를 들 수 있다. 이 상해 소년회는 인성학교 학생을 주축으로 재상해 학생을 포함하여 1919년에 조직되었으며, 지·덕·체 삼육과 학업에 열중하여 차후 사회공헌의 훈련을 쌓는데 목적이 있었다.[22]

인성학교가 항일교육을 일관하자 일제의 탄압은 날로 심화되었다. 상해의 일본영사관에서는 인성학교를 억압하는 한편 일본 국정교과서 사용과 항일교육중단을 강조하였다. 특히 1935년 11월 10일부터는 일본 국정교과서에 의한 국어교육실시를 명령하였고, 이에 강경한 자세로 맞서던 학교운영자들은 할 수 없이 1935년 11월 11자로 무기휴업을 선언 사실상 폐교에 이르렀다.

⑤ 의의

경제적 곤란과 일제의 억압 속에서도 20여 년간 지속된 인성학교는 항일민족교육의 본산지로서 자주독립의식을 고취시키고, 학생교육을 통한 인재양성 및 국민의식수준의 향상에 기여하였다. 인성학교에서 배출된 졸업생들 중에는 그 후 여러 방면에서 독립운동에 참여 활동하였다. 또한 임시정부의 "의무교육 실시책"에 의해 운영되어진 인성학교는 의무교육의 의미가 오늘날과

년 도	지 역
1917年 2月	共同租界 昆明路 載福里 75號에 창설
1917年	共同租界 提藍橋 排源里 46號에 이전
1918年 10月	共同租界 北四川路 明强 中學學內에 이전
1919年	佛租界 霞飛路 康寧里
1919年 9月 28日	그후 同租界 大安里, 大壽里, 原德里, 友記里 등지에 이전
1926年代	同租界 金神父路 協盛里 1號에 이전
1935年代	同租界 馬堂路 404號에 이전, 11月11日廢校時까지 同地에 있었다.

22) ≪東亞日報≫ 1924년 2월 18일.

비교한다면 많은 차이가 있겠지만, 당시 어려운 여건 아래서도 임시정부에서
추진한 교육업적 중 하나라는 측면에서 그 의미가 크다고 하겠다.

(2) 중등교육기관

① 남화(南華)학원

1919년 9월부터 중국에 유학중인 조선 청년 중에서 언어가 원활하지 않은
사람들을 위하여 김규식·서병호 등이 상해에 새로이 설립한 학교이다. 교사
진을 보면 교장은 김규식 박사가 그 아래에는 중국인 교사를 많이 채용하였다.

> ……(상략)……금년 가을부터는 우선 중학과 일·이학년, 고등과 일·이학년
> 상과 일년급부터 개학할 터이라는 바, 물론 중국학생을 중심으로 하겠으나 조선
> 학생을 위하여 특히 특별반을 설치하고……(하략)……23)

위의 내용과 같이 먼저 중학과와 특별상과를 두었고 중학과는 예과가 2년,
정과가 4년이었다. 특히 상해에 유학하는 한국 학생 특별반을 두고 중학과를
마치면 특별상과로 입학하여 2년 만에 졸업하게 하였다. 한편 교수 용어는
중국말 가르치는 교수 외에는 전부 영어를 사용하게 하였다.24)

② 상해고등보수학원(3·1중학)

1924년 상해지역에 김규식·최창식 등이 설립한 학교로 영어와 산술·수
학 및 중국의 말과 글을 주체로 하여 중국 각 대학에 학생들이 입학할 정도까
지 되도록 교수한다는 취지아래 설립된 학교이다.

---

23) 國史編纂委員會, 1969 앞의 책, p.383 ; ≪東亞日報≫ 1923년 8월 4일.
24) ≪東亞日報≫ 1923년 8월 21일.

……(상략)……앞으로 더욱 발전과 학생지도를 완전히 하기 위해 정식중학으로 변경키로 했는데 이에 대해 여러 가지 사정으로써 상해에 완전한 중학이 설립되면 해외에 유리하는 동포들의 자제를 교육시킬 일이 잘 생기겠고 그 뿐 아니라 조선 안에서도 상해에 완전한 중학이 설립되면 자제를 경성에 유학시키는 것보다 더욱 편하겠다고 희망하는 사람이 많이 있었다.……(중략)……중학이름을 三·一중학 이라 하기로 하고……(하략)……25)

3·1중학과 관련된 1924년 6월 4일자 동아일보 기사에 보듯이 3·1중학은 중국에 처음 유학 오는 한국 학생들에게 많은 도움을 주고자 설립되었음을 알 수 있다. 이것으로 보아 인성학교가 초등교육을 통한 민족교육기관이었다면 남화학원이나 3·1 중학은 중등교육을 통한 민족교육기관이었다. 이 두 학교는 진학에 뜻을 둔 한국자제들에게 배움의 기회로 주어 인재양성을 꾀하는데 노력하여 민족교육기관으로서 한 몫을 하였다. 3·1중학(3·1공학) 전신으로 영어학교가 있었는데 교사로는 김규식, 학생으로는 조시원·김명수 등이 있었다.26)

(3) 군사양성기관

① 임시육군무관학교

1920년 3월 20일 첫 개교식을 거행한 무관학교는 1910년에 설립된 신흥무관학교의 맥을 잇고 있다. 이곳은 사관후보생을 교육하는 곳으로 당시 상해에 있던 청년 중에서 일반학교나 중국의 각처 군관학교에 갈 수 없었던 사람 중 무관이 되려고 희망하는 청년은 모두 무관학교에서 교육을 받았다.27)

---

25) ≪東亞日報≫ 1923년 6월 4일.
26) 김명수, 1985 ≪明水散文錄≫. 삼영문화

육군무관학교는 중등이상의 학력이 있고 연령이 만 19세 이상 30세 이하의 대한민국 남자로 하여금 입학케 하여 초급 장교에 필요한 교육받음을 목적으로 하였다. 단, 본교 교장이 특히 수학의 능력이 있다고 인정한 자는 연령에 불구하고 입학을 허락할 수 있었다. 조직은 교장, 부관, 학도대장, 학도대부관, 학도대 중대장, 학도대 구대장, 주계(主計) 서기 등으로 구성되었다. 학과목은 군사학, 마술, 검술, 유도 등이었고, 수학기간은 만 12개월이었다. 졸업생은 참위(參尉)에 임명하며 대부속(隊附屬) 혹은 기타 근무를 명했다.[28]

② 위생병 양성소

위생병 양성소란 1920년 1월 31일 대한적십자사에서 부설한 간호원 양성소를 말한다. 이는 대한적십자회에서 임시정부의 정부활동에 지원을 하는 과정에서 외교적인 활동뿐만 아니라, 독립전쟁에 대비하여 만든 것이다. 독립신문 1920년 2월 7일자에 게재된 적십자간호원양성소(赤十字看護員養成所)의 개학에 관한 내용을 보면 다음과 같다.

> 畢業期間은 3개월이요 수업기간은 매주 18시간이며 실습은 중국 紅工學病院 의사 金昌世(同胞)의 소개로 상해시내 각 병원에 의뢰하게 되었으며 학과의 정도는 본국 각 의학교의 看護員으로 하여금 구국에 필요한 의사의 지식을 得케 하고자 함이라. 혹은 3개월의 단시간에 이는 불가능하리라 할지나 현재 양성소의 학생은 모두 중등 이상의 교육은 受한 者며 一週 18시간은 결코 少한 시간이 아니라……(하략)……

---

27) 李延馥, 1999 앞의 책, pp.180~181.

28) 獨立運動史編纂委員會, 1972 ＜臨時陸軍武官學校 條例＞ ≪獨立運動史≫ 4, pp.399~403.

이 때 입소한 학생은 모두 중등교육을 필한 남자 3명 여자 10명이었으며 담당교수는 김·정·곽의 3의사였다고 한다. 그러나 이 적십자간호원양성소는 그 해 제 1기생을 배출하고 자금관계 때문에 중지되고 말았다.29)

2. 삼균주의와 건국강령의 교육이념과 정책

1) 삼균주의와 교육이념

삼균주의는 임시정부가 침체기로 접어들고 일제탄압이 가중되던 시기에 민족의 융합과 독립정신의 올바른 국가목표지향을 의도로 하여 발표되었다.

> 우리나라의 건국정신은 三均制度에 역사적 근거를 두었으니 先民이 明命한 바 "首尾均平位라야 興邦保泰平하리라" 하였다. 이는 각 계급의 智力과 權力과 富力의 享有를 均等하게 하며 國家를 振興하며 太平을 보유하라 함이니, 弘益人間과 理化世界하자는 우리 민족이 지킬 바 最高公理이다.30)

1941년에 발표된 임시정부 건국강령의 기본이념은 삼균주의의 균등론에서 출발했음을 알 수 있다. 이와 같이 건국강령에서 주장되었던 삼균제도는 건국강령 발표 전인 1931년 임시정부에서 발표한 '대외선언'에서 그 원칙을 표명하고 있다.

> 보통선거제도를 실시하여 政權을 均하고 國有제도를 채용하여 권리를 均하고 公費교육으로서 學權을 均하며 국내외에 대하여 민족자결의 권리를 보장하여서

---

29) 獨立運動史編纂委員會, 1972 앞의 책, p.403
30) 國史編纂委員會, 1968 ≪韓國獨立運動史≫ 자료 1, p.360.

민족과 민족, 국가와 국가의 불평등을 革除할지니 이로써 국내에 실현하면 특권 계급이 곧 消亡하고 소수민족의 侵略을 免하고 정치와 경제와 교육권리를 고로 히하여 軒輊이 없게하고 同族과 異族에 대하여 또한 이러하게 한다.[31]

이것은 우리민족 독립운동의 방향을 정치·경제·교육의 새로운 인식으로 하여 삼균을 민족의 좌표로 삼자는 것이다. 임시정부에서는 대외선언 이후 기회 있을 때마다 삼균주의에 입각한 정책실현을 강조하고, 삼균제도가 임시정부 정치철학의 근저를 이루고 있음을 밝혔다.

삼균주의 협의적인 측면, 광의적인 측면으로 나누어 볼 수 있다. 먼저 임시정부는 협의로서의 삼균주의로 정치균등 = 균권 = 권력의무, 경제균등 = 균부 = 활력, 교육균등 = 균학 = 지력의 세부정책을 열거하였다. 그 중에서 교육균등의 체계를 보자면 조소앙이 대전제로 제시한 것은 국비에 의한 의무교육을 실시하여, 전국민이 한사람이라도 교육의 기회를 상실하지 않는 것이다. 또한 고등교육기관으로 동방학원을 설립하고 세계 유명교수들을 초빙하여 智力의 향상을 꾀하고자 하였다. 이를 현실화시키기 위한 전제조건으로 농업, 공업, 과학인으로 구성된 삼인주의와 위생, 혜생, 우생의 삼생을 설정하고 있다. 3인과의 조화를 목표로 한 조화의 개념을 삼생이라 하는데 인간의 환경적·유전적·의학적·우생학적·생물학적·정신적 차원의 개념을 포함하고 있다. 이와 같이 3인과 3생의 조화적 화합은 계속해서 심력 = 덕유, 뇌력 = 지육, 체력 = 체육 등의 전인 교육적 요소와 연결되고 있다. 이렇게 형성된 조화를 갖춘 인간을 '인력'이라 하며,[32] 이 인력이 조국광복 후 여러 분야에서 국가발전에 앞장 설 역군이 되는 것이다. 한편 광의의 삼균제도로 인여

---

31) 秋憲樹, 1971 ≪資料韓國獨立運動≫ 1, 延大出版部, p.409.
32) 洪晫善, 1988 <趙素昂의 敎育均等論 研究> ≪三均主義研究論集≫ X, pp.45∼47.

인(人與人) 균등, 족여족(族與族) 균등, 국여국(國與國) 균등으로서 민족과 국경을 초월하는 이론의 정립을 체계화한 것이다.

따라서 임시정부가 한국독립운동 전개시기에 있어서 민족정신의 방향을 삼균주의에 입각한 이론과 그 실천 추구로 정한 것은 적에 대한 보복에만 치중한 것이 아니라 정의와 인도에 따른 민주국가 건설을 지향함에 있는 것이다.[33]

2) 건국강령과 교육정책

1941년 11월에 임시정부 건국강령이 제정·공포되었다. 당시는 중일전쟁이 지구전의 양상으로 변모해 가고 중국 측이 점차 유리해짐에 따라 우리의 항일 구국운동 역시 국제정세의 변화 속에서 새로운 진로를 모색케 되었고, 건국강령의 공포는 광복운동의 최종적 달성을 위한 것이었다.

건국강령 공포의 이유는 1924년 3·1절 기념선언에서 밝히고 있다.

① 민족의 정치의식을 여기에 집중함과 함께 신앙을 여기에 확립하게 하기 위함이다.
② 민족정기와 혁명공리를 여기에 통일하기 위해서이다.
③ 선한 것을 가져 굳건히 하고 참으로 알아 힘써 행하여 가닥길에 방황, 배회하지 않게 하기 위해서이다.
④ 일관 불변하는 政經원칙을 뚜렷하게 내세워 국민의 정치노선을 지도하기 위해서이다.
⑤ 역사와 문화에 근거하고 한편 과학 방법도 취하여 繼往開來의 민족임무를 윤건히 하기 위해서이다.

---

33) 金鎬逸, 1981 ＜大韓民國 臨時政府의 敎育思想＞ ≪韓國史論≫ 10, pp.195~196.

⑥ 국내 실정을 참작하고 각국 제도를 비판하여 우리 민족 전체 최다수의 공동
　요구에 부응하기 위해서이다.

⑦ 옛 것을 버리고 새것으로 나가며 사사로운 것을 버리고 공평한 것을 집행하여
　萬世에 태평을 열고 인류평화를 도모하기 위해서다.

⑧ 强度를 응징 퇴치하고 침략자의 무장을 해제하여 제국주의자의 독균을 소멸
　하기 위해서이다.

⑨ 本 정부의 최고 임무달성 즉, 삼균주의를 戰後에 완성하기 위해서다.[34]

이것은 삼균주의를 정책면에서 뚜렷이 하고 우리나라의 역사와 문화를 근
저로 민족의 의무·조국광복을 실천하려는데 그 뜻을 두고 있다. 건국강령은
전문 3장 24항목으로 구성되어 있는데 제 1 장 총강, 제 2 장 복국, 제 3
장 건국의 단계이다. 제 1 장 총강은 7항목으로 대한민국 임시정부의 정통성
과 삼균제도의 원칙이 우리나라 고유의 건국정신에서 나왔음을 강조했고,
2장 복국기는 10항목인데 여기서는 3단계로 나누고 나머지는 실천 방법으로
제시하고 있다. 그 3단계는, 첫째, 국가를 건설하여 일본에 대한 혈전을 정부
로서 계속하고, 둘째, 그 결과로 일부 국토를 회복하고 국제적 지위를 본질적
으로 인정받는 시기, 셋째, 적의 세력으로부터 완전히 해방되고 정치·경
제·교육문화 등을 완전히 탈환하여 각국 정부와 조약을 체결하는 것으로
보았다. 3장 건국에서는 7항목 중 3항을 정의로 내리고 나머지 4항목을 실천
항목으로 하였다. 제 1기는 적의 통치기구를 완전히 박멸하고 삼균제도의 강
령과 정책을 국내에 추행 시작하는 과정, 2기는 삼균제도를 골자로 한 헌법을
실시하는 과정, 3기는 건국과 관련된 제 분야의 건설예정계획을 실시해 가는
과정이라 보았다.[35]

---

34) 獨立運動編纂史委員會, 1972 앞의 책, pp.829~830.

건국강령의 공포는 우리민족 독립투쟁의 방향을 명확히 제시하였고, 임시 정부에서는 그에 상응하는 노력을 기울이고 있음을 살펴볼 수 있다. 건국강령 에서는 교육정책의 방향 역시 뚜렷이 제시하고 있는데 제2조 7항의 내용을 보자면 아래와 같다.

七. 건국 시기의 헌법상 교육의 기본원칙은 국민 각개의 과학적 지식을 보편적으 로 균등화하기 위하여 左列한 원칙에 의하여 교육정책을 推行함.

(一) 교육의 宗旨는 삼균제도로 원칙을 삼아 혁명공리의 민족정기를 配合發揚 하며 국민도덕과 생활지능과 자활능력을 양성하여 완전한 국민을 조성함 에 둠.

(二) 6세부터 12세까지의 초등 기본교육과 12세 이상의 고등기본교육에 관한 일절 비용은 국가가 부담하고 의무로 시행케 함.

(三) 학령이 초과되고 초등 혹, 고등의 기본교육을 받지 못한 인민에게 일률로 면비 보습교육을 시행하고 빈한한 자세로 의식을 自供하지 못하는 자는 국가에서 大共함.

(四) 지방의 교통·문화·경제 등 情形에 따라 일정한 균형적 비례로 교육기관 을 設하되 최저 한도를 每一邑 一面에 5개 소학과 2개 중학, 每一郡 一島 一府에 2개 전문학교 每一道에 1개 대학을 설치함.

(五) 교과서의 편집과 인쇄발행을 국영으로 하고 학생에게 무상 분급함.

(六) 국민병과 상비병의 기본 지식에 관한 교육은 전문학교의 필수과목으로 함.

(七) 공사립학교는 일률로 국가의 감독을 받고 韓僑의 교육에 대하여 국가로서 교육정책을 推行함.[36]

이상과 같이 교육평등을 기초로 하여 교육이념·교육정책 안배 등의 교육

---

35) 李延馥, 1999 앞의 책, pp.48~49.
36) 國史編纂委員會, 1968 앞의 책, p.364.

내용이 확립되었다. 그 내용을 요약하면 크게 4가지로 나뉘어 진다. 첫째, 의무교육제의 실시와 학령 초과자에 대한 보습교육의 실시제안은 일제식민지 체제에서라도 교육수준의 전반적 향상과 국민 개개인의 지식수준 향상을 위한 조처였다. 둘째, 교육기관의 설치기준과 지역적 안배는 국민교육의 기회균등을 국가에서 정책적으로 늘려가자는 방책이었다. 셋째, 교과서 편찬과 공급에 관한 사항 역시 임시정부 초기 시정방침에서부터 대두되었던 시책으로 교과서 편찬을 통하여 국민에게 독립투쟁의식의 고양과 민족정신의 고취를 꾀하려는 의도였다. 넷째, 군사교육의 강화는 임시정부 독립노선의 변화에 따라 더욱 활발히 논의·진행되어졌다.

건국강령에서 제시한 이 같은 교육이념과 그 실천안 등은 민족교육계획의 단계적 실시안을 명확히 제시해 주었고 일제탄압 아래서도 굽히지 않고 민족교육을 전개시켜 나갔다.

3) 교육정책이 광복투쟁에 미친 영향

임시정부 30년 정책의 결정체라 할 수 있는 건국강령에서 "전 국민을 대상으로 한 국민교육의 정책"을 책정한 것은 당시 현실적 입장에서 보면 무리가 따른 정책이었지만, 그것은 다음과 같은 의도에서 시작된 것이다. 즉 임시정부에서는 일제 식민지 정책에 따른 한민족 문화와 민족성의 말살은 국력의 약화에 기인했음을 익히 깨닫던 바였다. 따라서 그 방책으로 교육을 국력회복의 원동력으로 삼았으며 국민전체를 대상으로 한 것도 전 국민의 각성을 필요로 했기 때문이었다.

문화상으로 한국 인민을 어떻게 노예화 하였는가? 日人들이 문화적으로 한국인을 노예화 시키는데 있어 그 대표적인 예가 언론·출판에 대한 압박이라 하겠다.……(중략)……그 둘째 방법을 본다면 한국역사는 배우는 것을 완전히 금지 당하고 있다. 1935년 보통학교 역사교과서를 들추어 보면 총 3백 30페이지 가운데 한국 역사가 22페이지를 차지하고 있었다. 그나마도 거의가 사실과는 거리가 먼 왜곡된 것이었는데……(하략)……[37]

이와 같은 상황에서 임시정부 건국강령 교육정책의 발표는 단순한 차원을 떠나서 민족 최고의 과제인 조국 독립에의 매진이었고, 교육기회의 균등을 통한 국민교육체제의 실현을 추구하는 것이었다.

국비교육에 의한 "전 국민 대상의 교육정책 실시"는 건국강령에 명시된 "의무교육"과 "보습교육"이 기본 요소이다. 의무교육실시에 관한 사항은 대한민국 임시헌장의 공포에서부터 시행된 임시정부 교육정책의 가장 큰 관심 분야였다. 물론 임시헌장에서는 그 실시기준을 보통학교로 규정하였고, 이 기준이 건국강령에 와서 넓게 책정되었던 것이다. 보습교육의 실시 역시 임시정부에서 정책으로 내세우기 이전부터 반드시 강구되어야 할 시책으로 반영되고 있었다. 이는 동아일보의 사설을 통해서도 나타나고 있다.

……(상략)……目下 조선의 교육문제에 있어서 초등교육 보급이 급무인 것은 누누히 더 말할 필요도 없거니와 그 다음으로 필요하고 緊急한 것은 보습교육의 진흥이다. 지금 각지의 보통학교에서 年年히 졸업하는 생도들의 상황을 살펴보면 그 중에서 고등보통학교나 사범학교, 실업학교 등으로 가는 사람은 극히 소수에 불과하고 기타의 대다수는 각각 자기의 집에 머물러 있게 되는 모양이다……(중략)……지금 조선에서는 이 방면의 교육이 여하한 상태에 있느냐 잠깐 그 시설을 一瞥하면 幼稚하고 빈약하기 짝이 없다. 1917년 5월 말일의 통계에 의하면 전

---

37) ≪獨立新聞≫ (중경판) 대한민국 26년 8월 29일.

조선을 통하여 공립실업보습학교의 수가 불과 18이오 생도수가 겨우 895명 밧게
아니되며 충북, 함북 등 諸道에는 一校의 시설도 업스니 어찌 幼稚한 일이 아니
냐……(하략)……38)

위의 사설과 같이 식민정책 아래서 한민족은 점차 문맹화·노예화되어갔
다. 임시정부에서는 이 같은 실정을 명확히 파악하고 있었기에 초기부터 학교
나 기관지 등을 통해 문화민족으로서의 국민의 각성을 촉구하였고, 그 정책은
건국강령을 통해 결실을 맺게 되었다.

다음으로 뒤따른 정책이 교과서 편찬과 국민병의 문제였다. 이 문제 역시
조국 독립의 현실화를 위해서 간과할 수 없는 사항이었다. 교과서 편찬은 '말
살된 민족문화의 재건'이란 의미에서 추진된 항목이었다. 또 군사교육문제는
임시정부에서 신흥무관학교·성동무관학교 등 무관학교의 설립을 통하여 민
족의 단결과 민족정신교육을 강조하면서 국방의 중요성을 군인들 이외의 모
든 국민과 함께 인식해야 할 문제였음에서 취해진 조처였다.

결국 임시정부에서 조국의 독립을 위하여 초기부터 책정·실시된 이와 같
은 정책들은 '건국강령'의 공포를 통해 결실을 맺게 되었다. 단지 그 실시
과정에 있어 몇 가지 취약점을 지니고 있던 바, 우선 지리적인 문제로 인한
활동상의 제약과 재정부족에 따른 실천성의 미약 등이다. 그러나 현실적 진행
의 무리에도 불구하고 임시정부가 펼친 국민교육과 민족문화재건에 대한 노
력은 조국 독립을 위해 꾸준히 진행되어졌다.

해방 후 임시정부의 교육정책은 외세에 의한 국토의 분단과 임시정부요인
들의 정치적 영향력의 감소로 의도하였던 것보다도 실천 항이 많이 줄어들게
되었다. 건국강령에서 제시한 교육방침 중에서 "홍익인간"의 교육이념을 제

---

38) ≪東亞日報≫ 1924년 12월 30일.

외하고는 정책의 제도적인 계승이 어려운 형편이었다. 그러나 그 뒤 1948년 "대한민국헌법"과 "1949년 교육법"의 통과로 임시정부에서 추진한 교육정 책들은 계승되었고 시대적 변화를 거치면서 현대까지 그 맥락을 함께 하고 있다.39)

맺음말

지금까지 우리나라 최초의 민주공화제 정부인 대한민국임시정부가 국권회 복을 목표로 하고 실시한 교육면의 활동에 관하여 살펴보았다. 이러한 임시정 부의 교육정책 실시의 의미를 요약해 보면 다음과 같다.

첫째, 임시정부에서는 국권회복의 원동력을 민족교육의 존속·유지라고 인식하고 정부수립과 더불어 교육방침을 책정하였다. 또한 그 실천 방책으로 인성학교를 비롯한 민족교육기관을 설립하여 항일 민족교육의 기반을 만들 었으며, 문화민족의 역량을 성장시켜 국내외 동포들에게 애국심의 배양과 민 족의 단결성을 촉구하였다.

둘째, 재정 및 기타 정부활동의 미진 등으로 인하여 교육정책 추진이 실질 적인 침체에 빠져 있을 때 1941년 삼균주의를 바탕으로 한 건국강령의 반포 는 정치·경제 등 사회 제분야에 활기를 불어 넣어 주었다. 특히 교육정책에 서도 커다란 원동력이 되었다. 건국강령에서도 교육의 이념을 홍익인간과 이 화세계에 두고 교육의 확대화에 초점을 두었다. 단지 정책 시행 상에 있어 본래 방침과는 달리 전 국민 교육 확대 실시의 실시성 부족과 군사교육의

---

39) 대학의 경우 한 예로 국민대학교는 '임시정부가 세운 대학'으로 자임하고 있다(박종기·장 석홍·김용달·김동명, 2001 ≪다른 역사, 다른대학 - 국민대학교 뿌리를 찾아서 -≫ 참 조).

치중이란 면에서 문제점을 지니고 있다. 그러나 의무교육제의 확대 실시, 성인교육의 시행, 교육기관의 설치 기준과 지역적 안배로 매1읍 1면에 5개 소학교와 2개 중학교를 목표로 했고, 교과서 편찬, 해외교포 교육의 처리 등과 같은 실천계획의 작성은 민중을 위한 민족교육 계획의 단계적인 실시를 제시해 주고 있다. 즉, 건국강령의 반포는 일제 식민치하에서 임시정부에서 추진된 교육정책의 결실이라 하겠다.

셋째, 광복 후 미군정 아래서 임시정부 교육정책은 좌절하였지만, 건국강령에서 제안했던 항목 중 홍익인간의 교육이념과 의무교육제의 정책이 1948년 대한민국 헌법과 1949년 교육법에 계승되어 임시정부에서 추구하고자 했던 민족교육 계획이 명맥을 유지했다고 본다.

결국 임시정부 30년 간 시행된 교육정책은 현실적인 역경에도 불구하고 민족해방과 국권회복을 위한 기반이 되었으며 그 실천 항을 통하여 일제하에서도 한민족의 민족문화 정신을 이어주는 매개체 구실을 충실히 해 주었고 그 정신은 해방 후 오늘날까지도 맥락을 함께 하고 있다.

Ⅳ. 대한민국 임시정부의 역사적 위상

머리말

3 · 1운동의 괄목할만한 성과중의 하나가 대한민국 임시정부의 수립이다. 임시정부는 민족 스스로의 힘으로 일제에 의한 통치를 배제하고 국제적으로 한국 민족의 독립을 보장받고자 하였으며, 종래의 군주제를 부정하고 민의에 기초한 민주공화정체로 수립됨으로써 민족 · 민주통치체제의 모체가 되었다.

이러한 대한민국 임시정부는 1919년 8개 처에서 수립 선포되었지만 이는 곧 하나의 정부로 통합되어 1948년까지 한국민족의 정신적 지주로서 또 한국 독립투쟁의 최고 대표기관으로서 역할을 해왔다. 그런 까닭에 임시정부가 한국민족사에서 차지하는 정신사적 의의는 매우 중요하다고 하겠다.

본고에서는 이러한 임시정부의 국내외적 활동을 개괄적으로나마 살펴봄으로써, 일견 임정이 국민대중과는 무관한 몇몇 망명자들의 집단이라는 견해가 잘못된 것이라는 것과 정통성을 갖는다는 것을 실증적으로 밝히고자 한다.

이를 위해서, 첫째 임시정부가 가장 활발하게 활동한 초기의 중핵을 이루는 교통부 관할의 교통국과 내무부 소관 지방행정기구인 연통부에 대하여 살피고, 둘째 독립운동의 가장 중요한 방법 중의 하나인 국제여론조성을 위한 외교활동에 대하여 소개하고, 셋째 외교활동과 더불어 가장 적극적인 독립활동으로 평가될 수 있는 군사활동, 그리고 임정의 민족사적 정통성 등에 대하여 고찰하고자 한다.

1. 연통부와 교통국의 설치

임시정부는 내정과 교통분야의 내외통할정책을 추진하고, 이를 위하여 비밀 행정조직인 연통부와 교통국을 설치하였다. 이는 둘다 지방행정 조직망으로 상해지역과 국내의 각 도·군·면·리 단위의 행정구역 말단에까지 연결되어 있었으며 각각의 지부에는 책임자를 두었고, 교통통신 및 자금조달등의 업무를 수행함으로써 임정 내에서 중요한 역할을 하였다.

연통부는 임정이 국내에 실시한 지방제도로 파악된다. 이는 내무부 소관 사항으로, 당시 내무총장인 안창호의 재임 중인 1919년 7월 10일 대한민국 임시정부 국무원령 제1호로 임시연통제가 공포되면서 시작되었다.[1] 임시연통제에 의하면 연통부를 나누어 각 도에 감독부, 각 군에 총감부, 각 면에 사감부를 두었으며, 10월 17일 그 관제가 발표되어 11월 30일 서울에 임시총판부가 설치되면서 국내에 그 조직이 확대되었다. 실제로 그 감독부 조직은 전북·전남·함북·함남·경기도 지역에서 확인되며, 적어도 10개소에 총감부가 설치된 것은 확실하다.[2]

---

1) 독립운동사편찬위원회, 《독립운동사 자료집》 9, pp.77~81.

제1호 임시연통제에 의하면 연통 각 기관의 업무는 법령 및 공문의 전달·군인소속의 징집·군수품 조사·시위운동의 진행·애국금의 각출·통신 등 다양하였다. 또 1919년 12월 1일 공포된 개정 교령 제2호가 공포되었는데, 이는 제1호에서 주어진 업무의 계속성을 명백히 하고 있다.[3]

그런데 이 연통제는 황해도·평안남북도·함경남북도에서는 순조롭게 실시되었으나 경기도·충청남북도에서는 일부지방만이 실시되었고, 강원도·경상남북도의 경우는 거의 실시되지 못하였다.

이러한 상황에서 1919년 9월 일제에 의하여 평남 특판원 유기준이 체포당한 것을 시작으로 많은 활동가들이 검거됨으로써 연통제는 위기에 직면하기도 하였다.

한편 교통국의 설치에 관한 최초의 기록은 1919년 5월 12일 국무위원 조완구의 시정방침 연설중 '교통부에는 완전한 기관 4개를 설치할 것'에서 나타난다.[4]

이와 같은 방침에 따라 그 해 5월 국내로 들어오는 교통의 요지인 만주지방의 안동에 교통부 안동지부가 설치되었다. 이 안동지부는 임정 초창기부터 국내 정보를 활발히 통신하여 독립운동의 연락자 구실을 하였다.[5] 또 안동교통지부 사무국이 조직된 이후 3개월만인 8월 20일 임시지방 교통사무국 장정이 공포되었으며 이듬해 1월 30일 교령 제2호로 개정 공포되었다.[6]

---

2) 朝鮮總督府 法務局, 1931 《秘 朝鮮獨立思想運動の變遷》, p.28 ; 在上海日本總領事館 警務部, 1946 《朝鮮民族運動年鑑》, pp.45~46(이하 '年鑑'이라 略記).

3) 國會圖書館, 1976 《韓國民族運動史料(中國篇)》, p.81; 大韓民國臨時政府編(1948) ＜臨時地方聯通制關係法令集＞(가로 10.5cm×세로 16cm 총 77쪽) 수록(李延馥, 1999 《大韓民國臨時政府 30年史》, 國學資料院, 서울, pp.452~494).

4) 《年鑑》, p.15 ; 國史編纂委員會, 1971 《韓國獨立運動史資料》 2 -臨政篇-, p.397.

5) 독립운동사편찬위원회, 1975 《독립운동사자료집》 9 -임시정부사자료집-, pp.834~845.

이에 따라 안동교통사무국을 필두로 1922년 4월까지 조직되어 활동한 교통기관은 임시안동교통사무국·의주군교통국·강변 8군 임시지방교통국·임시함경남도 교통사무국·관전통신국·간북교통부·서울(경성)교통국 등으로 파악된다.7) 이로써 교통국 조직망에 포함된 지역은 평안남북도·함경남도·황해도·서울·만주라는 것이 밝혀진다.

이러한 교통국의 주임무는 임정의 자금조달과 통신연락·신의있는 인재발굴 등이었다. 실제적인 활동을 구체적으로 살펴보면, 가장 활발하였던 안동교통사무국은 1919년 11월 17일 평양지국에서 조선문활자 18개(7,300자)를 독립신문 사장 이광수 앞으로 송부하였고, 같은 해 12월 30일 장종삼이 사무국장 홍성익을 경유하여 송부한 조선지도 569매가 정부에 도착하였으며, 독립운동가의 상해와 안동간의 왕복은 물론 무기와 탄약의 운반까지도 담당하였다.8) 또 압록강 유역에 설치된 강변 8군 교통국은 국내독립운동의 상황은 물론 만주지방의 동향까지 보고하였고, 후일 대한청년연합회와 광복군 총영 등을 조직하여 활동하였다.9)

그런데 안동교통사무국은 1921년 후반부터 1922년 초까지 그 활동이 활발하였으나 이후 주요 활동가들이 일제에 검거됨으로써 침체의 위기에 빠진 것 같다.

연통부와 교통국의 조직이 없었던 중부 이남지방은 국내동포의 애국적 조직이 이를 대행하고 있었다. 강원도와 충청도 일부에는 대한독립애국단, 속칭

---

6) 國史編纂委員會, 1971 앞의 책, p.76 ; ＜獨立＞(獨立新聞) 大韓民國 元年(1919) 8월 26
   일, p.1 ; 金正明, 1967 ≪朝鮮獨立運動≫ Ⅱ -民族主義運動篇-, pp.120～121 ; 國史編纂
   委員會, 1979 ≪韓國獨立運動史 資料≫ 3 -臨政篇Ⅲ-, p.188.
7) ≪年鑑≫, p.164 ; 洪相杓, 1966 ≪間島獨立運動小史≫, pp.33～40.
8) ≪年鑑≫, p.39 ; 독립운동사편찬위원회, 1975 앞의 책, p.835.
9) 독립운동사편찬위원회, 1972 ≪독립운동사≫ 4 -임시정부사-, p.297.

철원애국단이 그 임무를 수행하였고, 그밖에 중부 이남에서는 대한민국청년
외교단의 조직이 대행하였다. 이 무렵 대동단, 서울의 대한민국애국부인회,
평양의 대한애국부인회, 대한적십자회도 임시정부와의 관계 위에서 활동하고
있었다. 그리고 대한민국임시정부의 해외동포사회에 대한 지방조직은 거류민
단이었다. 그런데 거류민단조직은 상해 등의 중국 본토에만 있었고, 미국과
멕시코・프랑스에서는 대한인국민회의 조직이 대신하였고, 만주에서는 대한
민국임시정부 산하에 결성되어 있던 서간도의 서로군정서와 북간도의 북로
군정서의 조직이 대신하고 있었다.

2. 외교활동

대한민국 임시정부는 국제 여론을 조성하여 열강으로부터 후원을 받아 독
립을 쟁취하는 한 방법으로 외교활동을 적극적으로 추진하여, 중국과 소련으
로부터는 정치적・재정적・군사적 지원과 협력을 받아내었으며 손문의 호법
정부로부터는 공식적인 승인을 얻는 등, 그 활동이 괄목 할만 하다.

이러한 초기 외교활동의 당면목표는 국제연맹에의 가입과 강화회의에 한국
문제의 상정이었음이, 1919년 5월 11일 국무위원 조완구가 발표한 정부 시정
방침과 같은 해 7월 8일 안창호가 발표한 시정방침, 그리고 동년 9월 17일경
결정된 것으로 추측되는 '대한민국임시정부시정방침'에서도 밝혀진다.[10]

이에 따라 임정은 신한청년당에서 국민대표로 파리에 파견한 김규식을 외
무총장 겸 주 파리위원으로 임명하여 대한민국 임시정부의 정부대표로 삼아

---

10) 國史編纂委員會, 1971 앞의 책, pp.397~400 ; 國會圖書館, 1976 ≪韓國民族運動史料
　　≫ 中國篇, pp.110~114.

외교활동을 전개하도록 하였다.

그러나 1919년 파리강화회의와 1921년 태평양회의에서 한국문제 상정이라는 목표가 좌절되었다. 이로 인하여 임정은 그 목표의 수정이 불가피하였다. 임정은 실패의 원인을 일본의 국제적 지위와 그들의 외교활동의 결과로 파악하고, 1922년에는 '세계 각국에 대한 친교 강화'로 그 목표를 변경하였다. 즉 세계열강으로부터의 한국독립의 보장 획득으로부터 임시정부의 승인과 독립운동의 지원 획득으로의 전환이었다. 이는 세계정세에 대처하여 단기적 외교에서 독립운동의 장기화에 대비한 장기적 외교로 정책이 변한 것으로 평가된다.[11]

이러한 임시정부의 노력으로 미국·영국·프랑스·중국·소련 등 각 국의 국회에서 한국의 독립문제가 큰 쟁점으로 제기되어 격렬한 토론이 전개되었으며 각 국의 유명 언론이 한국의 입장을 옹호하는 기사를 보도하였을 뿐만 아니라 한국의 독립을 후원하는 민간단체가 미국·프랑스·영국 등지에 결성되었다. 그 대표적인 단체는 한국친우회(The League of Friends of Korea)로서 각 국의 유명 인사들로 조직되어 한국의 독립을 적극 후원 또는 지지하였다.

그런데 1930년 전후에 베르사이유 체제의 모순이 노출되면서 세계는 새로운 혼란과 격동기에 접어들었고, 이러한 상황에서 일본이 만주사변을 일으켰다.

이러한 변화에 직면한 임정은 외교활동을 한층 강화시켜, 1933년 1월 20일 항주에서 개최된 제10회 국무회의에서는 외교방침을 '역사적·지적 원근·정체의 이동을 불문하고 일본의 침략적 무력과의 직접 충돌이 불가피한 국가

---

11) ≪獨立新聞≫ 第24號(1922. 5. 6).

들을 우방으로 하여 적극적인 외교를 펼치는 한편 극동지역의 약소민족들과 공동보조를 취하는 것'으로 세웠다.12)

그리고 외교기구를 정비 강화시켰다. 즉 1934년 외무부에 외무위원회를 설치하여 외교에 관한 중요 사항을 협의·결정하였으며, 국제외교의 중심지인 미국에 주미외교행서를 설치하여 조소앙·최동오·신익희를 외무위원으로 주미외무행서에 이승만을, 주하와이 외무행서 특파원에 이용직을 임명하였다. 1935년 진강(鎭江)으로 옮긴 임시정부는 미국과 중국에 대한 외교를 중점적으로 전개하는 한편 프랑스에 체류하고 있는 서영해를 외교 특파원으로 임명하여 각 국 인사와 한국문제를 선전하도록 하였다.13)

중·일 전쟁이 전개된 직후인 1937년 10월 16일, 제30회 임시의정원회의에서 조완구가 발표한 시정방침 중 외교에 관한 부분에서 '보통외교와 특수외교의 양 방면으로 노력하고 원지(遠地)의 선전연락을 충실히 진행하여 그들의 인식과 정의(情誼)를 돈밀(敦密)케 하며, 유관계한 국가와의 진일보 밀접한 특수 우의를 노력한다.'고 밝혔다. 그리고 같은 해 11월 국무회의에서 결의한 독립운동의 방략 중 외교방면은 '중국을 위시하여 각 우방을 향하여 임시정부의 법적 승인을 요구하며 아울러 각종의 원조를 청할 것'이라고 밝혔다.

이 기간 중 외교활동에 의하여 괄목할 만한 성과를 거둔 것은 대중(大衆)외교였다. 중국 국민당 정부는 비록 임시정부를 정식으로 승인하지는 않았으나 사실상의 외교관계를 지속하여 임시정부에 대하여 군사적으로나 경제적으로 막대한 지원을 하였다.

---

12) 國史編纂委員會, 1970 ≪韓國獨立運動史 資料 I ≫ -臨政篇-, pp.62~63.
13) 國史編纂委員會, 1970 앞의 책, p.77.

1940년 세계 제2차 대전의 발발은 우리 독립운동계에 새로운 활기를 주었다. 이 때 임시정부는 국무회의를 개최하여 '독립운동 방략'을 결정하였다. 이 방략은 조직·군사·외교·선전·정보의 5개 항으로 나누어 앞으로 3년간의 독립활동 방향을 제시하였다. 이 중에서 외교부분과 선전부분을 보면 '중국을 위시하여 각 우방에 대하여 임시정부의 법적 승인을 요구하며 아울러 각종 원조를 요청할 것과 국내외 각지에 선전기관을 설치하고 종래의 방법으로 우리의 정세와 독립운동의 실정을 내외국인에게 선전하여 원조를 구할 것'으로 되어있다.

한편 중·일전쟁의 격화와 더불어 한·중 유대관계가 더욱 긴밀해지자, 정부는 한·중 양국의 공동의 적인 일본에 대항하고자 한·중 공동전선을 펴도록 힘썼다. 그리하여 중국정부에 대하여 임시정부의 정식 승인을 촉구하고 광복군을 창설하여 중국 측과 광복군에 관한 협정을 추진시켜 나갔다. 임정은 중·일전쟁의 개전에 따라 즉각적으로 외교정책의 방향을 참전외교로 전환시키고, 1940년 9월 17일 대한민국의 국군으로서 광복군을 편성하여 한·중 연합 항일전선의 필요성을 강조하였다.[14] 이것은 임정이 중·일 전쟁에 정식으로 참전함으로써 임정에 대한 국제적 관심을 증대시키고자 한 것이다.

이와 같은 임정의 정책은 중국 측으로부터 상당히 좋은 반응을 불러 일으켰는데, 당시의 임정이 놓인 여건으로 보아 타당한 정책이었던 것으로 평가된다.

그러나 이러한 임정의 노력에도 불구하고 일제의 국제적 지위와 외교활동으로 인하여 여러 차례 국제회의에서 열강으로부터 외면당하였으며, 중국 역시 정식 승인을 미루어 왔고 미국과의 외교관계 수립도 광복 때까지 성취되지

---

14) 독립운동사편찬위원회, 1972 앞의 책, p.844.

못하였다. 그럼에도 불구하고 손문(孫文)의 호법정부(護法政府)가 1920년 11월 18일 임시정부를 승인하였다는 기록이 있고, 리투아니아 정부, 에스토니아, 폴란드 망명정부, 그리고 프랑스 망명정부가 임정을 승인하였다는 주장이 있다. 또 중국정부가 임정의 활동을 용인하고 중국 영토 안에서 광복군을 창설하여 항일전에 공동 참여하고 임정과 협정을 체결 지원하였다던 점은 임정을 사실상 승인한 것이라 할 수 있다. 미국의 경우도 사정은 비슷하였다.[15) 특히 1943년 11월 27일 미·영·중 3국의 카이로 회담에서 적당한 시기에 한국민을 노예상태에서 독립시킬 것을 결의한 것은 결코 불로소득이 아니었다.

임정의 활동은 해방될 때까지 꾸준히 지속되었을 뿐만 아니라 임정이 환국 후에는 중국에 '대한민국임시정부주화대표단(大韓民國臨時政府駐華代表團)'(1947년 1월 1일 후 한국주화대표단)을 설치 주중대사관의 기능을 맡게 하였고,[16) 1945년 12월 모스크바 3상회의에서 신탁통치가 발표되자 미·영·중·소 4개국의 수상에게 한국이 즉시 독립과 신탁통치 반대 결의문을 보내는가 하면 그 후 미국·소련의 점령군 철퇴 등을 요구하였다.

3. 군사활동

임시정부의 초기 군사 활동은 '대한민국임시정부 시정방침(1919. 9. 17)'에 의해 만주지역에 산재해 있던 독립군인 중광단·대한국민회 북로군정서와 서로군정서·광복군총영 대한독립군 한족회보합단 대한청년단연합회·대한독립단 등에 의존하였다. 이들 독립군들은 임정의 수립과 더불어 임정의

---

15) 정용대, 1997 <大韓民國臨時政府의 外交活動에 관한 硏究> ≪大韓民國臨時政府의 法統과 歷史的 再照明≫, pp.149~169.

16) 駐華代表團에 대해서는 이연복, 1999 앞의 책, pp.283~316 참조.

후원·송금 등을 받았다. 그러므로 임정의 군사 활동은 1920년대까지는 전술한 독립군에 의존하였다.

그런데 1937년 중·일 전쟁이 발발하자 군사적인 측면에서 한·중 관계의 긴밀한 협력이 요구되었으며, 이에 따라 임정의 광복활동은 일대 전환기를 맞이하였다. 이 시기에 임정 내에는 군사위원회가 조직되어 '장교와 병력을 통일적으로 훈련할 것이며 혁명군을 창설할 것이다'라는 광복군 창설을 예고하는 새로운 군사정책이 입안되었다. 1940년 6월 23일자 ≪향항입보(香港立報)≫에 실린 인터뷰에서 김구는 '조국의 주권을 상실한 국민이 국토를 회복하기 위해서는 힘을 기를 필요가 있다'고 하여 무력을 통한 광복에의 희망을 피력하였으며, 이에 대한 6월 24일자 향항입보의 논평은 "……(상략)……현재 중국 대륙에서 행하는 한국인들의 주요 활동은 광복군을 준비하고 조직하는 것이다"고 밝혔다. 이 점에 관해서 임시정부와 여러 정당을 대표하는 김구는 장개석 총통에게 호소하여 그의 허락을 받아 내었다.[17] 그리하여 1940년 9월 17일 광복군이 창건되었다. 임시정부수립 이래의 숙원이 성취된 것이다. 그리고 1941년 12월 8일에는 대일선전 성명을 발표하였다. 그런데 임시정부의 광복군 창설이나 대일선전포고는 획기적인 일이긴 하였으나 아직은 독자적으로 항일전쟁에 나서기에는 몇 가지 문제점이 있었다. 즉 중국군사위원회와 체결한 '한국광복군구개행동준승(韓國光復軍九個行動準繩)'은 임정의 군사활동을 제한하던 요소였기 때문에 준승의 개정을 위하여 외교적 노력을 경주하는 한편 일제는 머지않아 멸망할 것이라고 판단하여 최후의 승리를 위한 작전을 수행함과 동시에 장차에 대비하는 조치를 강구하였다. 우선 1944년 5월 미얀마 전장의 영국군 지휘부와 협정을 체결하고 광복군 예속하의

---

17) 李庭植, 1982 ≪韓國民族主義의 政治學≫ 한밭출판사, pp.281~282.

별동대를 미얀마에 파견 참전시켰으며 재중 미공군 제14군 총사령관 웨드마이어의 적극적인 지원을 받아 광복군에게 낙하산부대 훈련을 실시하여 한국 내 진공작전(進攻作戰)수행을 위한 만전의 태세를 갖추었다. 또 준승 폐지를 위한 임정의 줄기찬 대중 교섭의 결과 1945년 4월 4일 한국광복군에 관한 한·중 양방 상정판법(商定辦法)이 체결되었다. 요컨대 이 군사협정은 중국의 통수권을 광복군이 중국 국경 내에서 작전할 때로 한정시킴으로써 광복군의 조국 진공작전 이후의 독립성을 보장하였으며 광복군에 대한 중국의 원조가 일단 임시정부를 거쳐 전달되게 함으로써 광복군에 대한 임시정부의 권위와 정통성을 확인하고 원조를 차관형식으로 대체함으로써 임시정부의 국제적 위신을 확립하였다.

한편 1943년 10월 광복군 총사령부의 이청천, 김약산, 이복원 등 간부들은 새로운 군사정책에 관한 건의안을 작성하여 제35차 임시의정원회의에 제출하여 통과된 바 그 주요 내용은 영국·미국·소련 등 연합 강대국들에게도 군수 및 경비 등의 차관을 계획하고 또 각종 특수군사교육에 관한 문제를 교섭하기로 하였다. 또 1944년 4월 임정군사령부에서는 13개 항목의 군무부 공작 계획 대강을 작성하여 동맹국 군사당국과 협조하려는 조치를 취하였고, 1945년 봄부터 광복군 총사령부에서는 국제적 상황의 변화에 따라 '한국의 완전 독립을 쟁취하고, 동아시아의 영구평화를 확보하기 위하여 국내의 전체 한국 동포를 동원하여 광복은 확대 조직하며, 속히 동맹국과 협력하여 일본제국을 격멸하되 중국·미국 양국과 각별히 협상하여 동의를 얻어 축차 실시함'을 방침으로 하는 군사정책안을 마련하였다. 한걸음 더 나아가 미국과는 구체적으로 한·미 연합작전을 합의하기에 이르렀는데 구체적인 내용은 다음과 같다.

① 한·미 양군은 공동의 적인 일본군을 박멸하기 위하여 상호 협력하여 공동작전을 전개한다. ② 한국광복군은 미군으로부터 무전 기술과 기타 필요한 기술을 훈련받고 적진과 한반도에 잠입하여 연합군 작전에 필요한 군사정보를 제공한다. ③ 미군은 공동작전에 필요한 모든 무기 기계 및 군수물자를 한국광복군에게 제공한다. ④ 미군은 한국광복군에게 육·해·공 교통통신의 편의를 제공한다. ⑤ 기타 필요한 군사적 지원을 상호 제공한다. ⑥ 합의된 사항을 실천하기 위하여 각기 상부의 제가를 받고 중국군사위원회의 동의를 얻는데 상호 적극 노력한다.[18]

이로써 임정이 연합국과 더불어 국내에 진공할 계획을 추진시키고 있었음이 명백히 밝혀진다. 그러나 불행히도 종전이 임박하여 조국해방의 선봉에서 보지도 못하고 해방을 맞이하였다. 그럼에도 불구하고 임시정부의 광복군을 통한 군사활동은 민족자존역량의 상징을 보여주었다는 점에서 그 민족적 의의를 찾을 수 있다.

4. 임시정부와 정통성

정권의 정당성을 논의함에 있어 정통성이란 무엇인가? 이는 전근대 사회에서는 혈연적인 의미를 강하게 내포한 「바른 계통」 「정당한 혈통」을 뜻하는 적장의 계통을 가리켰다. 그런데 근대이후 대중들의 발언권이 강화되면서 대중의 지지를 근거로 한 것인가에 따라 그 정통성 여부가 가려진다.

그런데 한국에서는 국권상실이후 꾸준히 추진되어온 민족운동은 근대적 성

---

18) 광복군 동지회보 제4호, 金祐銓이 쓴 세계제2차대전 비화 ; 독립운동사편찬위원회, 1975 ≪독립운동사≫ 6− 독립군전투사(하)−, p.505.

격을 띤 것으로 반일과 더불어 근대 민족국가 수립을 지향한 것으로 군주제를 부정하고 민주공화제를 지향하였다.

이러한 민족운동은 국내의 각지에서 이루어 졌는데, 국내에서는 천도교를 중심으로 기독교·불교 등의 종교단체와 각 사회단체의 지도자들과 학생들에 의하여 주도되었고 농민, 노동자 등 국민대중의 절대적인 지지 속에서 발발하였던 3·1운동이 그 최고봉으로 간주된다. 여기에서 제기된 정부형태는 민주공화제로서 그 성격에 있어서 근대적이었음을 알 수 있다.

또 만주에서는, 1910년대 초 신규식 등이 손문의 신해혁명(辛亥革命)을 도와주면서 독립운동의 기반을 모색하였으며 신규식을 중심으로 여운형, 장덕수, 김철, 선우혁 등을 포함하는 신한청년당(新韓靑年黨)이 조직되었다. 1914년 중반 블라디보스톡에는 이상설과 이동휘를 정부통령으로 하는 대한광복군정부(大韓光復軍政府)가 세워졌는데, 이는 임정의 수립에 대한 정치의식이 그만큼 성장하였다는 증거이다. 또 미주에서는 1913년 흥사단이 조직되어 국권회복 정신을 이어 창립되면서 독립운동이 본격적으로 조직화되었다.

민주공화제 계열의 정치이념의 맥락에서 제시된 이념이 3·1독립선언서와 직결되고 이념은 1917년 7월 상해에서 독립운동계 내외의 변화에 대응해서 신성(신규식), 조용은(조소앙), 박은식, 신채호, 박용만, 윤세복 등 14명의 명의로 발표된 '대동단결선언'에서 비롯된다. 이들은 새 활로를 개척하기 위해 민족대회를 소집해서 한민족의 무정부 상태를 청산하고, 독립운동을 이끌어 나갈 임시정부를 수립하려고 계획한 이 '대동단결선언'을 제의 제창하여 우리 독립운동의 이념의 의지가 처음으로 공론으로 표명되기에 이르렀다.[19]

---

19) 趙東杰, 1987 〈임시정부 수립을 위한 1917년의 大同團結宣言〉 《韓國學論叢》 9, 국

이러한 활동의 결과 국내의 각지에는 8개의 임시정부가 탄생되었다. 즉 한
성정부(1919.4.23), 노령정부(1919.3.21), 대한민국임시정부(1919.4.10-11),
조선민국임시정부, 임시대한공화정부, 신한민국정부, 고려임시정부, 대한민
간정부 등이다. 앞의 3개 정부는 실제로 활동한 정부였고 나머지는 전단정부
거나 유산된 정부였다.

이들 정부를 분석해 보면, 첫째 모두 민주공화제를 내세우고 있다(왕정복고
를 주장한 정부는 없다), 둘째 파리평화회의에 기대를 걸고 있다(4개 정부에
강화대사 명단이 있다). 셋째 명망 있는 지사들이 망라되고 있다(손병희는 3
개 정부 대통령, 이승만은 8개 정부 모두에 총리이상으로, 안창호는 7개 정부
의 장관급, 이시영·김규식·문창범은 5개 정부의 장관급으로 되어있다).

한편 여러 곳에 산재한 임정은 오래 지속될 리가 없었다. 통합운동이 일어
난 것이다. ① 임정의 위치는 상해로, ② 법통은 한성정부의 법통을 계승, ③
노령정부는 해소된다는 것으로, 1919년 9월 15일 여러 임정은 통합이 이루
어지고 대통령에 이승만, 국무총리에 이동휘, 외무총장에 박용만 등이 선임되
었다.

이와 같은 조치는 헌법개정(1차)으로 이루어졌다. 그리고 2차 개헌(1925.
4. 7. 36조)에서는 국무령제(의원내각제)를 채택하였으며, 3차 개헌(1927. 3.
5. 50조)에서는 국무위원제(집단지도제)를 채택하였고, 4차 개헌(1940.10. 42
조)에서는 주석제를 채택하였으며, 5차 개헌(1944. 4. 62조)은 주석·부주석
제를 채택함으로써 모든 당파의 임정으로의 합류와 변화하는 정치적 상황에
대처하여 나가면서 정통성(법통)을 유지해 왔다.[20]

민대, pp.123~152.
20) 임정의 역사는 어느 의미에선 左右合作의 역사였다고 할 수 있을 것이다. 추헌수, 1976
≪韓國臨政下 左右合作에 관한 연구≫ 국토통일원, 김희곤·한상도·한시준·유병용,

그러나 제2차 세계대전 이후 임정은 정부조직으로 환국하지 못했다. 임정은 제2의 독립운동에 나서지 않으면 안 되었다. 신탁통치반대운동에 앞장섰던 것이다. 이러한 임정의 법통은 비상정치회의이래 대한민국에 전승되었다 할 수 있다. 우선 대한민국이란 국호부터가 그런 것이다. 또 제헌국회가 제정한 헌법전문에 「유구한 역사와 전통에 빛나는 우리 대한국민은 기미 3·1운동으로 대한민국을 건립하여 세계에 선포한 위대한 독립정신을 계승하여 이제 민주독립 국가를 재건함에……(하략)……」라고 하여 3·1운동으로 수립된 대한민국(임시정부)의 독립정신을 계승하고 있음을 명시함으로써 대한민국의 전신이 대한민국임시정부임을 명백히 하였다. 이는 주로 이승만의 주장에 의한 것이었다. 그는 임시정부로부터 상당기간 떠나 있었지만 귀국 후 김구·김규식 등 임정요인과 궤를 같이 하면서 민주의원의장, 국민의회주석, 그리고 임정의 개편에 따라 임시정부의 주석까지 되었으니 형식논리로는 임정의 주석이 대한민국의 대통령이 된 셈이었다. 환언하면 임정의 법통을 최대한 활용한 사람이 이승만이었다. 30년간 임정을 지켜온 김구는 김규식과 함께 남한 단정론에 반대하여 총선에 불참하면서 남북협상을 하다가 실패하지만 그들의 애족정신은 작게 평가될 수 없을 것이다.[21]

맺음말

이상에서는 간략하게나마 임시정부의 실체를 규명해 보았다. 그 결과 대한민국 임시정부는 우리 역사상 최초의 민주공화정부로 교통국과 연통제라는

1995 ≪대한민국임시정부의 좌우합작운동≫ 한울, 참조
21) 이연복, 1999 앞의 책, p.108.

기구를 통하여 국내와 실질적으로 연관을 가짐으로써 국민적 지지와 협조 아래에서 활동하였으므로 세계사상 유례없는 30년의 역사를 기록하였으며, 외교활동을 통하여 크게는 한국의 완전한 독립과 작게는 임시정부의 승인이라는 국제 여론을 조성하고 열강들의 지지와 협력을 얻어내려고 힘쓴 결과 카이로선언 등을 이끌어 냈다고 하겠다. 가장 적극적인 독립투쟁으로 평가될 수 있는 군사 활동을 추진하여 초기에는 중광단·북로군정서·서로군정서 등 만주의 독립군에 의존하다가 드디어는 1940년 광복군을 창군하여 대일선전포고까지 하고 인도전에 까지 참전함으로써 민족자존의 역량을 과시하였다. 뿐만 아니라 그 명칭에 있어서도 다른 독립운동단체와는 달리 '정부'라 칭하였고 그 조직도 국가에 상응하는 것이었다. 이외에도 정부기관지라 할 수 있는 독립신문을 간행하고,[22) 임시사료편찬부(臨時史料編纂部)를 설치하여 '사료집'의 간행[23)과 더불어 정부문서의 보관,[24) 그리고 좌익세력까지 포용하였다는 점 등은 다른 독립운동단체와는 비교할 수 없을 것이다.

이러한 임정의 활동은 임정이 독립운동을 전개함에 있어서 고립된 몇몇 활동가들의 모임이 아니었으며, 국민을 대표하는 기구로써 또 많은 독립운동단체들의 대표자로서의 그 기능이 만족스럽지 못할 때도 있었지만, 소정의 임무를 다했다고 보아야 할 것이다.[25) 그리고 임시정부의 법통(정통성)은 연면히 대한민국에 계승되어 현행 헌법전문에까지 기록되고 있는 것이다.

---

22) 이연복, 1999 앞의 책, pp.317~355 참조.

23) 이연복, 1999 앞의 책, pp.317~355.

24) 趙擎韓, 1956 〈大韓民國臨時政府 文獻 被災顚末記〉 《韓國獨立運動史》 愛國同志
援護會, 참조

25) 북한의 《조선전사》 등에서는 사대주의적인 매국 매족행위를 자행하였다고 매도하고 있다.

제 3 부 근현대사의 발자취

I. 우리나라 근대 역사교육사 연구

- 구한국(舊韓國)의 국사교육을 중심으로 -

머리말

우리나라 근대 역사 교육의 시작은 근대교육의 수용과 그 궤를 같이 한다. 근대교육의 맹아는 1880년대에서 찾을 수 있지만 본격적인 근대교육의 출발은 갑오개혁 이후 교육조서(敎育詔書)가 발표되고 이에 따른 각급 학교가 설립되면서 부터이다. 따라서 근대 역사교육의 적극적인 실시도 이때부터라 하겠다. 그러므로 우리나라의 근대적 역사교육은 80여년의 역사 밖에 갖고 있지 못하다. 더구나 일제치하에서 역사(국사) 교육이 제대로 이루어지지 못한 점을 감안한다면 그 역사는 일천하다 할 것이다.

갑오개혁 이후 각급학교의 정식 교육과정에 편제된 국사는 우리 민족 자주의식 함양에 적지 않은 몫을 담당해 왔다. 더구나 을사조약으로 국운이 기울자 전국 방방곡곡에 교육구국운동이 번져 수많은 사립학교가 설립되었고, 여기에서 국사는 민족주체의식 고취의 첩경으로 각광을 받았다. 그러나 이는 일제의 갖은 압력으로 결실을 볼 수 없었던 것이다.

필자는 이 시기의 국사교육에 관심을 갖고 자료를 수집해 오던 중 최근 ≪한국개화기 교과서총서(국사)≫의 간행을 계기로 개괄적이나마 이를 정리해보고자 한다.[1]

1. 신교육과 근대 역사교육의 태동

1) 전근대적 역사교육

우리나라의 역사교육 활동은 멀리 우리나라 역사의 시작과 그 기원을 같이한다고 할 수 있다. 그러나 이를 좀 더 엄밀히 말하면 본격적 교육이 형식교육과 더불어 시작된 것처럼 본격적인 역사교육도 형식교육과 그때를 같이 한다 하겠다. 그렇다면 우리나라의 역사교육이 싹튼 것은 형식교육이 시작된 삼국시대가 되는 셈이다. 그러나 이때의 역사교육적인 교육활동은 '경사(經史) 일체적인 개념에서 수행되었던 것이며 따라서 역사교재는 경서(經書)'였던 것이다.[2]

통일신라시대에는 경서 외에 ≪사기≫ ≪한서≫ ≪후한서≫ 등의 중국사서가 도입되어 직접적 역사교육 활동의 길이 열리고, 고려에서는 더욱 강화

---

1) 이 부분의 선행연구로는 노수자, 1970 <舊韓末의 歷史教育에 대하여> ≪教育大學院 論文集≫ 1, 이화여자대학교, 金成俊, 1971 <舊韓末의 國史教育에 대하여> ≪大東文化研究≫ 8 등이 있으나 당시의 教科書에 대해서는 具體的으로 論及 하고 있지 않은 것 같다.
2) 李元淳, 1971 <韓國歷史教育史研究 - 前開化期를 中心으로 -> ≪研究論叢≫ I, p.184, 서울師大教育會.

되었다. 그리고 조선시대에 들어와서는 ≪자치통감≫과 ≪사략≫이 각광을
받게 되고, 17세기에 접어들어 전국화된 서당에서는 ≪소학≫과 ≪동몽선
습≫3)이 역사교재의 성격을 띠게 되었다. 조선시대 중등교육 활동에서 강조
되어 오던 ≪소학≫은 비록 윤리 책이었지만 역사교재적 성격도 띠고 있었으
며, ≪동몽선습≫은 오륜 책인 동시에 그 후반은 역사책이었다. 더욱이 ≪동
몽선습≫이 자국사에 대한 역대적(歷代的) 지식을 부여키 위하여 편서(編序)
되었고, 그것이 서당이라는 서민 교육기관의 기본교재로 사용되었음은 역사
교육사상 특기할 만한 사실이었다.4) 우리 민족사상 국사편찬은 삼국시대부터
있어 왔지만 국사교육은 따로 없었던 것이다.

　그러나 조선후기에 들어와 비판정신·실증정신·실용정신의 기본적 특질
을 가진 실학의 발달은 역사학에도 지대한 영향을 가져왔다.5) 조선후기 실학
의 특징은 '근대지향의식'(진보의 의식)과 '민족의식'(자주의 의식)으로 요약
된다.6) 따라서 당시의 사학자들은 강렬한 민족사의식과 비판적 실증사학의
태도로 나왔다. 성호 이익으로부터 시작되는 새로운 역사의식7)은 한국 초유
의 국사 개설이라는 안정복의 ≪동사강목≫8), 한치윤의 ≪해동역사≫·이

---

3) 이 册은 中·明宗代의 朴世茂 編述로 經書關係 內容이 111行 歷史關係記事가 116行으로
　經·史의 比가 比等하며 歷史關係記事의 2/3는 中國史이고, 나머지 45行이 韓國史 關係
　로 檀君에서 高麗末까지가 35行, 朝鮮時代가 10行으로 要約되어 있다(渡部學, 1969 ≪近
　世朝鮮教育史研究≫, pp.271~272, 雄山閣).
4) 李元淳, 1971 앞의 논문, p.185.
5) 千寬宇, 1969 ＜朝鮮後期 實學의 槪念 再檢討＞ ≪韓國史의 反省≫, p.166.
6) 千寬宇, 1975 ≪韓國史의 再發見≫, p.112.
7) 그는 歷史를 獨自的인 學問으로 客觀的으로 認識했고, 國史의 中國史에 대한 獨自性을 認
　識하고 우리나라의 입장에서 國史를 敍述할 것을 主張하였다(宋贊植, 1970 ＜星湖의 새로
　운 史論＞ ≪自山學報≫ 8, p.422).
8) 金哲埈, 1969 ＜安鼎福의 東史綱福에 나타난 歷史意識의 性格＞ ≪서울大學校 學術研
　究 造成費에 依한 研究論文概要集≫, p.35.

긍익의 ≪연여실기술≫·정약용의 ≪아방강역고≫ 등 특기할만한 사찬 사서를 낳았으며, 그들은 이러한 사서가 아동교육에 활용되기를 바랐다. 이덕무나 유득공은 아동에게 본국사 교양을 주기 위한 직접적 목적에서 ≪기년아람(紀年兒覽)≫·≪21도회고시(二十一都懷古詩)≫ 등을 지었다.9) 뿐만 아니라 실학자들은 과거시험 과목에 국사를 부과할 것도 주장하였다.10) 이런 건의가 정책에는 반영될 수 없었다고 하지만 그 의식은 일부 지성에 의해 후대로 계승되었으며, 개화기에 들어 장지연 등 개화사가 들이 역사의식 조성에 기여하였다.11)

2) 근대학교의 설립과 근대역사교육의 시작

쇄국주의를 고수하던 조선정부는 대원군의 실각과 함께 도도히 밀려오는 서구문화의 물결을 더 이상 저지하기 어려웠다. 운양호사건을 계기로 정부는 드디어 1876년 일제와 강화도조약을 체결함으로써 국제무대에 등장하였던 것이다. 이에 따라 부산, 원산, 인천이 차례로 개항되는 중에 1882년의 조미수호통상조약을 필두로 영국, 독일, 이태리, 러시아, 불란서 등 서구열강과 조약을 맺어 통상을 시작함으로써 문호가 개방되었다. 그러나 이 조약들은 우리나라에게는 불리한 불평등조약이었다. 따라서 문호개방에 따른 서양문명의 도입은 한국의 근대화를 촉진시키는 반면 열강의 침투를 수반하는 것이었다. 그러므로 당시의 개항장은 외세의 침투와 대치하여 민족의 권익을 수호해

---

9) 李元淳, 1971 앞의 논문, p.185.

10) ≪星湖先生文集≫卷30 雜著 貢擧私議 및 ≪與猶堂全書≫제5輯 ＜經世遺表＞卷15 春官修制 科擧之規 參照.

11) 李元淳, 1971 앞의 논문, p.185.

야 하는 대결장이기도 하였다. 이와 같은 외세의 도전 앞에 국가의 독립을
수호하기 위하여 필요한 것은 자주적 근대화였다. 또 이를 위하여 가장 절실
한 것 중의 하나는 신지식을 가진 인재를 양성하는 것이다. 따라서 근대교육
을 시작하는 것이야말로 자주적 근대화의 첩경이 아닐 수 없었다.

근대 학교교육은 1880년대 초에 그 시발을 보게 되었다. 이는 물론 1880년
전후부터 활발해진 개화운동의 한 결과였다. 이 시기에 신교육을 담당하기
위하여 설립된 학교가 원산학교(元山學校), 동문학(同文學), 육영공원(育英
公院) 등이었다. 원산학교는 1883년 8월 28일(음력) 이전에 개항장 원산의
학부모들이 외국의 도전과 새로운 정세변화에 대응하기 위하여 덕원부(德源
府) 원산사(元山社)에 설치하여 동년 10월 20일 정부의 승인을 받은 우리나
라 최초의 근대학교였다.[12] 이는 외국의 도전과 대응하기 위하여 한국인이
자발적으로 성금을 모아 이룩하였고 외국인이나 관의 주도에 앞서 민중의 광
범한 근대화 의욕으로 설립되었다는 점에서 그 역사적 의의를 높이 사지 않을
수 없다.

한편 정부도 이 무렵 근대적인 관학을 설립하였는데 이것이 바로 동문학
(1883년 9월)과 육영공원(1883년 9월 23日)이었다.[13] 동문학은 묄렌도르프
(Paul Georg von Moellendorff)가 통리교섭통상사무아문(統理交涉通商事務
衙門) 협판(協辨) 겸 총세무사(總稅務司)로 부임하여 통상아문의 부속기관으
로 재동에 건립한 일종의 통역관 양성소였다. 그리고 육영공원은 민영익을
대표로 하는 보빙사(報聘使) 일행의 요청으로 서양의 제도와 문화를 받아들
이기 위하여 세워진 조선정부 최초의 신식학교였다. 또 기독교 포교를 목적으

---

12) 愼鏞廈, 1974 ＜우리나라 最初의 近代學校 設立에 대하여＞ ≪韓國史研究≫ 10
13) 李光麟, 1969 ＜育英公院의 設置와 그 變遷＞ ≪韓國開化史研究≫, pp.90〜120.

로 한 배재학당(중등과정, 1885. 8. 3), 이화학당(초등과정, 1886. 5. 5. 31) 언더우드학당(경신학교의 전신, 1886), 정동여학당(정신여자중고등학교의 전신, 1887. 6), 인천 영화여학당(영화여자중학교의 전신, 1892. 4. 30), 인천 영화학교(인천영화초등학교의 전신, 1893. 3. 12) 등이 차례로 설립되었다.

그러면 이들 근대학교의 교과과목을 살펴보자. 우선 원산학사의 교과과목은 경서, 병서, 산수, 물리, 기계, 농업, 양잠, 광채, 일본어 등 광범위한 근대학문이었다.[14]

동문학에서는 양어(洋語)를 교습하였고,[15] 육영공원의 교과내용은 '학습차제(學習次第)'라 하여 ① 독서, ② 습자(習字), ③ 학해자법(學解字法), ④ 산학(算學), ⑤ 사소습산법(寫所習算法), ⑥ 지리, ⑦ 학문법(學文法)이 있었다. 이러한 초학(初學) 졸업 후의 소학제조(所學諸條)'는 ① 대학법(大學法), ② 각국언어, ③ 제반학법첩경역각자(諸般學法捷徑易覺者), ④ 격치만물(의학, 농리, 천문, 기기), ⑤ 각국역사, ⑥ 정치(각 나라 조약법·부국용병술) 및 금수초목(禽獸草木)[16]이라 하였다.

배재학당에서는 1890년 경 부터 성경, 영어, 한문(경서·사기), 수학, 지지, 만국역사, 기하, 화학, 사민필지(士民必知), 물리, 창가, 도화, 체조, 위생, 생리 및 수공 등이 교수되었다.[17] 이화학당의 경우는 처음에 영어·성경이 전부였다. 그러다가 1889년에 언문(읽기, 쓰기, 작문, 편지 쓰기)과 생리학이 첨가되고, 1891년에 성악, 올갠, 1892년에는 반절(反切), 한문, 영어, 수학, 지리, 역사, 과학이 첨가되었다.[18] 그리고 언더우드학당(경신)에서는 한문, 영

---

14) 愼鏞廈, 1974 앞의 논문, p.195.
15) 金允植, 8888 <高宗 19年 壬午 11月 21日條> 《陰晴史》
16) <高宗 23年 丙戌八月初一日 辛酉條> 《高宗實錄》 卷23
17) 신영묵, 1955 《培材史》 培材中高等學校, p.60.

어, 성경, 오락과 습작을 가르치다가, 1891년 예수교학당이 된 뒤에는 역사, 체조, 작문, 문법, 독서, 철자법, 산술, 받아쓰기, 역사, 번역, 필기, 지리를 가르쳤다.19) 정동여학당에서는 성경(국문・한문), 산술 외에 이야기,20) 인천영화여학당에서는 산수, 영어, 찬미가, 한문, 국문, 성경, 지구약론, 붓글씨, 바느질을 가르쳤다.21)

이와 같이 거의 모든 학교가 역사를 가르쳤다고 하지만 구체적으로 어떤 교재와 무슨 내용을 교수하였는지에 대해서는 자세히 전하지 않고 있다. 배재학당에서는 초기에 교수용어가 영어였는데도 한국인 교사가 한국말로 교수한 과목으로 한문과 세계역사와 교리문답이 있었으며, 역사를 가르치는 한국 선생들은 한문으로 번역한 쉐필드의 세계역사(Sheffilld's Uneversity History)를 가르쳤다. 이것은 그 책이 한문으로 번역되었기 때문이었다.22) 그리고 성장기 (1890~1902)에는 역사지리 교과서로 헐버트의 ≪사민필지≫를 가르쳤다.23)

정동여학당의 경우는 '이야기' 시간이 있었는데 옛 역사 이야기 등을 구술했다. 그럴 뿐더러 성경 이야기를 주로 배웠다.24) 언더우드학당에서는 '한문공부' 시간에 천자문, 동몽선습, 통감 1권과 8권을 주로 하였다. 이는 한국인을 교육시키는데 불가피한 한문을 중시하였으며 한국인의 전통과 풍습을 존중한 것이라 할 수 있다.25) 그리고 여타 학교의 경우는 구체적인 기록을 찾을 수

---

18) 鄭忠良, 1967 ≪梨花八十年史≫ 梨花出版社, p.65.
19) 고춘섭, 1968 ≪儆新八十年略史≫ 경신중고등학교, p.31.
20) 김영삼, 1962 ≪貞信七十五年史≫ 계문출판사, pp.59~60.
21) 김세한, 1963 ≪永化七十年史≫ 영화여자중학교, p.43.
22) 신영묵, 1955 앞의 책, p.103.
23) 1889~1891年 사이에 出版된(1906年 再版, 1909年 三版) 것으로 初版本 「〻민필지」를 대본으로 金澤榮이 撰하고 李明翊과 白南奎가 번역한 1895年 「土民必知」란 純漢文體의 册이 나왔다(신영묵, 1955 앞의 책, p.167).
24) 김영삼, 1962 앞의 책, p.60.

없다. 그리고 보면 갑오개혁 이전의 관립학교나 사립학교에서 '각국역사', '세계역사'라는 이름으로 세계사 교육이 행하여 졌으며, 국사란 과목은 따로 없었지만 한문 또는 지리시간에 국사교육이 겸해서 이루어 졌음을 알 수 있다.

그러므로 1880년대 초에서부터 1895년까지의 역사교육은 '근대적 교육기관에서 역사교과가 편제 교수되기 시작하였다는 점, 종래적인 중국사 중심의 역사관에서 세계사 교육으로의 이행이 있었다는 사실, 선교사들에 의해 파악된 한국역사도 교수되기 시작하였다는 점에서 근대적 교육활동에서 근대적인 역사교육의 태동이 진행되었다고 할 수 있다.26) 따라서 이 시기의 국사교육은 독립된 과목으로 교수되지 못하고, 다른 과목의 일부로서 교수하였기 때문에 정상적인 발전을 이룩할 수 없었다.

2. 갑오개혁과 역사교육의 발전

1) 갑오개혁과 각급학교의 역사교육과정

갑오개혁은 한국의 역사교육과도 뗄 수 없는 관계에 있다. 1894년 7월 24일 김홍집을 수반으로 하는 내각은 27일 개혁의 중추기관인 군국기무처를 통해 새로운 법령을 만들면서 개혁에 착수하였다. 우선 관제를 개정하여 궁내부와 의정부를 구분하고, 의정부에는 내무, 외무, 탁지, 군무, 법무, 학무, 공무, 농상무의 8아문을 두게 되었다. 이렇게 종래 교육을 관장하던 예조는 학무아문으로 대체되었다.27)

---

25) 고춘섭, 1968 앞의 책, p.35.

26) 李元淳, 1975 ≪歷史科敎育≫ 韓國能力開發社, p.81.

27) 學務衙門에는 總務官, 成均館 및 庠敎書院事務局, 專門學務局, 普通學務局, 編輯局, 會

학무아문은 그 해 7월 고시를 발표하여 국정쇄신에 영재교육의 시급함을 강조하고 소학교와 사범학교를 세워 신분의 구별 없이 인재를 기를 뜻을 밝혔다.28) 그리고 이어 갑오개혁의 정신이 가장 잘 나타난 우리나라 최초의 헌법이라 할 수 있는 홍범 14조 중 11조에 '國中聰俊子弟 廣行派遣 以傳習外國學術技藝'29) 하여 서양문화 수입의 긴급함을 보여주고 있다. 뿐만 아니라, 1895년 2월 23일에는 고종이 교육조서30)를 발표하여 '교육입국'의 이상을 밝혔다. 고종은 허명을 물리치고 실용위주의 교육에 힘쓸 것을 강조하고 교육의 삼대강령으로 덕육(德育), 체육(體育), 지육(智育)을 들고 있다. 이 교육조서에 나타난 국가중흥의 이상을 실현키 위하여 가장 먼저 한성사범학교관제(1895. 4. 16, 칙령 제79호)를 공포하고, 이어 외국어학교관제(1895. 5. 10, 칙령 제88호), 성균관관제(1895. 7. 2, 칙령 제136호), 소학교령(1895. 7. 19, 칙령 제145호),31) 한성사범학교규칙(1895. 7. 23, 학부령 제1호), 성균관경학과규칙(1895. 8. 9, 학부령 제2호),32) 소학교교칙대강(1895. 8. 12, 학부령 제3호), 보조공립소학교규칙(1896. 2. 20, 학부령 제1호), 의학교관제(1899. 3. 24, 칙령 제7호), 중학교관제(1899. 4. 4, 칙령 제11호), 중학교규칙(1900.

計局의 6국이 있었다(≪舊韓國官報≫ 1894. 6. 28).

28) 李萬珪, 1949 ≪朝鮮敎育史≫ 乙酉文化社, pp.43~44.

29) ≪舊韓國官報≫ 1894年 12月 12日.

30) 全文은 ≪舊韓國官報≫ 1895年 2月 2日 참조.

31) 小學校의 尋常科(3年)敎科目은 修身 讀書 作文 習字 算術 體操로 함. 時宜에 依하여 體操를 除하여 또 本國地理 本國歷史 圖畵 外國語의 一科 或 敎科를 加하고 女兒를 위하여 裁縫을 加함을 得함.
　　小學校 高等科(2年)의 敎科目은 修身 讀書 作文 算術 本國地理 本國歷史 外國地理 外國歷史 理科 圖畵 體操로 하고 女兒를 위하여 裁縫을 加함. 時宜에 依하여 外國語 一科를 加하여 또 外國地理 外國歷史 圖畵 一科 或 數科를 除함을 得함.

32) 三經 四書 其諺解 綱目(宋元明史幷) 本國歷史 作文으로 함. 但 時宜에 依하여 本國地誌 萬國史 萬國地誌 算術을 肄習케 함.

9. 7, 학부령 제12호),[33] 상공학교관제(1899. 6. 24, 칙령 제28호), 외국어학
교규칙(1900. 6. 27, 학부령 제2호), 농공상학교관제(1900. 6. 8, 칙령 제16호)
등을 제정 공포하였다. 이에 따라 각급학교의 설립을 보게 되었다.

1895년 소학교령 공포 직후 심상소학교(尋常小學校, 3년)가 하수동, 정동,
재동, 양사동에 설치되고, 고등소학교(2년 또는 3년)가 교동에 세워졌다. 또
지방에는 수원, 공주, 충주, 광주, 전주, 진주, 대구, 춘천, 평양, 영변, 해주,
함흥, 경성 등에 소학교가 문을 열었다. 그리고 한성중학교(경기고교의 전신
1900, 3년제), 한성사범학교(1895, 본과 2년 후에 4년, 속성과 6개월),[34] 외국
어학교(불란서학교 1895, 러시아학교 1986, 중국어학교 1897),[35] 경성의학
교(1899, 3년제), 상공학교(1899, 예과 1년 본과 3년), 광무학교(1900)가 설치
되었다. 이밖에도 법관양성소(1895), 우무(우편)학당(1897), 전무(전신)학당
(1897) 등 각종 학교가 세워졌다. 뿐만 아니라 흥화학교(1895), 을미의숙
(1896), 점진학교(1899), 낙연의숙(1901, 후의 보광학교), 우산학교(1902, 의
법학교), 양정학교(1905, 현 양정중고교), 보성학교(1905, 고려대 전신) 등 수
많은 사립학교가 섰다.

이상과 같이 갑오개혁 이후 많은 학교들이 설립되었지만 공통적으로 '본국

---

33) 尋常科의 學科는 倫理 讀書 作文 歷史 地誌 算術 經濟 博物 物理 化學 圖畵 外國語
   體操이고, 高等科의 學科는 讀書 算術 經濟 博物 物理 化學 外國語 法律 政治 工業 農
   業 商業 醫學 測量 體操로 定하고 但 時宜에 依하여 各科 或 1·2科目을 增減도 함.
34) 本科學員의 課할 學科目은 修身 教育 國文 漢文 歷史(韓國 및 萬國) 地理 數學 物理
   化學 博物 習作 作文 體操로 함. 但 時宜에 依하여 諸科目 中에 1科目 或 敎科目을 減함
   이 可함.
   速成科의 學科目은 修身 教育 國文 漢文 歷史 地理 數學 理科 習作 作文 體操로 함.
   但 時宜에 依하여 科目을 減함이 可함.
35) 外國語에 因히여 普通學도 教授하며 漢文으로 讀書 作文과 本國歷史 地誌도 教授 함이
   라.

역사'가 모든 학교의 필수교과로 들어있다. 이는 갑오개혁 이전의 학교에서는 역사교육이 있기는 하였지만 국사교육보다는 각국역사가 위주로 되어 있었고, 국사는 지리·한문 등 다른 시간에 겸해서 이루어졌던 것에 비해 갑오개혁 이후 본격적 근대교육이 수용되면서 독립된 교과목으로 나타났다고 있다는 점에서 주목된다. 이에 앞서 우리가 유의할 것은 1888년 박영효의 '교육론'이다. 그는 '개화에 대한 상소'[36]에서 소학교, 중학교 등 신교육의 수용은 물론 "본국의 역사와 문장은 가르치지 않고 청국의 역사와 문장을 가르쳤으니, 백성들은 청국을 본(本)으로 삼고 이를 중시하여 자기나라의 일을 알지 못하니 이는 본을 버리고, 말(末)을 취하는 교육"이라 하여 본국사 교육의 중요성을 강조하였다. 이는 결국 1895년 그가 내무대신 재직시 훈시조목 10조에 '인민을 먼저 본국사와 본국문을 교(敎)할 사(事)'로 나타났다.[37] 이러한 개화파의 주장이 갑오개혁에 그대로 반영되어 국사과목이 독립교과로 또 필수교과로 채택되었다고 볼 수 있다.

뿐만 아니라 국사교육의 중요성은 각급 학교의 입시과목에서도 볼 수 있다. 한성사범(속성과)의 '학원시험규목'에 국문의 독서·작문·한문의 독서작문, 조선지리와 함께 조선역사가 들어있다.[38] 그리고 관립중학교 입학시험에도 역사시험이 실시되었다.[39] 이러한 사실들은 정부가 그만큼 국사교육의 중요성을 인식하고 있었던 증거라 하겠다. 다음으로 국사교육의 목적, 내용, 성격 등을 알아보면 다음과 같다.

---

35) 朴泳孝, 1966 〈開化에 대한 上疏〉 ≪新東亞≫ 1月號 附錄, p.21.

36) ≪高宗實錄≫ 高宗 32年(1895) 3月 10日條.

37) ≪舊韓國官報≫ 第17號(1895. 4. 19).

38) ≪舊韓國官報≫ 第1678號(1900. 9.13), 廣告.

本國歷史는 國體의 大要를 알게 하여 國民된 志操를 養함을 要旨로 함. 教科에 本國歷史를 加하는 時에는 鄕土에 關하는 史談으로부터 始하여 漸漸 建國의 體制와 賢君의 盛業과 忠良賢哲의 事蹟과 開國由來의 梗槪를 授하여 國初로부터 現時에 至하기까지 事歷의 大要를 知케 함이 可함. 本國歷史를 授하여 兒童으로 하여금 當時 實狀을 想像하기 易할 方法을 採하고 人物의 言行等에 就하여는 是를 修身에 授한 格言 等에 照하여 正邪是非를 分辨케 함을 要함[40]

국사교육의 목적은 국민의 지조를 기르는데 있으며, 그 내용은 국초로부터 현재까지의 역사적 사실의 대요를 알게 하는 것이다. 그 방법은 아동으로 하여금 당시의 실상을 상상하기 쉬운 방법을 채택하라 하였고, 인물의 행동에 대해서는 옳고 그름을 분별케 하라고 하였다. 이는 정치사·인물사 중심의 역사교수라 할 수 있다. 비록 역사 교육관은 교훈적, 윤리적인 역사에 머물러 있지만, 애향·애국·애족의 건전한 국민정신을 기르고자 한 것은 뜻있는 일이었다. 그러나 소학교를 제외한 중학교 이상의 학교에 대해서는 기록을 찾아볼 수 없으며, 갑오개혁이 한계가 있듯이 소학교 교칙대강 역시 일제의 그것과 별다른 것은 아니었다.[41]

2) 교과용 도서

교육에서 가장 중요한 것이 그 내용이라면 이를 담고 있는 것은 바로 교재(교과서)라 하겠다. 우선 구한국의 교과서 편찬경위를 더듬어 보면 학무아문 편집국 직제에 '編輯局 掌國文綴字 各國文化飜譯及 教課書編輯等事 參議一員 主事四員'[42]이라 하여 교과서 편찬을 학무아문을 맡게 하였다. 이어

---

40) <學部令 第3號, 小學校 教則大綱> ≪舊韓國官報≫ 第138號(1895. 8.15).
41) 海後宗臣, 1969 ≪歷史教育の歷史≫ 東京大學出版會, p.107.

군국기무처에서는 '小學校敎課等書 今學務衙門先行編纂事'43)라 하여 교
과서편찬을 서둘렀으며, 1895년 학부관제44)에는 편찬국에서 '교과용도서의
편집 번역 및 검정에 관한 사항'을 다루도록 규정하고 있다. 그리고 1895년의
소학교령에 의하면 '소학교의 교과용 도서는 학부의 편집한 외에도 혹 학부
대신의 검정을 經한 者를 用함'이라 하였고, 1900년의 중학교 규칙에서도
'중학교 각과의 교과서는 학부에서 편집한 외에도 혹 학부대신의 검정을 經
한 者를 用함'이라 하였다.

　여기에 따라 1896년과 1897년에 걸쳐 학부에서 발행한 교과서는 20종45)
에 달한다. 그러나 이는 소학교령이나 소학교 교칙대강에서 보여준 전 교과의
교과서 발행까지는 이르지 못한 감이 있다. 당시의 국사교과서를 일람표로
만들어 보면 다음과 같다.46)

---

42) ≪舊韓國官報≫ 1894. 6. 28.

43) ≪舊韓國官報≫ 1894. 7. 28.

44) ≪高宗實錄≫ 高宗 32年(1895) 3月 25日條 學部官制.

45) 국사편찬위원회, 1974 ≪한국사≫ 20, p.214.

46) 盧秀子의 論文에는 28種의 敎科書目錄이 있고, 兪鐸一의 논문(1975 ＜開化期 敎科用圖書
　　總錄＞ ≪韓國學論集≫ 2輯, 계명대학교)에는 19種의 國史敎科書와 31種의 外國史敎科
　　書 目錄이 보인다. 여기의 一覽表는 筆者가 회람한 敎科書를 中心으로 作成한 것이다.

舊韓末 國史敎科書 一覽表(1895~1910)

書名	著者	卷數	冊數(쪽수)	使用文字	目的하는 學校	定價	發行所	發行年月日	版別	備 考
朝鮮歷史	學部編輯局	3	3(266)	國漢文	初等		學部	1895仲秋	4.6倍版	
大韓歷史	學部編輯局						學部	1899. 7. 5		
朝鮮歷代史略	學部編輯局	3	3(116, 76, 64)	漢文	高等		學部	1895 孟冬	4.6倍版	
朝鮮略史(十課)	學部編輯局	1	1(46)	國漢文	初等		學部		4.6倍版	
普通敎科東國歷史	玄采	5	2(311)	國漢文	初等			1899. 9. 5	菊版	檀君~高麗, 不認可圖書
東國歷代史略一二三	學部編輯局	6	3(174,180, 236)	漢文	高等	1閏10錢	學部	1899	4.6倍版	檀君~高麗, 後日 不認可
大韓歷代史略四五	學部編輯局	2	2(162, 136)	漢文	高等		學部	1899	4.6倍版	朝鮮
東史輯略	金澤榮	11	2	漢文				1902	菊版	歷史輯略과 內容同一
大東歷史(上.下)	崔景煥	5	2(162, 103)	漢文6			독립협회	1905. 4	4.6倍版	鄭喬評閱, 檀君~三韓
大東歷史	鄭喬	12	4	漢文	中學以上		독립협회	1905	菊版	檀君~統一新羅. 學部不認可
歷史輯略	金澤榮	11	3(176, 179, 170)	漢文	高等		學部	1905. 10	4.6倍版	檀君~高麗, 後日學部不認可.
新訂東國歷史	元泳義·柳瑾	2	2(166, 148)	國漢文	初等	1閏 1閏	徽文義塾印刷部	1906.12.5	菊版	上古~高麗, 學部不認. 發賣領布禁止.
初等本國歷史	柳瑾		1(62)	國漢文	初等	20錢	廣學書舖	1908. 4. 14	菊版	學部不認可
初等本國歷史	鄭寅琥		1(170)	國漢文	初等	70錢	玉虎書林	1908. 7.	菊版	不認可圖書
초등대한력ᄉ	조종만		1(78)	國文	初等	30錢	한양서관	1908. 9.1	菊版	
初等本國歷史	朴晶東		1(81)	國漢文	初等(私立)	30錢	同文社	1909. 8.12	菊版	1909. 6. 10 學部檢定
初等本國歷史	興士團編輯部 朴晶東	2	2(164)	國漢文	初等(私立)	17錢 28錢	同文館	1909.9.30	菊版	1909. 6. 2 學部檢定
初等本國歷史	安鍾和		1(66)	國漢文	初等(私立)	20錢	廣德書館	1909.11.10	菊版	1909.10.8 學部檢定
新選初等歷史	柳瑾	3	3(60, 60, 63)	國漢文	初等(私立)	16錢 16錢	廣德書館	1910.4.5	菊版	1910.2. 28 學部檢定
大東歷史略	大韓國民敎育會	7	1(250)	國漢文	普通敎科	18錢	大韓國民敎育會	1906.6	菊版	上古~高麗
東國史略	玄采	4	4(140, 166, 122, 126)	國漢文	中學生用?		普成館	1906.6.10	4.6倍版	學部不認可 1909. 5. 5 發賣禁止
大東歷史略	兪星濬					各50錢	博學書館	1908.4再版		學部不認可. 檢定不許可
中等敎科東國史略 (上. 下)	玄采	4	2(214, 206)	國漢文	中學生用?		玄采	1908.7.15	菊版	東國史略과 同一. 不認可
대한력ᄉ샹	Hulbert·吳聖根		1(313)	國文		1閏20錢		1908	4.6倍版	上古~高麗
國朝史(프린트本)	元泳義		1(202)	國漢文		1閏20錢			菊版	「朝鮮國史」와 同一

① 《조선역사(朝鮮歷史)》

갑오개혁 이후 최초로 발행된 초등용 교과서로서 1895년 가을 학부에 의해
편찬된 3권 3책의 국한문혼용체, 4·6배판크기의 한지한장본(韓紙韓裝本)
으로 편년체 개설서이다. 왕을 중심으로 중요 사건을 간략히 나열한 중세적
역사서술방식을 그대로 답습하고 있다. 실학계통의 삼한정통론을 계승하여
단군, 기자, 마한, 신라로 이어지는 정통성을 인정하고 있으며, 삼국기에서는
신라통일이라는 결과론적 입장에서 신라를 중심으로 고구려, 백제를 부로 서
술하고 있다. 또한 년기(年紀)는 간지로 표시하고 상단공백에 서기를 적고
있다.

② 《조선역대사략(朝鮮歷代史略)》

1895년 겨울 학부간행의 고등용 교과서로서 3권 3책, 4·6배판크기의 한
지한장본으로 순한문체로 되어 있다. 년기는 중국과 우리나라의 왕기를 병행
하고 있으며, 상단공백에 서기를 적고 있다. 특히 권두에 총목법칙(總目法則)
을 두어 본서 편찬에 있어 제 원칙을 상세히 설명해 주고 있는데, 당시로서는
뛰어난 과학적 인식태도를 보여주고 있는 것이다.47)

한편 실학의 정통론을 계승하여 삼한(마한)의 정통성을 강조하고 있으나,
삼국의 정통성에 대해서는 주자강목의 예에 따라 삼국시대를 무정통의 시기
로 파악하였다.48)

또한 삼국의 왕기를 동시에 기록하고 있으며 또한 삼국의 역사를 하나의

---

48) 本書, 總目法則에는 '……(상략)……今皆湊集採錄而諸史及地誌所記有或有相左者如檀
君爲神年歲不同之類是也或有疏漏者如箕子在位及壽不載之類是也博考載籍或證正歸一
或分註入錄至若名賢所記實亦入注脚以資參考'라 하고 있다.
48) 本書, 總目法則에 '……(상략)……三國開創差有先後而位均體敵不能主一故依綱目無正
統例書至新羅文武王統三位一故始以正統書之'라 하고 있다.

편년으로 서술하고 있다. 이것은 실학사상을 계승하여 일반화 시킨 것으로 민족자주성, 민족독립성을 입증하기 위한 것이었다. 그러나 서술방법은 왕을 중심으로 한 중요 사실을 편년체로 단순히 나열하고 있어 당시의 한계를 여실히 보여주고 있다.

③ ≪조선약사십과(朝鮮略史十課)≫[49]

학부편찬의 목활자 한지한장본으로 국한문혼용체, 4·6배판 크기의 초등용 교과서로 발행년도는 미상이며 표지에는 ≪조선역사≫라 되어 있으나, 전 10과로 편제하였기 때문에 본문 속에서는 제명을 전부 ≪조선약사십과≫라 하고 있다.

내용을 살펴보면 1895년 학부간행의 ≪조선역대사략≫을 그대로 발췌한 것으로 체재만 다를 뿐이다. 1책 46면의 제한된 지면으로 각과마다 간략하게 각국의 시조, 건국에 대하여 설명하고, 다음 정치제도편을 설정하여 관제, 성진, 학교, 의관, 공예, 외교 등을 설명하고 있다. 고대사에 있어서는 정통성을 배제하고 위만조선, 사군이부를 각각 과로 구분하여 큰 비중을 두고 있다. 또한 당시의 타서와 달리 삼국을 각국 별로 구분하여 서술한 특색이 있다.

④ ≪보통교과 동국역사(普通敎科 東國歷史)≫

1899년 9월 현채가 편집한 5권 2책의 학부 불인가의 소학교용 교과서로서 국한문혼용체, 국판크기의 양지한장본(洋紙韓裝本)이다.

중등교재인 순한문체 ≪동국(대한)역대사략≫을 소학교용으로 개편한 것

---

49) ≪조선역사≫ ≪조선역대사략≫ ≪조선약사십과≫의 教科書는 모두 學部編纂으로 그 編輯 叙述態度에는 『我海東』의 獨自存在性을 좀더 確固하게 내세우려는 苦心의 配慮가 풍기고 있다(渡部學, 1976 <朝鮮朝 末期의 教育思想的 貫流 - ≪海東續小學≫ 等 三群 教科書類의 思想史的 考察 -> ≪李寅基博士 古稀記念 教育學論叢≫, p.804).

으로,50) 실제 대조를 해보아도 ≪동국(대한)역대사략≫과 문체만 차이가 있을 뿐 내용에는 별 다름이 없다. 본래 8편으로 조선까지 서술하려 했으나 5편으로 고려까지만 서술하고 있다.51) 사서로서는 맨 처음 양지에 활자체 인쇄를 하여 외형적 발전은 보여주고 있으나, 내용이나 서술방법에 있어서는 편년체로 전통적 서술방법을 그대로 답습하고 있다. 고대사에 있어서도 삼한정통론을 무시하고 단군, 기자, 위만조선을 따르고 있어 권근의 ≪동국사략≫이래 형성된 조선전기의 고대사 인식체계를 그대로 따르고 있음을 알 수 있다.

⑤ ≪동국역대사략(東國歷代史略)≫

1899년 학부간행의 고등용 교과서로서 전 8권 5책 약 920면, 4·6배판 크기의 고활자본(整理字) 한지양장본으로 순한문체이다. 특히 ≪동국역대사략≫이란 제명으로 6권 3책, ≪대한역대사략≫이란 제명으로 2권 2책이 발간되었으나, 하나로 연결되는 동일한 책이다.52) 전자는 단군에서 고려까지, 후자는 조선왕조를 다루고 있다. 단군에서 조선까지의 편년체 개설서로서 상고사의 체계를 살펴보면 삼한정통론을 배제하고, 권근의 ≪동국사략≫이래 형성된 조선전기의 고대사인식 체계를 계승하고 있다. 그러나 마한의 년기를 삼국기에 사용하는 등 마한의 정통성을 주장하고 있다.53) 이것은 아직도 고

---

50) 本書, 序에 의하여 당시 學部 編輯局長인 李圭桓이 '……(중략)……大韓歷代史略一部成郎中學校敎科書之一也白堂玄君采就其書節取大事雜國漢文以記之旣以盡取其書之長而時以己意補其不足勒成八篇盖欲立諸小學校而因以爲普通敎科者也'라 하고 있다.

51) 本書, 卷5 高麗紀 맨 끝에 '歷史編輯之始本欲自檀君以汔 本朝通爲八篇故上三篇先行之日作序述其意矣其後議論稍異編至高麗而止縬爲五篇願世之君子毋以前後矛盾而見怪焉 圭桓識'이라 되어 있다.

52) ≪大韓歷代史略≫ 表紙에 ≪大韓歷代史略≫ 四, 卷七 本朝紀, ≪大韓歷代史略≫ 五, 卷八 本朝紀라 되어 있어 6卷 3册으로 끝난 ≪東國歷代史略≫을 계속한 동일한 책이 명백하다.

대사체계를 확립시키지 못한 까닭으로 보인다. 삼국기에서는 그 시대를 무정통의 시기로 파악하고 동시에 삼국을 혼합된 하나의 편년으로 서술하고 있다.

본서는 고지명, 의심나는 곳 등에는 '안(按)'이라는 사론을 달아 가능한 한 고증과 비판을 하고 있다. 그러나 아직 제국주의의 침략성을 간파하지 못했음인지 투철한 민족의식을 찾아보기가 어렵다. 따라서 본서는 학부편찬의 국사교과서를 총망라하여 정리한 것으로 가장 체재가 잘 잡혀 있다는 평가를 받을 수 있으나, 서술방법과 내용에 있어서는 전근대적 성격을 탈피하지 못하고 있다.

⑥ ≪대한역대사략(大韓歷代史略)≫

1899년 학부간행의 2권 2책으로 되어있는 조선의 역사서로, 단군에서 고려까지를 서술한 1899년 학부간행의 ≪동국역대사략≫을 계속하여 뒤를 잇는 것으로 제명만 다를 뿐, 동일서로서 ≪동국역대사략≫의 조선편이다.

⑦ ≪동사집략(東史輯略)≫

1902년 창강 김택영(金澤榮)에 의해 발간된 11권 2책의 국판크기 순한문체, 양지한장본의 고등용 교과서로 후일 학부에서 인가되지 않았고, 전통적인 편년체 서술방법을 따르고 있다. 단군에서 고려까지의 개설서로서 책머리에 신기선(申箕善), 김가진(金嘉鎭)의 서문과 자서(自序) 및 범례가 있고 책 끝에 이재곤(李載崐)이 쓴 권후(卷後)와 이중하(李重夏), 김교헌(金敎獻)의 발문이 있다.

고대사에 있어서는 정통론에 입각하여 체계화시키고 있으며, 삼국시대는

---

53) 本書, 卷2 三國紀, 「按」에 '馬韓世系名號雖無所放而其統尙未墜故開國紀年而首于三國以微示正統亦史家之變例也'라 하고 있다.

무정통의 시기로 하여 삼국의 왕기를 동시에 사용하고 있다. 삼국의 역사를 하나의 편년으로 혼합하여 서술하고 있다. 그러나 아직 기자, 마한의 세기를 밝히지 못하고 있다.[54] 또한 왕에 관계되는 사실뿐만 아니라 지리, 풍물, 제도 등 문화전반에 걸쳐 방대하게 서술하고 있다. 특히 중요한 내용이나 의문 나는 곳에는 '안(按)'이라 하여 일일이 사론을 편 뛰어난 과학적 인식을 보여주고 있다. 그러나 전통적 편년체 서술로 사회의 발전과정이 인과관계에 있어 과학적으로 서술되기가 어려웠다. 이는 당시 역사학의 한계이며 과제였다.

⑧ ≪대동역사(大東歷史)≫

1905년 최경환 편집, 정교(鄭喬) 평열(評閱)로 간행되었으며, 4·6배판 크기의 순한문체, 한지한장본으로, 단군에서 삼한까지의 편년체 개설서이다. 본서는 독립협회에서 민족의 독립성을 입증하고 민족주체성을 확립하기 위해 편찬한 것이다.[55] 한말의 지사로 독립협회의 핵심이며 사서편찬에 많은 노력을 쏟았던 추인 정교의 주도 아래 최경환, 유호식 등이 참여하여 편찬되었다.[56] 특히 실학의 정통성을 다른 어떤 역사서보다 가장 깊게 계승하고 있으

---

54) 本書 凡例에 '箕子朝鮮及馬韓世系多缺今就有事無年處名書某王幾年四字以首其事盖變例也'라 하고 있다.

55) 本書, 李懋榮의 序에서 '聖朝獨立之運幸賴子而發焉是天使吾子成之而彰檀箕之獨立於天下後世也'라 하여 檀君, 箕子의 獨立性을 강조하고 있다. 韓百源은 跋에서 '秋人鄭通判修大東歷史所記者檀箕馬韓之事而劈破幾百年諸史家羈絆之謬喚起千萬人我同胞獨立之意志……(하략)……'라 하여 本書 編纂의 所以가 우리 동포의 獨立의 意志를 喚起함에 있다고 하였다. 金鼎鉉도 跋에서 '……(중략)……我東檀箕三韓之時自是堂堂自主獨立之國而至于'라 하고, '……(중략)……鄭秋人……(중략)……後得崔氏之大東歷史爲之撰術以表揭古昔之獨立爲大頭焉'이라 하여 獨立性 立證이라는 투철한 民族意識下에서 本書가 編纂되었음을 말해 주고 있다.

56) 本書, 凡例에서 鄭喬가 '妄以愚意爲之評閱(凡曰按曰史氏斷曰者皆是) 又爲之正義而附之極知僭逾之甚而幸冀讀史君子之參恕焉耳'라 하여 가장 핵심적인 史論을 역시 鄭喬가 쓰고 있다. 또한 崔炳憲이 跋에서 '河南鄭秋人素以碩德鴻儒博通書籍嫻記述得崔君景煥

며 이종휘의 ≪동사≫이래 기자, 마한의 세계를 일일이 밝히고 있으며, 기자의 좌상, 입상 등을 넣어 기자를 매우 중시하고 있다. 비록 서술방법은 편년체로서 비과학적이나, 민족독립, 주권수호라는 투철한 민족의식하에서 편찬되었다는 점에서 높이 평가되어야 할 것이다.

⑨ ≪대동역사(大東歷史)≫

1905년 정교(鄭喬) 편집으로 간행된 순한문 활자체, 국판크기의 양지한장본으로 전 12권 4책으로 되어 있으며, 단군에서 통일신라까지의 편년체 교과서로서 인가되지 않았다.57) 본서는 최경환 편집의 ≪대동역사≫에서 삼국기, 통일신라기를 추가 보충하여 정교의 명의로 활자화시킨 것으로 추측된다.58) 또한 독립협회를 중심으로 편찬되었다는 점을 미루어 보아, 협회가 관계하는 사립학교에서 사용됐던 중학 이상의 교과서이거나 아니면 독립협회 회원을 위한 교과서가 아닌가 생각된다.

⑩ ≪역사집략(歷史輯略)≫

1905년 10월 학부에서 간행한 11권 3책으로 된 4·6배판 크기의 양지한장본, 순한문체의 고등용 교과서이다. 표제지에는 학부편집국간으로 되어 있으

之殘編招撫以諸家之說名曰大東歷史'라 하고 있어, 崔景煥의 殘編을 鄭喬가 편집하고 있음을 보여주고 있다. 또 金永鎭의 跋에도 '……(중략)……秋人子之大東歷史出……'이라 하여 鄭喬의 책 편찬에 있어서의 역할을 설명해 주고 있다.

57) ≪敎科書圖書一覽≫(學部編輯局編, 1910年)에 學部不認可敎科書로 되어 있고, ≪韓國圖書解題≫(高麗大學校民族文化研究所編, 1971年)에 ' ≪大東歷史≫ 12卷 4冊, 1905년 우리나라의 고대사'라 되어 있다.

58) 本書, 全卷을 蒐集 못해서 확실히 단언할 수 없으나 內容, 體裁, 序, 跋文 등을 검토해 볼 때 1905年 崔景煥 編輯 韓紙韓裝本의 ≪大東歷史≫가 刊行된 뒤 그것을 敎科書로 사용하기 위해 三國紀와 統一新羅紀를 추가하여 活字體의 洋紙韓裝本으로 外形만 바꾼 것 같다.

나,59) 실은 학부의 위촉을 받아 당시의 학부 편집위원이었던 김택영이 ≪동사집략≫을 개정하여 편찬한 책이다. 따라서 당시 역사서의 표본이며 최대의 걸작이다.

민족의 독립성을 입증하기 위하여 국사편찬에 힘쓴 김택영의 ≪동사집략≫과 ≪역사략≫은 판형만 다를 뿐 체재나 내용이 같다. 단지 ≪역사집략≫에서 약간 보충하였을 뿐이다. 즉 자서에 유득공의 ≪사군지≫ ≪발해고≫ 등을 새로 열람하여 ≪동사집략≫을 추가, 보충하여 개정하였다.60) 특히 ≪동사강목≫과 ≪강역고≫를 주로 인용하여 많은 고증을 하고 있다. 이는 민족의 자주성, 독립성을 입증하기 위해 실학사상의 계승을 일반화한 예라 하겠다.

이상에서 살펴보는 바와 같이 1905년까지 10여 종의 국사교육서가 발간되었는데 그 대부분이 학부 편집국 편찬으로 되어 있다. 그것은 대개 역사가들에게 그 서술을 의뢰하고 간행은 학부에서 한 것이었다. 많은 교과서(고등용)가 한문으로 기록되고 있지만 초등교과서 등이 국한문혼용으로 서술된 것이라든지 년기를 사용한 것 등은 새로운 사실이다. 그리고 민족의 자주성 독립성을 입증하고 민족독립성을 확립하기 위하여 노력한 저자들의 노력은 높이 살만하다 하겠다. 그러나 실제의 내용에 들어가 보면 그들의 근본정신과는 달리 하나같이 왕조중심의 편년체적 통사에 그치고 있다.61)

---

59) 本書, 表題紙에 '光武九年十月編輯局刊 歷史輯略, 鷄林 李鍾泰題'라 되어 있다.

60) 本書, 自序에 '……(중략)……得冷齊柳氏四郡志渤海考……(중략)……追加補改'이라 하고 있다.

61) 1905年까지 發刊된 世界史 敎科書로는 ≪터셔신사(泰西新史)≫(學部譯), ≪世界萬年契≫(學部), ≪中日略史合編≫(學部輯譯), ≪俄國略史≫(學部輯譯), ≪波蘭末年戰史≫(魚瑢善譯), ≪美國獨立史≫(未詳), ≪中東轉記≫(玄采譯), ≪法國革新戰史≫(玄采譯), ≪萬國史記≫(玄采譯), ≪埃及近世史≫(張志淵譯) 등이 있다.

3. 외교권의 상실과 역사교과의 시련

1) 사학의 융성과 역사교육

러일전쟁 중 소위 '한일의정서'에 이어 8월 22일(1904) '한일협정서'가 체결되면서 고문정치가 시작되었다. 이때 폐원탄(幣原坦)이 학부 참여관으로 오게 되면서 교육행정의 실권은 그에게 넘어갔다. 더구나 1905년 러일전쟁에 승리한 일제는 포츠마스 조약체결을 계기로 강압적으로 을사조약을 체결하였다. 이에 우리나라의 외교권은 상실되고 일제는 소위 통감부를 설치하고 이등박문(伊藤博文)을 통감으로 보내왔다. 이때 학부에는 고문관 폐원탄(幣原坦)이 물러가고 표손일(俵孫一)이 차관으로 교육행정의 실권자가 됨에 따라 우리나라 교육은 점차 식민지적 색채가 농후하게 되었다.

을사조약에 대한 저항은 여러 형태로 나타났지만 크게 보면 하나는 의병의 궐기요, 다른 하나는 교육을 통한 구국운동이라 할 수 있다. 한국민족의 지상과제는 신교육의 보급으로 실력을 양성하고, 민중을 깨우쳐 국권을 회복하는 것이라고 믿었던 것이다. 당시 교육구국운동의 중심은 민간인이었다. 국공립학교는 사실상 일인이 지배하고 있었던 만큼 민중의 감정이 좋지 않았다. 개인으로는 이승훈, 안창호, 이동휘, 유길준 등 애국지사들과 단체로는 '서북학회', '기호흥학회', '교남교육회', '대동학회' 등이 교육사업을 추진하였다. 그리하여 나라를 빼앗기기 직전(1909)의 정부인가 사립학교 등을 포함하면 6,400교를 넘었다.[62] 또 1910년 5월 말 현재로 학부의 인가를 받은 사립학교의 수는 2,250교(종교계통 학교 823, 각종학교 402, 보통학교 16, 고등학

---

62) 國史編纂委員會, 1965 ≪韓國獨立運動史≫ 一, p.358.

교 2, 실업학교 7)에 이르렀다.[63]

日露戰爭後 明治 38年(1905) 第 1 次 韓日協約以來 國運의 變轉에 遭遇한 漢人은 그 頭腦에 强한 印象을 받아 敎育에 依하지 않으면 國權의 恢復은 바랄 수 없다. 特히 明治 40年(1907)의 第 2 次 韓日協約締結, 軍隊解散後에는 敎育 의 必要를 切感하는 念이……(중략)……다른 一部는 職을 學校敎師에 求하여 敎育熱의 激增을 誘發하고 그 風潮가 滔滔히 國政에 彌蔓하여 마침내는 오늘날 과 같이 各種 私立學校의 設立을 보기에 이르렀다.[64]

이와 같은 사립학교 발흥의 원인에 대하여 1907년 이후 학부 차관을 지낸 표손일(俵孫一)은 국권회복에 있다고 보았다. 따라서 사립학교의 설립목적이 나 교육방침이 배일·독립적 민족교육일 수밖에 없었다. 이는 일제에게는 위 협적인 존재였다. 이를 탄압하기 위하여 제정공포된 것이 소위 '사립학교령' 이었다.[65] 이는 표면적으로 사립학교를 정비한다고 내세웠지만 실은 날로 번 창해 가는 사립학교를 폐교시키기 위한 조치였다. 사립학교를 설립코자 하는 자는 학교의 목적, 명칭 및 위치, 교칙, 유지방법, 교과용도서명 등을 갖추고 학부대신의 인가를 받아야 했다. 교과용도서는 학부편찬의 것이거나 검정을 거친 것만을 사용해야 했고, 학부대신이 부적당하다고 인정했을 때는 폐쇄를 명할 수 있었다.

이렇게 까다로운 악조건 하에서도 1909년 현재 순수한 우리나라 사람에 의한 사립학교가 1,402교에 달하였다.[66] 여기에 규모와 시설이 빈약하여 인

---

63) 弓削幸太郎,1923 ≪朝鮮の敎育≫ 自由討究社, 東京, p.73.
64) 國史編纂委員會, 1965 앞의 책, p.361.
65) ≪舊韓國官報≫ 第4165號(1908. 9. 1) 勅令 第62號 私立學校令.
66) 金成俊, 1971 <舊韓國의 國史敎育에 대하여> ≪大東文化≫ 8, p.175.

가를 받지 못한 학교나 아예 인가를 신청하지 않은 학교 수를 감안한다면 그 수는 엄청난 것이었다. 을사조약 이후의 이러한 현상은 특기할 만한 일이다. 이는 한국인이 전통적으로 교육을 존중하는 생각과 강렬한 민족의식이 결부되어 일어난 것이라 할 수 있다.

이와 같이 사학의 융성과 더불어 민족의식의 고취에 일익을 담당한 것이 국사교육이었다. 외교권이 박탈당하는 민족적 위기에 처하여 교육구국운동이 전국으로 번지고 민족의식이 앙양됨에 따라 국사에 대한 관심이 고조되는 것은 당연한 것이었다. 이 시기에 '제국신문', '대한매일신보' 등 각 신문에서 교육구국운동에 앞장서서 역사교육의 중요성을 강조하여 역사연재물을 많이 실어 서양 여러 나라에 대한 국민의 관심을 환기시키고 있었다.[67] 또 '황성신문사'에서는 이 무렵 ≪애급근세사≫(장지연)를 발간, 이집트가 식민지가 된 원인을 밝혀 그 전철을 밟지 않도록 시사하고 있었다. 당시의 역사교육은 국사교육이나 서양사교육을 막론하고 민족의식의 앙양과 결부되지 않은 것이 없었다. 이 시기에 발간된 국사교과서로는 대한민족교육회의 ≪대동역사략≫, 현채의 ≪동국사략≫, 원영의·유근의 ≪신정동국역사≫ 등이 있었다. 세계사교과서로는 윤정석의 ≪만국사≫, 김상연의 ≪정선만국사≫, 김덕균의 ≪의태이독립사≫, 현채의 ≪동서양역사≫, 안국선의 ≪비율빈전사≫, 현채의 ≪나마사부의태리사≫·≪월남망국사≫·≪일본사기≫ 등이 있었다.

2) 사학의 탄압과 역사교육의 시련

일제에 의해 통감부가 설치되면서부터 학부는 종래의 학제를 대폭 개편하

---

67) 國史編纂委員會, 1965 앞의 책, p.362.

였다. 1906년 9월 1일 사범학교령, 고등학교령, 외국어학교령, 보통학교령[68] 등 각급 학교령과 이들 각급학교령의 시행규칙[69]을 제정공포하였다. 이는 공사립학교의 교육활동을 규제하고 통제를 강화하기 시작한 것을 의미한다. 이에 따라 종전의 소학교(5~6년)는 보통학교로 이름이 바뀌고 수업연한도 4년으로 단축되었다.

교과목은 수신, 국어, 한문, 일어, 산술, 지리, 역사, 이과, 도서, 체조로 하고 여자에게는 수예를 더하고 시의에 따라 창가와 수공, 농업, 상업 중 1과목 혹은 기과목(幾科目)을 더할 수 있게 하였다. 그런데 일어가 들어있는 것이 전과 다른 점이다. 여기서 특기할 만한 사실은 보통학교령에는 역사가 독립된 교과목으로 명기되어 있었음에도 불구하고 독립된 시간은 확보되지 못하고 있다. 즉 보통학교령 시행규칙 '보통학교 각 학년 교과과정 및 매주 교수 시수표'에 1, 2학년 때 본국역사, 지리의 대요, 3, 4학년 때 본국역사, 본국 및 외국지리의 대요를 교수토록 되어 있으나, 역사와 지리시간을 다로 배정하지 않고 있는 것이다. 단지 동 시행규칙 교과목교수의 요지에는 국어, 일어 시간에 역사, 지리를 다루게 하고 있을 뿐이다.[70] 뿐만 아니라 국어, 일어, 수신, 산술 등 교과서는 여러 종류씩 간행하면서 역사교과서는 전혀 간행치 않고

---

68) ≪舊韓國官報≫ 第3546號(1906. 8. 31), 勅令 第41號 師範學校令, 42號 高等學校令, 43
號 外國語學校令, 44號 普通學校令.
69) ≪舊韓國官報≫ 第3547號(1906. 9. 1) 學部令 第20號 師範學校令施行規則
≪舊韓國官報≫ 第3548號(1906. 9. 3) 學部令 第21號 高等學校令施行規則, 第22號 外
國語學校施行規則
≪舊韓國官報≫ 第3549號 學部令 第23號 普通學校令施行規則
70) 歷史事跡의 大要를 敎하야 國民의 發達과 文化의 由來와 隣邦의 關係 等을 知得케 함으
로 要旨로 함이라. 圖畵, 地圖, 標本 等을 示하야 當時의 實狀을 想像키 易케 하되 特히
修身, 地理의 敎授事項과 聯絡케 함을 要함이라. 地理, 歷史는 特別한 時間을 定치 아니
하고 國語讀本及, 日語讀本에 所載한 바로 敎授하나니 故로 讀本中 此等敎授材料에 關
하여는 特히 反覆丁寧히 說明하야 學徒의 記憶을 明確히 함을 務함이라.

있다는 이것으로 보아 역사를 가르친다고만 되어 있을 뿐 사실상은 교수하지 않은 것이다.

중학교는 그 명칭이 고등학교(본과 4년, 예과 및 보습과 각 1년)가 되고 본과 학과목은 수신, 국어, 한문, 일어, 역사, 지리, 수학, 박물, 물리, 화학, 법제경제, 도화, 음악, 체조로 되어 있다.[71] 역사는 1학년에서 본국역사와 본국지리(주당 3시간), 2학년에서 동양역사와 외국지리(주당 3시간), 3학년에서 서양역사와 외국지리(주당 3시간), 4학년에서 본국역사와 서양역사, 외국지리 및 지문(地文)(주당 3시간)이 교수되고 있었다.[72]

사범학교(본과 3년, 예과·속성과·강습과 각 1년 이내) 본과의 학과목은 수신, 교육, 국어, 한문, 일어, 역사, 지리, 수학, 물리, 화학, 박물, 도화, 음악,[73] 체조로 하고, 농업·상업·수공(手工) 중의 1과목이나 수 개 과목을 개설할 수 있었다.[74] 역사는 1학년에서 본국역사(주당 2시간), 2학년에서 외국사의 대요(주당 2시간), 3학년에서도 외국사(주당 2시간)가 교수되었으며, 역사의 요지는 고등학교와 같았다.

외국어학교(본과 3년, 연구과·속수과 각 2년) 본과의 학과목은 수신, 국어, 한문, 산술, 역사, 지리, 이과, 법제경제, 부기, 체조를 교수하였다. 이외 성균관에서도 한국역사, 동양역사, 만국역사가 교수되었다.

1907년 7월 '정미7조약' 이후로 신문지법, 보안법 등이 공포되어 일제의 내정간섭이 노골화되고 있었다. 그리하여 민족교육의 본산인 사립학교를 통

---

71) 但 法制經濟 及 音樂은 闕함도 得함. 豫科 및 補習科의 學科目은 本科에 準하여 學部大臣의 認可를 受하도록 되어 있다.

72) 역사는 '사실의 관계된 것을 주의하고 문화의 유래한 바를 知케 함은 務함'을 요지로 하였다.

73) 音樂은 現今間만 闕함을 得함.

74) 豫科, 速成科는 本科에 依準하고 講習科는 必要에 따른다.

제억압하기 위하여 사립학교령을 공포 실시하였다. 사립학교령은 민족주의적인 사학을 억압함과 아울러 배일적인 교과서를 일소하려는 저의를 가지고 있었다. 학부는 이어 교과용 도서 검정규정(1908년 8월 28일)[75]을 만들어 사학에서 사용했던 배일적인 교과서를 배제하려 하였다. 이에 앞서 학부는 1905년 학정참여관 삼토충조(三土忠造)의 감독하에 교과서편찬위원회를 설치하고, 교과용 도서편찬에 착수하였다. 1906년에는 보통학교용 교과서의 일부가 발간되어 그해 9월부터 보통학교에서 사용케 하였다. 교과용도서 검정규정은 교육용도서는 학부에서 편찬한 것, 학부대신의 검정을 받은 것, 또 이에 해당한 것이 없는 경우에는 학교장이 학부대신의 인가를 받은 것에 한하여 사용할 수 있다고 규정하고 있다.

학부의 편찬사업은 보통학교용 교과서를 중심으로 발간하였다. 1909년 5월까지 수신을 4책, 국어독본을 8책, 일어독본 8책, 한문독본 4책, 이과서 2책(일문), 도화임본 4책, 습자첩 4책, 산술(교사용) 4책 등이 간행되었다.[76] 그러나 전술한 바와 같이 교육과정에는 역사가 있으나 시간을 따로 배정하지 않고 교과서들도 편찬하지 않고 있다. 이는 더 말할 것도 없이 민족의식을 말살하려는 고등술책에서 나온 것이다. '교과용도서검정규정'의 검정 및 인가기준은 정치·사회·교육의 3방면으로 구분하고 있다.

① 韓國과 日本間 관계나 親交를 저해하거나 비난함이 없는가
② 韓國國是에 위배하여 秩序와 安寧을 害하고 國利民福을 무시하는 것과 같은 言說은 없는가
③ 韓國의 固有한 國情과 달리하는 것과 같은 記事는 없는가

---

75) ≪舊韓國官報≫ 第4165號(1908. 9. 1) 附錄 學部令 第16號.
76) 高橋濱吉, 1927 ≪朝鮮教育史考≫ 帝國地方行政學會朝鮮本部, 서울, p.66.

④ 奇嬌히고 誤謬에 빠진 愛國心을 鼓吹하는 일은 없는가

⑤ 排日思想을 鼓吹하고 또는 特히 韓國人에게 日本人 및 기타 外國人에 대한
   惡感精을 품게 하는 記事나 語調는 없는가

정치적 방면77)을 보면 위와 같이 민족정신을 함양하거나 배일사상을 고취한 일이 없는가에 중점을 두고 있다. 따라서 당시 웬만한 교과서는 사용금지 또는 발매금지를 당하였다. 교과용 도서 검정이 엄중하였음은 다음의 사실로도 짐작할 만하다. 즉 1910년 5월말 학부조사에 역사교과서로 검정한 것이 1908년 이래 16종이었는데 인가된 것은 단 6종에 불과하였다(불인가 3, 조사 중 7). 뿐만 아니라 검정을 거치지 않은 도서로 종래 사용해 왔던 역사교과서의 사용 원을 제출한 19종 중 7종만이 인가되었다.

이 당시 인가를 받지 못한 역사교과서는 ≪초등대한역사≫(정인호) 외 31종이나 되었다.78)이 교과서들은 정치적 이유 때문에 불인가 되었는데 그 이유는 다음과 같다.

---

77) 高橋濱吉, 1927 앞의 책, pp.178~179.

78) 당시 인가를 받지 못한 교과서는 다음과 같다. ≪新訂東國歷史≫(元泳義·柳瑾), ≪普通
   敎科 東國歷史≫(玄采), ≪中等敎科 東國史略≫(玄采), ≪大東歷史略≫(兪星濬), ≪歷
   史輯略≫(金澤榮), ≪東西洋歷史≫(玄采), ≪東國歷代史略≫(學部), ≪大東歷史≫(鄭
   喬), ≪萬國史記≫(玄采), ≪修訂中學國史敎科書≫(有賀長雄), ≪最近支那史≫(石村貞
   一河野通之), ≪中等敎科西洋歷史≫(瀨川秀雄), ≪初等本國歷史≫(柳瑾), ≪精選萬國
   史≫(金祥演), ≪中等萬國史≫(兪承兼), ≪萬國略史≫(學部), ≪中等敎科訂正西洋歷史
   ≫(瀨川秀雄), ≪高等小學用中國歷史讀本≫(吳曾祺), ≪中等萬國史≫(兪承兼), ≪新編
   西洋史≫(磯田良·關榮太郎), ≪新訂中學國史敎科書≫(有賀長雄), ≪新定東洋史敎科
   書≫(桑原隲藏), ≪改訂東洋歷史≫(新保磐次), ≪最新日本史≫(藏岡繼平), ≪新訂中學
   西洋歷史敎科書≫(有賀長雄), ≪新編外國歷史敎科書(乙)≫(磯田良), ≪尋常小學日本歷
   史≫(文部省), ≪羅馬史附意太利史≫(玄采譯), ≪萬國通鑑≫(謝公衛樓), ≪中等東洋
   史≫(兪鈺兼) 등이다(朝鮮總督府, 1913 ≪敎科用圖書一覽≫, pp.41~43).

① 正面으로부터 韓國現時의 狀態를 痛論하는 것

② 과격한 漢字를 써서 自由獨立을 設하고 國權을 挽回하지 않으면 안될 것을
  역설하는 것

③ 外國의 事例를 인용하여 我國의 將來를 警告하는 것

④ 寓設을 교묘하게 만들어 他國依賴의 不可함을 諷刺하는 것

⑤ 日本 및 기타 외국에 관계있는 史談을 과장하여 日本 및 기타 외국에 대한
  적개심을 挑發하는 것

⑥ 悲憤的 文字를 가지고 最近의 國史를 叙하여 韓日國交를 阻礙하는 것

⑦ 本邦의 고유한 言語 風俗 習慣을 유지하고 외국모방의 불가함을 設하여 排外
  思想을 唱導하는 것

⑧ 國家論과 義務論을 들어 불온한 演說을 하는 것

⑨ 大言壯語를 써서 막연히 그릇된 愛國心을 고취하는 것[79]

이와 같은 이유 교과서가 인정되지 않은 사실이 알려지자 당시의 대한매일
신보는 '국가를 멸망케 하는 학부'라는 사설을 써서 이를 맹렬히 비난하였
다.[80] 그러나 사립학교에서는 불인가된 교과서를 비밀리 또는 공공연히 계속
사용하고 있었다.[81] 이를 못마땅하게 생각한 일제는 또 출판법(1909. 2. 23
공포)[82]을 제정케 하여 소위 치안을 방해할 우려가 있는 모든 출판물은 발매
금지 또는 압수케 하였다. 그리하여 ≪중등교과 동국사략≫(현채), ≪월남망
국사≫(현채), ≪월남망국스≫(이상익), ≪초등대한역사≫(정인호), ≪보통
교과동국역사≫(현채), ≪을지문덕≫(신현호), ≪이태이건국삼걸박≫(신채
호), ≪갈소사박≫(이보상), ≪화성돈박≫(이해조), ≪파란말년전사≫ ≪미

---

79) 高橋濱吉, 1927 앞의 책, pp.180~181.
80) ≪大韓每日申報≫ 1907년 3월 16일.
81) 金成俊, 1971 앞의 논문, p.188.
82) ≪舊韓國官報≫ 第4311號(1909. 2. 26), 法律 第6號.

국독립사≫(현거), ≪애굽근세사≫(장지연)[83] 등 역사교육서와 기타 교과서류의 도서가 발매금지 되었다.

3) 교과용도서

을사조약 이후에 발행된 국사 교과서의 편집 서술 태도를 알아보면 다음과 같다.

① ≪동국사략(東國史略)≫

1906년 6월 현채에 의해 번역된 전 4권 2책 국판크기의 국한문혼용체로서 양지 한 장본이다. 표제지에 ≪중등교과동국사략≫이라 되어 있는 것으로 보아 중학생용 교과서이다. 신사체(新史體)에 따른 최초의 통사로서 한국의 근대 역사학 성립에 기여하였다.[84] 즉 종래 왕 중심의 편년체 서술을 지양하고 태고(太古), 상고, 중고, 근대로 시대구분도 하고, 민족·국가를 역사의 주체로 문화전반에 걸쳐 서술하였다. 그러나 본서는 일본인 임태보(林泰輔)의 ≪조선사≫를 번역한 것이다. 따라서 역자가 의식하지 못하는 몇 가지 오류와 과실을 범하고 있는 것도 사실이다.[85]

한편 '자서(自序)'에서 밝히고 있듯이[86] 민족주의적 입장에서 ≪조선사≫

---

83) 朝鮮總督府, 1913 앞의 책, pp 45~51.

84) 金容燮, 1966 <日本·韓國에 있어서의 韓國史敍述> ≪歷史學報≫ 31, pp.128~147.

85) 本書 卷1에 보이는 '大伽倻又曰任那' 및 '日本使漂着耽羅' '耽羅送方物于日本' '日本神功犯狂新羅' '新羅聘使日本' 등의 日本과의 關係는 ≪朝鮮史≫를 그대로 번역하여 侵略的 植民史觀의 침투를 허용하고 있다(洪以燮, 1974 <舊韓末 國史敎育과 民族意識> ≪人文科學≫ 32, 연세대, pp.5~30).

86) 本書, 自序에서 '우리의 歷史와 萬國史를 읽어 견문을 넓히고 兵·刑·農·工 등에 힘을 다하여 나라의 獨立을 견지하라' 하고 있다.

의 제국주의적 침략성을 어느 정도 탈피, 극복하고 있다. 즉 ≪조선사≫가
인정하지 않는 단군을 한국사의 시조로 하고 삼한정통론을 내세워 민족의 독
립성을 주창하고 있다. 또한 역사상 위인, 명장, 대외항쟁 등을 크게 취급하여
외침에 대한 저항심을 고취하고 있다. 그리고 ≪조선사≫가 임진왜란을 일본
의 승리로 서술하고 있으나 본서는 상당부분을 할애하여 구체적으로 이를 반
박하고 있다.[87] 이러한 사실은 투철한 민족의식의 발로이다.

따라서 본서는 침략적 식민주의사관에 의해 쓰여진 ≪조선사≫의 직역(直
譯)이라기보다는 근대사학의 방법론을 도입하기 위한 편역(編譯)이라 볼 수
있다. 본서는 당시 상당한 관심과 호평을 받아 재판을 거듭했으나 학부 불인
가 및 내부대신 발매금지 도서가 되어 판매가 금지되었다.

② ≪신정동국역사(新訂東國歷史)≫

1906년 11월에 원영의·유근 편집, 장지연 교열로 발간된 국판 크기의 국
한문혼용체, 양지 한 장본으로 학부 불인가의 초등용 교과서이다. 전 2권 2책
330면으로 단군에서 고려까지의 편년체 개설서이다. 원영의, 유근, 장지연은
한말의 애국계몽 사상가였다. 따라서 본서도 이러한 사상을 바탕으로 만들어
졌다.[88] 그러나 역사주체의 파악이나 서술면에 있어서는 전근대적 편년체 서
술을 탈피하지 못하고 있다.

본서는 국한문으로 편찬하게 된 목적은 민족의 독립을 밝히고 누구든지 쉽
게 볼 수 있도록 했다.[89] 즉 민족독립을 위한 민족교육의 식도라 할 수 있을

---

87) 本書 卷3, 壬辰倭亂條를 살펴보면 30페이지를 할애하고 있다.
88) 本書, 張志淵이 쓴 '序'에 '嗚呼二君子之孜孜編纂, 寔出於愛國進步之關念'이라 하고 있
  다.
89) 本書, 張志淵은 「序」에서 '……(중략)……以闡獨立之主義, 又以國文而譯其句讀, 務要便
  易夢學, 以資敎科之用……'이라 하고 있다.

것이다. 내용을 보면 고대사에 있어서는 정통론을 취하고 있으나 타서처럼 이를 강하게 주장하고 있지는 않다. 또한 삼국기에 있어서는 하나의 편년으로 혼합하여 서술하지 않고 따로 국별로 서술하고 있다. 중요 사건이나 의심되는 곳에는 '안(按)'이라 하여 사론을 달고 있다. 고지명인 경우에도 가능한 한 고증하여 지금의 지명과 위치를 밝히고 있다.

③ ≪초등본국역사(初等本國歷史)≫

1908년 4월에 유근 저술, 안종화·장지연 교정으로 간행된 국한문혼용의 초등용 교과서로 국판크기의 활자체 양지 한 장본 이고 1책 62면이다. 본서는 현채의 ≪동국사략≫을 모방하여 근대역사학의 방법론을 따르고 있다. 그러나 체제 등의 외형만 모방하고 있을 뿐 내용에 있어서는 종래의 편년체 사서와 별 다를 바 없다. 단군에서 조선 역사를 건국을 중심으로 간략하게 서술하고 있다. 고대사에 있어서는 삼한정통론을 배제하고 삼조선을 중심으로 하여 체계화시키고 있다. 특히 삼한시대를 봉건시대로 설정하여 서술하고 있다. '봉건시대'란 개념을 삼한에 적용시킨 것은 지금까지 볼 수 없었던 특이한 발상으로 주목된다.

④ ≪초등대한역사(初等大韓歷史)≫

1908년 7월에 정인호 편집, 장세기 교열로 발간된 국판크기, 국한문혼용체 양지한장본이다. 1책 180면의 초등용 교과서로 단군에서 조선까지를 서술하고 있는 간략한 개설서로 특히 조선에 관한 서술에 치중되어 있다. ≪동국사략≫이래 번역사업 등을 통해 근대역사학의 방법론이 수준 높게 도입된 뒤라 본서도 매우 뛰어난 서술방법과 체제를 지니고 있다. 또한 주제에 따라 편, 장, 절로 구분하여 일목요연하게 설명하고 있으며, 매 절마다 고사를 적어

배일, 애국사상을 당당히 피력하고 있다. 서술대상도 종래 왕 중심의 서술에서 완전 탈피하여 민족적, 국가적 사실에 두고 있으며 지도와 인물상 등이 많이 수록되어 있다. 특히 단군의 초상화, 고조선과 삼한의 지도, 삼한정립 지도 등은 종래에 볼 수 없던 것이다.

⑤ ≪초등대한력ㅅ≫

1908년 조종만이 편찬한 순국문체로 된 국판크기의 양지 한 장본이다. 1책 88면의 간략한 초등용 교과서로 고유명사나 이해하기 힘든 단어에는 괄호로 묶어 한자로 표기해 주고 있다. 유근의 ≪초등본국역사≫를 그대로 순한문으로 쉽게 풀어쓴 것이다. 단지 ≪초등본국역사≫와는 달리 '시(序)'를 두어 순한문 국사 교과서 편찬의 목적을 명확히 밝히고 있다. 이를 살펴보면 만민 평등론에 입각하여 누구든지 볼 수 있도록 하기 위한 것이며,90) 또한 자주의 국, 자유의 민임을 세계만방에 알려 민족의 독립을 공고히 함에 그 목적이 있다고 밝히고 있다.91) 그러나 전근대적 역사의식인 교훈적 실용적 역사관을 탈피하지 못하고 있다.92) 이러한 내용은 어디까지나 '서'의 내용이지 실제 내용에 있어서는 '서'에서 보이는 목적을 충족시켰다고 볼 수 없기 때문이다.

---

90) 本書, 「序」에 '우리 나라 션현이 동국통감과 력ㅅ 등을 져작흐지만흐나 다만 한문으로 편찬흐얏는고로 상등등 사회는 효희(曉解)홈이 쉬으려니와 녀즈와 하등인은 득습키 여려은 즉……'이라 하고 있다.

91) 本書, 「序」에 '텬하의 문명국민은 즈국문즈로 독립긔본을 삼아 즈쥬의 국이다 즈유의 민이라 흐야 세계에 상등국민을 표시흐느니……(중략)……이에 본국의 국문으로 력ㅅ를 간요히 편즙흐야 국너에 발힝 권려흐느니……(중략)……만억년 국민긔쵸ㄹ 독립공고홈의 목뎍에 달홀지어다'라고 하고 있다.

92) 本書, 「序」에 'ㅅ는 국가와 인민간에 정치득실과 풍속션악을 긔슐흐야……'라 하고 있다.

⑥ ≪초등대동역사(初等大東歷史)≫

1909년 8월 박정동에 의한 만들어진 국한문혼용체로 된 학부 검정의 사립학교 초등용 교과서로 국판크기의 양지 한 장본이다. 1책 90면의 간략한 개설이지만 종래의 편년체 방법을 지양하고 사건 중심으로 서술하고 있다. 이에 맞게 목차도 '애왕(哀王)의 남천', '고구려와 수 전쟁', '신라통일', '삼별초', '양헌수의 전승' 등으로 되어 있다. 또한 왕의 이야기는 건국시조를 제외하고는 거의 배제하고 주로 대외항쟁, 명장, 위인 등에 대해 간단히 기술하고 있다. 이는 제국주의 침략에 대한 저항, 민족의 자주독립에 목적이 있는 것으로 당시 흥사단에 참여하여 독립운동을 하던 저자의 투철한 민족의식의 표현이라 할 수 있다.

⑦ ≪초등본국약사(初等本國略史)≫

1909년 9월 흥사단에서 발간한 국판크기의 국한문혼용체, 양지 한 장본으로 학부 검정의 초등용 교과서이다. 2책 164면의 개설서로 표지에는 '흥사단 편집부저'라고 되어 있으나, 실제로는 흥사단의 편집부장이었던 박정동이 만든 것이다. 박정은 이 보다 한 달 앞서 발간한 ≪초등대동역사≫와 거의 내용과 체제가 같다. 다만 ≪초등대동역사≫가 고려에 많은 비중을 두었던 것에 비해, 고려 9과, 조선 32과로 조선에 중점을 두고 있으며 내용이 좀더 첨가되고 있을 뿐이다. 또한 종래의 편년체 서술은 완전 탈피하였으나 너무 사실의 나열에 그친 감이 있어 근대역사학의 인과적 서술은 되지 못하고 있다.

⑧ ≪초등본국역사(初等本國歷史)≫

1909년 안종화가 저술한 국판크기의 국한문혼용체, 양지 한 장본으로 1책 66면의 매우 간략한 초등용 교과서이다. 편제를 보면 단군에서 삼한까지를 상고, 삼국·통일신라를 중고, 고려를 근고(近古), 조선을 국조(國朝)로 전 4장 26절로 되어 있다. ≪동국사략≫ 이래 이미 일반화된 근대역사학의 방법에 따라 편년체 서술을 지양하고 있다. 주로 건국의 기사를 간략하게 서술하고 있다. 또한 각 장의 마지막 절마다 '○○의 문화'라는 난을 설정하고 있는 것이 타서와는 매우 다른 형식이다.

⑨ ≪신찬초등역사(新撰初等歷史)≫

1910년에 유근 저술, 장지연 교열로 광덕서관(廣德書館)에서 발간한 초등용 교과서로서 학부 검정이다. 국한문혼용체, 국판크기의 양지 한 장본으로 3권 3책 300면의 편년체 개설서로 단군에서 일제 통감부 설치까지 세 사실을 두루 망라했다. 그러나 너무 단면적으로 왕 중심의 기사를 나열하고 있어 왕 연대기와 같은 느낌을 주고 있으며, 주로 사화(史話) 중심의 서술로 시종하고 있다. 또한 학부의 검정을 받기 위해서인지는 모르나 통감부 설치에 대해 일제침략을 인정하는 너무나 큰 과오를 범하고 있다.93) 특히 이것은 아동용 교과서이기 때문에 민족교육이란 측면에서 더욱 그러하다 하겠다.

⑩ ≪대동역사략(大東歷史略)≫

1906년 6월 대한국민교육회(大韓國民敎育會)에서 편찬한 국한문혼용체로 국판크기의 활자체 양지 한 장본이다. 보통 교과용이며 전 7권 1책 250면으로 단군에서 고려 말까지의 개설서로서 표지에는 ≪대동역사략≫으로 되어 있으나, 본문 중에서 ≪보통교과 대동역사략≫으로 되어 있다. 편년체로 왕 중심의 사실을 나열하고 있다. 고대는 정통론을 따르고 있으며 衛滿 및 한사

---

93) 本書, 卷3 第84課 맨 마지막 부분에 統監府設置에 대해 '自是로 日本의 統監은 我國에 來駐ᄒ야 政治의 指導를 行홈으로 兩國의 親密이 愈厚ᄒ니라'하고 있다.

군은 배제시켰다.

삼국시대에 와서는 신라에 정통론을 부여하고 있다. 이것은 삼국시대를 무정통의 시기로 파악하던 당시의 일반적인 역사의식과는 차이가 있는 것이다. 또한 권수(卷首)에 '역사왕도표'와 '역대일람'을 두어 한눈에 역사를 볼 수 있도록 하고 있다. 편찬자인 대한국민교육회는 을사조약을 전후하여 신교육·민족교육을 목적으로 결성된 단체로서 새로운 내용의 많은 교과서를 간행하였다. 그러나 본서는 아직 근대역사학을 도입하지 못하고 있으며 민족의식면에서도 뚜렷한 것을 보여주지 못하고 있다.

⑪ ≪대한력스≫

1908년 H·B. Hulbert와 오성근이 공저하여 Hulbert Series No.1로 발간된 순국문체, 4·6배 크기의 활자체 양지한장본이다. 이 책은 Hulbert가 ≪The Korea Review≫에 연재한 바 있는,[94] ≪The History of Korea≫의 국문판으로, 영문으로 된 한국사를 다시 단행본으로 출판되었다.[95]

표제에 '구세쥬 강싱 일천구빅팔년, 대한력스샹, 대한륭회이년 무신'이라 되어 있는 상권은 단군에서 고려까지를 기술하고 있다. 조선에 대해 기술하고 있는 하권은 여러 자료를 찾아 보아도 흔적이 없어 본래 발간되지 않은 것으로 생각된다.[96] 판권에는 Hulbert와 오성근이 공저한 것으로 되어 있으나 Hulbert는 책 편찬을 위임했을 뿐 실제는 오성근이 홀로 저작했던 것 같다.[97] 그리고 순국문 교과서 편찬의 의도는 평등사상의 실천에 있음을 알 수 있다.

---

94) ≪The Korea Reiew≫ Vol. 1, No. 2, 1901.

95) ≪The History of Korea≫ Seoul, Vol.1 1905(p.416) ; Vol. 2 (p.290).

96) 韓國開化期敎科書叢書十八, ≪대한력스≫ 解題.

97) 本書, 'tuans'에는 '……(중략)……우리 나라의 본 국문력스의 흠무함을 근심하여 나에게 그 편찬 역술을 위임하는지라……'하고 있다.

그러나 전통적인 왕 중심의 편년체 사서로서 내용 및 체재 등이 본래 책 편찬의 목적인 평등사상과는 대치되고 있다.

한편 정교의 ≪대동역사≫ 이후 처음으로 기자조선의 세계를 상세히 밝혀 놓고 있으며, 독자의 편의를 위하여 풍부한 각주가 삽입되어 있다. 그리고 1909년에 학부의 지시에 의하여 사용금지처분을 받았다.

⑫ ≪국조사(國朝史)≫

국판크기의 프린트본으로 원영의가 구술한 것을 다른 사람이 옮겨 쓴 것이다. 국한문혼용체로 1책 200면의 편년체 개설서로서 표지, 서, 판권 등이 없어 언제 발간되었는지, 어디서 사용했던 교재인지 전혀 알 수가 없다. 다만 첫머리에 '≪국조사≫ 원영의 구술'이라 되어 있어 책명과 저작자만을 알 수 있을 뿐이다.

국조사(國朝史)란 것도 조선삼조의 역사란 뜻으로 이성계에서 시작하여 '총리대신 이완용이 서관인 이재명에게 자상(刺傷)을 피(被)하다'로 서술을 마치고 있다. 이로 미루어 볼 때 발행 연도가 '한일합방' 바로 직전이 아닌가 한다. 원영의가 유근과 함께 공저한 ≪신정동국역사≫가 고려에서 끝났기 때문에 거기에 본서를 합치게 되면 단군에서 한말까지의 완전한 통사(通史)가 된다. 또한 당시 일반적이었던 활자인쇄를 하지 않은 것은 아마 비밀히 읽히기 위한 목적이 아닌가 한다. 내용이 있어서도 다른 역사서가 한말의 사건 상황에 대해서는 기술하지 못하고 있는 실정인데 비해 한말의 여러 사실들을 간략하게 기술한 데에 그 특색이 있다.

이상에서 살펴보았듯이 국사 교과서 발간에서 지적할 수 있는 것은 모든 교과서가 국한문혼용 또는 국문으로 서술하고 있으며, 을사조약 이전보다 초등용 교과서가 많아졌지만 학부 검정 교과서는 몇 권에 불과하다는 사실이다.

이는 검정의 어려움을 나타낸 것이라 하겠고, 그간 학부가 단 1권의 국사 교과서도 편찬 간행치 않았다는 사실은 일제의 고등정책에서 초래된 결과라 하겠다.

따라서 당시에 배일사상이나 자주독립, 애국애족, 민족주체성 같은 것은 논의할 수도 없었고 많은 교과서는 불인가 될 수밖에 없었다. 그리고 이 시기의 교과서 서술의 특징은 전통적인 역사서술에서 탈피하여 근대적인 역사서술이 시작되었다는 사실이라 하겠다.[98]

맺음말

이상에서 필자는 신교육 도입 이래 1910년까지의 역사교육에 대하여 어설프게나마 살펴보았다. 근대식 교육이 시작된 1880년대의 관립·사립학교에서는 국사교육에 앞서 세계역사 또는 각 국의 역사라 하여 세계사교육이 먼저 이루어지고, 국사교육은 한문이나 지리시간에 겸해서 행해지고 있었다.

그러나 갑오개혁 이후 신학제가 발표되고 소·중·사범학교 등 각급학교가 설립되면서 국사는 모든 학교의 필수 독립교과로 교육과정에 나타났다. 이는 개항 후 축적되어 온 민족주체의식의 발로로 실학자들과 개화파의 주장이 반영된 것이라 하겠다. 이후 을사조약으로 민족적 위기가 닥치자 역사교육은 교육구국운동에 발맞춰 애국·독립사상 고취에 크게 기여하였다. 여기엔 사립학교가 중심이 될 수밖에 없었다.

---

98) 乙巳條約 이후 發行된 世界史 敎科書로는 ≪萬國史≫(尹晶錫), ≪精選萬國史≫(金祥演), ≪東西洋歷史≫(玄采), ≪日本史記≫(玄采), ≪世界殖民史≫(李採雨), ≪東西洋敎科書≫(兪鈺兼), ≪東西洋敎科書≫(兪鈺兼), ≪中等萬國史≫(兪鈺兼), ≪越南亡國史≫(玄采), ≪拿破崙戰史≫(劉文相), ≪西洋史敎科書≫(兪鈺兼), ≪中等東洋史≫(兪鈺兼) 등이 있다.

　그러나 일제의 통감부가 설치되면서 역사교육, 특히 국사교육은 갖은 시련 끝에 질식할 수밖에 없었다. 국사교과서는 1895년 이래 20여종이 간행되었다. 을사조약 이전에는 대부분의 교과서가 학부편찬이었으나 을사조약 이후에는 단 1권의 교과서도 발간하지 않았다. 뿐만 아니라 조약 이전 학부발행 교과서가 조약 이후에는 학부 불인가 도서로 둔갑하기도 하였다. 이는 소학교의 교육과정에 국사를 편제하고서도 수업을 안 한 조치와 함께 일제의 고등정책에서 비롯된 것이다.

　을사조약 이전의 교과서는 전통적인 왕조중심의 편년체를 쓰고 있었으나, 조약 이후는 거기에서 탈피하여 근대적인 역사서술방법이 채택되고 있다. 그리고 조약 이전의 교과서가 한문을 사용한 것이 많은데 비하여 조약 이후의 교과서는 국한문 혼용 또는 국문을 쓰고 있다. 당시 교과서의 편집 서술 태도는 실학사상을 계승하여 민족의 자주성과 독립성을 입증하고 민족주체성을 확립하려는 것이었다. 따라서 우리는 여기에 저자들이 고심해서 치밀하게 표명하고 있는 편집의 기본이 된 사상을 엿볼 수 있다. 이 당시의　역사(국사)교육이 음양으로 일제의 탄압에 시달렸지만 당시 개화되지 못한 국민들을 계몽시키고 개화시키는데 공헌하였음은 부인할 수 없을 것이다.

Ⅱ. 구한국(舊韓國) 경찰고(1894~1910)

- 일제침략에 따른 경찰권 피탈 과정 소고 -

머리말

역사적 현실은 우리들에게 과거 사실에 대한 올바른 이해를 촉구하고 있다. 우리의 당면한 민족적 과제 해결의 첩경의 하나는 우리 민족 근래의 역사를 공정하게 인식하는데 있기 때문이다.

1876년 강화도 조약을 계기로 근대적인 의미의 문호가 개방된 이래 우리 민족은 특히 일제의 끈질긴 침략 정책에 직면해 왔다. 청일전쟁의 구실이 된 소위 내정개혁, 마관조약(馬關條約) 러일전쟁 중의 한일의정서, 제1차 한일협약 그 후의 포오츠머드조약, 을사5조약, 정미7조약, 그리고 합병조약에 이르기까지 그 일련의 사실은 이를 잘 반영하고 있다.

일제의 대한침입이 본격화 된 것은 러일전쟁 때부터이다. 1904년 소위 고문정치가 시작되면서 그들의 침략은 대담해졌으며, 1905년 9월 포오츠머드

조약으로 한국의 주권마저 침해하는 적극성을 보였다. 국가 통치권의 일부를 형성하는 경찰권이 여기에서 예외일 수 없었다. 근대적인 의미의 경찰개념이 한국에 도입된 것은 1894년 갑오경장 때부터이다. 한국은 이 때 비로소 일제의 권고로 구주대륙(歐洲大陸)계인 중앙집권적 국가 경찰제도를 채택하였던 것이다. 주지하는 바와 같이 이 제도는 영미법계 경찰에 비하여 경찰국가적(警察國家的) 경찰의 성격이 농후한 것이다. 제도 자체가 영미법계에 비해 비민주적인 데다 일제의 간섭까지 받았던 만큼 시초부터가 잘못되었다고 볼 수 있을 것이다.

일제는 경찰 본래의 사명에 앞서 한국인을 억압하기 위한 수단으로 나아가서는 한국식민지의 기반을 닦기 위한 준비작업으로 한국경찰의 근대화를 촉구하였다. 뿐만 아니라 그들은 일찍이 거류민 보호를 구실로 영사관에 경찰을 투입했으며, 러일전쟁을 계기로 헌병을 파견하여 한국의 경찰권을 본격적으로 침해하였다. 종국적으로 일제는 한국의 경찰권을 탈취해 갔다. 이제 필자는 가능한 자료를 동원하여 1894년 갑오경장 때부터 한국의 경찰권이 피탈되는 1910년까지의 구한국 경찰의 이즈러진 변천과정을 우선 어설프게나마 엮어 보고자 한다.

1. 갑오개혁 이후의 경찰

1) 한국경찰의 변천과정

우리 국가사상 어느 시대를 막론하고 경찰업무를 수행하는 기관이 없지는 않았겠지만 오늘 날 의미의 경찰기관의 기원은 고려후기 순군만호부(巡軍萬戶府)의 창설에서 찾을 수 있을 것이다.[1] 이때 처음으로 도만호(都萬戶) 상만호(上萬戶) 만호(萬戶) 별만호(別萬戶) 진무(鎭撫) 천호(千戶) 및 제공(提控)의 제직(諸職)이 마련되어 포도(捕盜) 금란(禁亂) 국수(鞠囚)의 사항을 관장하였으며, 이 제도가 조선왕조에 계승되어 경찰을 주 기능으로 하는 의금부의 전신이 되었던 것이다.[2]

이리하여 조선왕조 초기부터 단종 초까지의 경찰업무는 주로 의금부에서 맡아 오다가 단종 원년(1453) 그 임무를 오위(五衛)에 이양하였다. 그러다가 얼마 후 경향 각지에 도적의 발호가 심하매 성종12년(1481)에 서울 도성을 중심으로 경기도 일원에 걸쳐 포도(捕盜) 금란(禁亂)을 전담하는 좌·우변(左·右邊) 포도장(捕盜將)을 두게 되었다. 이때에는 포도장을 권설(權設)·혁파(革罷)·영가(另加)를 거듭하면서 경찰 업무를 수행하였으나, 성종24년(1493)에는 한성부 5부에 포도장을 각각 두게 되었다.

따라서 성종 12년부터 24년의 사이가 바로 포도청 창설기이며 이는 우리 역사상 경찰업무를 타 관청으로부터 분리하여 취급하게 된 시초가 된 것이다. 그 후 중종 말기에 포도청의 직제를 완성하고 명종조에 임꺽정 일당이 각지에 도량(跳梁)함을 계기로 하여 포도청이 확립되었다.[3] 이와 같이 중기이후로는 중앙에 포도청이 있고, 지방에는 진영장(鎭營將)이 겸하는 토포사(討捕使)가 있었다. 그렇지만 실지에 있어서는 각사(各司) 각군문(各軍門)이 그 직권에 속하는 위법자를 체포 구금하는 것이었다. 다만 '직수아문(直囚衙門)'이라 하여 병조·형조·한성부·사헌부·승정원·장예원·종부사·관찰사·수령은 직수(直囚)할 수 있되 그 외의 각사·각군문은 형조로 통고한 뒤에 구금하는 것이 원칙이었다. 그러나 각사는 물론 관방(官房)을 비롯하여 권세 있는

---

1) 中橋政吉, 1936 ≪朝鮮舊時の刑政≫ 治刑協會, 서울, p.334.
2) 震檀學會, 1966 ≪韓國史≫ 近世前期篇, 乙酉文化社, p.257.
3) 金承懋, 1966 ＜捕盜廳에 對하여＞ ≪鄕土서울≫ 26, pp.181~183.

사문(私門)까지도 사사로 수금(囚禁)·형추(刑推)·람형(濫刑)을 천행(擅行)하여 이것을 금하는 영이 내린 일도 적지 않았다.[4]

이와 같이 경찰관은 중앙·지방의 여러 기관에 분속되어 복잡한데다 앞서 살펴 본바와 같이 무질서하였다. 더구나 병방(兵房) 형방(刑房) 및 군아(郡衙)의 향리들은 국가로부터 일정한 봉급도 없었으므로 불법·부정행위를 자행(恣行)하여 민폐가 극심하고 가위 무법상태였음은 주지하는 바다.

이와 같은 구래(舊來)의 경찰제도에 대하여 개혁이 시작된 것은 갑오개혁 때부터이다. 1894년 6월 25일(양 7월27일) 군국기무처가 설치되어 동월 28일에는 궁내부 관제, 의정부 관제, 각아문 관제 등이 공포되고 이어 7월 14일에는 경무청(警務廳) 관제 직장(職掌)이 발표되어 동월 20일부터 동관제를 시행하게 되었다.[5] 여기 처음 발표된 경무청 관제 직장을 일독하면 다음과 같다.

1. 左右捕廳을 합쳐 警務廳을 설립, 內務衙門에 예속시켜 漢城府五部字內의 一切의 경찰사무를 관장케 한다.
2. 警務使 1員(勅任) 副官 1員(奏任) 警務官 幾員(判任) 書記官 幾員(判任) 總巡 幾員(判任) 巡檢 幾員을 둔다.
3. 警務官은 영업, 시장, 회사, 제조소, 연예유희소, 장식(葬式), 도박(賭博), 선박, 도로, 철도, 전선, 건축, 전야(田野), 인명상이(人命傷痍), 총포, 화약, 수재, 화재, 유실물, 전염병예방, 소독, 검역, 의약, 도장(屠場), 묘지, 죄인체포, 기아, 결사, 집회, 신문잡지, 도서 등 50여종의 경찰사무를 양조(襄助)한다.
4. 監禁 1員, 副監禁 1員, 監守 1員(이상 모두 判任)을 別置(總巡이 겸임하고

---

4) 震檀學會, 1966 앞의 책, pp.257~258.
5) 宋炳基, 1970 ≪韓末近代法令資料集≫ I(以下 ≪法令資料集≫ I 이라고 줄임), pp.2~14, p.17). 實施期限에 對해서는 7月 1日 '各衙門官制 職掌의 實施限期에 관한 件'으로 7月 20日로 定했다.

監禁書記 1員, 押牢 1員은 巡檢이 겸임한다.

5. 警務使는 한성부 5部字內 경찰과 監禁事務를 總轄하며 罪犯을 査拿, 輕重을 분별하여 法司로 이송 聽判케 한다.

6. 警務使는 重大警務는 總理大臣에 稟明 聽候하여 核施하고 各府衙職者에 관계되는 것은 各該大臣에 稟聽 核施한다.

7. 5部字內에 경찰지서를 分置하고 每署에는 署長 1員을 두어 경무관이 겸임하고 서기 2員 巡檢 幾員을 둔다 등 모두 23항목으로 되어있다.[6]

그리고 같은 7월 14일 행정경찰장정(行政警察章程)도 공포되고,[7] 이어 동년 8월 6일에는 각항(各港)의 경찰관을 경무관이라 개칭하여 경무청으로 이속하고, 경무부관(警務副官)을 경무부사(警務副使)로 개칭하여 3품으로, 경무관은 주임(奏任)으로 올리고 경무서기관은 판임주사(判任主事)로 고쳤다.[8]

이상이 총재 김홍집과 16명의 친일파로 구성된 군국기무처(駐韓日本公使 大鳥圭介가 顧問)의 제1차 내정개혁 중 경찰관계 개혁 내용이다. 소위 개혁 자체가 일제의 강압에 의하여 친일파가 추진한 것이기 때문에 일본의 이익이 강조되었음은 더 말할 것도 없다. 따라서 경찰개혁의 경우도 마찬가지니 아래 사실이 이를 증명한다.

1894년 5월 14일(양 6월 27일) 일제는 조선국의 내정개혁안을 결정짓고 외무성 정무국장 율야신일랑(栗野愼一郞)을 파한할 때 그가 휴대한 내정개혁에 대한 중요 조항 중의 '병제를 개량하고 및 경찰제도를 설치할 것'이라는 항목이 그것이다. 이어 일본공사는 6월 1일(양 7월 3일) 외무독판 조병직과의

---

6) 宋炳基, 1970 앞의 책, pp.28~41.

7) 總巡執務章程, 巡檢職務章程, 違警罪卽決章程, 巡檢選用章程으로 되어 있다(宋炳基, 1970 앞의 책, pp.41~47).

8) 宋炳基, 1970 <議案 警察官秩增補> 앞의 책, pp.85~86.

회견에서 내정개혁 5개조 항을 제시한 가운데 '국내의 민란을 진정하며 안녕을 보지(保持)하는데 필요한 병비를 설치할 것'이라고 한 것이 그것이며, 또 6월 9일 노인정회담에서도 내정개혁방안세목 제4조에서 전항을 되풀이하면서 '경성 및 각 성읍에 엄정한 경찰을 설치할 것'을 요구하고 있기 때문이다.[9]

따라서 제1차 개혁의 내용은 일제의 요구를 그대로 받아드려 경무청을 신설하고 이들로 하여금 한성부내의 경찰·감옥의 사무를 장악하게 한 것뿐이다. 그리고 이때까지는 법조문 자체까지도 정비되지 못한 실정이었다. 즉 전술한 경무청관제직장에는 '경무청은 내무아문에 예속시킨다'고 되어있으나 내무아문관제[10]에서는 그런 것을 찾을 수 없고 지방경찰제도에 대해서도 행정경찰장정에 '각 지방장관은 경무청 경무관 총순(總巡)으로 하여금……(중략)……사찰을 행한다.'고 하였으나 이런 지방관제가 제정된 것은 1895년 5월 26일(칙령 제101호)이기 때문이다.[11]

그러나 우리가 여기서 주목해야 할 것은 경무사의 지위다. 갑오경장 때 새로 시행된 관료제의 품계에 의하면 경무사 종2품 각 아문대신은 종1품이었다. 각부각아문통행규칙(各府各衙門通行規則)[12]에 '각 대신은 그 직권으로 경무사 및 각 지방장관을 명령지휘 감독(제9, 10조)할 수 있다.' 하지만 중대 경무는 총리대신에 직접 품명청후(稟明聽候)할 뿐만 아니라 군국기무처회의원(軍國機務處會議員)까지 겸하고 있었다.[13]

---

9) 李瑄根, 1963 ≪韓國史≫ 現代篇, pp.173∼175, 185.
10) 法令資料集에는 '警務官制·職掌을 議定한 뒤 內務衙門에 所屬시키는件'(1894. 7. 1)이 있으나 이것이 條文에 나타나는 것은 勅令 第53號(1895. 3. 26) 內部官制에서부터 이다(宋炳基, 1970 앞의 책, p.17).
11) 宋炳基, 1970 앞의 책, pp.403∼405.
12) 宋炳基, 1970 앞의 책, p.52.
13) 宋炳基, 1970 <議案 各衙門大臣·將臣·警務使가 軍國機務處會議員을 兼하는 件>앞

이는 경무청이 정치상의 필요에 따라 강력한 독립관청으로 서울의 치안을 담당하였고, 경무청의 장(長)인 경무사는 각아문(부) 대신보다 훨씬 강력한 권한을 갖고 있어 비등하였던 당시의 척외(斥外) 여론을 말소시킴으로써 일본의 조선에서의 세력 부식에 박차를 가한 것을 의미한다.[14] 대조규개(大鳥圭介)의 소위 제1차 내정개혁이 국민 상하의 반감을 초래하여 면종복배(面從腹背)의 역효과만을 거두었기 때문에 그는 소환되고 후임으로 거물급의 정상형(井上馨) 공사가 1894년 9월 29일(양10월 27일) 부임하였다.[15]

그는 부임 즉시 대원군의 세력을 제거하고 고종을 위협·회유하면서 10월 23일 20개조의 소위 제2차 내정개혁안을 제시하였는데 여기에서도 제11조 '경찰권을 통일할 것'을 요구해 왔다.[16] 이어 제2차 김홍집 내각(박영효와의 연립내각)이 성립(11월 21일)되고 개혁은 정상형(井上馨)의 의사대로 착착 진행되었다.

12월 10일에는 경무부사를 감하(減下)하고 경무관 5인, 총순 10인을 증치(增置)하고 다음날에는 칙령 제13호로 '순검징벌례(巡檢懲罰例)'가 발표되었다.[17] 이어 1895년 3월 25일에는 각부관제통칙(各部官制通則)[18]과 함께 각부의 관제가 공포되고 26일에는 칙령 제53호로 내무관제가 발표되었다.[19]

또 4월 19일에는 경무사 이하의 복제(服制, 칙령 제81호)가 제정되고 동

의 책, p.63.

14) 盧貞鉉, 1967 <日帝 韓國 行政改革에 關한 硏究> ≪延世論叢≫ 4, p.335.

15) 李瑄根, 1963 앞의 책, p.311.

16) 李瑄根, 1963 앞의 책, p.320.

17) 宋炳基, 1970 앞의 책, pp.130~133.

18) 칙령 제41호, 제6조에 '각부대신은 주임사무로 지방관 및 경무사를 감독함'이라 되어 있다.

19) 이 때 비로서 제1조에 '내무대신은……(중략)……경찰……사무를 관리하며……경무사를 감독함'이란 말이 나온다(宋炳基, 1970 앞의 책, pp.238~241).

29일에는 칙령 제85호로 경무청관제가 반포되었다.[20] 그 내용은 먼저보다 인원이 증가되고 기구가 확대된 것을 들지 않을 수 없다. 즉 '판임 기원(判任 幾員)'으로 되었던 경무관을 '주임 12인 이하'로 총순(판임)도 '기원(幾員)'을 '30인 이하'로 증가 시켰다(제1조). 내무대신의 지휘 감독을 받는 (제2조), 특수 관청이면서도 총무국외에 경무사 관방(官房)을 두어 1, 2과로 나누고(제10조), 종래 한성부 5부 내에 설치했던 '경찰지서'를 '경무서'로 승격시키고 따로 '궁내 경무서'를 설치(제17조) 하는 등 그 면모를 일신하여 근대적인 경찰로 정비되어 가는 일면을 보이고 있다.

이어 5월 26일에는 칙령 제98호 '지방제도 개정에 관한 건'[21]으로 전국의 행정구역을 23개의 부로 나누고(제1조) 동일 칙령 제101호로 '지방관제'를 공포하였다.[22] 이에 의하면 한성부를 제외한 22부 각부에 경무관 1인(주임 4등 이하), 경무관보 1인(주임), 총순(판임) 2인 이하를 두고(제1조), 경무관은 해당 관찰사의 지휘를 승하야 관내 경찰 사무를 장악 관리하게 하였다(제10조).

이상에서 살펴 본 바와 같이 을미개혁(제2차 내정개혁)을 거치는 사이에 중앙과 지방의 경찰제도가 상당히 조직적으로 정비되었음은 사실이다. 그러나 우리가 여기서 간과할 수 없는 사실은 전술한바와 같이 경무청의 기구를 확대하고 그 인원을 급증시킨 것이다. 이는 경무청의 본래적 사명에 앞서서 조선인을 억압하기 위한 수단으로 삼았던 때문으로 볼 수 있다.[23] 경무청의 직원수가 계속 증강되고 있음은 이를 뒷받침한다. (표 1. 참조)

---

20) 宋炳基, 1970 앞의 책, pp.364~367.
21) 宋炳基, 1970 앞의 책, pp.398~402.
22) 宋炳基, 1970 앞의 책, pp.403~405.
23) 盧貞鉉, 1967 앞의 논문, p.338.

〈 표 1 〉 연도별 경무청 직원 수 비교표[24]

年度別	경무청 직원 수
1894	警務使 1, 副管 1, 監禁 1, 副監禁 1, 監守 1, 警務官, 書記官, 總巡, 巡檢 약간 명
1895	56명
1898	66명
1900	72명

　1895년의 56명은 극히 적은 것 같지만 내각의 관리수가 82명(중추원포함) 내부 66명, 외부 24명, 도지부 88명, 군부 43명, 법부 44명, 학부 18명, 농상공부 48명에 비하면 상당한 인원임을 알 수 있다.[25]

　뿐만 아니라 정상형(井上馨) 공사의 추천으로 1894년말 까지 내한한 일본인 고문관과 그 보좌관은 40여명에 달하는 바 경무청 고문으로는 일본 경시청 경시 무구극조(武久克造) 등이 왔다.[26] 이는 물론 명치유신 후의 일본 경찰 제도를 그대로 모방케 하기 위한 것으로 그를 경찰 관계 법규의 제정 기구의 정비 등에 착수케 하였으나 정부의 맹렬한 반대에 부딪혀 할 수 없이 귀국하였다. 그 후 러·불·영·각국의 경찰 고문이 내한하였으나 별다른 업적을 이루지 못하였다.[27] 그러나 이때 고문의 영향은 지대하였다. 각령(閣令), 부령(部令), 청령(聽令), 훈령(訓令), 지령(指令)은 모두 고문의 손을 거쳐야 했으며 내각 각부·청에서 접수 발송되는 서류도 다 그들의 손을 거쳤다. 뿐

---

24) 이 표는 ≪增補文獻備考≫ 권238 職官考 更張官制 및 內閣記錄課, 1908 ≪法規類編官制門≫를 참조하여 작성한 것이다.
25) ≪增補文獻備考≫ 권238 職官考 更張官制 참조.
26) 李瑄根, 1963 앞의 책, p.481 ; 春畝公追頌會, 1940 ≪伊藤博文傳≫ 下, 統正社, p.119.
27) 玄圭柄, 1953 ≪韓國警察制度史≫ 民主警察研究會, p.100.

만 아니라 그들은 내각회의에 참석하여 의견을 진술하기도 했다.28)

그리고 소위 제2차 개혁이후에도 1895년 5월 5일 경무청처무세칙(警務廳處務細則, 경무청훈령 제1호), 5월 10일 경무청상여령(警務廳賞與令, 칙령 제112호), 5월 28일 경무서처무규정(警務署處務規程, 경무청 훈령 제4호), 6월 3일 각부순검정원(各府巡檢定員)에 관한 건(칙령 제128호),29) 각부 순검의 봉급에 관한 건(칙령 제129호), 각부 경무관 이하의 복제에 관한 건(칙령 제130호), 한성부외 각부 경찰관에 관한 규정(내부령 제3호), 7월 1일에 문서정리규칙(경무청령 제6호) 등과 제3차 김홍집 내각이 수립된 후 1895년 8월 8일 순검채용규칙(내부령 제7호) 등 많은 경찰관계 법규가 반포되어 사실상 경찰 법제가 일차적으로 정비가 끝났음을 볼 수 있다.30)

이어 제3차 김홍집 내각에서는 1895년 7월 12일 '경무청 관제 중 개정에 관한 건'31)(칙령 제137호)으로 경무사의 관할구역을 한성부 5부로부터 한성부 관내로 확대시키고(제2조 및 17조), 8월 6일에는 '내부관제개정(內部官制改正)'32)(칙령 제151호)으로 행정 경무 및 고등경찰 감옥에 관한 사항을 내부(內部) 주현국(州縣局)에서 관장하게(제6조) 하였다.

1896년 1월 1일에는 지방경찰규칙을 의논하여 정하고,33) 8월 4일 종래의 지방제도·지방관제가 폐지되고(칙령 제35호), 동일 칙령 제36호로 새 지방제도와 관제가 발표되었다.34) 즉 종래의 23부를 개정하여 전국을 13도 9부

---

28) 宋炳基, 1970 앞의 책, pp.286~287.
29) 한성부외 각부의 정원을 1,540명으로 정하였다.
30) 宋炳基, 1970 앞의 책, p.535.
31) 宋炳基, 1970 앞의 책, p.502.
32) 宋炳基, 1970 앞의 책, p.533.
33) 內閣記錄課, 1908 ≪法規類編官制門≫, p.182.
34) 國史編纂委員會, 1970 ≪高宗時代史≫ 4, pp.189~200.

1목 331군으로 나누었다. 이에 따라 경찰도 각 도 관찰사 밑에 총순 2인(판임) 순검 30인, 각 부윤 밑에 순교 순졸 각 8인, 목사 밑에 순교 8인을 두어 관내 경찰사무에 종사케 했다. 그리고 8월 10일에는 칙령 제52호로 '각 개항장의 경무서 설치에 관한 건'을 반포하였다.35)

제1조 인천·동래·덕원·경흥 각 개항장에 경무서를 설치하여 해항 경찰사무
　　　를 장리케 한다.
제2조 인천항과 동래항에는 각각 경무관 1인 총순 2인 순검 60인 청사 3인 압뢰
　　　(狎牢) 3인, 덕원(德源)항에는 경무관 1인 총순 1인 순검 40인 청사 압뢰
　　　각 2인, 경흥항에는 총순 1인 순검 20인 청사 압뢰 각 2인을 치한다.
제3조 경무관과 총순은 내부대신이 파견하되 경찰의 직무는 모두 경무청 경찰직
　　　무에 준한다.
제4조 경무관은 해항 감리의 지휘를 승하여 소속 직원을 감독한다.

그러나 각 개항장에 경무서가 설치된 것은 이것이 처음이지만 경무관을 둔 것은 이보다 1년 앞선 1895년부터였다. 즉 1895년 5월 10일 칙령 제113호에 '인천 부산 원산 3항 경무관을 잉치(仍置)하고 자금(自今)으로 각 해당 관찰사의 지휘 감독에 속케 함'이라고 한 것으로 보아 그 이전에 경무관을 두었음을 시사한다.36) 그 후 1898년 4월 14일 칙령 제10호에 의하여 경무청 총순의 수를 30인에서 40인으로 증가시켰다.37)

다음으로 우리나라 경찰사상 특기할만한 것이 있으니 이는 경무청을 경부로 승격시킨 사실이다. 광무 4년(1900) 6월 12일 칙령 제20호 '경부관제(警

---

35) 宋炳基, 1970 앞의 책, pp.226~229.
36) 宋炳基, 1970 앞의 책, p.437.
37) 國史編纂委員會, 1970 앞의 책, p.554.

部官制)'(전문46조)를 반포하여 경무청을 경부로 승격시켜 경무국 서무국을 설치하고 국내 일체 경찰사무를 관장케 하였다.[38] 그리고 직원으로는 대신, 협판, 국장 2인 경무관 15인 주사 8인 총순 40인 감옥서장 1인 간수장 2인 주사 2인을 두게 하였다. 그러나 무슨 이유에서인지 칙령 제35호 '경부관제 개정건'으로 이를 개정하였다.[39] 개정의 요점은 우선 기구 면에서 대신 관방(官房)에 감독소를 설치하고, 경무국 서무국 외에 먼저 서무국에 속했던 회계과를 회계국으로 승격시키고 서무국에 기록과를 증설했으며, 인원 면에서는 국장이 전자보다 1명 경무관이 2명 총순이 4명 증가되었다. 개정관제에 의하여 그 기구를 도시하면 대개 다음과 같다.

〈 표 2 〉

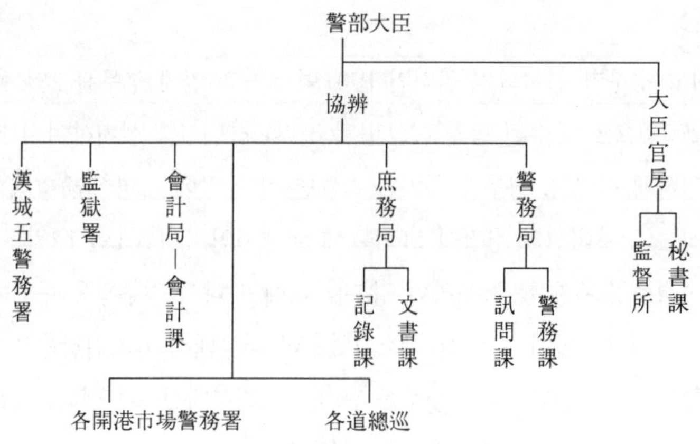

어쨌든 새로운 관제에서 볼 수 있는 것은 경부대신(警部大臣)이 전국의 경

---

38) ≪舊韓國官報≫ 第1581號 號外 光武 4年 6月 13日.
39) ≪舊韓國官報≫ 第1688號 光武 4年 9月 25日.

찰 사무를 총람(總攬)하는 막대한 권한을 가지고 각부 대신과 동일하게 의정부 참정(參政)에 참여하였다. 뿐만 아니라 순검은 양의정액(量宜定額)할 수도 있었다. 그리고 이 관제는 전술의 어느 것보다도 업무 분야가 세분화되는 등 여러 면에서 세련되어 있음을 간과할 수 없다. 그러면 왜 이와 같이 전무후무한 경부대신 제도를 두었을까?

> 갱신(更新)의 초 경무청은 내부의 직할에 속하였다 할지라도 현금(現今) 국내의 경찰사무는 점차 은번(殷繁)하다. 때에 따라 편의를 내릴지며 조금도 늦추지 말지어다. 자(玆)에 경부를 설하고 새로 관제를 정하노라.[40]

조직에는 위와 같이 서술하고 있으나 이 역시 일제로부터 음양의 영향 하에 이루어졌음을 생각할 때 우리 민족 억압의 수단으로 파악하는 것이 옳지 않을까 한다.

그리고 경부가 설치되기 직전인 1901년 5월 26일에 경무관 2인 총순 4인 순검 200인으로 구성된 함경북도 변계(邊界) 경무서를 설치하여,[41] 변경 수비에 임하게 하였다. 경부가 설치된 지 1년 반 동안에 조병식(趙秉式)을 초임으로 하는 경부대신의 경질이 11회[42]에 달해서인지, 1901년 12월 8일 칙령 제3호 '경무청 관제'를 공포하여 경부를 없애고 다시 경무청을 두었다.[43] 기구가 격하되고 직원수가 약간 감소되었으나 내부대신의 지휘감독을 받을 뿐 그 권한은 전국 일체의 경찰 사무를 관리했던 경부대신이나 별차는 없는 것이었다. 그 후는 별로 특별한 변화가 없었다.

---

40) 岩井警太郎, 1910 ≪顧問警察小誌≫ 韓國內部警務局, p.4.
41) 內閣記錄課, 1908 앞의 책, p.42.
42) 岩井警太郎, 1910 앞의 책, p.4.
43) ≪舊韓國官報≫ 第2126號 光武 6年 2月 18日.

　그러다가 러일전쟁 중인 1905년 경찰제도에 일대변화가 생겼으니 이는 신내부(新內部) 관제의 제정이다.44) 2월 26일 칙령 제15호 ‘내부관제’가 발표된 바 내부에 지방국 회계국 외에 처음으로 경무국이 설치되고 여기에서 ‘행정경찰 및 고등경찰에 관한 사항, 각항(各港) 시장 및 지방경찰에 관한 사항, 도서 출판에 관한 사항, 감옥에 관한 사항, 감옥 일체 경리에 관한 사항(제7조)’을 관장하게 하였다. 따라서 서울을 제외한 전국의 경찰권을 내부 경무국이 장악하게 된 것이다. 그 결과 경무청의 권한은 축소될 수밖에 없었다.

　칙령 제16호에 의해 공포된 ‘경무청 관제(1905년 2월 26일)’을 보면 ‘경무청은 내부 관할에 속하야 한성부내 경찰 소방에 관한 사무를 관장하며, 한성 각 경무서와 감옥서를 총할’한다 하여 서울에만 경찰권을 국한시켰다.45) 러일전쟁 중 일제가 서울과 그 부근에 군사경찰을 시행한 것을 감안한다면 경무청 경무사야말로 허수아비에 불과했을 것이다. 같은날 ‘각 개항시장 경무서 관제(칙령제17호)’46)를 발표하여 인천항(제물포), 동래항(부산), 덕원항(원산), 경흥시(경흥), 무안항(목포), 삼화항(증남포), 옥구항(군산포), 창원항(마산포), 성진항(성진), 평양시(평양), 용천항(용암포), 의주시(의주) 경무서를 설치하고 각 항구 시장에 총순 2인과 순검을 두어 경찰사무를 관장케 했는데 이 역시 내부관할에 속하였다.

　이상이 소위 경무 고문의 개혁이 시작되기 전까지 한국 경찰의 변천과정이다. 비록 일제로부터 음양의 간섭을 받아 시행된 것이긴 하지만, 그런대로 종전의 경찰제도보다는 훨씬 세분되어 중앙의 경찰행정 조직은 일단 정비되었다고 볼 수 있을 것이다.

---

44) ≪舊韓國官報≫ 第3075號 號外 光武 9年 3月 1日.
45) ≪舊韓國官報≫ 第3075號 號外 光武 9年 3月 1日.
46) ≪舊韓國官報≫ 第3075號 號外 光武 9年 3月 1日.

2) 일제의 군사경찰

한국에서 경찰권을 행사하는 또 하나의 기구로서 주한일군헌병대(駐韓日軍憲兵隊)가 있었다. 러일전쟁이 발발하기 전 1896년 러일협상각서(露日協商覺書)에 따라 1896년 1월 25일 임시헌병대(大將 大尉 古賀要三郎)를 편성하고, 임시전신부제리(臨時電信部提理)의 지휘 하에 속하여 경부간 군용 전신선의 엄호를 하게 한 것이 처음이었다. 임시헌병대(장교 이하 181명, 馬 52頭)는 동년 2월 중순 내한하여 본부와 제3구대는 대구, 제1구대는 가흥, 제2구대는 낙동에 두고 각 구대는 또 분견소를 설치하였다. 그리고 5월 2일 본부를 서울에 이전하고 7월 13일 장교 이하 98명 마(馬) 13두(頭)를 증가시켰으며 그 구역도 차차 넓혀갔다. 이로 러일간의 형세가 절박하던 1903년 12월 1일 임시헌병대가 한국주차헌병대(隊長 大尉 境野竹之進)로 개편되어 한국주차사령관 지휘 하에 속하고, 서울에서는 주로 군사경찰을 관장하였으며 각 구대는 경부간 전신선 및 철도의 보호를 맡았다. 1904년 3월 11일 현재 헌병대의 편성은 대장 소좌 이하 328명 마 77 두 등으로 늘어났다.[47] 러일전쟁이 발발하자 일제는 2월 23일(1904) 한일의정서를 강제 조인하여 한국내 전략적 요충지를 사용할 수 있는 권한을 갖게 되었다. 전쟁이 한창인 1월 2일 일본군 사령관은 철도 재료와 철도용 전신선의 절취(竊取)가 심하다는 구실 하에 경원(京元), 경부(京釜), 경인(京仁), 경평(京平)선의 전신 선로상과 군용 철도로 선상을 시행구역으로 하는 가혹한 군율(韓駐參 제259호)을 발표하였다.

 1. 군용 전선(군용 철도)에 가해한 자는 사형에 처한다.

---

47) 金正明, 1967 ≪朝鮮駐箚軍歷史≫ 嚴南堂書店, p.21, pp.48∼51.

2. 정(情)을 알고 범인을 은닉한 자는 사형에 처한다.

3. 가해자를 나포한 자에게는 금20원을 상으로 준다.

4. 가해자를 밀고하여 나포케한 자에게는 금10원을 상으로 준다.

5. 촌내에 가설된 군용 전선(군용 철도)의 보호는 그 전 촌민의 책임으로 한다. 각 촌에서는 촌장을 주임으로 하고 위원을 두어 약간 명씩 매일 교대하여 군용 전선(군용 철도)의 보호에 임한다.

6. 촌내에 있어서 군용 전선(군용 철도)이 절단되고 가해자 나포가 되지 않는 경우에는 당일의 보호 요원을 태벌(笞罰) 또는 구류에 처한다.

7. 한 촌내에서 2회 가해자가 있을 때는 한국정부에 통고하고 엄벌을 과한다.

8. 선박의 조종을 잘 못하고 과실로 전선을 절단한 자는 구류에 처하고 태벌을 부가하고, 정상(情狀)에 의해 그 선박을 몰수한다. 또 지방의 정황(情況)에 따라서는 한국 관리에 요구하여 엄벌을 과하도록 할 수 있다. 이 경우에는 병참사령관이 엄히 이를 감시한다. 구류 기간의 침구 및 식물(食物)은 본인이 부담한다.[48]

이와 같이 무서운 군율은 불과 1주일 후인 7월 9일 한주참(韓駐參) 명령 제269호로 '한주참 제259호 군용 전선 및 군용 철도 보호에 관한 군율은 이를 한국 일원에 미치고 또 철도 전선 이외의 군용 영조물(營造物)을 소기 파괴하거나 무기 탄약 기타 군수품을 절취 훼손하는 자의 처분은 모두 군율을 준용한다.'[49]라 하여 군율 시행 지역을 전국으로 넓히고 전신 철도외 군용 영조물 무기 탄약 기타 군수품 가해(加害)에 까지 군율 적용 범위를 확대하였다. 이는 군용철도·전선의 보호를 핑계로 일제가 목적하던 한국의 지방치안을 일방적으로 담당하기 시작한 것이다.

이 무렵 서울에서는 일제의 황무지 개척권 요구에 반대하는 군중 시위가 연이어 일어났다. 특히 이중 7월 15일부터 서울에서 소집된 보안회(輔安會)

---

48) 金正明, 1967 앞의 책, pp.177~178.
49) 金正明, 1967 앞의 책, p.179.

는 일대 민중 구국운동으로 발전했다.50) 이에 일본군 사령관은 서울과 그 주변에 있어서의 치안 경찰을 일제 헌병으로 집행할 것을 결정하고, 7월 20일 (1904) 임권조(林權助) 공사를 통해 한국 정부에 대하여 다음의 내용을 일방적으로 통고하였다.

한국은 아군 작전을 위해 주요한 배후 연락선을 형성하였다. 그 치안의 확실 유지 여부는 아군 작전의 진보상 직접 큰 관계를 갖는 고로 한국에 있어서의 치안을 도모함은 본 사령관이 취해야할 주요한 직책이다. 본 사령관은 한국 목하(目下)의 정세에 비추어 작전의 필요상 그 치안을 유지하기 위하여 서울(경성) 내외에 있어 군사 경찰을 집행할 필요가 있을 때는 병력으로 소요 지점을 경비하려 한다. 귀 정부에 있어서도 차제에 일층 관민을 깨우쳐 화란을 미리 예방함으로써 정밀을 확실히 유지할 것에 진력할 것을 바란다.51)

그리고 한국 주차 헌병대장과 경성사영(京城舍營) 사령관에게 서울 및 그 부근의 군사경찰을 다음 요령에 의하여 실시하라고 훈령하였다.

1. 치안을 방해하는 문서를 기초하고 또는 이를 반포한 자가 있을 때 그 문서를 압수하고 관계자를 처분할 것
2. 집회 또는 신문이 치안에 방해된다고 인정되는 것은 정지시키고 관계자를 처분할 것. 단 신문은 발행 전 미리 군사령부의 검열을 받게 함을 요함
3. 총포 탄약 병기 화구 기타 위험한 여러 물품을 사유하는 자가 있을 때는 이를 검사하고 시의에 따라 이를 압수하고 소유자를 처분할 것
4. 필요할 때에는 우편 전보를 검열하고 의심스러운 통행인을 검사할 것52)

그리고 이듬해(1905) 4월 2일부터 는 전주부 내외의 치안에 관한 경찰을

---

50) 尹炳奭, 1966 <舊韓末 駐韓日本軍에 대하여> ≪鄕土서울≫ 27, p.104.
51) 金正明, 1967 앞의 책, pp.211~213.
52) 金正明, 1967 앞의 책, pp.211~213.

역시 일본 헌병대가 맡게 되었다.[53] 뿐만 아니라 일본은 이보다 앞선 1904년 10월 8일부터 함경남북도의 점령 지역 내에서 직접 군정을 실시하기까지 하였다. 러시아 기병이 남하하고 함흥부근에는 동학군이 각처에 집합하여 폭거를 기도할 뿐 아니라 지방 관사 역시 배일파가 많다는 것이 그 구실이었다.[54] 1904년 9월 7일 장곡천호도(長谷川好道) 대장이 한국주차군사령관으로 부임한 후에는 더욱 가혹한 군율을 제정 공포하였다. 1905년 1월 3일 그가 헌병대장에게 내린 훈령(韓駐參 제4호)은 다음과 같다.

1. 한국 목하의 상태에 나타난 바에 의하면 한국으로 하여금 경찰권의 전부를 집행시킴은 치안상 대단히 위험하다 한다.
2. 군은 장래 서울(경성) 및 그 부근에 있어서 치안의 유지를 전연(全然) 담임해야 함으로써 한국정부에 있어서는 치안에 관련되는 경찰 사항에 대해 이제부터 추호도 이에 관계하는 것을 요하지 않음을 동 정부에 성명하였다. 귀관은 이제부터 서울 및 그 부근에 있어서 치안을 유지하기 위하여 별지 내훈에 기한 군사 경찰의 집행에 임하라.[55]

또한 동 내훈 제2항에는 '치안에 관련되는 경찰사항에 관해서는 한국 군대의 사용 및 경찰권의 집행을 허하지 말라' 하여 한국의 경찰권을 배제하였으니, 이는 서울 및 그 부근에 있어서는 사실상 한국의 경찰권을 제거했음을 뜻한다. 1월 6일(1905)에는 이와 같은 사실을 한국정부에 통고함과 함께 일반 인민에게도 이를 고시하고 다음과 같은 군사경찰 시행 세칙(韓駐參 제15호)도 발표하였다.[56]

---

53) 金正明, 1967 앞의 책, p.219.
54) 金正明, 1967 앞의 책, p.227.
55) 金正明, 1967 앞의 책, p.216.
56) 金正明, 1967 앞의 책, pp.181∼183.

좌기(다음)의 각 항에 해당하는 죄를 범한 자 및 종범 교사자 미수범자 또 예비 음모자는 정상에 따라서 또한 시태의 필요에 따라 사형 감금 추방 과료 또는 태형에 처함

1. 적을 위해 간첩의 행위를 한 자 및 이를 유도 조성한 자
2. 적의 행동을 방조하고 또는 그 편리를 도모한 자
3. 아군에 부로(俘虜)로 되어 있는 자를 도망시키거나 이를 겁탈한 자
4. 당을 만들어 반항을 기도하고 기타 아군에 대하여 항적의 행위가 있었던 자
5. 아군의 행동을 방해한 자
6. 아군에 대하여 위해를 미칠만한 행동을 한 자
7. 군용전신 전화기 철도 차륜 선박 등을 파훼(破毀) 혹은 도취(盜取)하고 또는
   그 운용을 방해한 자
8. 군용 영조물 도로 교량 등을 파훼한 자
9. 병기탄약 양말 피복 기타 군수품 급 군용 우편물을 파훼 또는 도취한 자
10. 전 2항의 경우 외 군사상의 통신 또는 수송을 방해한 자
11. 아군에 불이익한 허위보고 혹은 과대한 통신을 하고 또는 동양의 전설을 유포
    한 자
12. 아군사상에 불이익한 게시를 한 자
13. 아군의 징발 숙박 및 인부 고용 등을 방해하고 또는 이에 응함을 거부한 자
14. 아군인 군속의 직무집행을 방해한 자
15. 집회 결사 또는 신문잡지 광고등 기타의 수단으로써 공안질서를 문란시킨
    자
16. 일정한 지역내에 출인 체재(滯在)를 금한 경우에 그 금을 범한 자
17. 군사령관의 명령을 위반한 자
18. 범죄자를 음닉(陰匿)하고 또는 이를 겁탈하고 혹은 이를 도피시킨 자
19. 범죄자를 위하여 증거로 인멸한 자

─────────────────────────────────────

이어 1월 8일(1905)에도 집회 결사 취체(取締)에 관한 전문 7조로 된 고시를 발하여 '서울 및 그 근부(近附)에서 집회 또는 결사를 하려는 자는 7조 항을 준수하라'면서 '본령을 위배하는 자는 군율로써 처분한다(제7조)'고 하였다.57)

이외에도 동년 7월 3일 '한국에 있어서 제국의 군사행동에 조해(阻害)를 가하는 자를 방지하기 위한(제1조)' 전 7조로 된 '한국주차군 군율(韓駐參 제313호)' 전 9조로 된 '군율위범심판규정'58) 등 명종 규칙 훈령 명령 고시가 발표되어 한국인은 언론 집회 결사 주거 등의 모든 기본권이 제한될 뿐 아니라 이상의 군율에 의하여 처벌된 사람이 많았다.

1904년 7월부터 1905년 10월에 이르는 사이에 군율에 의하여 처벌된 형명과 인원수는 아래와 같다.59)

1. 사형	35인	
2. 감금 및 구류	46인	
3. 추방	2인	
4. 태(笞)	100인	
5. 과료(過料)	74인	計 257인

이상에서 서술한 바와 같이 시작된 일제의 군사 경찰제가 악명 높은 헌병경찰제도의 시원을 이룬 것이다. 참고로 군사경찰의 주역을 담당했던 역대 일제 헌병 대장의 명단을 보면 다음과 같다.

---

57) 金正明, 1967 앞의 책, pp.218~219.
58) 金正明, 1967 앞의 책, pp.184~188.
59) 金正明, 1967 앞의 책, p.210.

〈 표 3 〉 한국주차 일본군 헌병 대장 명부60)

직명	취임 연월일	취임시 계급	성명	비고
臨時憲兵隊長	1896. 1. 25	憲兵 大尉	古賀要三郎	1908. 12. 21부터 1909. 8. 1까지의 憲兵隊長은 軍參謀長을 兼任
	1897. 8. 14	〃	吉村 正敏	
	1898. 10. 5	〃	福永 定	
	1899. 2. 23	〃	岡本 淸作	
	1902. 6. 25	〃	肥田程三郎	
憲兵隊長	1903. 12. 1	憲兵 大尉	境野竹之進	
	1904. 4. 1	憲兵 少佐	高山 逸明	
	1905. 3. 3	憲兵 中佐	小山 三巳	
	1906. 8. 30	〃	古賀要三郎	
第14憲兵隊長	1906. 10. 29	憲兵 中佐	古賀要三郎	
	1907. 10. 4	少將	明石元二郎	
憲兵隊長	1907. 10. 7	少將	明石元二郎	
	1909. 8. 1	〃	榊厚 昇造	
憲兵隊司令官	1910. 6. 15	〃	明石元二郎	

---

60) 金正明, 1967 앞의 책, pp.42~43의 도표 참조

2. 을사조약 이후의 경찰

1) 고문경찰과 일제의 한국경찰 정비

1904년 러일전쟁 중 제1차 한일협약을 강제 조인하여 소위 고문정치의 길을 튼 일제는 또 일본인 경무 고문을 초청 고용할 것을 강요해 왔다. 일제는 일찍이 러일전쟁 중인 1904년부터 한국 경찰권을 탈취할 계획을 세우고 있었다. 당시 일본 외상 소촌수태랑(小村壽太郞)은 재부산영사(在釜山領事, 有吉明)의 경찰 분서 설치 요청(1904. 7. 23)[61]을 받고 일본 경찰관이 주재할 장소 인원을 조사하라고 임권조(林權助) 주한 공사에게 훈령한 것이다.[62] 그리하여 임권조(林權助) 공사는 1904년 9월 16일 여기에 대한 상세한 보고서를 제출하였다.[63] 이를 간추려 보면 새로이 41개의 경찰기관(제1·2분서 및 주재소 파출소의 4종)을 증치(增置)하고 경시 2명, 경부 7명, 순사 107명의 증원과 여기 소요되는 예산을 요구한 것이다. 그러나 예산상의 제약 때문에 이를 당장 실시할 수 없었다.[64] 여기에서 임(林)이 생각해 낸 것이 한국정부에 고문을 파견하는 것이었다. 1904년 12월 20일 그가 소촌(小村) 외상에게 보낸 기밀문서에 고문경찰을 시행하여 한국경찰권을 탈취할 계획을 세워 일본 정부에 품신한 것이다.[65] 이것이 그대로 반영되어 일본 경시청 제1부장 경시

---

61) 河村一夫, 1969 ＜朝鮮に於ける我が領事館警察史＞ ≪朝鮮學報≫ 50, pp.95～97.

62) 河村一夫, 1969 앞의 논문, p.98.

63) 河村一夫, 1969 앞의 논문, pp.98～103.

64) 河村一夫, 1969 앞의 논문, pp.104～106.

65) 과반 안을 구하여 경찰관 배치의 장소를 지정하고 의견을 상신 하였던바 아직 또 本使는 아 경찰권의 확장과 함께 한국경찰권을 점차로 아(일본)에게 收할 수단으로서 중앙 경무청에 아 警視 중 사무에 숙련한 인물 1인을 고문으로 채용시켜 이로써 중앙 경찰 사무 정리를 맡게 하고 동시에 13도 관찰사청에 각 1명의 我 경시 및 수명의 순사를 채용시켜 지방경찰

환산중준(丸山重俊)이 1905년 1월 19일 서울에 오게 된 것이다.[66] 한국 정부를 대표한 내부대신 조병무, 외부대신 이하영 탁지대신 민영기와 환산중준(丸山重俊)간에 아래와 같은 전5조로 된 소위 경무고문 용빙(傭聘) 계약이 2월 3일 정식 조인되었다.

제1조 환산중준(丸山重俊)은 대한국 정부의 경무고문으로서 경찰사무를 협찬 정리하고 경찰사무상 제반의 설비에 관하여 가장 성실하게 심의기안의 책임을 맡을 것.

제2조 대한국 정부는 경무에 관한 일체의 사무는 환산중준(丸山重俊)의 동의를 거친 후 시행 할 것. 환산중준(丸山重俊)은 경무에 관한 의정부 회의에 참여하고 또 경무에 관한 의견을 내무대신을 거쳐 의정부에 제의할 수 있다(이하생략).

또 동일 보좌관에 고하송지조(古河松之助)를, 보좌관보에 진야경상(眞野景象)과 일본 경시청 경부 송영방칠(松永房七)을, 보조원에 경시청 순사부장 삼협우태(森脇又態)을 빙용(聘傭)할 것도 결정하였다. 다음날 부터 환산(丸山)은 경무청에 등청하여 서울에 있어서의 경찰사무 개선(경찰권 탈취)에 착수하고 8일에 경무사 신태휴와 경무고문 직무권한을 다음과 같이 협정 하였다.

1. 고등경찰에 관한 건
1. 내외인 교섭사건
1. 국사에 관한 범죄자 처분의 건

사무를 정돈시킬 방도를 강구하는 것은 如何한가의 의견을 갖고 있다(河村一夫, 1969 앞의 논문, p.106).

66) 傭聘契約이 맺어지기 전에 小村이 林에게 보낸 文書는 찾지 못했다. 그러나 1905年 3月 2日 發遣의 林공사에게 보낸 문서엔 그 계획이 그대로 반영되어 있다(河村一夫, 1969 앞의 논문, pp.108~110).

1. 인명 방화 강도 강간죄에 관한 사건의 보고

1. 경찰관의 진퇴 상벌에 관한 건

우(상) 고문의 동의를 얻어 집행할 것[67]

이와 같이 하여 소위 경무 고문부가 설치되고 고문 경찰이 시작되었다. 고문 경찰의 실시로 한국의 경찰권은 사실상 피탈된 것이나 다름없었다. 환산(丸山)은 3월 25일(1905) 일본인 경부 7명을 더 데려다 서울의 5경무서(동·서·남·북·중)에 각 1명, 경무청에 3명, 경무학교에 2명 계 10명(선임자 3명 포함)을 배치시키고, 동시에 4곳의 경무서(동·서·남·중)에 한국어를 잘 아는 순사 각 1명(경무 북서는 인원 상 일어에 통하는 한인 순검 1명)을 배속시켜 경찰고문 보좌기관을 설치하였다.[68] 이보다 앞서 24일 임 공사는 보좌기관의 설치통고와 함께 서울의 순검 정리를 요구해 오기도 했다. 이는 모두 저들의 임 공사와 외무대신의 허가를 받았음은 두말할 것도 없다.

여기에 이르러서 한국 경찰의 반발이 없을 수 없었다. 경무사 신태휴는 고문을 단지 경무학교 전임으로만 하고 나머지 경찰 사무에 간여하지 못하게 하려 하였으나 되지 않고, 일본인 경부의 서울 각서 배치에 반대하여 3월 26일 사표를 제출하고, 또 상관의 명령 없이 일본경찰의 요구에 응하거나 사무에 간여시키지 말라고 각 서장에 명령하였다. 특히 순검 인원 정리를 계기로 서울 시내 각 과장 서장 등 1,500여명의 경관이 병을 칭하고 동맹파업을 하여 일시 서울은 경찰이 없는 상태였다.[69] 환산(丸山)은 계속해서 지방에도 고문을 배치하였다.

---

67) 若井警太郎, 1910 앞의 책, pp.13～14.

68) 若井警太郎, 1910 앞의 책, pp.18～19.

69) 若井警太郎, 1910 앞의 책, p.5, 21.

1905년 6월 5일에 경무청에 1명(岩井敬太郎)과 8도에 각 1명의 경시와 전국 13도에 각 1명의 경부(모두 일본인)를 배속시키고, 7월 13일에는 7명의 한어학교 출신 일본인을 통역으로 그리고 13도에 영사관경찰서 출신의 통역 순사 각 1명을 배치하였다. 이어 8월 4일에도 일본에서 30명의 순사를 고용해서 각 도 수부(首府)에 배치하여 각 도 수부 고문경찰의 기초 작업을 끝냈다.70) 이와 같이 하여 경무 고문부의 사무가 증가됨에 10월 16일(1905)에는 본부를 내부(內部) 경무국에 옮기고 경무청은 보좌관 암정(岩井) 경시에게 맡겼다. 그만큼 경무고문부의 기구가 확대된 것이다. 동년 6월 소위 경무고문 소속 직원 규정이 만들어져 경시는 보좌관, 경부는 보좌관보, 순사는 보조원이라 칭하게 되고, 12월 27일부터 정식으로 내부에 경무고문 본부를 두고 서울에 경무청지부, 각도 관찰부지부란 명칭을 붙이게 되었다.71)

을사조약이 맺어지기 직전인 9월 1일에 또 순사 30명이 더 고용되어 이들은 주로 조약체결시 헌병과 함께 이등(伊藤)을 경호하거나 오적(五賊) 집을 상주하여 지키는데 사용되었다. 뿐만 아니라 집회결사의 방해, 의병의 진압, 신문의 검열 등 우리 민족 탄압의 전위 역할을 담당한 것이 바로 고문경찰이란 것이다.

1906년 1월 환산(丸山)은 경무청관제 개정을 의정부에 요구하여 이를 관철 2월 12일 칙령 8호로 '경무청관제개정건'72)이 발표되어 경무국을 없애고 직원을 약간 줄였다. 동년 2월 통감부가 설치되자 이등박문의 승인을 얻어 소위

---

70) 若井警太郎, 1910 앞의 책, pp.39~44의 圖表 참조.

71) 경무고분 본부의 규정 중에 '지방에서는 경무 외 탁지부대신 및 재정고문의 명령을 받아 화폐, 기타, 신용, 증권에 관한 경찰사무와 조세범칙의 조사 및 조치와 기타 조세에 관한 사무를 사찰한다.(제4조)'하여 그 권한이 대단함을 보여주고 있다(若井警太郎, 1910 앞의 책, pp.49~50).

72) 《舊韓國官報》 第3397號 光武 10年 2月 17日.

제1기 경무 확장 계획을 세우고 경무 정리비 389,086원을 얻어 확장에 착수했다.[73] 새로이 경시 11명, 경부 26명, 순사 520명을 고용하여 13개의 경무고문지부, 26개의 분견소(각 도 평균 2), 122개의 분파소를 설치한 것이다. 그리하여 한국에는 경시 21명, 경부 52명, 순사 683명, 통역관보 39명의 일본인 경찰이 있게 되었다. 이와 동시에 한국 경찰도 13개의 경무서 외에 26개의 경무분서, 122개의 분파소를 두고, 13명의 경무관 26명의 총순(분서장)과 1,000명의 권임·순검을 증원하여 순검 총수 2,703명으로 하였다.[74] 즉 한국의 경찰 기관과 일제의 고문경찰은 사실상 표리일체를 이룬 것이다. 이어 동년 7월 3일 환산(丸山)은 궁금령(宮禁令)을 발표케 하여 17일부터 황실 경위권(警衛權)까지 박탈하였다.[75]

1906년 가을부터 의병의 봉기가 심해지자 환산(丸山)은 다시 1907년 7월 경무 정리비 313,000여 원으로 경부 26명, 순사 600명, 통역관보 4명, 고문의(顧問醫) 47명을 증원하였다. 그리하여 10월 30일 고문경찰 폐지시에는 환산(丸山)외에 경시 21명, 경부 78명, 순사 1,205명에 달하여 동일 현재 한국경찰 3,092명의 3분의 1이상을 가지고 있었다.[76]

이와 같은 고문경찰의 확장과 아울러 한국정부는 동년 7월 13일 내부령 제3호로 13개의 경무서, 51개의 분서, 285개 분파소의 관할구역과 경무관 13명, 총순 64명, 권임 136명, 순검 2,129명 경찰관의 배치정원을 정했다.[77] 동년 7월 소위 한일신협약(정미 7조약)이 맺어지자 27일 칙령 제1호 '경무청

---

73) 若井警太郎, 1910 앞의 책, p.251.

74) 若井警太郎, 1910 앞의 책, pp.517~158.

75) 若井警太郎, 1910 앞의 책, pp.70~74.

76) 統監官房, 1908 ≪韓國施政年報 -1906~1907-≫, pp.112~113.

77) ≪舊韓國官報≫ 第3817號 光武 11年 7月 13日.

관제중개정건(警務廳官制中改正件)'으로 경무청의 이름마저 일본과 똑같이 경시청으로 직명도 경무사를 경시총감, 경무관은 경시로 개칭하고,[78] 칙령 제2호 '지방관제중개정건'으로 지방 경찰관의 칭호도 바꾸었다.

2) 이사청(통감부)경찰과 경찰권의 통합

한국 내에는 일찍이 일제 경찰기관으로 소위 영사관 경찰이 있었다. 강화도 조약(제10관)에 의하여 영사 재판권을 행사하게 된 일제가 경찰관을 파견하게 된 것은 1880년 4월 5일 부산영사관에 11명의 경관 배치로부터 시작된다.[79] 그러나 초기에는 거류민이 적고 사고도 적었으므로 당시의 직무는 공사와 영사의 경호에 지나지 않았다.[80] 그러다가 청일전쟁을 겪는 사이에 차차 기구도 커지고 경찰수도 증원되어 갔다. 1905년 3월에 이르러서는 영사관(서울, 인천, 목포, 마산, 부산, 진남포) 및 영사관 분관 소재지 외 16개소에 경관이 배치되었고, 그 총원 수는 경부 36명, 순사 256명에 달했다.[81] 그리고 일제는 이 무렵 새로이 41개의 경찰 관위(官衛)를 신설하였고, 경부 7명, 순사 107명을 증원하기로 하고 또 한국에서의 일제경찰을 통일시키기 위하여 공사관에 경시 1명을 두는 계획도 세웠다.[82]

을사조약 후 12월 21일 저들의 칙령으로 '통감부 및 이사청(理事廳) 관제'[83]

---

78) ≪舊韓國官報≫ 第3829號 附錄 光武 11年 7月 29日.

79) 河村一夫, 1969 앞의 논문, p.77.

80) 若井警太郎, 1910 앞의 책, p.289.

81) 河村一夫, 1969 앞의 논문, p.110.

82) 河村一夫, 1969 앞의 논문, p.110(그러나 이 計劃은 公使館에 警視 1名을 두는 것 外에는 바로 施行되지 못한 것 같다).

83) 金正明, 1964 ≪日韓外交資料集成≫ 8, pp.27~31(이 官制는 伊藤博文과 寺內正毅가 協力하여 制定한 것이다).

가 발표됨에 따라 영사관이 폐지되고, 이사청이 생겨 통감부에 경무부(고등경찰과, 경무과, 보안과, 위생과를 둠)를 두어 경무총장(칙임 또는 주임으로 초대 총장은 岡喜七郞)과 경시 2명을 두었으며, 이사청에는 경시 5명, 경부 50명(통감부와 합하여), 순사 500명(부령에 의하여)을 두기에 이르렀다.[84]

이상에서 서술한 바와 같이 국내에는 일본인으로서 한국 경찰에 속하는 고문 경찰과 이사청 경찰이 있어 업무 경비 등에 차질을 초래하게 되었다. 따라서 일제는 1907년 2월 한국정부와 교섭하여 다음과 같은 방법으로 일본경찰을 통합하였다.[85]

1. 통감부 및 이사청의 경시, 경부 및 순사는 모두 경찰 고문의 보좌관, 보좌관보, 보조원 에 위촉된 것으로 한다.
2. 고문 경찰은 동시에 그 재관(在官) 재직(在職)인 이사청 경찰관의 직무를 집행해야 한다.
3. 특별한 경우를 제하고 이사청 및 고문 경찰관은 사무의 성질에 따라 서로 지시를 받아 야 한다(예컨대 이사청 경시는 고문경찰 사무에 대하여 경무고문지부 경시의 지시를 받고 경무고문지부 경시는 이사청 경찰사무에 대해 이사청의 지시를 받는 것과 같다).
4. 경찰에 관한 보고는 전항의 예에 의한다.
5. 경비는 특히 지출을 인허(認許)된 것 외에 사무의 성질을 불문하고 모두 소속의 구별에 의하 여 이를 지변(支辨)한다.
6. 지방의 소 시읍에서는 양자의 기관이 병존하여 그 중 하나로서 족하다고 인정되는 것은 그 하나를 폐지하고 사무의 인계를 한다.

그리하여 동년 3월 1일부터 이를 실행하고 이어 4월에 이르러 이사청 경찰

---

84) 統監官房, 1908 앞의 책, p.114.
85) 統監官房, 1908 앞의 책, p.117.

분서 및 고문경찰 분견소 이하에 대해 각기 일부를 철폐하고, 서로 사무인계를 행하여 경비의 절약, 사무의 통일, 경찰력의 보급 등에 진보를 가져왔다.[86] 이는 한국경찰과의 통합을 전제로 한 것이라 볼 수 있다.

일제는 헤이그밀사 파견을 구실로 고종을 퇴위시키고, 7월 24일(1907) 정미 7조약을 강제 조인하여 일본인이 한국 관리로 임용되는 길을 터(제5조), 8월에 경무고문 환산중준(丸山重俊)은 경시총감, 각도 경무고문지부 보좌관은 각도 경시에 임명하였다. 이어 한국 정부는 10월 30일 칙령(제29호) '경찰관사임용에 관하는 건'[87]을 발표하여 경무고문부 직원 전원을 경시 경부 순사로 임용(제2조에 의하여)하고 전 경찰을 내부 경무국에서 총람(總攬)하기로 하였다. 이어 1908년 1월에는 송정무(松井茂)가 내부 경무국장에 임명되었다.[88]

한편 이보다 앞서 1907년 9월 19일 일제는 통감부 및 이사청 관제를 개정하여 이사청 경찰을 폐지하였다.[89] 따라서 일본 거류민에 대한 조치로서 동년 10월 29일 소위 '재한국 일본 신민에 대한 경찰사무를 집행에 관한 협정서'[90]를 조인하였다. 정미 7조약 제5조에 의해 임명된 한국 경찰관으로써 당해 일본 관청의 지휘 감독을 받아 한국에 거류하는 일본 신민에 대한 경무사무를 집행케 한다는 것이다. 일본인에 대한 경찰사무 집행은 물론 일본인으로서 한국경찰에 임명된 자에 한하였다.

이와 같이 1907년 11월 1일을 기하여 한국 경찰은 일제의 고문경찰과 이사청 경찰을 흡수하여 제도상 통합을 하였으나, 내부 경무국장, 경시총장 등

---

86) 統監官房, 1908 앞의 책, p.117.

87) ≪舊韓國官報≫ 第3900號 隆熙 元年 11月 1日.

88) 黑田甲子郎, 1920 ≪元師寺內伯爵傳≫ 寺內伯爵傳記編纂所, p.526.

89) 統監府, 1907 ＜勅令 第295號＞ ≪公報≫ 第25號.

90) 國會圖書館, 1964 ≪舊韓末條約彙纂≫ 上, p.90 ; 統監府, 1907 ≪公報≫ 第29號.

많은 간부와 순사의 상당수가 일본인이고 보면 실질적인 한국의 경찰권은 벌써 이때 피탈된 것이나 다름이 없다. 경찰권이 통합되기 직전 일제는 경찰서 12, 경찰분서 3, 주재소 59개나 가지고 있었다.[91] 당시의 각 계통 경무관 수를 도시하면 다음과 같다.

〈표 4〉 경찰권 통합 당시의 각 계통 경찰관 수[92]

	警視	警部	巡査	計
韓國警察	22	88	2,982	3,092
韓國皇宮警察(日人)	9	15	382	406
顧問警察(日人)	21	78	1,205	1,304
理事廳警察(日人)	5	42	500	547
總計				5,349

이어 한국정부는 동년(1907) 12월 13일 이등(伊藤)의 요구로 각부관제를 대폭 개정하였다.[93] 내부 관제(칙령 37호)를 고쳐 경무국으로 하여금 종래의 행정경찰에 관한 사항, 고등경찰에 관한 사항 외에 도서출판 및 저작에 관한 사항, 호구 및 민적에 관한 사항, 이민에 관한 사항(제5조)을 관장케 하였다. 또한 감옥사무는 따로 감옥관제를 정하여 이를 법부 소관으로 만들었다.[94] 이때 내부에는 경시 5명, 경부 10명과 순사를 두었다. 이와 함께 동일 날짜로 내부대신 직속의 경시청관제(칙령39호)도 개정하여,[95] 경시청은 한성부 외에

---

91) 統監官房, 1908 앞의 책, p.120.
92) 統監官房, 1908 앞의 책, p.120을 참조하여 작성한 것이다.
93) 春畝公追頌會, 1940 앞의 책, p.784.
94) ≪舊韓國官報≫ 第3952號 號外 隆熙 元年 12月 18日.
95) ≪舊韓國官報≫ 第3952號 號外 隆熙 元年 12月 18日.

황궁 및 경기도의 경찰, 소방 및 위생 사무를 맡게 되었다. 이때 경시청에는 경시총감, 부감 외에 경시 12명(주임, 27일 개정하여 14명), 경찰의 5명(주임 또는 판임), 경부 58명(판임, 27일 개정하여 75명)과 다수의 순사를 두었다.

이와 더불어 지방관관제(칙령40호)를 개정하여 각도에 경찰서, 경찰 분서를 설치케 하고 서장은 경시(또는 경부), 분서장은 경부로 보하고 이들은 경무국장의 지휘를 받았다.[96]

경시는 각 도를 통해 27명, 경부는 147명으로 정원 되었다. 이어 12월 내부령 제4호에 의하여 13도에 경찰서 28(경기도에 8, 경남에 3, 전남·전북·함남·함북·평남·평북에 각 2, 충남·충북·경북·강원·황해도에 각 1署), 분서 43, 순사 주재소 337개소를 설치했다.[97] 이는 1908년 1월 1일부터 시행되었다. 이 관제개정에 의해 경찰망은 확대되고 모든 경찰권은 일본인 경찰국장 손에 집중된 것이다. 이 무렵에는 벌써 신문지법(1907. 7. 24), 보안법(1907. 7. 27), 진포(鎭砲) 및 화약류단속법(1907 9. 6) 등의 발표로 우리 민족 탄압의 각종 법망이 처진 때였으므로, 이의 실천을 위해서도 일제가 취한 경찰조직의 정비 강화는 너무나 필연적인 것이었다고 생각된다.

1908년 7월 20일 일제는 다시 지방관제(칙령49호)를 고쳐 각 도에 경찰부를 두어 경시(일본인)를 부장에 임명하였다.[98] 부장은 관찰사를 보좌하여 도내 경찰 사무를 관장하고, 그 외에 일본인 경부 1명, 순사 2명과 한국인 순사 2명을 두고 경찰부 겸 소재지 경찰서 근무의 한국인 경시 1명을 두었다. 7월 23일에는 내부대신 직속의 경시청관제(칙령48호)[99]도 개정하여 그 관할구역

---

96) 《舊韓國官報》 第3952號 號外 隆熙 元年 12月 18日.
97) 《舊韓國官報》 第3961號 號外 隆熙 元年 12月 28日.
98) 《舊韓國官報》 第4133號 隆熙 2年 7月 23日.
99) 《舊韓國官報》 第4133號 隆熙 2年 7月 23日.

을 경기도로부터 한성부로 국한시켜 그 정원을 경시총감, 부감, 경시 10명, 경찰의 2명, 경부 60명을 하고 경기도의 경찰 업무는 이를 경기도에 이관하였다. 그러므로 1908년 7월의 관제개정으로 전국의 경찰망은 내무경무국장 지휘하에 완전 정비되어(한성부만 내무대신 직속의 경시청) 일사불란한 명령계통이 확립된 셈이다.

뿐만 아니라 1907년 12월 관제 개정 이래로 다수의 한국인 경찰관을 도태시키고 1908년 1월 7일 순사 채용 규칙을 공포하여(1월 1일로 소급실시),[100] 새로 시험에 의해 채용하였는데 일본인 하사관이 많이 채용되었다. 아마도 이는 친일성향이 뚜렷한 자로 한국경찰을 대체키 위한 계획이 아닌가 생각되며, '3년 전에 사고로 사직하지 않을 것'을 서약한 것을 보면 일본인 밑의 순사되기를 좋아한 사람은 많지 않았던 모양이다. 또한 일본인 순사의 임면은 내부에서 행하고 한인의 경우는 관찰사가 이를 행했다는 사실이다.[101] 1908년 7월 관제개정 이후 부터 경찰권이 완전히 피탈될 때까지 개정 없이 그 체제가 지속되었다. 연도별 경무비, 경찰기관, 경찰관 수 비교표를 만들어 보면 다음과 같다.

---

100) 韓國度支部官房, 1910 ≪現行 韓國法典≫ 全, pp.503~506.
101) 朝鮮總督府, 1911 ≪第3次 施政年報≫, p.51.

〈 표 5 〉 연도별 경무비 비교표[102]   단위 : 圓

年　度	總豫算(歲出)	警　務　費	備　　　考
1906	7,967,388	670,434	警務整理費 389,086包含
1907	17,375,951	923,258	警務整理費 505,850包含
1908	23,352,857	2,539,629	
1909	29,227,549	2,699,198	

〈 표 6 〉 연도별 경찰기관 비교표[103]

年度	警察部	警察署	警察分署	警備所	巡警駐在所	巡査派出所	合計
1907		28	38		290	91	447
1908	13	72	1		347	90	510
1909	13	97	1	2	421	93	614

〈 표 7 〉 연도별 경찰관 수 비교표[104]

年度	國籍	警視	警部	巡査部長	巡査	通譯生	警察醫囑託	囑託雇員	小計	合計
1907	韓人	12	54	124	2,052	11		2	2,255	3,809
	日人	21	75	255	1,162		41		1,554	
1908	韓人	7	66	107	2,551	21		6	2,758	4,463
	日人	23	85	228	1,320		49		1,705	
1909	韓人		80	131	3,088	36		3	3,338	5,433
	日人	14	115	203	1,684		79		2,095	

---

102) 總豫算은 朝鮮總督府月報 第4券5號(1914.5), 警務費는 顧問警察小誌 및 第2次韓國施政年報(1910 發行 統監府)에 의해서 작성한 것이다.

103) 第4次朝鮮總督府統計年報(1911, 東京에서 發行), pp.274~275 參照.

104) 第4次朝鮮總督府統計年報(1911, 東京에서 發行), pp.274~275 參照.

이 무렵 한국에는 경비 전화가 가설되고 경비선(警備船)이 창설되었다. 즉 1907년 이후 1910년에 걸쳐 전국적으로 경비 전화망이 크게 확장되었는데 그것은 일제의 침략에 항거하는 우리 의병활동을 진압하기 위한 시설 확장이었으며,[105] 1909년 9월에 목포와 여수에 경비소를 설치하고 각 5척의 경비선을 배치하여 척당 순사 3명, 기관수 2명, 수부(水夫) 1명을 승선시켰다. 이역시 도서(島嶼)의 의병을 진압하는 것이 주임무였다.[106] 벌써 한국 경찰은 유명무실은 고사하고 일제의 앞잡이가 되고 만 것이다.

3) 일제헌병대와 헌병보조원제도

러일전쟁이 끝난 후에도 일본군 헌병대는 여전히 경찰업무를 담당하였다. 통감부가 설치된 후 1906년 2월 저들의 칙령으로 한국에 주차하는 헌병은 군사경찰 외에 행정경찰, 사법경찰을 관장하였다. 행정 및 사법경찰은 통감의 지휘를 군사경찰은 군사령관 지휘를 받게 하고 일반 경찰 사무에 대해서는 오로지 통감이 이를 지휘하게 하였다.[107] 당시의 헌병은 의병을 탄압하는 것이 주임무였다. 군사상 헌병이 필요 없는 곳에서는 점차 고문경찰로 대체시키고 있었다. 1906년 8월에 이르러서야 전쟁 중에 발한 군율과 서울에서의 군사경찰을 철폐하였다. 서울에서의 군사경찰은 폐지되었지만 고등경찰을 고문경찰과 협동하여 그 임무를 맡게 하였다. 1906년 8월 13일 일본군사령관이 헌병대장에게 내린 명령은 다음과 같다.

---

105) 電氣通信 80年史編纂委員會, 1966 ≪電氣通信八十年史≫ 遞信部, p.5.
106) 統監府, 1910 ≪第2次韓國施政年報≫, pp.61~62.
107) 統監府, 1910 앞의 책, p.123.

한국 황실의 康安을 보장하고 日韓 兩國의 친교를 유지하기 위하여 경성 및 그 부근에 左(下)의 要項에 의하여 8월 15일(1906) 이후 高等軍事警察을 시행할 것

第一. 高等軍事警察은 되도록 普通警察의 범위 내에 들어가지 않음을 요함

第二. 高等軍事警察은 한국 황실에 危害를 加하고 朝憲을 문란하고 또는 일한양 국의 친교를 阻礙하려는 非行의 取締에 任함으로써 主眼으로 할 것 이 때 문에 귀관은 本職의 認可를 經하여 左(下)기 각 항에 관한 필요의 명령을 발할 수 있다.

  1. 集會政社의 取締
  2. 文書圖書等의 流布의 取締
  3. 兵器彈藥 爆發物 기타 위험물의 取締
  4. 高等軍事警察 施行 지역내 출입의 取締

第三. 高等軍事警察 施行上의 일이 외국인에 관하는 것은 속히 事情을 具申하 여 指揮를 청할 것[108]

따라서 당시 치안의 주 임무는 일군헌병대가 장악하고 있음을 볼 수 있다. 1906년 10월 한국주차헌병대는 제14헌병대로 개편되어 서울에 본부를 두고, 서울·전주·대구·평양·정주·함흥·경성(鏡城)에 각 1분대씩을 두었 다. 그리고 그 외 주요 도시에 19개의 분견소를 설치하였다.[109]

1907년 헤이그밀사 파견으로 인한 고종의 강제 퇴위와 군대해산, 그리고 정미7조약이 체결되자 의병을 중심으로 한 우리 민족의 거족적인 항쟁에 부 딪치게 된 것이 일제였다. 이에 당황한 일제는 10월 제14헌병대의 편제를 개정하고 헌병조례의 개정과 함께 한국주차헌병대라 개칭하였다. 당시에 발

---

108) 統監府, 1910 앞의 책, pp.124~125. 그러나 이 命令은 1907年 11月 8日에 廢止되었다(金正明, 1967 앞의 책, p.224).

109) 統監府, 1910 앞의 책, p.125 ; 金正明, 1967 앞의 책, p.52.

포된 '한국주차헌병에 관한 제'(칙령 323호)를 보면 다음과 같다.

제1조 한국에 주차하는 헌병은 주로 치안유지에 관한 경찰을 장악하고 그 직무의
　　　집행에 대하여는 통감에 예속하고 또 한국주차군사령관의 지휘를 받아 겸
　　　하여 군사경찰을 장악한다.
제2조 헌병대 본부의 위치와 분대의 배치 및 그 管區는 통감이 이를 정한다.
제3조 통감은 필요에 際해 일시 헌병을 그 管外에 파견할 수 있다.
제4조 헌병의 복무에 관한 규정은 통감이 이를 정한다.
제5조 前諸條의 규정은 한국에 주차하는 헌병에 대해서는 條令에 의한다.[110]

　위의 칙령에서 보듯이 헌병은 치안유지에 관한 경찰을 장악하였다. 뿐만
아니라 이제까지 좌관(佐官)급이었던 헌병대장에 김택연대장(金澤聯隊長)
명석원이랑(明石元二郎) 소장을 임명하여 그 기구를 전국적으로 확대시키고
인원도 증원시켰다.

〈 표 8 〉 연도별 헌병기관 및 헌병 인원 대비표[111]

年　度	本　部	分　隊	管　區	分遣所	派遣所	出張所	憲兵數	憲兵補助員數
1906	1	7		19				
1907	1	7		460			2,400	
1908末	1	7	51	452	13		2,374	4,234
1909末	1	7	57	457	31	4	2,369	4,392

　이들의 주 임무가 의병 토벌에 있었으나 1907년 말 까지 큰 효과를 거두지

---

110) 金正明, 1967 앞의 책, 解題.
111) 統監府, 1910 앞의 책, p.60 ; 金正明, 1967 앞의 책, pp.53〜54에서 추출 작성.

못하자 이듬해 헌병보조원 제도를 실시하였다.112) 이 제도의 창안은 명석(明石) 헌병 대장에 의해서였다. 1908년 6월 13일 '헌병보조원 모집에 관한 건'이 칙령(32호)으로 발표되었다.113) 이어 6월 19일 '헌병보조원 채용에 관한 건'이 군부령(제3호)으로 발표되어,114) 동년 9월까지 1차로 4,065명의 모집을 마쳤다.115) 이들은 주로 구군인 출신 등 불량배들로 구성되어 있었는데 의병의 수색, 민정의 정찰 등의 임을 맡아 일제의 충견 노릇을 하였다.

3. 경찰권의 피탈과 헌병경찰제도의 성립

앞에서 살펴 본 바와 같이 한국 경찰권의 통일 정비는 일제가 경찰권 탈취를 전제로 실시한 것이다. 이등(伊藤)의 계획은 예정대로 진행되어 1909년 3월 15일에는 '재 한국 외국 인민에 대한 경찰사무에 관한 한일협정서'를 체결함으로써 재한 외국인에 대한 경찰사무마저 일인 관헌이 빼앗아갔다.116) 그 후 이등(伊藤)이 물러가고 후임으로 증녜황조(曾禰荒助)가 2대 통감으로 부임하여, 7월 12일 소위 '기유각서'를 조인해서 사법 및 감옥사무를 탈취한 바 이 역시 이등(伊藤)의 기존 계획 실천에 불과하였다.

일제의 계태랑(桂太郎) 내각은 1909년 초부터 한국 병탄을 계획하고 있었다.117) 단지 시기가 문제였다. 10월 안중근의 의거는 좋은 미끼가 되었다.

---

112) 統監官房, 1908 앞의 책, p.127.
113) 폭도(의병)의 진압과 안녕 질서의 유지함을 위하야 헌병보조원을 모집하야 한국주차일본헌병대에 의탁하고 該隊長의 지휘를 從하야 복무케 한다 (제1조) (韓國度支部大臣官房, 1910 앞의 책, pp.2337~2338).
114) 韓國度支部大臣官房, 1910 앞의 책, pp.2338~2341.
115) 統監官房, 1908 앞의 책, p.127.
116) 國會圖書館, 1964 앞의 책, p.92.

국내에서는 이용구 이하 일진회가 합방운동을 제창하고 있었다. 때마침 증녜(曾禰) 통감이 병중이라 일제는 그를 해임하고 장주(長州) 군벌의 거물인 육군대신 사내정의(寺內正毅)를 1910년 5월 30일자로 겸직 발령하여 그 흉계를 강행케 하였다.118)

사내정의(寺內正毅)의 선결 문제는 이등(伊藤)이 체결한 '재한국 일본 신민에 대한 경찰사무집행에 관한 협정서'에 기초한 한국 경찰의 위임장을 받는 것이었다.119) 그는 동경에 출장 중이던 한국주차군 참모장 명석원이랑(明石元二郎)과 이를 협의하였다. 전술한 바와 같이 명석(明石)은 일찍이 제14 헌병대장을 역임하면서 우리 의병을 무참히 토벌하였으며, 1909년 8월 한국주차군의 참모장으로 전임되었다가 사내(寺內)가 통감이 되자 1910년 6월 15일에 다시 한국주차헌병대 사령관(이때 한국주차헌병대는 헌병대 사령부로 승격)에 임명되었다.120) 그가 바로 한국 병탄의 선결 문제로 한국의 경찰권을 접수함과 동시에 헌병과 경찰을 합병통합하는 안을 제출했다는 것이다.121) 사내(寺內)는 명석(明石)과 협의를 마치고 6월 16일 경찰권 탈취에 관한 초안을 작성하였다.

한국에 있어서 現時의 정세에 비추어 본국 정부는 헌병 1000명을 증파하여 경찰력의 부족을 보충함과 함께 치안의 유지를 완전히 하기 위하여 한국 정부의 경찰기관을 통감부에 옮기고 헌병과 相合하여 한국의 있어서의 경찰사무의 통일을 기도코저 한다.

---

117) 春畝公追頌會, 1940 앞의 책, pp.836～838, pp.1012～1015.

118) 李瑄根, 1963 앞의 책, p.973.

119) 黑田甲子郎, 1920 앞의 책, p.569 ; 德富猪一朗, 1929 ≪素空 山縣公傳≫ 山縣公爵傳記編纂會, p.213.

120) 金正明, 1967 앞의 책, p.42.

121) 釋尾東邦, 1926 ≪朝鮮倂合史≫ 朝鮮及滿洲社, pp.832～833.

이 목적을 위하여 한국정부로 하여금 그 사무를 들어 일본국 정부에 위탁의 수속을 하게하고 그 경비는 당분간 한국정부에서 지출토록 하는데 있어서 별지 안건에 기하여 명석(明石) 소장과 타합하여 한국 내각 총리대신에 대해 통감의 훈령에 의하여 협의할 것을 明言한다. 속히 이를 승인시키는데 있어서 충분한 조치를 취해야 한다. 또한 본건의 경과와 한국정부의 意向 등에 대해서는 일일히 전보로써 통감에게 보고하고 중요한 문제에 대해서는 다시 통감의 지휘를 받도록 하라.

------------------------------ **(별지)** ------------------------------

한국에 있어서는 경찰관 및 헌병이 補援共同하여 경찰사무를 집행하여야 하는 데 그 소속이 다른 고로 때로 혹은 연락을 缺하여 機宜를 失하는 우려가 없지 않다. 인하여 그 집무의 통일을 이루기 위하여 경찰관 및 헌병에 관한 제도를 좌(하)와 같이 고친다.

1. 경찰사무를 擧하여 일본국 정부에 위탁한다. 단 그 경비는 본년도 경찰비 예산 액을 한도로 하여 한국 정부로부터 지출한다.
2. 통감부에 새로이 경무총감을 두고 헌병사령관으로써 이에 보하고 통감의 지휘 감독을 받아 전국의 경찰사무를 總轄시킨다.
3. 경시청 및 경무국을 폐하고 그 所轄事務는 경무총감부에서 이를 취급한다.
4. 각도 헌병대장으로 도경무부장에 보한다.
5. 경찰서 분서 또는 순사 주재소가 없는 지점에 있어서는 헌병분대 또는 분견소 에서 그 사무를 집행한다.
6. 경찰에 관한 비용은 당분간 한국정부의 부담으로 하여 이를 경리시킨다.
7. 종전의 헌병보조원은 이를 헌병대의 부속원으로 한다.
8. 재한국 제국신민에 대한 경찰사무의 집행에 관한 명치40년(1907) 10월 29일 의 取極書(협정서)는 당연 폐지된다.
9. 새로이 순사보를 두고 헌병보조원과 동일한 취급을 한다.
10. 종래 한국의 경찰관서에서 사용하던 토지 건물은 모두 그대로 일본정부에 사용케 한다. 한국정부에서 경찰관서의 사용에 충당할 목적으로 건축중인 것

또는 아직 건축에 착수치 않았지만 그 예산이 성립된 것에 있어서는 모두
그 건축을 끝낸 후 이를 일본정부에 사용시킬 것[122]

이것이 당시 임시통감부 총무장관사무취급 석총영장(石塚英藏) 참여관
에게 보내는 사내(寺內)의 내훈이었다. 한국의 경찰권을 탈취할 뿐만 아니라
전 세계 역사상 유례 없는 무서운 헌병경찰을 실시하고 그 경비마저 한국정부
에서 부담하다니 어처구니없는 노릇이다.

상기의 훈령은 명석(明石)에 의해 전달되었다. 그는 6월 17일 동경을 출발
20일에 서울에 왔다. 21일 이는 석총(石塚)에게 전달되어 석총(石塚)은 22일
그의 관저로 총리대신서리 박제순등 각 대신을 불러 사내(寺內) 명의로 된
다음과 같은 조회문(照會文)을 전했다.

> 過般 사법권 위임에 있어 사법경찰권은 이미 제국정부에 위임하였으나 爾餘의
> 정찰권은 의연 귀국정부에 있어서 일반 경찰사무의 집행상 불편이 적지 않음은
> 아시는 바와 같으므로 경찰기관을 통일하여 그 효용을 완전히 하기 위하여 귀국
> 정부는 차제에 爾餘 各般의 경찰권을 모두 제국정부에 위임하도록 위에 조회합
> 니다.
> 追伸 본문 경찰권 시행에 관한 경비는 귀국 본 연도 경찰 예산액을 한도로 하여
> 당분간 귀국정부로부터 지출하게 될 것은 양지하시기 바랍니다.[123]

뿐만 아니라 그 자리에서 즉답을 요구하였다. 박제순 등은 1일간의 유예를
요청하였다. 동시에 석총(石塚)은 전문 공작 통역관을 온양에 보내 총리대신
이완용의 양해를 구하였다(이는 이재명 의사의 저격을 받고 정양 중 이었다).

---

122) 黑田甲子郎, 1920 앞의 책, pp.569~572.
123) 黑田甲子郎, 1920 앞의 책, pp.572~573.

23일 내각회의에는 박제순(내부 총리서리), 조중응(농상공부), 민병석(궁내부), 고영희(탁지), 이용직(학부) 등이 참석하고, 통감부에서는 국분상태랑(國分象太郎) 비서관이 참석하였다. 고영희와 이용직이 반대하자 석총(石塚)은 다시 그 관저에 각 대신을 불러 반대이유를 캐물었다. 고·이 양인은 협약의 형식이 아니고 외교문서의 교환에 의하는 것은 타당치 못하며 경찰권을 일본에 위임한다면 한국의 행정은 거의 실행할 수 없고 황궁 경찰까지 통감의 지휘를 받는 것은 견딜 수 없는 것이라고 설명했다. 그러자 석총(石塚)은 문서로 하려는 것은 형식을 간단히 하려는 것으로 각 대신의 입장을 고려한 것이고, 한국 행정에 지장이 없도록 할 것이며 황궁 경찰관에 대해서는 궁내부대신과 협의하겠다고 말막음을 하자 24일 오후 8시에 하기의 경찰권 위탁 각서에 조인하고 말았다.[124]

韓國警察權委託覺書

韓國政府 및 日本政府는 韓國警察制度를 완전히 개선하고 韓國財政의 기초를 鞏固케 할 목적으로써 左開條款을 약정함

제1조 韓國의 警察制度가 완비하므로 認할 時까지는 韓國政府는 警察事務를 일본정부에 위탁함

제2조 韓國 皇宮 警察事務에 관하여는 필요를 應하야 宮內府 大臣이 當該 主務官에 임시 협의하여 처리케 함을 得함

右上 各其 本國政府의 委任을 承하여 覺書 韓日文 各 貳度를 작성하여 此를 교환하고 후일의 증거로 하기 위하여 記名 調印함이라

隆熙 4年 6月 24日
內閣總理大臣臨時署理 內部大臣 朴齊純　印
統監　　子爵　　　寺內正毅 印[125]

---

124) 黑田甲子郎, 1920 앞의 책, pp.573～574.

이상의 각서 교환 후 한국 정부는 1910년도 경찰비 예산액 240만원 마저 통감부에 빼앗겼다.

한국정부는 오지도 않은 사내(寺內)에게 경찰권을 고스란히 넘겨준 것이다. 6월 30일에는 경시청 관제가 폐지되었다.[126) 6월 29일 일제는 통감부 경찰관서 관제(칙령 제296호, 7월 1일 시행)를 공포하여,[127) 통감부에 경무총감부를 설치 경무총장은 한국주차헌병의 장(長)인 육군장관으로 보(補)하고 각 도의 경무부장은 헌병 좌관(佐官)으로 보(補)하게 하였으며, 서울과 황궁의 경찰사무는 경무총감부 직할로 하였다. 이에 따라 헌병사령관인 명석(明石)은 경무총감을 겸임하게 되고 각 도 헌병대장(중·소좌)은 각 도 경무부장을 겸임케 되었다. 동일부 칙령제(제302호)으로 '통감부 경무총장, 경무부장, 경시, 경부의 임용 및 분한(分限)에 관한 건'이 공포되어,[128) 헌병 장교는 경무총장·경무부장 또는 경시, 헌병준사관·하사는 경부에 임용될 수 있게 되었다. 9월 10일에는 조선주차헌법조령(칙령 제343호)도 여기에 맞게 개정되었다.[129) 1910년 8월초 통감부 경찰기구는 19 경무부·헌병대와 경찰서 101, 경찰분서 4, 순사파출소 59, 순사주재소 286, 헌병분대 77, 헌병분견소 800여에 달했으며,[130) 병력은 일본인 경찰관 약 2000명, 한인 경관 약 3,200명, 일본인 헌병 약 2,000명, 한인 헌병보조원 약 4,000명에 달했다.[131) 실로 방대한 조직이라 아니할 수 없다. 이제 사상 유례가 없는 무서운 헌병경찰제도가 시작

---

125) 國會圖書館, 1964 앞의 책, p.64.

126) ≪舊韓國官報≫ 第4691號 號外 隆熙 4年 6月 30日.

127) 統監府, 1910 ≪公報≫ 第160號 7月 9日.

128) 統監府, 1910 ≪公報≫ 第160號 7月 9日.

129) 金正明, 1967 앞의 책, 解題.

130) 統監府, 1910 ≪公報≫ 號外 8月 5日에서 추출하였다.

131) 黑田甲子郎, 1920 앞의 책, p.575.

된 것이다. 참고로 통감부의 경찰계통을 표로 나타내면 다음과 같다.

〈표 9〉

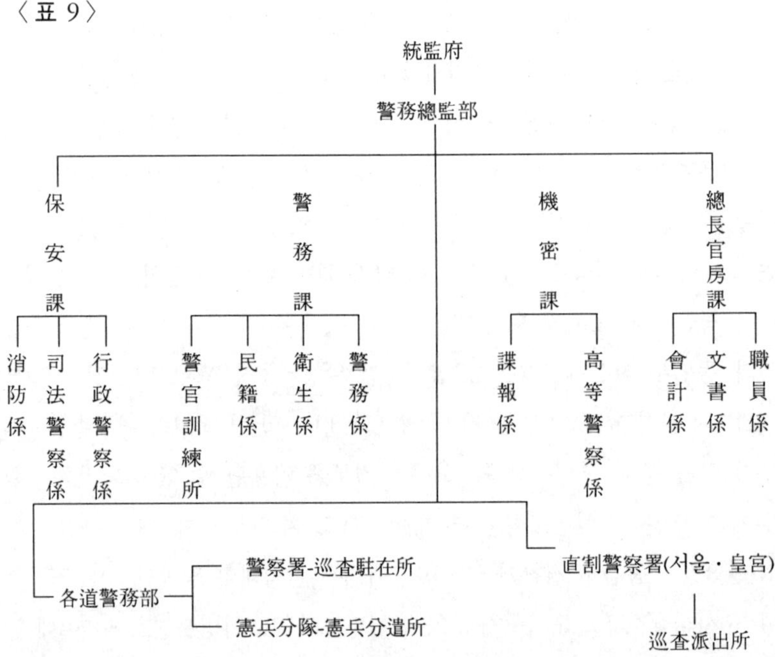

※ 이 表는 統監府警察官署官制 및 警務總監部 分課規程等을 參照하여 作成하였다.

맺음말

이상에서 필자는 1894년 갑오경장 때부터 한일합병이 있기 직전까지의 구한국시대 경찰의 변천과정을 어설프게나마 살펴보았다. 이 시대에는 한국경찰 외에 일제의 영사관경찰(후에 이사청 경찰), 고문경찰 그리고 일본군 헌병대까지 한국의 경찰사무를 취급하고 있었다.

일제는 1894년 이래 한국의 경찰개혁에 지대한 관심을 가지고 음양으로 간섭해 왔다. 종국의 목적은 경찰권을 탈취하는 것이었다. 1904년 러일전쟁을 계기로 일제 헌병대는 서울을 비롯한 주요 지역에 일방적으로 군사경찰, 심지어는 군정을 시행함으로써 한국의 경찰권을 본격적으로 침해하기 시작하였다. 이어 1905년 소위 고문경찰을 파견하여 한국경찰은 사실상 그들의 감독 하에 놓이게 되었다. 뿐만 아니라 을사조약 후 한국경찰은 공공의 사회질서유지라는 미명 하에 의병활동 진압에 나서게 됨으로써 사실상 한국인을 위한 경찰이 될 수가 없었다.

1907년 정미7조약을 계기로 동년 11월 한국경찰은 모든 일제 경찰기관을 흡수하는 형식을 취했으나 실질적으로는 한국의 경찰권이 그들에게 넘어간 것이다. 1910년 6월의 '경찰권위탁각서' 조인은 하나의 요식 행위에 불과하다. 이와 함께 일제는 재래 군계통의 헌병대까지 통합하여, 세계사상 유래가 없는 악독한 헌병경찰제도를 실시하기에 이르렀다. 한일합병의 강제는 여기서 마련되었다고 보여진다. 한국경찰의 근대화과정은 자주적인 능력이나 힘에 의하여 성취된 것이 아니고, 일제의 침략정책에 기인한데서 벌써부터 비극적 요소가 깃들어 있었다 하겠다.

Ⅲ. 일제의 헌병경찰 소고

머리말

소위 총독정치(總督政治)의 초기에 해당하는 1910년부터 1919년까지의 10년간은 '헌병정치기(憲兵政治期)'로 알려지고 있다. 그간 대한식민통치기구(對韓植民統治機構)의 핵은 헌병경찰(憲兵警察)이었기 때문이다. 따라서 이 기간동안 일제의 대한식민통치의 성격을 규명하는 기초 작업의 하나로 헌병경찰의 실체를 파악해보는 것은 역시 일차적인 의미가 있는 일일 것이다. 이 같은 헌병경찰제도는 구한국(舊韓國)시대에 우리의 경찰권이 일제에게 피탈(被奪)되면서부터 제도화 하였다.

한국은 1894년 일제의 권고로 구주대륙계(歐州大陸系)의 중앙집권적 국가경찰제도를 선택하였다. 이후 일제는 한국의 경찰개혁에 지대한 관심을 가지고 음양으로 간섭해 왔다. 경찰본래의 사명에 앞서 한국인을 억압하기 위한 수단으로, 나아가서는 식민지기반을 닦기 위한 준비작업으로 일제는 한국경찰의 근대화를 촉구하였던 것이 사실이다. 1904년 러일전쟁을 계기로 일제는 헌병대로 하여금 서울을 비롯한 주요 지역에 군사경찰(軍事警察)을 실시하였고, 이듬해에는 소위 고문경찰(顧問警察)을 파견해 옴으로써 한국 경찰은 사실상 그 감독 하에 놓이게 되었다.

1907년 11월 한국경찰은 이사청경찰(理事廳警察) 등 모든 일제경찰기구(日帝警察機構)를 흡수하는 형식을 취했으나 실질적으로는 한국의 경찰권이 그들에게 넘어갔던 것이다. 따라서 1910년 6월의 경찰권위탁각서(警察權委託覺書) 조인은 한 요식 행위에 불과하였다. 이와 같이 한국경찰권을 약탈한 일제는 1896년 이래 한국에 주둔하고 있던 그들의 헌병대까지 통합하여 세계 사상 유례가 없는 헌병경찰(憲兵警察) 제도를 창안함으로써 한국 병탄(倂呑)을 강행할 수 있었던 것이다.

한국 병탄에 성공한 일제는 곧 총독부를 만들고 그 포악무도한 헌병경찰을 더 강화하여 3·1운동으로 그 제도가 바뀔 때 까지 한국인을 탄압하였다. 이에 필자는 약간의 자료나마 간추려 헌병경찰의 통일과정과 병탄, 그리고 총독부 그들의 실태를 살펴보려고 한다.

1. 헌병경찰의 성립과 한국병탄

일제의 소위 헌병경찰통일제도(憲兵警察統一制度)가 이미 통감부시대에 만들어 졌음은 주지의 사실이다. 그러나 이러한 제도가 성립되기까지에는 적지 않은 시일이 흘렀다. 헌병경찰제도의 주축은 두말할 것 없이 일제의 헌병대였고, 이들의 주한역사(駐韓歷史)는 1896년부터 비롯되었기 때문이다.

러일협상각서(露日協商覺書)에 따라 1896년 1월 25일 임시헌병대를 편성하고 임시전신부제리(臨時電信部提理)의 지휘 하에 경부간(京釜間) 군용전

신선의 엄호를 맡으면서 시작된 일제의 헌병대는 1903년 12월 1일 한국주차
헌병대(韓國駐箚憲兵隊)로 개편되어 한국주차일군사령부 지휘 하에 속하고
서울에서는 주로 군사경찰을 관장하였으며 각구대(各區隊)는 경부간 전신선
및 철도의 보호를 맡았다. 러일전쟁이 발발하자 소위 한일의정서(韓日議定
書)를 강제 조인한 일제는 극형까지 할 수 있는 가혹한 군율(軍律)을 발표하
고 그 적용범위를 확대함과 아울러 시행지역도 전국적으로 넓혔다.

그리고 이 무렵 서울에서 보안회(保安會)가 일제의 황무지개척권(荒蕪地
開拓權) 요구에 반대하는 민중구국운동(民衆救國運動)을 전개하자 일군사령
관은 서울과 그 주변에 있어서의 '치안유지(治安維持)'를 핑계로 군사경찰을
실시하였다. 장곡천호도(長谷川好道, 大將)가 한국주차군사령관으로 부임
(1904년 9월 7일)한 후, 10월 8일부터는 함경남도의 점령지역내에서 직접
군정을 실시하고, 이듬해 4월 2일부터는 전주부(全州府) 이외의 치안에 관한
경찰을 역시 일군헌병대가 맡았다.

러일전쟁 중 그들은 '군사경찰시행세칙(軍事警察施行細則)'(1905년 1월 6
일), '한국주차군군율(韓國駐箚軍軍律)'(1905년 7월 3일), '군율위범심판규
정(軍律違犯審判規程)'(1905년 7월 3일)등 각종의 규칙(規則) 훈령(訓令) 명
령(命令) 고시(告示)를 발하여 한국인의 언론 집회 결사 주거 등의 모든 기본
권을 제한하였을 뿐만 아니라 이상의 군율 등에 의하여 처벌된 사람도 적지
않았다.

위에서 서술한 바와 같이 시작된 일제의 군사경찰은 러일전쟁이 끝난 후에
도 그치기는커녕 더욱 강화되어가고 있었다. 을사조약으로 이른바 통감부가
설치된 후 저들의 칙령(1906년 2월)으로 한국에 주차하는 헌병은 군사경찰
외에 행정경찰 사법경찰을 관장하고 행정 및 사법경찰은 통감의 지휘를, 군사

경찰은 군사령관의 지휘를 받게 하고 일반경찰사무에 대해서는 오로지 통감이 이를 지휘하게 하였기 때문이다. 1906년 8월에 이르러서야 전쟁 중에 발한 군율과 서울에서의 군사경찰을 철폐하였다. 서울에서의 군사경찰은 폐지되었지만 고등경찰은 고문경찰과 협동하여 헌병이 그 임무를 맡고 있었다.(1906년 8월 15일 이후)

1906년 10월 한국주차헌병대는 제14헌병대로 개편되어 서울에 본부를 두고 전국에 7개 분대와 19개의 파견소를 설치하였다.

1907년 헤이그밀사 파견으로 인한 고종의 강제퇴위와 군대해산, 그리고 정미 7조약이 체결되자 의병을 중심으로 거족적인 항쟁에 부딪히게 된 것이 일제였다. 이에 당황한 일제는 10월 제14헌병대의 편제를 개정하고 헌병조례의 개정과 함께 한국주차헌병대로 승격 개편하였다. 이제까지 좌관(佐官)이었던 헌병대장에 소장(少將)을 임명하여(明石元二郞) 그 기구를 전국적으로 확대시키고 병력도 증파해왔다. 1907년 현재 7개 분대 460개 분견소의 병력은 소장이하 2,400명이나 되었다. 이들의 주임무가 의병토벌에 있었으나 1907년말 까지 큰 효과를 거두지 못하자 이듬해 헌병보조원제도를 창설하였다. 이 제도의 창안은 통감 이등박문(伊藤博文)과 헌병대장 명석원이랑(明石元二郞)에 의해서였다.[1]

1908년 6월 13일 일제는 한국정부의 칙령을 빌려 '헌병보조원모집에 관한 건'을 발표하였다. 폭도(의병)의 진압과 안녕 질서의 유지함을 위하여 헌병보조원을 모집하여 한국주차일군헌병대에 의탁하고 해당 대장의 지휘를 쫓아 복무케 한다는 것이었다. 이어 6월 19일 '헌병보조원채용에 관한 건'

---

1) 柳永益, 1969 <朝鮮總督府初期의 構造와 機能> ≪三・一運動 50周年紀念論集≫ 東亞日報社, p.103.

이 군부령(軍部令)으로 발표되어 동년 9월까지 1차로 4,065명의 모집을 마쳤다. 그 선발대상자는 구군인(舊軍人)출신, 경관(警官)해직자 및 의병투항자 등이었다.

이와 같이 주한헌병대를 확장 강화하는 한편 일제는 또 한국경찰마저 그들의 손아귀에 넣기 위하여 갖은 수단을 경주하였다. 1894년 이래 한국의 경찰개혁에 지대한 관심을 가지고 음양으로 간섭해 온 일제는 1904년 한국 경찰권을 탈취할 계획을 세우고, 1905년 소위 고문경찰을 파한(派韓)함으로써 한국경찰은 사실상 그들의 감독하에 놓이게 되었던 것이다. 뿐만 아니라 을사조약 후 한국경찰은 공공의 사회질서유지라는 미명하에 의병활동진압에 나서게 됨으로써 사실상 한국인을 위한 경찰이 될 수가 없었다.

1907년 정미 7조약을 계기로 동년 11월 1일 한국경찰은 모든 일제경찰기구(顧問警察·理事廳(統監府)警察 등)을 흡수하는 형식을 취했으나 실질적으로는 한국의 경찰권이 그들에게 넘어간 것이나 다름이 없었다. 1908년 1월 1일부터 실시된 관제개정(官制改正)으로 근대적인 경찰의 조직정비가 이루어지면서 한국의 경찰권은 일제의 일본인 경찰국장(松井茂) 손에 넘어 갔다. 이때 벌써 경찰관 수의 절반 가까이는 일본인이었던 것이다.

이와 같은 한국경찰권의 통일정비는 일제의 경찰권 탈취를 전제로 한 것이었다. 그들은 또 1909년 3월 15일 '재한국 외국인민에 대한 경찰사무에 관한 한일협정서'를 체결함으로써 재한(在韓) 외국인에 대한 경찰권마저 빼앗아 갔다. 이는 모두 이등(伊藤) 통감에 의해서였다. 한국의 사법 및 감옥사무를 탈취한 소위 '기유각서(己酉覺書)'는 통감 증녜황조(曾禰荒助)에 의하여 7월 12일 조인되었지만 이 역시 이등(伊藤)이 이전에 세워놓은 계획의 실천에 불과한 것이었다.

　일제의 계태랑(桂太郎) 내각은 1909년 초부터 한국 병탄을 계획하고 그 시기만 엿보고 있었다. 동년 10월 안중군의 쾌거는 좋은 미끼가 되었다. 국내에서는 이용구(李容九) 중심의 일진회(一進會)가 합방운동을 제창하고 있었다. 때마침 증녜(曾禰) 통감이 병중이라 일제는 그를 해임하고 후임에 장주(長州) 군벌의 거물인 육군대신 사내정의(寺內正毅)를 1910년 5월 30일자로 겸직 발령하여 그 흉계를 강행케 하였다.

　제3대 통감에 임명된 사내(寺內)의 선결 문제는 '재한국일본신민에 대한 경찰사무집행에 관한 협정서'에 기초한 한국경찰의 위임장을 받는 것이었다.[2] 그는 동경(東京)에 출장 중이던 한국주차군참모장 명석원이랑(明石元二郎)과 이를 협의하였다. 명석(明石)은 일찍이 제14헌병대장을 역임하면서 우리 의병을 무참히 토벌하였으며, 1909년 8월 한국주차군의 참모장으로 전임되었다가 사내(寺內)가 통감이 되자 1910년 6월 15일 다시 한국주차헌병대사령관(이때 한국주차헌병대도 헌병대사령부로 승격)에 임명되었다.[3] 그가 바로 한국 병탄의 선결문제로 한국의 경찰권을 접수함과 동시에 헌병과 경찰을 합병 통일하는 안을 제출하였다.[4] 명석(明石)은 이미 한국주차군참모장으로 있던 1910년 1월 15일 과거 헌병대장 때의 경력에 비추어 헌병·경찰의 통일이 좋겠다는 의견을 개진하는 서면을 당시 육군대신인 사내(寺內)에게 제의한바 있었다.[5] 사내(寺內)는 명석(明石)과 한국 병탄의 선결문제로서 경찰권 탈취를 협의하고 그 초안을 작성하였다.

---

2) 黑田甲子郞, 1920 ≪元師寺內伯爵傳≫ 同傳記編纂所, 東京, p.569. ; 德富猪一郞, 1929 ≪素空山縣公傳≫ 同傳記編纂會, 東京, p.213.
3) 金正明 編, 1967 ≪朝鮮駐箚軍歷史≫ 巖南堂書店, 東京, p.42.
4) 釋尾東邦, 1926 ≪朝鮮倂合史≫ 朝鮮及滿洲社, 서울, pp.832~833.
5) 小森德治, 1968 ≪明石元二郞 卷上≫ 原書房, 東京, pp.440~442.

한국에 있어서 현시(現時)의 정세에 비추어 본국 정부는 헌병 1,000명을 증파하여 경찰력의 부족을 보완함과 함께 치안의 유지를 완전히 하기 위하여 한국정부의 경찰기관을 통감부에 옮기고 헌병과 상합(相合)하여 한국에 있어서의 경찰사무의 통일을 기도(企圖)코져 한다. 이 목적을 위하여 한국정부로 하여금 그 사무를 들어 일본정부에 위탁의 수속을 하게하고 그 경비를 당분간 한국정부에서 지출토록 하는데 있어서 별지(別紙) 안건에 기(基)하여 명석(明石) 소장(少將)과 타합하여……6)

이는 1910년 6월 16일 동경을 출발 20일 서울에 도착한 명석(明石)이 임시통감부총무장관사무취급(臨時統監府總務長官事務取扱) 석총영장(石塚英藏) 참여관(參與官)에게 전달한 사내(寺內)의 내훈(內訓)이었다. 그리고 한국내각 총리대신과의 협의를 위한 '별지 안건'의 내용은 다음과 같은 헌병경찰에 관한 복안이었다.

한국에 있어서는 경찰관 및 헌병이 서로 보원공동(補援共同)하여 경찰사무를 보행(報行)하여야 하는데 그 소속이 다른 고(故)로 때로 혹은 연락을 결(缺)하여 기구를 실(失)하는 우려가 없지않다. 인(因)하여 그 집무(執務)의 통일을 이루기 위하여 경찰관 및 헌병에 관한 제도를 다음과 같이 고친다.
1. 경찰사무를 거(擧)하여 일본국정부에 위탁한다. 단 그 경비는 본년도 경찰비 예산액을 한도로 하여 한국정부로부터 지출한다.
2. 통감부에 새로이 경무총감을 두고 헌병사령관으로서 이에 보(補)하고 통감의 지휘감독을 받아 전국의 경찰사무를 총할(總轄)시킨다.
3. 경시청 및 경무국을 폐(廢)하고 그 소할사무(所轄事務)는 경무총감부에서 이를 취급한다.
4. 각도 헌병대장으로 도(道) 경무부장에 보(補)한다.

---

6) 小森德治, 1968 앞의 책, pp.443~445 ; 釋尾東邦, 1926 앞의 책, pp.832~833.

5. 경찰서 분서(分署) 또는 순사주재소(巡査駐在所)가 없는 지점에 있어서는 헌
   병분대 또는 분견소(分遣所)에서 그 사무를 집행한다.
6. 경찰에 관한 비용은 당분간 한국정부의 부담으로 하여 이를 경리시킨다.
7. 종전의 헌병보조원은 이를 헌병대의 부속원(附屬員)으로 한다.
8. 재한국 제국신민에 대한 경찰사무의 집행에 관한 명치 40년(1907) 10월 29일
   의 취극서(取極書, 협정서)는 당연 폐지된다.
9. 새로이 순사보(巡査補)를 두고 헌병보조원과 동일한 취급을 한다.
10. 종래 한국의 경찰관서에서 사용하던 토지건물은 모두 그대로 일본정부에 사용
    케 한다. 한국정부에서 경찰관서의 사용에 충당할 목적으로 건축중인 것 또는
    아직 건축에 착수치 않았지만 그 예산이 성립된 것에 있어서도 모두 그 건축을
    끝낸후 이를 일본정부에 사용시킬 것7)

석총(石塚)은 22일 그의 관저로 총리대신서리 박제순 등 각 대신을 불러
사내(寺內) 명의로 된 '……(중략)……경찰권은 의연(依然) 귀국정부에 있어
서 일반 경찰사무의 집행상 불편이 적지 않음은 아시는 바와 같으므로 경찰기
관을 통일하여 그 효용을 완전히 하기 위하여 귀국정부는 차제에 이여(爾餘)
각반(各般)의 경찰권을 모두 제국정부에 위임하도록……(중략)……'8)이란
조회문(照會文)을 전하고 즉답(卽答)을 요구하였다. 옥신각신 하다가 6월 24
일 결국 이른바 '한국경찰권위탁각서(韓國警察權委託覺書)'가 조인됨에 따
라 한국의 경찰권은 피탈(被奪)되고 말았다. 아무튼 한국정부는 오지도 않은
사내(寺內)에게 경찰권을 고스란히 넘겨준 채 6월 30일에는 경시청관제도(警
視廳官制度)도 폐지하였다.
이와 같이 한국의 경찰권을 탈취한 일제는 동년 6월 29일 통감부경찰관서

---

7) 小森德治, 1968 앞의 책, pp.443~445 ; 釋尾東邦, 1926 앞의 책, pp.832~833.
8) 小森德治, 1968 앞의 책, pp.443~445 ; 釋尾東邦, 1926 앞의 책, pp.832~833.

관제(統監府警察官署官制)〔制令 第296號, 7월 1일 시행〕을 공포하였다.[9] 그 요지는 다음과 같다.

1. 통감부경무관서는 통감의 관리에 속하고 한국에서의 경찰사무를 장리(掌理)하고(제1조).
2. 경찰관서는 경무총감부 경무부 급(及) 경찰서로 하고(제2조).
3. 경무총감부는 이를 서울에 두고 한국에서의 경찰사무를 총리하고 황실 및 서울의 경찰사무를 장리(掌理)하고(제3조).
4. 경무부 및 경찰서의 위치 관할구역은 통감이 이를 정하고(제4조).
5. 경무총장은 한국 주차헌병의 장(長)인 육군장관으로 충(充)하고(제6조).
6. 경무부장은 각도헌병의 장(長)인 헌병 좌관(佐官)으로서 충(充)하고(제8조).
7. 경찰관서에 순사 급(及) 순사보를 둔다(제16조).

이와 같은 통감부경찰관서관제에 따라 헌병사령관인 명석(明石)은 경무총감을 각도(各道) 헌병대장(中佐·少佐)은 각도 경무부장을 겸임케 되었다. 또 동일부(同日付) 칙령(제302호)으로 '경무총장 경무부장 경시 경부의 임용 급(及) 분한(分限)에 관한 건'이 공포되어,[10] 헌병 장교는 경무총장(警務總長), 경무부장(警務部長), 또는 경시(警視)에 헌병 준사관인 하사는 경부(警部)에 임용될 수 있게 되었다. 1910년 8월초 통감부 경찰기관은 경무부·헌병대 13개와 경찰서 101, 경찰분서 4, 순사파출소 59, 순사주재소 286, 헌병분대 77, 헌병분견소 800여 개에 이르렀다.[11] 병력은 한국인 경찰관 약 3,200명, 일본인 경찰관 약 2,000명, 일본인 헌병 약 2,000명, 한국인 헌병보조원

---

9) 統監府, 1910 ≪公報≫ 第160號(7月 9日).
10) 統監府, 1910 ≪公報≫ 第160號(7月 9日).
11) 統監府, 1910 ≪公報≫ 號外(8月 5日)에서 추출, 헌병분견소 숫자는 德富猪一郎, 1929 앞의 책, p.214.

약 4,000명에 달했다.[12] 실로 방대한 조직이라 아니할 수 없다. 이리하여 사상유례없는 '계엄령 시행'이나 '군정실시'와 같은 헌병과 경찰을 일원화시킨 헌병경찰제도가 시작된 것이다. 참고로 통감부의 경찰계통을 표해(表解)하면 대개 다음과 같다.

〈 표 1 〉[13]

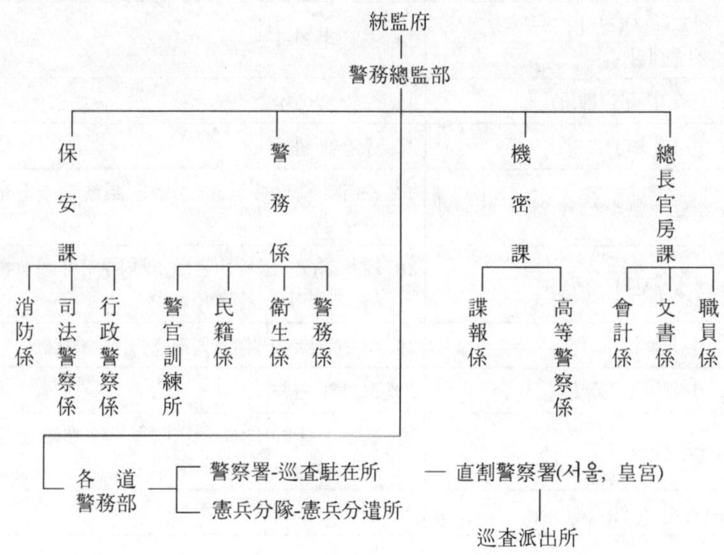

이와 같은 헌병경찰제도의 취지는 '한국치안유지는 주로 헌병 및 경찰관의 힘에 기대하고 이후 군사경찰에 관한 것을 제외하고는 양자 그 임무를 균등하게 하고 그 명령도 또한 한길로 나갈 것이므로 양자간 추호의 간격(杆格)을

---

12) 黑田甲子郎, 1920 앞의 책, p.575.
13) 李延馥, 1971 〈舊韓國警察考〉 ≪서울教育大學論文集≫ 4, p.170.

용인하지 않고 서로 보원(補援)하여 일치(一致)의 행동을 취하게'하는데 있었다.[14] 이렇게 조직된 헌병경찰은 다음과 같이 다양한 기능을 대행하고 있었다.[15]

1. 첩보의 수집	12. 여행자의 보호
2. 의병의 토벌	13. 종두(種痘)
3. 장교 하사(경시·경부)의 검사 사무대리	14. 도살의 검사
4. 범죄의 즉결(卽決)	15. 수출 우(牛)의 검역
5. 민사쟁송의 조정	16. 우량의 관측
6. 집달리(執達吏)의 업무	17. 수위의 측량(수력전기사업을 위한 하천수위의 측량임)
7. 국경세관의 업무	18. 해적 급(及) 밀어선(密漁船) 밀수입의 경계단속 즉, 경비선에 관한 업무
8. 산림감시	19. 해수(害獸)의 驅除(人畜을 害하는 猛獸)
9. 민적사무(戶籍吏의 사무)	20. 묘지의 단속
10. 외국여권	21. 노동자 단속(日本行 한인노동자와 在韓 중국인 노동자)
11. 우편 호위(護衛)	22. 재유(在留) 금지자의 단속

그리고 이밖에도 일어의 보급, 도로의 개수(改修), 국고금 및 공금의 경호, 식림농사의 개량, 부업(副業)의 장려, 법령의 보급 및 납세의무의 여행(勵行) 등 모든 행정사무는 헌병경찰이 간여하였으니 가히 헌병 만능이라 해도 과언

---

14) 朝鮮總督府 警務總監部, 1917 ≪朝鮮警務例規聚 全≫ 서울, p.328.
15) 小森德治, 1968 앞의 책, p.449. ; 統監府, 1910 <所載統監府警務總監部分課規程> ≪公報≫ (7月 13日).

이 아니었다. 그뿐 아니라 일제는 또한 위에서 서술한 거미줄 같은 헌병 경찰 망 외에 1개 사단 이상의 병력을 배치하여 한국지배의 기반을 더욱 공고케 하였다.

1895년 이래 일제침략에 대한 민족적 항쟁에 부닥쳐온 그들은 병탄 후에도 계속될 반항에 신경을 쓰지 않을 수 없었다. 따라서 통감부의 당면 과제는 한국인의 눈과 입을 가리는 것이었다. 한국주차 일군헌병사령관으로서 통감 부의 경무총장을 겸임한 명석원이랑(明石元二郞)은 우선 신문 단속에 나섰 다. 그는 1910년 7월 18일 각 신문사의 사장 및 발행인 등을 소집해 놓고 그 부관 산형한(山形閑) 헌병 중좌로 하여금 다음과 같이 기사취재에 관한 경고를 하였던 것이다.16)

1. 지방에서 무기를 가지고 인민을 침해하는 도당(徒黨)에게 대하여 의병이라 일
   컫고 은연히 동정하여 이를 선동하는 듯 해서는 아니된다.
2. 한·일관계를 소격(疏隔)케 하는 문자를 써서 인심을 선동치 말라.
3. 단체 또는 개인간의 감정을 도발(挑發)하여 사회의 질서를 문란케 말라.
4. 억측의 기사를 쓰지 말 것

이와 같이 우리 신문의 손발을 묶어 놓아 우리말 신문은 말할 것도 없고 저희들의 일어판까지 걸핏하면 판금이오 정간이었다. 1910년 한 해 동안의 신문 발매금지도수(發賣禁止度數)는 무려 255건(국내 발행 26, 일본 97. 浦 塩 34. 미국 98)에 압수지수(押收紙數)는 81,062부(국내 7.462, 일본 70, 814, 浦塩 274, 미국 2,512)에 달했다.17) 이는 거의 병탄을 전후한 것으로 당시 통감부의 기관지인 ≪매일신보≫의 발행 부수가 2,6461부(部)18)임을

---

16) 崔埈, 1970 ≪增訂版 韓國新聞史≫ 一潮閣, p.178.
17) 朝鮮總督府, 1912 ≪1910년 朝鮮總督府施政年報≫ 서울, p.120.

감안하면 엄청난 숫자라 아니 할 수 없다. 뿐만 아니라 통감부는 또 8월 23일 경무총감부령(제3호)으로 일체의 대중집회를 금하였다. '당분간 정치에 관한 집회 또는 옥외에서 다중의 집회를 금지한 본령을 위반하는 자는 구류 또는 과료에 처한다'는 것이었다.[19] 뿐만 아니라 또 병탄 직전에는 언론인 28명을 예비 검속까지 하였고, 사설은 쓰지 말고 연설을 하지 말 것을 강요한 후 '합병조약'이 공포된 후에 이들을 석방한 일까지 있었다. 당시의 이러한 상태를 일본인의 기록에 상세히 서술되어 있다.

> 명석(明石) 경무총감은……(중략)……헌병경찰을 독려하여 불순한 자의 단속을 엄히 하고 정당정파의 행동을 감시하여 조금이라도 불온한 기색이 보이면 가차없는 태도를 취했다. 그러므로 약간의 의심이라도 받게 되는 자는 곧 구속하여 감옥에 처넣는 형편이었다.……(중략)…… 또 언론의 단속도 엄중(嚴重)을 극(極)하여……(중략)……한인(韓人)이 몇 사람만 모여 이야기하여도 곧 거기에 관헌의 눈이 가는 형편이므로 조선의 정당정파는 숨소리조차 죽이고 있을 따름이었다. 한자(韓字) 신문은 물론 일어 신문과 통신의 단속도 엄중 가혹하게……(중략)……하루라도 신문발행의 정지를 보지 않는 날은 없는 형편이었다.……(중략)……서울은 완전히 계엄령 하에 있다는 생각이 들며……(중략)……마치 병영과 같다고나 할 상태이다. 따라서 사내(寺內)는 '무엇인가 큰 일을 저지르려고 한다'고 하는 관측은 한일 양국 인간에 일치된 의견이며……(하략)……[20]

이렇게 항일운동에 대한 사전예방 및 경계에 안전을 기한 일제는 다른 한편으로 일본군의 서울 집결을 명령했다. 즉 주한일군사령부는 1910년 5월 29일 나남에 있던 기병 제2연대 본부 및 제1중대를 용산으로 이동하도록 명령하였

---

18) 韓國新聞硏究所, 1974 ≪新聞評論≫ 47, p.38.
19) 國會圖書館, 1973 ≪統監府法令資料集≫ 下, p.710.
20) 釋尾東邦, 1926 앞의 책, pp. 546~547.

으며, 7월 6일에는 임시한국파견대의 1개 대대, 7월 8일에는 보병 제32연대의 1개 대대, 7월 9일에는 보병 제29연대의 1개 대대를 비밀리에 용산으로 집결하도록 명령했다. 한편 사내(寺內)는 이들 군대에게 '각 지방에 있는 현재의 수비대는 전력을 다하여 사전의 예방 및 경계를 엄밀히 하도록' 명령하는 한편, '인민으로 하여금 정치적 변동의 전제라는 느낌을 갖지 않도록 깊이 조심하라'고 하였다.21) 이렇게 명령을 받은 군대는 모두 한밤중에 그것도 대도(大道)를 통하지 않고 서울로 들어왔다. 그리고 8일 이후는 이들에게 외출금지령이 내려지고 각 성내 요충지, 각 왕궁·통감관저·사령관관저·대신관저 등은 이들이 엄중한 경비를 하였다.

이와 같이 한국인의 언론출판, 집회 결사의 자유를 완전히 탄압하여 무시무시한 공포분위기를 조성한 가운데 소위 '한일합병' 회담이 시작된 것이다.

1910년 5월 30일 통감에 임명된 후 부임도 하지 않고 동경에 앉아 '신협약의 최후에 남은 난(難) 문제'인 한국의 경찰권을 탈취한 사내(寺內)가 착임(着任)한 것은 7월 23일 이었다. 7월 31일부터 시작된 이 회담은 수차의 회합을 거쳐 일제의 원안대로 8월 22일 조인되고 8월 29일에야 발표되었다. 병탄 당일인 8월 22일의 서울은 15칸(間) 간격으로 헌병을 순회시켜, 두 사람이 서서 애기만 해도 곧 검열을 하는 등 삼엄한 경계망이 퍼져있었다. 이는 8월 29일까지 계속되었다. 전 국민에게 역적인 이완용 매국내각과 일제 사내(寺內) 통감의 조인으로 된 소위 '한일병합에 관한 조약'은 이상에서 살펴 본 바와 같이 일제 헌병경찰의 지독한 탄압 하에서 강제된 것이었다.

---

21) 山邊健太郎, 1966 ≪日韓併合小史≫ 岩波書店, pp.235~236 ; 小森德治, 1968 앞의 책, pp.464~465.

2. 총독부의 헌병경찰

전술한 바와 같이 무력으로 한국을 병탄한 일제는 1919년 3·1 운동이 일어나기까지 10년간 헌병경찰력을 구사하여 항일운동을 탄압하는 한편, 식민사업 추진의 핵심기구로 삼아 왔다. 우선 일제는 이른바 '조선총독부'가 정식으로 발족하기도 전인 1919년 9월 10일 '조선주차헌병조례(朝鮮駐箚憲兵條例)'를 칙령(제343호)으로 발표하였다.[22] 조례는 총 18조로 되어 있으며 그 주요 내용은 다음과 같다.

1. 조선주차헌병은 치안유지 및 군사경찰을 장악한다(제1조).
2. 헌병은 육군대신의 관할에 속하고 그 직무의 집행은 조선총독의 지휘감독을 받으며 군사경찰은 육군대신과 해군대신의 지휘를 받는다(제2조).
3. 헌병장교와 준사관, 하사, 상등병은 조선총독이 정하는 바에 따라 재직하면서 경찰관의 직무를 집행한다(제3조).
4. 헌병이 폭행을 받거나 병기를 사용치 않고는 직무 대행을 할 수 없을 때와 사람 토지, 기타 물건을 방위함에는 병기를 사용치 않을 수 없다(제6조).
5. 서울에 헌병대사령부를 두고 각 헌병대 관구에 1헌병대를 둔다(제7조).
6. 헌병대의 관구 본부 및 분대의 배치는 조선총독이 이를 정한다(제8조).
7. 헌병대사령관은 조선총독의 인가를 받아 일시(一時) 헌병대의 일부를 그 관구 외(外)에 파견할 수 있다(제12조).
8. 헌병대에 헌병보조원을 부속한다(제17조).

그리고 11월 12일에는 '조선주차헌병복무규정'(총독부령 제480호)이, 또 1911년 4월 8일에는 '헌병보조원규정'(총독부령 제45호)이 속속 발표되었다.

---

22) 任人鎬, 1911 ≪朝鮮新政寶監≫ 1권, pp.36~39 ; 朝鮮總督府警務摠監部, 1917 앞의 책, pp.85~87.

여기서 우리는 한국 내에서 헌병의 임무와 위치를 충분히 엿볼 수 있는 것이다.

1910년 10월 1일 소위 조선총독부관제와 지방관제, 그리고 각종 관서의 직제 및 직제규정 등이 발포 시행 되게 되었다. 모든 관제개정에 따라 9월 30일 통감부경찰관서관제 역시 조선총독부경찰관서관제(칙령 제358호)로 개정되었다.[23] 그런데 이는 사실상 통감부경찰관서관제를 그대로 답습한 것으로 하나의 법적 조치에 불과하였다. 통감부 경무총장 이하 모든 경찰 직원은 따로 임명장 없이 그대로 조선총독부의 직원으로 임용된다는 부칙이 있는 정도의 것이었다.

〈 표 2 〉

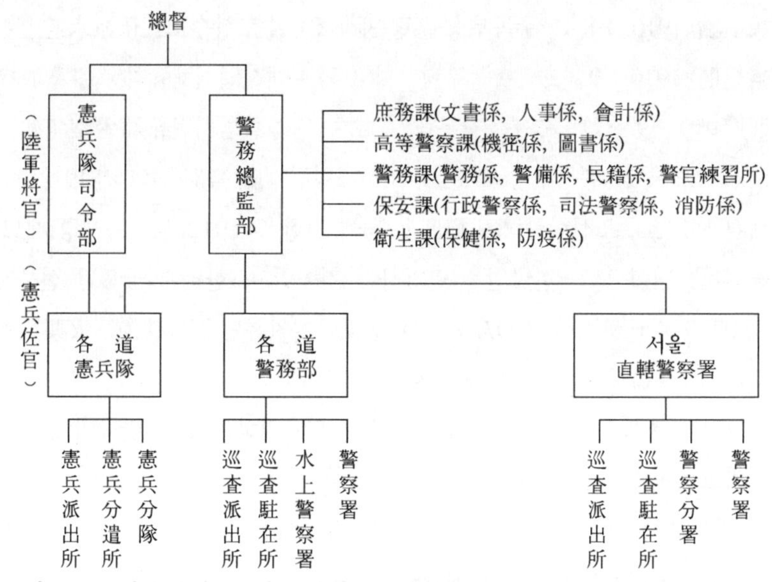

그리고 그 다음날인 10월 1일에는 '조선총독부경무총감부사무분장규정'

---

23) 任寅鎬, 1911 앞의 책, pp.92~93.

(총독부 훈령 제4호)이 공포되었다.24) 이상의 조례 관제규정 등을 참조하여 총독부의 헌병경찰체제를 도해(圖解)하면 대개 <표 2>와 같다.

이와 같이 한국민 억압장치를 완비한 총독부는 계속하여 한국인 탄압법을 제정 공포하였다. 조선총독부 경무총감 등이 발(發)하는 명령의 벌칙에 관하는 건(1910. 9. 30 칙령 제376호), 범죄즉결례(犯罪卽決例)(1910. 2. 15 제령 제10호), 범죄즉결례시행수속(犯罪卽決例施行手續)(1910. 12. 30 총독부훈령 제72호), 민사쟁송조정사무취급수속(民事爭訟調停事務取扱手續)(1910. 12. 30 총독부 훈령 제71호), 민사쟁송조정사무취급규칙(民事爭訟調停事務取扱規則)(1910. 12. 30 총독부령 제67호), 외국여권규칙(外國旅券規則)(1910. 10. 15 총독부령 제27호), 외국여권규칙취급수속(外國旅券規則取扱手續)(1910. 10. 15 총독부령 훈령 제48호), 수도상수보호규칙(水道上水保護規則)(1910. 9. 29 총독부령 제61호), 대서업취체규칙(代書業取締規則)(1910. 9. 21 경무총감부령 제7호), 경찰범처벌규칙(警察犯處罰規則)(1912. 3. 25 총독부령 제40호), 조선태형령(朝鮮笞刑令)의 건(1912. 3. 18 제령 제13호), 조선형사령(朝鮮刑事令)에 관한 건(1912. 3. 18 제령 제11호) 등 각종 법이 모두 한국인을 탄압하는 것이었고, 한말에 공포된 신문지법(1907. 7. 24), 보안법(1907. 7. 27), 총포급화약류단속법(銃砲及火藥類團束法)(1907.9.6)등 악법은 계속 유효하였다.

그러면 총독부는 이 같은 법망을 유지하기 위하여 얼마 만큼의 경찰망을 가지고 있었는가 알아보기로 하자. 그들이 만든 '조선총독부통계연보'에 의하여 도표를 작성해보면 다음과 같다.

〈표 3〉 년도 별 경찰 · 헌병기관수비교25)

---

24) 任寅鎬, 1911 앞의 책, pp.93∼99 ; 朝鮮總督府, 1910 ≪朝鮮總督官報≫ 10月 1日.

年度	警務總監部憲兵隊司令部	警務部憲兵隊本　部	警察署憲兵分隊	警察分署憲兵分遣所	警備所	巡査駐在所憲兵出張所	巡査派出所憲兵派出所	小計	總計
1910	1	13	100	2	2	269	91	481	1,135
	1	13	77	502	—	—	61	654	
1911	1	13	99	6	1	456	102	678	1,613
	1	13	78	54	—	379	410	935	
1912	1	13	99	5	1	464	109	692	1,648
	1	13	78	57		413	394	956	
1913	1	13	100	5	1	498	113	731	1,700
	1	13	78	107	—	443	327	969	
1914	1	13	101	4		508	112	739	1,748
	1	13	78	99		501	317	1,009	
1915	1	13	100	—		522	102	738	1,773
	1	13	78	99		528	316	1,035	
1916	1	13	99	—		515	103	731	1,787
	1	13	77	96		551	318	1,056	
1917	1	13	99	—		529	104	746	1,816
	1	13	78	98		592	288	1,070	
1918	1	13	99	—		532	106	751	1,861
	1	13	78	98		43	877	1,110	
1919	1(警務局)	13	251	—	—	2,354	143	2,761	2,761
1920	〃	13	251	—	—	2,354	143	2,761	2,761

　여기에서 그냥 간과할 수 없는 것은 헌병경찰 기관수가 해를 거듭할 수록 대폭 증가하고 있다는 사실이다. 1910년의 헌병경찰 기관은 1,135에 불과하던 것이 소위 문화정치를 표방하는 1919년에 들어오면 2배가 훨씬 넘는(경찰만으로) 2,761개로 급증한 것이다. 이 한가지 사실만으로도 소위 문화정치의 기만성을 엿볼 수 있다 하겠다.

　다음으로 헌병경찰인원수의 추이를 알아보면 다음과 같다(＜표 4＞ 참조). 이 표에서 가장 의심스러운 것은 1910년의 헌병보조원 수이다. 이미 1908

---

25) 朝鮮總督府에서 매년 발행한 ≪朝鮮總督府統計年報≫에서 추출 작성하였다.

表 4. 年度別 憲兵警察人員數 및 人口比

年度	國籍	警察(A)										憲兵(B)						A+B	總人口	憲兵警察1人當人口數
		警務總長	警務官	警務部長	警視	警部	警部補	巡查	巡查補	小計	計	將校	准士官	下士	上等兵	補助員	計			
1910	韓		1		14	101		181	3,131	3,428	5,694	77	2	186	724	1,012	2,019	7,713	13,128,780	1:2000
	日	1	2	13	30	167		2,053		2,266									171,543	
1911	韓		1		14	101		169	3,417	3,702	6,007	78	18	675	2,525	4,453	7,749	13,756	13,832,376	1:111
	日	1	2	13	30	167		2,092		2,305									210,689	
1912	韓		1		7	81		173	2,816	3,078	5,397	78	18	675	2,525	4,473	7,769	13,166	14,566,783	1:1250
	日	1	2	13	25	160		2,118		2,319									243,729	
1913	韓		1		7	87		247	3,055	3,397	5,736	112	20	753	2,470	4,603	7,958	13,694	15,169,923	1:1250
	日	1	2	13	26	164		2,133		2,339									271,591	
1914	韓		1		7	92		236	2,094	3,240	5,661	112	20	753	2,460	4,626	7,971	13,632	15,620,720	1:1250
	日	1	2	13	27	165		2,213		2,421									261,217	
1915	韓		1		8	92		237	2,890	3,228	5,572	112	20	753	2,417	4,627	7,929	13,501	15,957,630	1:1250
	日	1	2	13	26	165		2,137		2,344									303,659	
1916	韓		1		9	124		232	2,906	3,272	5,621	112	20	751	2,501	4,657	8,041	13,662	19,309,179	1:1250
	日	1	2	13	26	176		2,131		2,349									320,938	
1917	韓		1		9	131		280	2,819	3,190	5,435	111	20	750	2,514	4,737	8,132	13,567	16,617,431	1:1250
	日	1	2	13	26	179		3,024		2,245									332,456	
1918	韓		1		8	130		28	2,904	3,271	5,402	112	23	758	2,484	4,601	7,978	13,380	16,697,017	1:1428
	日	1	2	13	26	180		1,909		2,131									336,872	
1919	韓				10	113	40	6,935		7,098	15,392							15,392	16,783,510	1:1250
	日			13	34	304	556	7,387		8,292									346,619	
1920	韓				12	125	73	7,651		7861	18,376							18,376	16,916078	1:1000
	日			13	37	360	653	9,452		10515									347,850	

※ 이 表에는 警察의 通譯生, 警察醫囑託, 囑託雇員 등은 除外되었음.

년의 그것이 4,234명이고 1909년의 그것이 4,392명이었다.[26] 그런데 병탄이 이루어진 1910년에 이를 감축했다는 기록도 없거니와 감축할 이유도 없었기 때문이다. 그리고 놀라운 것은 헌병경찰제가 없어질 때까지 경찰의 수보다 헌병의 수가 언제나 훨씬 많았다는 사실이다(<표 5> 참조).

〈 표 5 〉년도별 경무비 및 헌병보조원비 비교[27]

單位 : 圓

年度	豫算(歲出)(A)	警務費(B)	憲兵補助費(C)	(B+C×100/A)	備考
1910	23,765,594	1943,727	575,528	10.6%	
1911	46,172,310	2,924,730 123,348(臨)	1,022,595	8.8	
1912	51,781,224	3,146,298 144,635(臨)	1,031,911	8.3	
1913	53,454,484	3,266,483	1,103966	8.1	
1914	55,099,834	3,370,374	1,102,827	8.1	
1915	56,869,947	3,413,413	1,095,823	7.9	
1916	57,562,710	3,610,150	1,100,955	8.1	
1917	51,171,826	3,415,213	1,102,342	8.8	
1918	64,062,720	3,549,624	1,175,274	7.3	
1919	93,026,893	5,111,471 6,747,846(臨)	770,543	13.5	
1920	122,221,297	17,268,444		14.1	

1972年度 우리나라의 豫算(支出)은 764,329,000,000원이었고 司法費를 包含한 警察費(支出)

---

26) 李延馥, 1971 앞의 논문, p.166.
27) 朝鮮總督府에서 매년 발행한 ≪朝鮮總督府統計年報≫에서 추출 작성하였다.

또 헌병경찰의 수를 한국인과 일본인으로 나누어 볼 때 전체 수에 있어서는 한국인이 많지만 이는 거의 전부가 경찰의 경우는 순사보, 헌병의 경우는 헌병보조원만이 한국인이었다. 그리고 헌병경찰 1인당 인구수는 대개 1,250명을 유지해 오다가 3·1 운동 이후에 1,000명 정도로 만든 것은 전술한 바 문화정치의 기만성을 잘 들어내 보인다고 하겠다. 그러면 그들은 그 많은 헌병경찰망을 유지하는데 얼마나 예산을 썼는가? 그 통계표를 제시하면 다음과 같다.

경무비와 헌병보조원 비용만(헌병비는 따로 찾지 못했음) 합해도 최소 연간 전 예산(지출)의 7.3%(1918년)에서 헌병이 없어진 1919년에는 13.5%, 그리고 그 이듬해에는 14.1%라는 수치를 나타내고 있다. 그런데 이 숫자가 엄청난 수치라는 사실을 다음의 예에서 찾아 볼 수 있다.

1972년도 우리 나라의 예산(지출)은 764,329,000,000원이었고 사법비를 포함한 경찰비(지출)는 41,673,000,000원으로서 그 백분비는 5.6%에 불과하였던 것이다.[28] 그리고 이를 당시교육비와 비교해 보면 더욱 놀라지 않을 수 없다. 1911년의 교육비는 825,575원이고 1915년의 그것은 1,363,313원이었다.[29] 1911년의 교육비백분비는 1.8%로 경무비 및 헌병보조원비 8.8%의 약 1/5에 불과하고 1915년 그것은 1/3에 미달하는 형편이었다. 즉 1911년의 경무비 및 헌병보조원비는 교육비의 5배라는 경이적인 숫자였음을 알 수 있는 것이다. 이 한가지 사실로만도 경찰국가적 성격의 일면을 잘 들어내고 있다 하겠다.

---

28) 경제기획원, 1972 ≪제19회 한국통계연감≫, p.301.
29) 李如星·金世鎔, 1931 ≪數字朝鮮研究≫ 1, 世光社, p.111.

3. 헌병경찰과 언론출판의 탄압

전술한바(<표 1>, <표 2> 참조)통감부 경무총감부와 총독부 경무총감부 기구의 차이는 총장관방과(總長官房課) 가 서무과로, 기밀과가 고등경찰과로 경무과의 위생계가 위생과로 각각 명칭이 변경되거나 독립된 것이라 하겠다.

통감부의 언론탄압 주무과는 바로 기밀과였다. 경무통감부 분과 규정에 의하면(제6조)기밀과에는 고등경찰계와 첩보계를 두고 전자는 ① 집회 결사 신문지 잡지 출판물 및 저작물의 단속에 관한 사항 ② 고등경찰에 관한 사항 ③ 외국인의 보호에 관한 사항을 다루고, 후자는 고등경찰에 속하는 제 첩보의 수집 보고 및 통보에 관한 사항을 다루어 왔었다. 그러다가 1910년 10월 1일 총독부 경무총감부 사무분장규정의 발포로 기밀과가 고등경찰과로 개칭되면서 기밀계와 도서계를 두게 되었다. 기밀계는 ① 사찰에 관한 사항 ② 집회와 다중운동 및 결사에 관한 사항 ③ 외국인에 관한 사항 ④ 암호에 관한 사항 ⑤ 종교단속에 관한 사항을 담당하고, 도서계는 신문·잡지·출판물 및 저작물에 관한 사항을 다루게 하였다.

이와 같이 우리 민족의 정신과 사상을 단속하여 억압하는 고등경찰(비밀경찰)의 활동범위는 국내만이 아니오 막대한 기밀비를 써가며 제 5열의 국제간첩으로 해외에까지 번져 나갔다. 그리하여 만주와 노령 해삼위(海蔘衛)는 물론 중국의 북경, 상해, 남경과 좀 더 멀리는 하와이를 거쳐 미국의 상항(桑港) 뉴욕에 이르기까지 망명 유랑하는 우리 한인의 애국지사와 혁명가를 미행 추적하며 무서운 감시와 박해 암살을 일삼기도 하였다.[30]

---

30) 李瑄根, 1966 <日帝總督府의 憲兵政治와 思想彈壓> ≪韓國思想≫ 8, 韓國思想研究

전술한 바와 같이 일제의 총칼을 배경으로 언론을 탄압하여 병탄에 성공한 사내(寺內)는 계속하여 언론기관의 숙청에 나섰다. 그리하여 '병합조약'이 정식 발표된 8월 29일을 전후하여 서울에서 발행하던 일간신문은 총독부의 기관지인 일문판 '경성일보'와 한문판 '매일신보', 영문판 '서울프레스'의 3종뿐이었다. 기타의 모든 신문 잡지는 약간의 폐간료를 지불하여 강제매수의 형식을 취하든지 그렇지 않으면 발행금지명령을 내려 모조리 폐멸시키고 말았다. 당시에 희생된 신문을 살펴보면 '대한매일신보'는 강제 매수되어 '대한'을 떼고 '매일신보'로 개제 되어 일문 '경성일보'의 부설 자매지가 되었고, '황성신문'은 '한성신문'으로 '대한민보'는 그저 '민보'로 이완용 내각의 기관지였던 대한신문은 '한성신보'로 개제 되었다가 며칠 못 가서 매수 폐간되었다. 그리고 '제국신문'과 '국민신문'도 매수 폐간되었으며 '공립신문'·'경향신문'·'합성신보' 등은 그대로 발행 금지되고 말았다. 또한 일문지인 '대한일보'·'조선일보'·'조선시사'·'용산일출' 등은 매수 폐간되고 '경성신보'만을 매수에 불응한 채 속간하다가 1년 못가서 사회주의기사를 실었다는 구실아래 기어코 발행금지를 당하였다.[31]

또 이 무렵에 폐간된 한국잡지로는 '소년잡지', '서북학회월보', '대한흥학회보', '공업계', '적삼보', '보성교우잡지'(금지) 등이 있었다.[32] 이러한 신문 잡지 이외의 일반서적에 대해서도 가혹한 검열을 가하여 발매를 금지하고 압수하는 것이 보통이었다.

1910년 11월 16일 경무총감부에서 민족의식을 말살키 위해 압수한 도서목록을 보면 다음과 같이 15종에 달하였다.[33]

會, p.22.
31) 李瑄根, 1966 앞의 논문, p.29.
32) 朴殷植, 1946 ≪韓國痛史≫, p.132.

≪初等大韓歷史≫　≪普通敎科東國歷史≫　≪新訂東國歷史≫　≪大東歷史略≫
≪大韓新地誌≫　≪大韓地誌≫　≪最新高等大韓地誌≫　≪問答大韓新地誌≫　≪最
新大韓新地誌≫　≪最新大韓初等地誌≫　≪最新初等小學≫　≪高等小學讀本≫
≪國文課本≫　≪初等小學≫　≪國民小學讀本女書≫　≪初等倫理學敎科書≫　≪獨
習日語正則≫　≪精選日語大海≫　≪實地應用文法≫　≪國家思想學≫　≪民族競爭
論≫　≪國家學綱領≫　≪飮氷室自由書≫　≪準備時代≫　≪飮氷室文集≫　≪國民
須知≫　≪國民自由進步論≫　≪世界三怪物≫　≪二十世紀大慘≫　≪劇帖國主義≫
≪强者의 權利競爭≫　≪大家論集≫　≪靑年立志論≫　≪片片奇談警世歌≫　≪小兒
敎育≫　≪愛國精神≫　≪愛國精神談≫　≪夢見諸葛亮≫　≪乙支文德≫　≪伊太利 建
國三傑傳≫　≪噶蘇士傳≫　≪華盛頓傳≫　≪波蘭末年戰史≫　≪美國獨立史≫　≪埃
及近世史≫　≪小學漢文讀本≫　≪男女評權論≫

　이상에서 볼 때 특이한 것은 우리 민족정신이나 애국사상을 고취할 수 있는
출판물의 압수는 그들로서는 당연할지 모르지만 ≪독습일어정칙≫ 등의 일
어참고서까지 발매 반포를 금지한 것은 어느모로 보나 이해할 수 없는 만행이
라 하지 않을 수 없다.
　총독부의 언론탄압이 얼마나 무분별하고 혹독하였기에 '조선에는 신문지
가 없는 것이 아니요 언론이 없다. 근자의 조선처럼 신문의 발행정지가 잦은
적은 세계에 그 유례가 없다.……(하략)……'고 하였겠는가?34) 헌병통치 시
기의 언론출판에 대한 탄압을 주로 그들의 자료에 의하여 수치로 만들어보면
다음과 같다.

---

33) 國史編纂委員會, 1966 ≪日帝侵略下 韓國 36年史≫ 1, p.100.
34) 釋尾東邦, 1926 앞의 책, p.818.

〈 표 6 〉 년도별 신문 및 출판물 발매금지도수와 압수수등비교[35]

年度	國內發行 新聞數	新聞紙 發賣禁止 度數 및 押收紙數	出版物種類數	出版物頒布禁止度 數 및 押收數	韓國內 發行雜誌 (通信)	備考
1910		255回(韓國 26, 日本97, 浦鹽34, 美國98)81, 062 部(韓 2,462, 日 70,814, 浦 274, 美 2,512)				日本等 外國 新聞의 移 輸入 約 550種 日本等 外國 雜誌의 移輸入 990餘種
1911	國文 222 日文19 英文 1	110回(韓國 13, 日本 70, 浦鹽 11, 美國 16) 52,062部(韓 1,461, 日 50, 497, 浦 11, 美 93)	韓人 198 768種 日人 348 外人 222	107回(韓人 4, 日人 103) 1,602部(韓人 1,435 日人167)		
1912	國文 225 日文22 英文1	115回(韓國 27, 日本 28, 浦鹽 28, 美國 42) 25,352部(韓 13,871, 日 10,12 浦 8, 美 8, 1, 345)	韓人 374 1,199種 日人 540 外人 285	85回(韓人 27, 日人 49, 外人 9) 87, 124部(韓人 48, 941 日人 3,017 外人 35,166		日本 滿洲發行 新聞의 國內 移輸入數 1日平均 48種 33,800部
1913	國文225 日文22 英文1	175回(治妨 166, 風壞9) 國內3(韓人 1, 日人 2)海 外 韓人 110 日本 其他 62	韓人 408 1,392種 日人 656 外人 328	203回(治妨 101, 風 壞 139) 국내발행 46 (韓人, 1, 日人 1, 外 人 1) 海外韓人 1 日本其他 156	4種 韓人 2 日人2(3)	
1914	國文324 日文21 英文1	293回(治妨) 國內26(韓人 1, 日人 25) 海外 韓人 173 日本 其他 94	韓人 307(不許22) 1,438種(屆出) 日人 813 外人 318	160回(治妨 101, 風 壞 59) 國內發行 3(韓人 2, 日人 1) 海外韓人 7 日本其他 150	〃	
1915	國文224 日文22 英文1	101回(治妨) 國內 4 海外 韓人 44 日本 其他 53		166(治妨 77, 風壞 89) 國內發行 3 海外韓人 6 日本其他 157		
1916	國文122 日文20 英文1	201回(治妨, 192, 風壞9) 國內 18 海外 韓人 133 日本 其他 50	517種(不許處分 (屆出) 46)		3種 韓人 2 日人 1	
1917	韓人120 日人19	發行停止 2(國內) 差押 236(國內 19, 海外 韓人 152(雜誌包含) 日 本其他 65)	韓人 572 2,036種(屆出) 日人1,149 外人 315	其他 出願件數도 移 越 12, 信受 770中 許可 611, 不許 34, 取下 35件	3種 韓人 2 日人 1(2)	海外韓人 發行新聞 4種 (桑港 1, 哇露 1, 露領 2) 海外韓人發行 雜誌2種 (布哇 1, 中國 1)
1918	韓人120 日人19					國內移輸入新聞雜誌數 51, 594

| 1919 | 25?(新認可日文 5 包含) | | | | 國文移輸入新聞雜誌數 51,00 |
| 1920 | 41?(新認可19廢刊 3包含) | | 出版物發行高 562 | | 韓國文新聞 4許可 發行停止(朝鮮 2, 東亞 1) 差押 朝鮮(24, 東亞 16) |

※ 治妨은 治安妨害, 風壞는 風俗壞亂의 略稱임.

우리는 이 표에서 1910~1919년이야말로 언론출판의 암흑기임을 절감할 수 있다. 신문은 모두 일인 경영의 일어판 뿐이오 우리말 판이란 총독부의 기관지가 있을 뿐이었다. 뻔질 계속되는 발매금지의 명목은 주로 치안방해였다. 그것도 국내에서 발행되는 것 보다 저의 일제본국에서 발행되는 것들이 압도적으로 많았다. 또 해외발행의 것들도 심한 탄압을 받았다. 이와 같은 사실은 한국을 폐쇄적인 사회로 지속시킴으로써 영원히 지배코자하는 야욕의 발로였던 것 같다.

맺음말

이상에서 필자는 헌병·경찰의 일원화과정과 초기 '총독정치기' 권력구조의 핵이었던 헌병경찰의 실체를 살펴보았다.

일제는 1910년 6월 이후 일본 개벽 이래, 또 세계 역사상 유례없는 헌병경찰 제도를 창출하여 거대한 기구와 인력, 막대한 예산으로 헌병 만능의 군정을 실시해온 것이 사실이었다. 이 헌병경찰에는 저희 헌병력도 보조하고 나아가 이 민족의 동족상잔도 조장한다는 일석이조의 성공을 위한 한국인 '헌병보조원'과 '순사보'를 포함시키는 것도 잊지 않았다.[36]

---

35) 이 表는 國會圖書館, 1973 ≪韓國言論年表(1911~1945)≫, pp.1~61를 中心으로 總督府 各年度 ≪施政年報≫와 ≪統計年報≫를 參考하며 作成한 것이다.

그러면 일제는 왜 이렇게 악독한 제도를 창안하지 않으면 안 되었을까를 생각할 필요가 있다. 바로 이 제도를 창출한 명석원이랑(明石元二郎)은 '……학재(學才) 있는 한인 3일이 모이면 매정사(每政事)를 논하는 모양이다. 실로 한국은 인심교란의 소질을 가진 나라이다. 근년 이 나라에 2~3회에 걸쳐 일어난 암살 등 사건은 점점 많아질 것이다. 그런데 그 용기는 생각컨데 권총이 아니고 폭탄일 것이다. 추세가 이와 같이 매년 더 심해지므로 드디어 피할수 없는 결함을 국가 시정(施政)상에 나타나게 된다.……(중략)……타국민을 취급하는 것보다 심히 어렵다……'고 말하고 있다.37) 이는 바로 한국인의 거족적 반항과 비협력을 말하는 것일 것이다.

그런데 이 무서운 헌병경찰도 드디어 3·1운동으로 막을 내렸다. 그 후 일제는 소위 '문화정치'를 표방하고 '보통경찰제'를 실시하게 되지만 이는 전술의 통계가 증명하듯 '헌병정치기'보다 더 많은 경찰망과 병력, 그리고 예산을 투입한 것으로 보아 경찰국가적 통치는 더욱 강화되었다고 보아야 하겠다.

---

36) 李瑄根, 1966 앞의 논문, p.18.
37) 1910年 7月 11日 憲兵隊司令部에서 明石의 訓示(小森德治, 1968 앞의 책, pp.452~453).

Ⅳ. ≪만세보≫의 사설에 나타난 천도교의 교육관

머리말

　대한제국의 주권이 피탈되는 시기인 1904년부터 1910년 사이에 우리 민족의 가장 큰 당면 과제는 국권회복으로 의병전쟁과 애국계몽운동이 양대 지주를 이루고 있었다.

　의병투쟁이 재야유생과 농민층이 일제 및 봉건지배층에 대항하여 무기를 들고 일어선 투쟁이었다면,[1] 애국계몽은 지식인 계층에 의한 무력투쟁보다는 국민의 계몽을 통한 실력양성에 보다 중점을 두었던 운동이다.[2] 즉, 대중들의 애국심을 불러일으키고 이를 바탕으로 실력을 양성하여 뒷날의 독립을 기약하고자 한 운동이었다.

---

1) 愼鏞廈, 1988 ≪韓國近代民族運動史硏究≫ 일조각 ; 趙東杰, 1989 <義兵運動의 韓國民族主義上의 位置> ≪한국민족운동사연구≫ 3.
2) 愼鏞廈, 1985 ≪韓國民族獨立運動史硏究≫ 을유문화사.

따라서 이들에게는 국민들을 각성시킬 교육이 무엇보다도 급하였으며, 이와 함께 근대적 산업의 발달이 초미의 과제일 수밖에 없었다. 이들은 수많은 학교를 설립하고, 학회지를 발행하여 여기에 자신들의 주장을 발표하였다.[3]

이에 본 글에서는 1906년부터 1907년까지 존속하였던 만세보의 교육 사설을 중심으로 천도교의 교육관을 살펴보고자 한다. 왜냐하면 만세보의 교육관은 이후 독립전쟁시대 천도교 교육운동의 사상적 기초가 된다고 여겨지기 때문이다.

1. ≪만세보≫의 창간

만세보는 일제가 을사조약 이후 한국을 식민지화하기 위해 한국의 전 분야를 강점해 가던 시기였던, 1906년에 동학의 3대 교주였고 천도교의 대도주(大道主)인 손병희의 지시에 의해 발행한 신문이었다. 오랫동안 일본에 체류하고 있던 손병희는 그의 귀국에 대한 부정적인 여론의 개선, 천도교 내부에서의 세력확장을 위한 조처로 당시 시대적 요구였던 애국계몽운동에 적극적으로 참여하였다.[4]

천도교는 나라가 망하게 된 것은 낮은 '국민적 의식'에서 기인한다고 보고, 범 국민적 교육을 통한 국민의식의 고양이 국권회복의 지름길이라고 판단하였다. 그리고 이러한 범국민적 교육은 육영사업과 출판문화를 통해서 나타났다. 손병희를 비롯한 천도교 지도층은 신문의 중요성을 인식하고 있었다.

---

3) 西江大學校 人文科學硏究所, 1986 ≪大韓每日申報硏究≫ 일조각 ; 鄭晋錫, 1987 ≪大韓每日申報硏究와 裵說≫ 나남.
4) 崔起榮, 1991 <天道敎의 國民啓蒙活動과 『萬歲報』의 發刊> ≪大韓帝國期 新聞硏究≫ 일조각, p.112.

　生本以庸拙之薄識으로　遊覽於海外者　于今十有餘載　試觀世界文明之大勢　自愧自歎者　惟吾本國之時勢也　大抵新聞者　世界文明上　最先急務之方針　而本人誰遊學於外　本國新聞一一求覽　則頻頻停刊　不得進步　此非憂國者之湯血憤骨處乎[5]

위의 글은 손병희가 일본에 체류하면서 ≪황성신문≫에 투고하였던 것으로, 당시 손병희가 신문을 문명발전의 최급선무로 인식하고 있었음을 보여주고 있다. 이에 천도교는 국민계몽을 적극적 추진하기 위해 인쇄소를 설치하였다. 즉 1906년 2월 27일자의 천도교 종령 제12호에 의해 활판인쇄소 '박문사(博文社)'가 설치되게 된다.

　敎門에서 人民의 智識을 牖明하여 各種 敎會書籍과 國家의 新文化를 輔益하기 爲하여 活版所를 另設하니 吾敎의 一大關鍵이라 該所 規則을 略具公宣하니 中央總部員은 此意를 依하여 其擴張할 方便을 연구하며 現宣한 規則에 對照하여 其未備한 細則을 酌宜商定함이 可함[6]

이와 같이 활판 인쇄소의 설치는 교단 내적인 교화사업만을 위해서가 아니라 처음부터 국가의 신문화운동에 기여함을 목적으로 출발하였음을 알 수 있다.

　宗令 第二十號 活版所의 件은 博文社의 名을 廢하여 普文館을 設하고 該規則을 仍用하여 新聞을 另設하여 萬歲報라 名稱함[7]

---

5) ≪皇城新聞≫ 1904년 7월 18일.
6) 趙基周, 1983 ≪天道敎宗令集≫, pp.19~20.
7) 趙基周, 1983 앞의 책, p.29.

천도교의 인쇄사업은 4월 26일자 종령 제24호에 의거 활판소 '박문사'를 주식회사 '보문관(普文館)'으로 바꾸고 신문 '만세보'를 여기서 발행키로 하였다.

1906년 5월 8일 이인직의 명으로 내부(內部)에 만세보의 발행인가를 처음 신청하였을 때[8] 감독관청에서는 다음과 같은 지시가 있었다.

新聞을 發布ᄒᆞᆯ 際에 愚蠢輩의 傳說 巷市上의 流言을 揭載ᄒᆞ야 國家의 治安과 士民의 名譽를 無至妨損케 ᄒᆞ고 一字一句라도 審愼下筆ᄒᆞ야 風化鼓發과 智識輔導의 實效가 有케 ᄒᆞᆯ 事[9]

우준배(愚蠢輩)의 전설(傳說)과 항시상(巷市上)의 유언(流言)이 국가의 치안과 사민(士民)의 명예를 손상시키므로 신문에 게재하지 않을 것을 지시한 것은 당시 자주 논의되던 국권회복에 관한 내용과 친일파에 대한 비난에 주의를 주었던 것으로 생각된다.[10]

그리고 5월 10일에 정식으로 발행 허가를 얻고, 6월 17일에 창간호를 간행하게 되었다.

萬歲報라 名稱ᄒᆞᆫ 新聞은 何를 爲ᄒᆞ야 作홈이뇨 我韓人民의 智識啓發키롤 爲ᄒᆞ야 作홈이라 噫라 社會를 組織ᄒᆞ야 국가를 形成홈이 時代의 變遷을 隨ᄒᆞ야 野昧ᄒᆞᆫ 見聞으로 文明에 進케ᄒᆞ며 幼穉ᄒᆞᆫ 知覺으로 老成에 達케홈은 新聞敎育의 神聖홈에 無過ᄒᆞ다 謂할지라 是로 以ᄒᆞ야 環球萬邦에 流通ᄒᆞᄂᆞᆫ 近世風潮가 人民의 智識啓發ᄒᆞ기롤 第一主義로 認定ᄒᆞ야 新聞社를 廣設ᄒᆞ고 文壇에 牛耳

---

8) 本人이 新聞을 發刊ᄒᆞ야 國民의 風化를 鼓發ᄒᆞ며 智識를 補導ᄒᆞ기 爲ᄒᆞ야 京城 南署 會賢坊 會洞 八十五統 四戶에 新聞社를 設立ᄒᆞ고 萬歲報라 ᄒᆞᄂᆞᆫ 新聞를 發刊코자 ᄒᆞ와 玆에 請願ᄒᆞ오니 査照ᄒᆞ신 後 認許ᄒᆞ심을 伏望(≪萬歲報≫ 上卷 所收 文書).

9) ≪萬歲報≫ 上卷 所收 文書.

10) 崔起榮, 1991 앞의 책, p.78.

를 執호고 衰鉞의 責任을 擔荷호야 已啓已發호 人民의 智識도 益益進步키롤 企圖호거든 況此 未啓發호 人民의 敎育이야 엇지 一刻一抄롤 遲緩홈이 可호리오.

……(중략)……嗚呼라 我韓의 現今時代는 果然 何如호 時代라 稱호리오 人民의 敎育이 一刻一抄라도 汲汲호 情況을 思惟호면 全國 二千萬同胞의 腦髓롤 一朝에 劈開호고 文明호 新空氣롤 醍醐와 如히 灌注호야도 其不足홈을 遺憾딤으로 生覺홀 時代이라 吾儕는 如此호 時代에 人民敎育의 代表호는 義務로 巨欵을 消費호야 新報社롤 設立호고 精利호 機械活字롤 準備호며 新舊學問에 嫻熟호 記者롤 延聘호야 公明正大호 論述과 確的 迅速호 報道롤 一層主義호야 本月十七日 日曜에 第一號롤 發刊호니 此는 我韓人民敎育的으로 創設호 萬歲報이라.

吾儕호 新聞事業을 經紀호는 者이로대 蠅頭細利롤 謀取홈도 아니오 梁楚聲譽롤 希望홈도 아니오 但히 人民腦髓의 文明空氣롤 灌注코자 호는 熱心的 流出홈이니 吾儕의 熱心은 吾儕의 筆舌로 自唱키 不暇호거니와 嗟我二千萬同胞는 自國의 現今時代롤 觀測호고 前途影響을 硏究호야 將來 奴隷羈絆을 脫호며 犧牲慘毒을 免홀 一指針은 智識啓發에 在호고 智識啓發은 新聞에 在호줄로 思想호면 吾儕의 創設호 萬歲報가 大韓皇城에 刊行호는 新聞中一指針됨을 覺得홀 것이오……(하략)……11)

이상에서 보듯이 만세보 발행의 목적은 '만세보라 명칭한 신문은 하(何)를 위하여 작(作)함이뇨, 아한(我韓) 인민의 지식 계발(啓發)을 위하여 작함이라'라고 하였다. 인민 지식의 계발을 좀 더 구체화하여서는 '야매(野昧)한 견문(見聞)으로 문명에 진(進)케 하는 것'이라고 하였다. 야매한 견문에서 벗어나서 문명에로 나아가는 것으로서의 '인민 지식의 계발'의 목적은 '오호라 아한(我韓)의 현금(現今)시대는 과연 하여(何如)한 시대라 칭하리오. 인민의 교육

---

11) ≪萬歲報≫ 1906년 6월 17일 創刊號.

이 일각일초라도 급급(汲汲)한 정황을 사유(思惟)하면 전국 2천만 동포의 뇌수를 일조에 벽개(劈開)하고 문명한 신공기를 제호(醍醐)와 여(如)히 관주(灌注)하여도 그 부족함을 유감 됨으로 생각할 시대이라'는 국제적으로 생존경쟁이 치열한 시대에 처하여, '장래 노예 기반(羈絆)을 탈피하여 희생·참독을 면할 일지침은 지식 계발에 재(在)하고'라고 하였듯이, 소극적으로는 생존경쟁에서 패배하는 결과로서의 희생·참독한 노예의 굴레에서 벗어나려는 것이었고, 적극적으로는 '학문이 증진하고 식산이 발달하여 국가와 인민의 실력을 양성하여 국위 국광(國光)이 만세에 분양(奮揚)'하는 것이었다.

'인민의 지식을 계발'하여 '야매한 견문에서 벗어나서 문명에로 나아가는' 방법은 '상화(上化)가 하(下)에 협(浹)하며 하통(下恫)이 상(上)에 달(達)케 하며 가지(加之) 생활상 보취(步趣)와 개화적 계급이 各히 개인의 품성 자격을 수(隨)하여 수(水)의 점지(漸漬)함과 여(如)히 전국을 개도유액(開導誘掖)하는' 것이었으며, 더욱 구체적으로 '완고의 배(輩)를 소탕하고 개화당이 문명적으로써 만기(萬機)를 일신케 한 국(國)은 반드시 부강에 지(至)하였으니 피(彼) 만국역사를 관할지어다. 문명 원인(源因)이 하(何)를 종생(從生)하였는고'12)라고 하였듯이, 개화당이 집권하여 국정을 개혁하는 것이라고 하였다.

이와 같이 만세보의 사회사상은 개화사상에 바탕 되어 있었다.13) 천도교의 기관지로서의 만세보의 개화사상적 취향은, 교주인 손병희가 1902년에 쓴 '삼전론(三戰論)'14)에 나타나 있는 바의 개화사상과 긴밀한 관계가 있는 것

---

12) ≪萬歲報≫ 1906년 7월 3일 解紛議.

13) 李惠璟, 1972 <萬歲報와 大韓民報에 관한 考察> ≪저널리즘 연구≫ 2 梨花女子大學校 新聞放送學會 ; 鄭昌烈, 1985 <萬歲報 解題> ≪萬歲報≫ 上, 亞細亞文化社 ; 崔起榮, 1988 <舊韓末 萬歲報에 관한 一考察> ≪韓國史研究≫ 61·62.

14) '三戰論'은 일본에 망명 중이던 손병희가 1902년 동학세력의 선봉적 임무를 강조하는 신도들의 교양자료로 이 글을 지어 국내로 보내왔다. 道戰·財戰·言戰을 삼전이라 불렀다.

이었다고 여겨진다. 도전(道戰),[15] 재전(財戰),[16] 언전(言戰)[17]의 '삼전론'의

15) 도전이란 무엇인가 "천시는 지리만 못하고 지리는 인화만 못하다"고 했다. 인화의 계책은 도가 아니면 될 수 없나니라. 도로써 백성을 교화하면 스스로 다스려질 것이니 그것은 무방하되, 도전에 대해서는 불가하다고 말할 수 있겠지만 그것은 그렇지 않다. 군자의 덕은 바람과 같고 소인의 덕은 풀과 같으니 도가 있고 덕이 행하는데 바람을 따라서 눕지 않는 풀이 없겠기 때문이다.……(중략)……그러므로 세계 각국이 각각 문명의 도를 지켜서 그 백성을 보호하고 그 직업을 가르치며 그 나라로 하여금 태산과 같이 평안하기에 이르렀으니 이것이 "도의 앞에 대적이 없다."는 것이 아니고 무엇이겠는가. 힘으로써 다스릴 때는 비록 억만의 많은 백성이 있을지라도 각각 억만가지 생각을 갖지만 도덕으로써 교화할 때에는 비록 열 사람의 충성이나마 생각이 같고 덕이 같으리니 보국안민의 계책에 무슨 어려움이 있겠는가. 그러면 천시와 지리는 베풀어도 이약됨이 없지 않겠는가. 잘 다스려질 때에 토지가 살지고 비와 바람이 순해서 산천초목도 모두 정기가 빛나리니 천시와 지리도 인화 중에서 와지는 것이 아니고 무엇이겠는가. 그래서 나는 말하기를 힐 만한 싸움을 '도전'이라고 하노라.

16) 재전이란 무엇인가. 재물이란 것은 한울이 준 보배로운 물화이니 만민의 이용이요, 원기의 기름이라. 그 종류가 몇 가진가. 동물·식물·광물이 이것이라. 사람은 물건을 다스리는 주인이나 그 이익이 무엇인가. 농업·상업·공업 세 가지가 그것이니라. 농사 때를 어기지 않으면 곡식을 다 먹지 못할 것이요, 먹는 것이 때에 맞고 쓰는 것이 중도에 맞으면 가히 흉년과 환난에 대비함이 되리니 이것이 이른바 농업이니라. 있는 것과 없는 것을 팔고 사며 이윤을 불려서 부자가 되고 수입을 보아서 지출을 적게 하되 노력해서 빌어먹으면 이것은 재산을 안보하는 방책이니 이것이 상업이란 것이니라. 기계를 만들어서 쓰기에 편리하게 하며 이목의 공교함을 극진히 하여 규구의 재간을 바르게 하면 온갖 물건이 넉넉하리니 이것이 공업이라는 것이니라.……(중략)……이로써 관찰하면 이것은 분명히 남의 기름을 뽑아가는 소개자라 할 수 있다. 그러므로 지모 있는 사람은 의사가 같은지라. 위로는 황실의 자제로부터 아래로 민간 수재에 이르기까지 그 재주를 기르고 그 기술을 발달시켜서 한편으로는 외국의 침략을 방어하는 자료가 되고 한편으로는 국가를 부강케 하는 술법으로 삼나니 이 어찌 해볼 만한 싸움이 아니겠는가. 그러므로 나는 반드시 싸울 만한 것은 '재전'이라 하노라.

17) '언전'이란 무엇인가. 말이란 것은 속에 쌓여 있는 뜻을 드러내는 표준이요 사실을 서술하는 기본이라. 속뜻을 발표하여 사물에 베푸는 것이니 그것이 발현되매 형상은 없지만 소리가 있고 그것이 사용되매 때로 그렇지 않음이 없는지라. 경위가 분명하고 조리가 정연하여 잘 되고 못되는 것이 모두 이에 관계되나니 가히 믿음직하지 않은가. 그러므로 옛날 선비의 말한 바 '적당한 시기에만 말한다'는 것이 이것을 이름이니라. 대저 방언은 그 산천의 풍기를 따라서 각각 조절을 달리하는 고로 많은 나라 백성들이 품성은 비록 일체지만 서로 뜻을 통하지 못하는 것은 다름이 아니라 언어가 같지 않기 때문이니라. 하물며 지금은 세계가 복잡하게 나열하여 있는 가운데 인기가 둘러 통하고 물화가 서로 어울려서 국정을 말끔히 알고 있는지라 서양과 동양, 남방과 북방이 모두 교린하지 않음이 없나니, 만일 언어의 통섭이 없다면 어떻게 교제의 방책이 있을 수 있겠는가.……(중략)……흥하고 패하는 것과 날카롭

사회사상은 동학의 천도사상을 골간으로 하면서 개화사상을 가미한 것이었지만, 만세보의 사회사상은 개화사상 그 자체였다고 할 수 있다. 따라서 만세보는 근대 민권의식을 고취하며 사회계몽의 기사를 게재함은 물론 범국민적 국채보상운동에도 적극 참여하여 국가의식과 국민의식을 고취하여 대한제국기 구국 언론활동에 공헌한바 컸다.

그렇지만 만세보가 일제에 의하여 국권이 침탈되어가던 당시의 정치상황에 관해서는 전혀 언급하지 않고,18) 오직 인민의 지식계발과 국민계몽에만 진력하겠다는 창간사는 이 신문이 한계성을 보여준다고 하겠다. 이 신문의 발간 목적으로 중요시하고 있는 지식계발19)의 방법으로 제시된 것이 국민교육이다.

2. ≪만세보≫에 보이는 국민교육

애국계몽기 교육의 목표는 힘을 길러 국권을 회복하는 데 있다. 국권을 회복하기 위해서는 서양의 문물을 받아들여 문명을 개화하고 국가의 부강을 이

고 무딘 것이 또한 담판에 있나니 이로써 헤아려보면 지모 있는 사람은 말해서 맞아나지 않음이 없나니라. 무릇 이와 같은즉 말의 사물에 대한 공이 어찌 중대하지 않겠는가. 그러므로 나는 또한 싸울만한 것은 '언전'이라 하노라.

18) 夫國政은 一日內政에 在ᄒᄂ 然하ᄂ 外交에 良策이 無하면 敗亡을 쏘한 可히 立待홀지라……(중략)……若夫今日의 我國形勢로 非分의 心이 妄生하고 敎唆의 說를 甘聽하야 日本을 排斥하려ᄂ 運動이 有ᄒ 不測의 禍를 目下에 招ᄒ리니 戒ᄒ며 愼홀지어다(≪萬歲報≫ 1906년 12월 18일 疑山疑雲).

19) 明日부터 本報 第一面에 國民의 新面目과 國民의 新精神을 開導喚發홀 寶鑑을 連續揭載할터인디……(중략)……宇宙間에 貴ᄒ 브ᄂ 知識이라 吾人이 知識이 全乏하면 木石과 無異ᄒ고 知識이 卑劣ᄒ면 牛馬와 同等이라 知識이 優ᄒ 者의게 利用되고 犧牲될 쑨이라 엇지 戒懼치 아니ᄒ리오 此로 觀홀진디 我國人의 目下 急急ᄒ 先務ᄂ 今世界 新知識을 求홀 싸름이라……(하략)……(≪萬歲報≫ 1906년 9월 18일 本報一面).

룩하는 것이 시대적 과제였다. 따라서 이 시기는 구국이라는 이념 아래 문명 개화와 부국강병을 하기 위해서 어떻게 국민들을 교육시키느냐 하는 것에 교육의 초점이 모아졌다. 그리고 이를 위해서 학교의 증설을 주장하고 있다.

今日 形便이 敎育時代라 稱하야 靑年子弟의 腦髓를 劈破호고 新學問을 灌注홈 思想이 懇切한 時代라 各郡郡守이든지 有志紳士이든지 學校를 私設호고 子弟를 募集호야 敎育에 熱心호나는 地方消息이 各新聞上에 揭佈호 者를 畧數홀진더 三四百處에 達호얏다하는 其實數는 調査치 못호얏거니와 學校設立時에 趣旨書도 公布호고 募集試驗도 廣告홈으로 發起人도 知하깃고 校舍位置도 知호깃고 敎科도 知호깃스나

……(중략)……噫라 目下情形이 民志가 欲開未開하고 國是가 欲定未定한 時代인則 敎育一款에 至호야도 敎育에 注意호는 者도 有호고 敎育에 不注意호는자도 有호니

設立郡守이나 紳士가 敎育에 注意호야 學校를 私設호고 費金를 請求호며 子弟를 敎育호야 有志호다는 事業과 熱心한다는 名譽가 沸騰하다 홀지라도 漢城 及 各地方內에 十分實利로 維持홀 方針과 敎課호는 誠心이 人人皆有호야 私立學校이면 一齊히 文明事業이라 稱키 不堪홀 事態가 有호깃고

設令 郡守이나 紳士가 外面으로 敎育을 藉托호고 補助金을 强迫的으로 收入호야 私學에도 歸호며 自腹에 充호다는 毀謗이 目至호야도 十分實施로 維持할 方針과 敎課호는 誠心이 人人皆無호야 私立學校이면 擧皆野蠻行爲이라고 稱호기 不堪호 經界가 有호則

此를 大贊成호기도 難호고 此를 大駁論호기도 難호니 國中에 靑年英俊을 汲汲敎育호 時代를 當호야 官立公立等學校만 依賴키 難하고 義務敎育의 制度를 頒布호야 强制的敎育을 實行호기도 一朝一夕에 歸結케 難하니 不得不私立을 勸獎호야 已設者를 獎勵호고 後來者를 引勉호여야 國中에 文運이 大進步홀 希望이 有호거늘

當今 學校私設者를 贊成키도 難호고 駁論키도 難호면 涇渭를 不分이오 薰猶을 未辨이니 志士의 熱心을 奮激興起홀 道가 有호리오

……(중략)……若其誠心은 有ᄒᆞ되 實力이 無ᄒᆞ야 維持方針이 繼續ᄒᆞ기 難ᄒᆞ야 己設한 校舍와 募集한 學員이 渙散廢止ᄒᆞᆯ 境遇에 至한 者ᄂᆞᆫ 國庫金으로 補助ᄒᆞ야 維持ᄒᆞᆯ 方便으로 勸獎ᄒᆞᆯ거이오 又 若設敎主義로 準備ᄒᆞ고 敎育을 藉托ᄒᆞ야 補助金額을 私慾으로 乾沒ᄒᆞ야 敎育을 實行치 아니한 者ᄂᆞᆫ 騙財律도 懲戢할것이니

右三款事를 行하야 一世上風氣를 鼓舞ᄒᆞ야 敎育時代를 勿失ᄒᆞ고 靑年子弟를 養成ᄒᆞᄂᆞᆫ 것이 我韓國家에 第一 時急ᄒᆞᆫ 先務이기로 一論을 長述ᄒᆞ야 敎育上 注意라고 題ᄒᆞ노라[20]

위의 내용은 당시의 시대적 과제인 국권회복과 자유 독립을 위해서는 제일 시급한 문제로 청년자제를 양성하는 것으로 보고 있다. 대한은 전국 청년에게 그 운명이 달려 있다고 하며 "정신적 교육을 시(施)하여 제2세 국민 될 의무를 개개두뇌(箇箇頭腦)에 관주(灌注)한 연후에야 가(可)히 국가 인민을 기단(己但)으로 양견상(兩肩上)에 담하(擔荷)할 기망(期望)이 유할지니"[21]라고 하며 청년들에게 큰 기대를 걸며 그들의 능력을 확신하고 있다. 청년들에 대한 ≪만세보≫의 기대는 지속적이었다. "필히 청년들은 의식개혁으로 개개인의 정신을 단합하여 이천만 개의 일단대전혼(一團大戰魂)으로 뭉친 후라야만 국위국광(國威國光)을 높일 것이오 민권민리(民權民利)를 발전시킬 것이니 이 중대한 책임이 청년의 양어깨에 달렸으니 청년제군은 어찌 이것을 사양할 것인가"[22]라고 고무하며 청년들은 날로 진보해야 함을 촉구하고 있다.[23] 이를 위해서 전국 각지의 군수와 지역의 유지는 많은 학교를 설립하여 교육을

---

20) ≪萬歲報≫ 1906년 10월 10일, 10월 11일 敎育大注意
21) ≪萬歲報≫ 1906년 7월 19일 靑年의 擔荷.
22) ≪萬歲報≫ 1907년 1월 26일 學徒慶祝盛況.
23) 金淑子, 1998 <萬歲報의 民權論調> ≪大韓帝國期의 救國民權意識≫, pp.140~163.

진흥시킬 것 강조하고 있다. 그래서 전국 각지에서 학교가 많이 설립되어 의무
교육만 실시하게 된다면 잃어버린 국권을 회복할 수 있다고 보았기 때문이다.

1) 의무교육

구한말, 국권회복을 위한 교육의 중요성이 인식되면서 의무교육에 대한 관
심이 고조되었다. 의무교육이란 국민의 모든 자녀들로 하여금 일정기간 강제
로 교육을 받도록 하고 국가에서는 필요한 교육조건을 정비하도록 의무화하
는 것이다.

국권회복을 위한 기초로서의 교육은, 소수의 지식인이나 상류층에 대한 교
육만으로는 되지 않고 전 국민에 대한 교육, 특히 유년기에 있는 아동들에게
전국적으로 의무교육을 실시해야 한다는 것이다. 이는 당시의 상황을 냉철하
게 인식하고 교육을 정부에만 의지할 수 없다는 판단에서 국민 스스로가 교육
에 직접, 간접으로 투자하여 완전한 국권회복을 도모하자는 것으로서 범국민
적인 대중운동이라 할 수 있다.

國民의 共同精神을 發揮케ᄒ며 國家를 擴任ᄒᄂ 思想을 養成코자 ᄒ지면 敎
育의 功效에 過홈자-無ᄒ니 是로 以ᄒ야 文明列邦의 敎育主義로 實行ᄒᄂ바이
라

其實行ᄒ 功效를 論홀진더 國民의 元氣를 充塞ᄒ며 愛國心을 發生ᄒ며 國民
의 知識을 開牖ᄒ야 個人의 實力을 擴充ᄒ고 海陸軍力을 擴張ᄒ며 農商工業
을 發達ᄒ며 其他水陸의 交通機關과 諸般機械的原力을 使用ᄒ야 國家의 實力
을 擴充ᄒ야 國民은 文明國民의 地位에 安樂ᄒ고 國家ᄂ 世界一等國의 伍班에
待遇를 亨有홈은 敎育一款에 在홀ᄯ롬이라

個人이나 國家의 健全홀 精神을 振興發揮코자 홀진더 幼年부터 心志를 誘掖
ᄒ고 知覺을 導격ᄒ야 薰陶善良홈에 在홀지니 此ᄂ 各其子孫을 敎育ᄒᄂ 父兄

의 義務이오 國民은 國家隆盛의 責任을 擔資ᄒ야 敎育費金의 一部分을 支出홀지니 此는 各其國民을 敎育ᄒ는 國民의 義務이라

文明列邦에 官立公立私立의 學校가 國中에 遍滿ᄒ되 國民의 義務敎育으로 强制的入學케ᄒ는 法令을 制定홈이 有ᄒ거늘 何況 我國은 腐敗한 政治를 革新코자ᄒ며 幼穉혼 民智를 開發코자혼則 可謂 敎育時代인뎌 敎育事業이 全國에 普及키 不能ᄒ야 官立이 幾個所에 不達ᄒ며 公立은 아즉 成立치못ᄒ얏고 私立은 繼續ᄒ는 方法이 無ᄒ고 且幼年의 放浪嬉遊함에 一任ᄒ야 普通敎育을 國民 全體에 施ᄒ는 本義에 違反ᄒ야 國家隆興의 機運을 速致키 不圖ᄒ얏스니 엇지 國家의 文運이며 國民의 幸福이라 謂ᄒ리오

近日 有志神士의 發起혼 意見이 有ᄒ야 政府當局諸公의 法令頒布ᄒ기를 爲ᄒ야 條目을 臚列ᄒ야 吾儕의 意見을 交換홈의 吾儕의 意見도 此에 硏究한 思想이 大相符合ᄒ기로 一論을 述ᄒ야 贊成ᄒ는 同情을 表ᄒ노니 政府에 當局諸公은 國家文運과 國民幸福을 大展發ᄒ기로 現今方針을 企圖홀진딘 義務敎育의 法令을 汲汲히 頒布ᄒ야 國民義務와 父兄義務를 實行ᄒ야 幼年敎育을 擴張ᄒ기룰 熱望ᄒ노라[24]

위 사설에 의하면 의무교육의 대상은 모든 국민이었으나 먼저 어린이들을 대상으로 실시할 것을 주장하고 있다. 이러한 의무교육의 제창은 보통학교의 증설 주장으로 이어지고 있다.

我韓人民의 知識程度를 推測코저 홀지면 敎育程度를 推筭홀거이오 敎育程度를 推筭코저 홀지면 學校의 多寡를 推計홀지니 京城中四萬戶의 幼年子弟를 臆算홀진댄 每戶에 一名식믄 ᄒ야도 四萬名仮量에 達ᄒ깃스니 一學校에 百名式을 出席케 홀지면 學校가 四百處이라야 盡數히 敎育을 擴張홀 거시어날 現今 京城及 各地方普通學校가 二十四處에 不過혼則 仮量百名式만 出席혼다 ᄒ야도 二千士百名에 不過ᄒ깃고 官立以外 京城及 各地方私立學校를 一一調査키

不能하나 仮量三百處에 不過호디 第一款經費金額에 不足홈으로 縱然有志人士
의 寄附金을 新聞上에 日日廣告홈이 有호나 每每히 維持키 困難하다는 物議가
沸騰한則 發起人員과 創立紳士의 一點腦髓을 焦盡하야도 有始無終홀 遠慮가
不無흔 三百學校에 出席學員을 百名式 筭하야도 三萬名에 不過홀지라

　然이나 私立은 閣置하고 官立公立으로만 擧論홀진디 敎育程度가 汚然無涯
흐도다

　日昨 學部에서 普通學校增設이라는 議論을 發起홈을 本紙에 已揭하얏깃니
와 事實과 如홀지면 敎育의 擴張홈을 贊成할거니와 仮令 二十四五校를 增設흔
다하야도 全國人民의 知識程度를 開發키 不能홀기이니엇지 十分滿足타 謂호리
오

　然이나 一朝一夕에 全國人民의 知識을 開發키 難한則 國家의 財力이 循環하
는 程度롤 順序漸進하야 今年에 二十四五學校롤 增設흐고 明年에 二十四五學
校롤 增設흐야 年年히 二三千名의 學員을 敎育흐얏스면 全國人民의 敎育程度
가 開發홈을 期望홀거이니 學部諸公은 二十四五의 學校增設홈을 年年預劃中
에 注意하고 熱心흐야 普通學校의 年年增進홈을 務望하노라[25]

　　이러한 의무교육론은 구국운동의 일부로서 추진되었으나, 당시 사회전반에
걸쳐 신교육에 대한 인식부족으로 근대적 교육이 일반국민에게는 환영을 받
지 못했다. 뿐만 아니라 대다수 국민의 생활수준이 자제를 교육시킬 만큼 넉
넉한 생활을 영위치 못했기 때문에 더욱더 그러했다. 이에 만세보에서는 교육
비를 합리적으로 해결할 방법으로 유명무실한 육군의 경비를 절감하여 학교
를 증설할 것을 주장하였다.[26] 그리고 학교의 증설이 실현된다면 교육을 통

---

25) ≪萬歲報≫ 1906년 11월 10일 普通學校增設.
26) 敎育을 擴張코자흐는 思想은 敎育主務者의 心上에도 有흐려니와 敎育을 擴張흐자는 言
　　論은 敎育熱心者의 口頭에 辛勤히 發함이 一日二日이 不是오 一人二人이 不是로디 但
　　敎育費가 不瞻홈으로 人民의 學問을 普及키 不能홈이라 國庫金이 窘줄홈으로 官公立學
　　校를 擴張치 못흐며 志士의 財産이 困難홈으로 私立學校를 擴張치 못홈은 全國人士의

하여 민족정신을 고취시키며 구국운동을 전개해 나갈 수 있을 것으로 보았던 것이다.

2) 여성교육

만세보는 여성교육27)의 중요성을 강조하였다. 여성교육은 아동교육과 직결된 것이므로 나라의 근본인 아동을 교육하는 장래의 어머니 교육인 동시에 남편의 내조자인 장래의 아내 교육이기도 한 것이었다.

우리나라 최초의 근대여학교는 1886년에 설립된 이화학당으로, 이화학당은 신교육을 실시함으로서 우리나라 근대여성 교육의 효시를 이루었다. 이화

恨歎호는바이라
然이나 今日時代를 當호야 人民의 學問을 보급호지 못홈을 但히 恨歎만호고 實施키 不能하야 靑年子弟를 黑洞洞天地에 驅入호면 畢竟前途影響이 何에 及호고 領土를 陸沉호고 人種을 滅絶호는 大禍를 釀成홀 짜름이라 斷言홀지니 敎育一款을 別般方針으로 擴張홀 計劃을 硏究할진더
目下形便이 陸軍을 設備홈이 國防의 要가 絶無한즉 現存한 陸軍을 緊縮호야 十分의 一分씀 存在케 호고 九分減省額의 費用이 年計百餘萬元을 敎育費로 計劃홈이 一也오
京城의 太學과 地方의 鄕校를 一齊히 學校로 設立호고 太學及鄕校의 付屬田土를 調査호야 敎育費로 入用홈이 二也오
義務敎育을 向日論述한바이어니와 此의 制度를 頒布호야 汲汲히 實行케호고 國民의 義捐金을 敎育費로 保助홈이 三也니
此三額을 實施호야 全國子弟를 養成호야 個個히 學問이 普及홀지면 十年以內에 實力을 得홀 知識이 擴充홀거이니 知識이 擴充할 境遇에는 實力을 發達호야 兵力도 擴張홀 거이오 士氣도 增進홀거이오 民財도 贍富홀거이니 此는 國家를 便히 形成호는 一大幸福이라
此를 斷行호는지는 不知호되 嗟我 大韓帝國의 興亡盛衰의 基本은 此一款에 斷斷히 在호다하노니 今日에 實行키 不能홀지라도 十年後에는 吾儕의 言論을 不用홈을 悔之不反홀듯(《萬歲報》 1906년 10월 16일 敎育費).
27) 大韓帝國期의 여성교육에 대하여서는 李松姬와 송인자의 글이 참조된다(李松姬, 1995 〈大韓帝國末期 啓蒙團體의 女性敎育論〉 《梨大史苑》 28 ; 송인자, 1995 〈개화기 여성교육론의 의의와 한계〉 《한국교육사학》 17, 한국교육학회 교육사연구회).

학당 설립 이후 여성교육기관 설립운동이 본격화된 것은 1898년 독립협회의 자매단체인 찬양회의 순성여학교(順成女學校) 설립건의로 부터이다.[28] 이 건의가 정부에게 받아들여지지는 않았으나 이후 여성교육의 중요성이 대두되면서, 1907년에는 서울에만 20여개의 사립여학교가 설립되었다. 그러나 당시의 사회는 여자는 남자의 부속물로 집안에서 살림만 할 줄 알면 족하다고 했다. 그리하여 일반 부녀자는 전혀 교육을 받지 못하였으며 양반 부녀자들이 겨우 편지를 쓰기 위하여 한글을 배우고, 여자의 교양으로서 필요한 것 몇 가지를 그것도 집에서 배우는 것으로 그치고 있었다.

이러한 시대적 환경 속에서 만세보는 양규의숙(養閨義塾)[29] 내에 설치된

---

28) 魯仁華, 1982 <韓末 開化自强派의 女性敎育觀> ≪韓國學報≫ 27.
29) 養閨義塾은 靑年女子를 敎育ᄒᄂᆫ 私塾이라 我韓四千年에 一種動物로만 認ᄒᆞ야 深戶에 幽囚ᄒᆞ고 衣食이나 責任ᄒᆞ야 敎育二字ᄂᆫ 截然嚴禁ᄒᆞᄃᆫ 可憐可哀한 女子社會인ᄃᆡ 時國의 一變을 際遇ᄒᆞ야 何等識見과 何等思想에 流出ᄒᆞ얏ᄂᆫ지 靑年女子를 敎育ᄒᆞ기 爲ᄒᆞ야 一塾을 私設ᄒᆞ고 明曰 養閨義塾이라 ᄒᆞᆫ지라 果然 一時盛擧라 讚揚ᄒᆞᆯ만ᄒᆞ야 吾儕가 義塾式에 參觀도 ᄒᆞ고 本紙上에 贊成도 屢屢ᄒᆞ얏거니와 維持費額을 儲蓄ᄒᆞᆷ이 素無ᄒᆞ야 景況이 困難ᄒᆞᆷ을 一般嗟嘆ᄒᆞᆫ ᄇᆡ이러니 多數婦人이 女子敎育의 目的으로 一種會를 創設ᄒᆞ야 女子敎育會라 名稱ᄒᆞ고 或月捐金이든지 寄附金이롤자 隨力釀收하야 同塾을 維持로 商確ᄒᆞ고 十餘個月을 經ᄒᆞ얏스키되 同會에셔도 餘力이 不瞻하얏든지 塾費를 補助키 不能ᄒᆞ야 畢竟同塾을 停學한지 三四個月에 至한지라 有志二三婦人이 會中에 發論ᄒᆞ고 女子敎育의 目的을 達코져ᄒᆞᆷ이 會中에 反對가 起ᄒᆞ기로 二三婦人이 別般商議하고 同塾 을 視察하야 骸女學徒을 招集ᄒᆞ고 工夫程度를 試驗ᄒᆞᆫ則 十一二歲된 女子出席이 四五十 名인ᄃᆡ 讀書와 算術와 習字가 皆是奇異ᄒᆞᆫ지라
慨然發嘆ᄒᆞ고 開學費 五十圜과 如干紙筆을 補助ᄒᆞ야 去臘二十日에 開學ᄒᆞ얏ᄂᆫᄃᆡ 現今 出席이 益進ᄒᆞ야 一般盛況을 呈ᄒᆞᄂᆫ지라
噫라 開學은 ᄒᆞ얏스니 繼續維持ᄒᆞᆯ 方針이 漠然ᄒᆞᆷ이 每朔經費를 豫算ᄒᆞᆫ則 四十圜 仮量 인ᄃᆡ 二十圜式은 學部에셔 補助ᄒᆞ고 不足額이 二十圜인ᄃᆡ 一年度 總計가 二百四十圜은 二三婦人이 出力維持ᄒᆞ기로 議定ᄒᆞ얏다ᄒᆞ니 二三婦人의 義發心이 足히 男子社會보다 卓越한 智見이 유ᄒᆞᆯᄲᅮᆫ 不是라 我韓女子社會에 文明種子들 興發케ᄒᆞᆷ이니 吾儕ᄂᆫ 讚頌不 已ᄒᆞ거니와 男子도 此等義發心을 發ᄒᆞ얏스면 同塾에 塾長淑監이 在ᄒᆞ야 停學ᄒᆞᆯ 境에 至 ᄒᆞ얏스며 學徒의 父兄된 者와 一般政府大臣이 維持方針을 頓然不顧하야 二三婦人의 智 見에 霄壤之判과 如ᄒᆞ니 鴻嘆이로다(≪萬歲報≫ 1907년 1월 11일 養閨義塾開學狀況).

'여자교육회(女子敎育會)'의 개회식을 보도하면서 여성교육의 중요성을 강조하고 있다.

昨金曜日文明上에 有志훈 貴婦人 二百八十餘名이 女子敎育會를 組織ᄒ야 養閨義塾內에 開會式을 擧行ᄒ고 女子敎育의 贊成홀 義務와 婦人社會의 文明훈 目的으로 趣旨를 演述ᄒ얏다ᄒ니 從此로 大韓帝國에 男女의 文運이 幷進ᄒ깃도다 東洋支那學問에 男女七歲에 不同席이라ᄒ고 爲宮室변 內外ᄒ야 女子는 居內而不言外ᄒ고 男子는 居外而不言內라ᄒ기로 女子는 深奧훈 閨閣中의 監獄과 如히 禁錮ᄒ고 衣服裁縫과 飮食供饋의 役을 親執홈이 懲丁과 如히 拘束홈이오 甚히 淸國에 至ᄒ야는 纏足ᄒ는 法禁이 大行ᄒ야 肉刑까지 施行ᄒ얏스니 男子의 女子待遇ᄒ는 凡例가 同等權은 姑舍是ᄒ고 人道上으로는 認定치 아니ᄒ야 一部淫蕩훈 機關으로만 視홀 ᄯ롬이라

如此훈 惡法律이 我韓에 流出ᄒ야 纏足의 肉刑은 施치하니ᄒ나 其代에 蒙頭의 刑을 行用ᄒ고 監禁과 懲役은 一體施行ᄒ야 一種刑法下에 在홈으로 學問을 大禁ᄒ야 知識이 朦昧홈은 一般女子의 資格으로 歸ᄒ야 或天然的에 流出훈 聰慧女子가 有ᄒ야 一言에 稍異홈과 一事의 稍善훈 者 有ᄒ면 女子品行의 範圍外로 譏刺ᄒ고 又或下等社會에는 女子를 勤制홈이 尤甚ᄒ야 歐打死傷의 慘酷에 支하는자 種種히 有ᄒ니 是로 以ᄒ야 女子의 知覺은 漸漸卑劣ᄒ고 見聞은 漸漸孤陋ᄒ고 事爲는 漸漸闊미ᄒ야 一部土蠻에 蠢蠢훈 氣質을 免치 못ᄒ는지라

女子의 品行이 是와 如훈즉 其君子를 輔翊ᄒ는 智德이 豈有ᄒ며 其子女를 養育ᄒ는 知識이 豈有ᄒ리오 但 악착훈 偏性과 陰邪훈 局見만 日夜로 萌芽ᄒ야 淫ᄒ고 妬ᄒ는 心志뿐 十分에 八九되는 重量을 包有ᄒ얏스니 其子其女의 聞見훈 家庭學問이 豆를 種ᄒ야 豆를 得ᄒ며 瓜를 種ᄒ야 瓜를 收ᄒ는디 不過ᄒ니 女子社會의 學問이 無홈을 인ᄒ야 全國社會의 病風患性이 種子를 成홈이라

大抵如此히 須彌山겁運과 阿鼻獄永世不出의 女子社會에셔 圈ᄌ外에 超出ᄒ야 四千年罪名이 無히 刑罰을 受ᄒ든 宸案을 昭雪ᄒ며 人道上失敗훈 同等權을 光復코저ᄒ는 有志婦人의 勇斷心으로 女ᄌ敎育會를 組織ᄒ야 女ᄌ敎育의

贊成홀 義務를 確執ᄒ고 婦人社會의 文明을 開進홀 目的으로 是會를 形成ᄒ얏
스니 嗚호라 此와 如흔 高等知識이 我韓婦人會社에셔 流出홈은 但히 吾儕만
驚訝홀쑨 아니라 全世界人으로 ᄒ야곰 舌을 吐ᄒ고 嘖嘖ᄒ야 硏究키 不得홀
事이로다

　女子이 學問이 素無흔 社會中에도 此와 如흔 高等知識이 有ᄒ야 一部文明의
社會를 組織ᄒ고 女子敎育을 贊成ᄒᄂ 盛擧를 創立ᄒ얏스니 女子敎育이 全國
에 流通ᄒ야 學問이 啓發홀 境遇에ᄂ 女子의 知識이 全世界에 高等될줄로 信仰
ᄒ노라.30)

위 사설에서는 여성들이 일평생 규방에서 바느질, 자녀출산, 음식만들기 등
의미없는 일에만 종사하였기 때문에 남녀가 균등한 대우를 빋을 수 없었다고
보고 있다. 만세보에서는 여성을 남성과 동등하게 교육시키는 것이 가정과 나
라에 유익하고 나라의 부강을 가져 오는 것임을 계몽시키고 있다. 즉 여성교육
이 제대로 행하여지면 가정·사회·국가에서 그 위치가 두드러질 것이며, 가
정의 평화도 이를 수 있다고 확신하고 있었다. 한편 여성교육의 일환으로 가정
교육을 중시하고 있다. 학교 교육은 한 교사가 많은 학생을 가르치기 때문에
진보발달은 촉진할 수 있어도 개성을 변화케 할 수는 없기 때문에 가정교육을
중요시 해야 하며, 그 일환으로 태교를 실시할 것을 주장하고 있다.

이와 같이 만세보에서는 시대적 요구에 부응하여 국가와 민족의 장래를 어
깨에 짊어질 아동의 양육을 담당해야 하고, 남편을 내조해야할 여성의 교육과
여권신장을 중요한 대상으로 삼았다. 그리고 위생에 관한 관심이 지대하여,
1907년 1월 18일자부터 3월 24일까지 2개월 이상 '위생학'을 연재하여, 공
기·운동·조리·영양·질병 등 위생 전반에 대한 내용을 소개하고 있다.

---

30) ≪萬歲報≫ 1906년 7월 8일 婦人開明.

또한 여자의 개가를 인정해야하며, 남자 위주의 내외법(內外法)을 개혁해야 한다고 주장하고 있다.31) 이와 같은 남녀평등에 대한 강조는 천도교의 관심과도 일치하는 것이었다.

3) 노인교육

만세보의 교육 중에서 특기할 만한 것은 서상학(徐相鶴)이 주동이 되어 노인만을 위하여 설립된 대동학교(大東學校)를 소개하면서 노인교육의 필요성에 대하여 주장하고 있다는 것이다.

近日 一種特色의 學校를 設立흐다는디 青年學校도 아니오 婦人學校도 아니오 三千丈白髮이 簫簫星星흔 老人學校이라 同學校의 設立흐기를 發起흔 人氏는 雖也오 徐相鶴氏오 同學校의 位置는 何處이 丘北署紫霞洞이오 同學校 名稱은 何也오 大東學校인디 其教育크자흐는 募集學徒 五十歲以上된 老人만 就學케한 目的이라 其老人을 教育흐는 目的을 推測컨디 現今青年社會에 學問을 修成흔 子弟들도 其父兄의 蔑學無識흠을 不服흐는 獘風도 或有흐거든 而況 半白老人의 蠢蠢蚩蚩흠이 世上에 一種活個的棄物로 歸흠이리오 故로 此를 愛惜흐야 特히 學業을 進就게흠이오

其教育을 受코자흐야 應募老人의 實況을 觀念흐건디 朝聞追夕死라는 聖訓이 昭在흔則 現用新學問을 肄習흐야 將來前途의 用與不用은 故舍흐고 目前의 野昧ㄷ흐는 嘲笑를 免흐고 胸中의 茅塞한 知識을 開흘 地頭에 一到흐면 死而無悔ㅌ흐야 學業을 新修흠도 容或無怪이라 此에 對흐야 世上物議를 得聞흔則 或曰 此老人이 向學흐는 主義는 政界上野心에 出흔 老慾이라 頑固하고 懶散흐야 新學問에 從事흐는 青年子弟들을 饑笑唾篤흐든 生貝님들이 伊來官職이 卒業人을 用흔다는 說을 聞흐고 野心을 忽發흐야 强顏登學할 情態이니 此等人物을

---

31) ≪萬歲報≫ 1906년 8월 24일 內外法 ; 1907년 3월 6일 改嫁法.

不贊成하깃다ᄒ거늘 或이 解曰 不然ᄒ다 雖然頑固ᄒ고 懶散ᄒ든 人物이라도 自暴自棄하든 惡習慣을 一朝改革ᄒ야 學校生徒의 資格으로 出席ᄒᄂ것도 一奇事이오

年齡이 斑白에 至한 者ᄂ 每日吾輩ᄂ 棄物이라 工夫하면 何處에 用할고ᄒᄂ 例奪語를 一滌ᄒ고 漆板下에 各般課程을 勉强하ᄂ 것도 一奇事이오

聰明은 靑年과 不如ᄒ나 已往 舊學問이 或有하든지 忍耐力이 有ᄒ든지 記臆力이 有ᄒ든지 學問上進就의 鋒銳ᄂ 無ᄒ다ᄒ야도 解釋蘊奧ᄒᄂ 知覺은 靑年工夫에 比ᄒ면 事半功倍의 點이 有할것이니 吾儕ᄂ 此老人學校를 大贊成ᄒ깃노라 ᄒ야늘

本記者-聞之ᄒ고 其意을 採述ᄒ야 大東學校의 設立홈을 祝賀ᄒ고 勇往前邁ᄒ야 需時匡時의 老成人典刑되기를 深望ᄒ노라[32]

위 사설에서 보듯이 당시에 노인교육에 관심을 표명하고 있다는 것은 대단히 선진적인 안목이라고 하겠다. 대동학교는 50세 이상의 노인만을 취학케하고 있으며, 그 학교의 설립 목적은 신학문을 배운 청년들 가운데 노인들이 새로운 학문 등을 제대로 알지 못한다고 무시하고 말을 잘 따르지 않는 평폐를 노인들의 교육을 통해 치유하기 위해서라 하고 있다. 이러한 대동학교의 설립 목적은 더 나아가서는 사회 구성원간의 갈등을 미연에 방지하여만 국가와 민족의 장래에 도움이 된다고 보기 때문이라고 할 수 있다.

이상과 같이 만세보가 아동, 여성교육에 이어 노인들의 재교육에 관심을 나타내는 것은, 전국민의 의식을 개혁를 통한 민족정신을 고취시켜 구국운동을 전개하고자 하는데 그 목적이 있었다고 보여진다.

---

32) ≪萬歲報≫ 1907년 3월 2일 老人學校.

맺음말

만세보는 일제가 을사조약 이후 한국을 식민지화하기 위해 한국의 전 분야를 강점해 가던 시기였던, 1906년에 동학의 3대 교주였고 천도교의 대도주인 손병희의 지시에 의해 발행한 신문이었다.

천도교는 나라가 망하게 된 것은 낮은 '국민적 의식'에서 기인한다고 보고, 범 국민적 교육을 통한 국민의식의 고양이 국권회복의 지름길이라고 판단하였다. 그리고 이러한 범국민적 교육은 육영사업과 출판문화를 통해서 나타났다. 즉 1906년 2월 27일자의 천도교 종령 제12호에 의해 활판인쇄소 '박문사'가 설치되게 되었고, 4월 26일자 종령 제24호에 의거 활판소 '박문사'를 주식회사 '보문관'으로 바꾸고 신문 '만세보'를 여기서 발행키로 하였다.

1906년 5월 8일 이인직의 명으로 내부(內部)에 만세보의 발행인가를 신청하였고, 5월 10일에 정식으로 발행 허가를 얻고, 6월 17일에 창간호를 간행하게 되었다.

한편 만세보의 사회사상은 개화사상에 바탕을 두고 있었다. 이것은 손병희가 1902년에 쓴 도전, 재전, 언전의 '삼전론'에서도 알 수 있다. '삼전론'의 사회사상은 동학의 천도사상을 골간으로 하면서 개화사상을 가미한 것이었지만, 만세보의 사회사상은 개화사상 그 자체였다고 할 수 있다. 따라서 만세報는 근대민권의식을 고취하며 사회계몽의 기사를 게재함은 물론 범국민적 국채보상운동에도 적극 참여하여 국가의식과 국민의식을 고취하여 대한제국기 구국언론활동에 공헌한바 컸다. 그렇지만 만세보가 일제에 의하여 국권이 침탈되어가던 당시의 정치상황에 관해서는 전혀 언급하지 않고, 오직 인민의 지식계발과 국민계몽에만 진력하겠다는 창간사는 이 신문이 한계성을 보여준다고 하겠다.

만세보의 발간 목적으로 중요시하고 있는 지식계발의 방법으로 제시된 것이 국민교육이다. 먼저 만세보에서는 국권회복을 위한 기초로서의 교육은, 소수의 지식인이나 상류층에 대한 교육만으로는 되지 않고 전 국민에 대한 교육, 특히 유년기에 있는 아동들에게 전국적으로 의무교육을 실시해야 한다는 것이다. 그리고 이를 위해서는 보통학교의 증설이 필요하다고 주장하고 있다. 둘째로 만세보는 국가와 민족의 장래를 어깨에 짊어질 아동의 양육을 담당해야 하고, 남편을 내조해야 하는 여성교육의 중요성을 강조하였다. 셋째로 만세보의 교육 중에서 특기할 만한 것은 서상학이 주동이 되어 노인만을 위하여 설립된 대동학교를 소개하면서 노인교육의 필요성에 대하여 주장하고 있다는 것이다.

그러나 애국계몽사상의 한계이기는 하지만 국권회복을 과제로 하고 있는 시기에 강대국이 되기 위한 방안으로서 '국민적 의식'을 개혁하여야 한다는 구국론은 매우 나약하고 소극적인 대책으로서 당시의 역사적 과제를 수행하는 데 철저하지 못했던 한계가 엿보인다.

V. 천도교 청년당

머리말

제1차대전의 종말을 계기로 세계를 휩쓴 개조주의(改造主義)의 여파는 우리나라에 3·1운동이라는 일대 민족운동을 전개케 하였다. 3·1운동으로 놀란 일제는 표면적으로나마 '문화정치'를 표방하지 않을 수 없었다. 이를 계기로 국내의 독립운동은 그 방향을 재정립할 수 밖에 없었다. 즉 문화정치라는 짧은 기회나마 그것은 3·1운동에서 흘린 한국인의 피의 '대가'요, 3·1운동의 전리품이 아닐 수 없다. 그러므로 이 전리품도 우리가 지켜야 했고 또 활용해야 했던 것이다. 그리하여 나타난 것이 신문화운동이요, 경제자립운동이었던 것이다. 이에 따라 각종 단체와 함께 적지 않은 우리말 신문과 잡지가 출현하게 되었다.

갑오개혁 이래 3·1운동에 이르기까지 민족운동을 주도한 전위 부대로서의 천도교가 이 시기를 안일하게 간과하지 않았음은 지극히 당연한 일이었다고 하겠다. 여기에 천도교 청년당이라는 신문화운동의 사령탑이 설치되지 않을 수 없었던 연유가 있는 것이다. 이에 본고에서는 교리의 선전과 신문화운동의 향상 발전을 목적으로 발족되었던 '천도교청년교리강연부'가 어떠한 과정을 거쳐 천도교청년당으로 발전되었으며, 또한 그것의 활동은 어떠한 방향으로 전개되었는지를 살펴보자 한다.

1. 천도교 청년당의 창당

3·1운동은 일제의 잔인한 무력 앞에 일단 진압 당했지만, 그것이 끼친 영향은 결코 적은 것이 아니었다. 전통적인 독립정신을 발휘함으로써 세계의 이목을 놀라게 하여 한국인에 대한 인식을 새롭게 하였으며 상해에는 대한민국임시정부가 수립되어 민족의 의기를 북돋고 있었다.

그러나 이보다 더욱 중요한 것은 한국인의 민족의식·민족정신에 새로운 자각과 자신을 주어 교육·언론·문예·학술·종교·실업계 등의 지식인들에게 민족자립의 기초, 민족문화의 향상과 민족자본의 확립이 독립운동의 첩경임을 실감케 하였다는 점일 것이다.

3·1운동의 발발을 계기로 일제는 당황하지 않을 수 없었다. 뿐만 아니라 세계 여론이 극히 비판적이었으므로 이 또한 그들에게는 두려움이 아닐 수 없었다. 이러한 상황 아래서 일제 대한정책의 전환은 불가피한 것이었다. 그리하여 나타난 것이 소위 문화정치란 회유정책이었다.

장곡천(長谷川)이 쫓겨간 후 3대 총독으로 부임한 재등실(齋藤實)은 그 다음날 다음과 같은 시정 방침을 표방한 것이다.[1]

---

1) 田保橋潔, 1972 ≪朝鮮統治史論稿≫, 성진문화사, pp.101~103.

① 총독무관제의 철폐

② 헌병경찰정치의 폐지

③ 총독부 직원 복제의 폐지

④ 조선인을 관리의 임용·대우개선

⑤ 조선고유문화 및 구관(舊慣)의 존중

⑥ 형식정치의 타파 특히 행정 처분에 신중을 기함

⑦ 사무의 정리 간첩(簡捷)으로부터 민중의 편익을 도모함

⑧ 언론·출판은 단속을 완화하고 민의의 창달을 도모함

⑨ 교육·산업·교통·경찰·위생·사회구제의 행정 쇄신을 가하고 민중의 생
　활 안정을 도모함

⑩ 지방자치제도시행의 목적으로 이의 조사 준비에 착수한다는 것이었다.

이는 물론 근본적으로는 이때까지와 동일한 목적을 추구하기 위하여 그 방법을 달리한 것에 불과하지만 표면적으로는 제법 완화되는 듯 하였다. 형식적이나마 헌병경찰제도가 폐지되고 소학교 교원까지 패검(佩劍)하던 만풍(蠻風)이 없어지고 태형이 자취를 감추었다. 한편 한글 민간신문과 잡지류의 발간을 허용하고 집회·결사의 봉쇄도 약간 완화되었던 것이다.

이와 같이 3·1운동 이후 일제의 대한정책이 표면상이나마 완화되는 틈을 타 우리 민족의 독립운동은 주어진 정세를 최대한 이용하여 언론·출판·교육·결사·산업·문예 등 여러 분야에 걸쳐 활발한 전개를 보이게 되었다.

특히 결사의 경우 1919년 10월부터 한국에는 각종 단체가 요원의 불길처럼 일어나 1920년에 985개, 1921년 2,885개, 1922년에는 3,002개에 달하였다. 이 가운데서도 가장 으뜸인 것이 청년단체로 1920년에 251개, 1921년에 446개, 1922년에는 488개나 되었으며 이밖에 종교청년회가 1920년에 95개, 1921년에 270개, 1922년에 271개를 기록하고 있었다.[2]

　　이러한 배경 밑에서 갑오개혁 이래 3·1운동에 이르기까지 민족운동을 주도한 전위 부대로서의 천도교가 이 시기를 안일하게 간과하지 않았음은 지극히 당연한 일이었다고 하겠다. 그러나 이때 3·1운동으로 인해서 원로급 지도자들이 대부분 구속되어 있었다. 이것은 천도교에 있어서 큰 시련이 아닐 수 없었다. 그리하여 1919년 9월 2일 교회 내 젊은 교인들이 선배·스승님들 뜻을 계승하여 교리의 연구 및 선전, 그리고 조선의 문화향상 발전을 목적으로 하여 천도교 교리강연부(敎理講硏部)를 발족시켰다. 이돈화(李敦化)·정도준(鄭道俊)·박달성(朴達成)·박래홍(朴來弘)·김옥빈(金玉斌)·이두성(李斗星)·신태련(申泰鍊) 등의 주동으로 발기된 이 '강연부'가 운동적 색채를 띤 청년단체로서는 조선에서 처음이었다.[3] 그리고 이 강연부는 천도교의 줄기찬 운동정신을 다시 찾을 수 있는 새로운 계기를 제공하고 있었다.

　　이것은 1919년 8월경 손병희를 면회한 정광조(鄭廣朝)[4]와의 문답에 나타난 유촉(遺囑)을 통해서도 알 수 있다. 이때 정광조가 손병희에게 보고하기를 "요새 교회에 두 가지 좋은 일이 있습니다. 하나는 각 지방에서 포덕(布德)이 잘되어 교도가 불어나는 일이고, 다른 하나는 교중(敎中) 청년들의 신앙이 더욱 돈독하여지며 최근에 와서는 청년들이 교리 강연부를 조직하여 교리의 연구선전과 조선 신문화의 향상발전에 노력할 각오를 가지는 일입니다."하고 보고하자 "응 그래, 그럴걸, 그러리라. 앞으로는 포덕이 더 많이 나리라. 그리고 청년들이 하는 일을 부디 잘 도와주어 '그것이' 잘되어야지. '그것이지' 다른 것이 아니야 나도 그것을 위해 그러는 것 아니냐"라고 말했던 것이다.[5]

---

2) 鮮于基聖, 1973 ≪韓國靑年運動史≫, 금문사, p.282.

3) 天道敎靑年黨本部, 1935 ≪天道敎靑年黨小史≫, pp.14~20.

4) 당시 천도교 교무책임자.

5) 天道敎靑年黨本部, 1935 앞의 책, pp.15~16.

이것으로 미루어 보아 교리강연부에 대한 교회지도자들의 관심과 기대를
알 수 있으며, 강연부의 설립동기 및 그 의도하는 바를 짐작할 수 있다. 교리강
연부가 설립된 지 불과 반 년 만에 그 자체의 발전은 놀라운 정도였다. 전국적
으로 교회가 있는 곳에는 대개 지부의 설치를 보게 되어 1920년 3월6)에 이르
러는 이 교리강연부를 좀더 구체적으로 실제운동에 나아가게 하면서 천도교
청년회로 명칭을 바꾸었다. 그리고 이 청년회의 편집부의 사업으로 월간잡지
≪개벽≫을 창간하고, 체육부에서는 야구단을 조직하여 체육운동을 전국적으
로 보급하여 청소년 육체훈련의 선구적 역할을 하였다. 또한 덴마아크식 체조
를 도입하여 청소년 교도들에게 매일 5분 이상의 운동을 하도록 하였다.

그리고 1921년 4월에는 김기전(金起田)·방정환(方定煥) 등의 발의로 천
도교 소년회7)가 발족되어 다음해(1922년)에는 5월 첫 일요일을 '어린이날'로
제정, 겨레의 새싹들에게 꿈을 안겨주어 한국 어린이운동의 선구적 역할을
하게 되었다.

1922년 6월 ≪부인≫지를 창간, 그 활동대상을 부녀자 층에 확대하면서
다음해(1923년) 3월에는 소년잡지 ≪어린이≫를 발간하며 유소년운동을 더
욱 활발히 펴나갔다. '교리강연부'로 출발한 천도교의 신문화운동이 천도교

---

6) 天道敎 舊派側記錄인 李鍾海 編輯, 1962 ≪天道敎史附叢書≫(4·6배판 프린트본, 天道
敎中央本部), p.117에는 4월 5일로 기록되어 있으며, 金用天의 天道敎年表(Ⅳ)(新人間 200
號(1972년 10월호)別, p.41)에는 9월 2일로 쓰고 있다.
7) 천도교 소년회는 어린이의 정서 함양과 지위향상을 기하기 위해 조직된 단체이다. 이 단체는
국가의 미래를 소년들에게 걸었으며, 그들의 무한한 잠재력을 개발시키려 노력하였다. 이 소
년운동을 전사회적으로 실행하기 위해 어린이날이 제정되었다. 이리하여 이 소년운동을 장려
하고 또 선전하기 위하여 이돈화는 '평양천도교 소년회' 주최의 강연회(1922년 1월 1일)에서,
"10년 이후의 조선을 잊지 말자" 등의 열변을 토했고, '천도교 청년회' 주최 전국순회강연에
서 방정환은 "내일을 위하여", "잘살기 위하여" 등의 연제로 소년 운동에 앞장섰다. 이런 점
으로 보아 이 운동은 단순한 어린이 애호 운동에 그친 것이 아니라 민족의 장래를 내다본
독립쟁취의 준비운동이라 할 수 있겠다.

청년회로 계승되면서 암흑 속에 갇혀 있는 민중에게 광명을 부여하는 일대 민족운동으로 성장되어 갔다.

그간 내외정세도 계속 변하여 1차 세계대전의 뒷처리를 위한 파리 강화회의가 열리고, 1921년에는 군비제한과 극동 및 태평양 문제 토의를 위한 위싱톤 9개국 회의가 개최되는가 하면 폴란드는 영국으로부터 분리·독립되기도 하였다.

1922년 4월 천도교내에는 오지영(吳知泳), 김봉국(金鳳國) 등의 제1차 분규가 일어났으며 5월 19일에는 3세 교주 손병희가 서거하여 천도교로서는 충격을 받지 않을 수 없었다. 이와 같은 내외정세의 변천과 청년회 활동영역이 확대로 인해 청년회는 필연적으로 그 윗 단계에 속한 이념정당으로서의 전환을 모색하게 되었다. 그리하여 1923년 9월 2일 교리강연부가 출발된 3주년을 맞는 날 이돈화·김기전·조기간·박사직·박내홍 등의 발의로 청년회의 발전적 해체와 함께 천도교 청년당을 창당하게 되었다. 이러한 성장 발전은 3·1운동의 정신을 성실히 수행한 천도교 청년들의 내적 성숙을 의미한다고 하겠다. 또한 손병희의 옥중 유촉(遺囑)을 교회가 거교적으로 성원한 것에 힘입은 바 크다고 하겠다.8)

이 천도교 청년당의 창당목적은 "천도교의 주의·목적을 사회적으로 달성코자 이에 시종(始終)할 동덕(同德, 교우)으로서 하나의 유기적 전위체9)"를 조직한다는 것이었다.10)

---

8) 이러한 예는 천도교 청년회 회보 3호의 기록을 통해서도 알 수 있다. 1920년 12월 1일부터 다음해(1921년) 3월 30일까지 4개월간 전국 80개 지회에서 수납된 의무금이 1,866원이었다. 이를 기본으로 하여 천도교 총부의 찬조금 1,100원 ≪개벽≫지 판매대금 4,679원, 그밖에 천도교 총부에서의 차입금 3,400원 등, 13,000여원의 자금을 써가면서 청년당으로 발전할 기반을 다져갔던 것이다.

9) 天道敎靑年黨憲 第1條

청년당의 주의 강령은 당헌 제2조에 나타나 있다.

主義 ＝ 地上天國建設
綱領 ＝ 사람 性自然에 맞는 新制度의 實現
　　　　事人如天精神에 맞는 새 倫理의 樹立

전조(前條)의 주의·강령을 실현코자 "정신개벽·민족개벽·사회개벽을 기한다"하였다.[11] 이를 좀 자세히 천도교 측의 기록을 빌어 보면 정신개벽이란 인간으로서 재래에 가지고 오던 일체 정신 상태를 변혁시킨다는 뜻이다. 예를 들면 "원시적 잡신, 봉건적 세력 및 명분념(名分念), 오늘의 금전 및 강권만능념(强權萬能念), 그리하야 세상은 밤낮 이러하거니 하는 단락(段落)없는 관념등을 제거하고 인내천주의에 의한 보국안민(輔國安民), 포덕천하(布德天下), 개벽정신 등의 새 의식을 환대(換代)"하는 것이다.[12] 민족개벽이라 함은 "일본제국주의에 빼앗긴 주권과 자유를 찾고 우리민족이 해방을 얻자는 것이 제일의 목적이었고", 사회개벽이라 함은 "천도교의 사인여천(事人如天)을 체행(體行)함으로써 동귀일체(同歸一體)의 사회를 이룩하여 지상천국을 이루는 것"이다.[13]

다음으로 21세 이상의 독신(篤信) 남녀로서 구성되는 당의 조직 체계는 당

---

10) 천도교 청년당이 창당된 것은 1923년 9월 2일이지만 黨憲이 제정된 것은 1927년 8월 15일 이었던 같다. 그 까닭은 金道賢의 <靑年黨運動 十周年 記念>(新人間 제4卷 10號(1929년 10월호))題下에 「1927년 8월 15일 本黨 第1次 全黨大會에서 새로이 黨憲을 제정 통과하다」란 기록이 있고, 同日字 「靑年黨全國代表臨時大會會錄」(≪新人間≫ 16號(1927년 9월호), pp.38~42)에 당헌 제정과정이 보이기 때문이다.
11) 天道敎靑年黨憲 第3條
12) 天道敎靑年黨本部, 1935 앞의 책, pp.28~29.
13) 新人間社, 1960 <天道敎의 政治理念> ≪三·一再顯運動誌 附錄≫, p.228.

본부와 지방부, 그리고 접(接)의 3층으로 구성되어 있었다. 접은 지방부에 지방부는 당본부에 직속하게 되어 있었다. 이 3층의 당부를 지배하는 권력기관으로 당본부에는 전당대표대회와 중앙집행위원회가 있고, 지방부에는 지방당대회(혹은 접대표대회)와 지방집행위원회가 있고, 접에는 접원회가 있었다. 이를 간략하게 표시하면 다음과 같다.14)

   1. 中央 ＝ 全黨代表大會 ＝ 中央執行委員會
   2. 府郡 ＝ 地方黨員大會(或은 接代表大會) ＝ 地方執行委員會 ＝ 地方部
   3. 面洞 ＝ 接員會 ＝ 接

   이렇게 조직된 청년당은 계속 당세를 확장하여 1925년에는 지방당부 120여에 당원 3만 여명을 포용하게 되었다.15) 그리고 1926년 5월 21일 중앙집행위원회의 결의에 의하여 매년 1회 이상의 '신인간자학(新人間自學)'을 실시하고, 각 교회마다 '시일학교(侍日學校)'를 두기로 하였다. 한편 청년당은 우리 도의 주의와 목적을 사회적으로 달성함에 있어서 당은 당원 각자로 하여금 강령정책을 가지고, 각편(各便)의 민중 속으로 들어가 그들의 이익을 위하여 전력하면서 그들을 조직하고 지도케 하였다.16) 이것이 바로 부문운동이었다. 그리하여 농민부·노동부·유소년부·청년부·여성부·학생부·상민부 등 일곱 부문으로 구분하여 직업별·연령별·성별로 나누어 각각 활발한 활동을 시작하였다.17)
   그것들은 모두 우선 천도교를 통하여 미조직 민중의 조직화와 기성단체의

---

14) 天道敎靑年黨本部, 1935 앞의 책, p.28.
15) 김득황, 1963 ≪韓國宗敎史≫, pp.457~458.
16) 天道敎靑年黨本部, 1935, 앞의 책, p.4.
17) 天道敎靑年黨의 1923년~1929년까지의 임원진은 다음과 같다.

지도로서 문자계몽과 사상계몽에 주력하였고, 민중의 사회적·경제적 일반 생활상의 당면 이익 획득에 노력할 것을 실천목표로 삼았던 것이다. 이것은 지금까지 천도교내에 부속되어 산재해 있던 단체들을 청년당 산하에 두면서 체계화시키고자 하는 의도였다. 그러나 각 단체는 청년당 내에 설립되어지는 것은 아니었고, 활동도 각 부에서 정한 질서와 방법에 따르도록 되어 있었다. 따라서 각 단체는 반드시 청년당의 일정한 지시를 받으면서도 어느 정도 그 활동에는 독립성이 부여되었다. 물론 7개 부문운동은 이전부터 각 분야별로 다른 시기에 조직되어 활동하고 있었고, 한편으로는 동일한 취지를 가진 조직 이 이름만 달리하면서 활동하는 경우도 있었다. 때문에 청년당은 이들 분산적 인 여러 단체들을 통괄적으로 정리하여 각 부문운동에 귀속시키는 동시에 각

년도	委員	常務委員
1923	趙基栞, 金起田, 鄭道俊, 李敦化, 李炳憲, 桂淵集, 朴達成, 金秉濬, 朴來弘	趙基栞, 金起田, 鄭道俊, 李敦化, 李炳憲, 朴來弘, 桂淵集, 朴達成
1924	趙基栞, 金起田, 鄭道俊, 李敦化, 李炳憲, 桂淵集, 朴達成, 金玉斌, 金秉濬	趙基栞, 朴來弘, 桂淵集, 朴達成

년도	黨頭	常務	委員
1925	趙基栞	朴來弘 趙基栞 金泳煥	趙基栞, 朴來弘, 李敦化, 方定煥, 金起田, 朴達成, 洪世煥, 桂淵集, 崔安國, 閔泳純, 朴思稷, 金秉濬
1926	金起田	姜禹, 金泳煥	金起田, 金泳煥, 姜禹, 李敦化, 車相瓚, 金明熹, 方定煥(幼年部), 趙基栞(靑年部), 田畯成(學生部)
1927	金起田	趙基栞, 金泳煥	方定煥, 車相瓚, 朴達成, 洪世煥, 趙基栞(靑年部), 吳鳳彬(女性部), 李晟煥(女性部), 姜禹(勞動部)
1928	金起田	趙基栞, 金泳煥 金道賢, 田畯成	方定煥(幼年部), 趙基栞(靑年部), 具中會(學生部), 金泳煥(女性部), 李晟煥(農民部), 洪世煥(商民部)
1929	金起田	趙基栞(副代表) 趙基栞(機務課) 金泳煥(財務課)	朴達成(靑年部), 具中會(學生部), 金秉濬(女性部), 李晟煥(農民部), 姜禹(勞動部), 李斗星(商民部)

부문단체의 독립성을 인정하는 이원화된 성격을 갖는다. 한편 이러한 부문운동으로서 가장 규모가 컸던 농민부의 농민사와 그 실천사업 및 천도교 청년운동의 기반 속에서 이루어지는 여성운동을 통해 그것의 구체적 활동을 살펴볼 수 있다.

농민부는 1925년 8월 17일 천도교청년당 임시총회에서 소년 및 농민을 계몽하여 집단생활의식을 훈련키 위하여 소년·농민단체를 조직하기로 한 결정에 의해 동년 10월 29일 서울에서 청년당 측의 김기전, 박사직, 조기간, 이성환 그리고 비천도교계의 선우전(연희전문 및 동양일보사촉탁), 이창휘(변호사), 박찬희(동아일보기자), 김준연(조선일보기자), 유광열(조선일보기자), 김현철(시대일보기자), 최두선(무소속) 등이 참여하는 가운데 '조선농민사'를 창립하였다.[18] 이 조선농민사의 규약과 강령은 다음과 같았다.[19]

〈 규약 〉

1. 사업 : 爲善 事業의 일부로 월간잡지 ≪朝鮮農民≫의 발행
2. 제도 : 社友制로 하야 社友는 年 1원을 부담하고 기관지의 무료 반포
3. 조직 : 경성에 본부를 두고 지방에 지부와 社友會를 두되 중앙에는 中央主幹 1인과 中央理事 약간인의 選置

〈 강령 〉

1. 農民大衆의 現實的 不安에 對한 生活權 確保를 期함.
2. 農民大衆의 意識的 訓練을 期함.
3. 農民大衆의 鞏固한 團結로써 全的 運動을 支持함.

조선농민사는 천도교측과 비천도교측이 함께 참여하여 조직한 일종의 '합

---

18) 天道敎靑年黨本部, 1935, 앞의 책, p.40.
19) 天道敎靑年黨本部, 1935, 앞의 책, p.52.

작체'의 성격으로 출발했지만, 창립 이후 사무소를 천도교에서 빌려쓰고 있었고 천도교인 가운데 이사가 다수를 차지하는[20] 등 천도교의 영향력이 크게 작용하고 있었다. 이것은 천도교측에서 조선농민사의 창립을 주도하였을 뿐만 아니라 이후에도 직간접으로 많은 지원과 역할을 담당하고 있었음을 알 수 있다. 결국 청년당측에서 자력으로 농민조직을 결성할 수 있었음에도 말썽의 여지가 많은 개별적 참여를 통해 농민사의 창립을 주도한 것은 보다 다양한 인물층을 자신들의 세력으로 끌어들여[21] 폭넓은 지지기반을 확보하기 위한 것이었다. 농민사는 1929년말 현재 벌써 327단체에 사원 15,919명에 이르렀다.[22] 이렇게 되자 천도교측은 1928년말 교세 확장을 위해 청년당 대회에서 "청년당과 농민사는 적의(適宜) 유효한 법적 관계를 체결"한다고 결의하였다. 그리고 1930년 4월 3일 청년당 제4차 전당대회와 4월 6일의 조선농민사 제3회 전선대표대회에서 다음의 사항을 가결하였다.

1. 本社는 天道敎靑年黨의 指導를 受함.
2. 本社는 全朝鮮代表大會 及 中央理事會決議는 天道敎靑年黨 本部의 同意를 經하야 實行함.
3. 本社 中央理事長은 天道敎靑年黨 本部 農民部 首席委員으로써 任함.[23]

이에 따라 이성환 등은 여기에서 이탈하여 따로 전조선농민사(後에 전조선농민조합)를 창립하였다.[24] 조선농민사는 경제부 사업으로 이미 1928년 4월

---

20) 《조선농민사의 연혁》, p.32.
21) 지수걸, 1985 〈조선농민사의 단체 성격에 관한 연구〉 《역사학보》 106, pp.178~179.
22) 朝鮮總督府警務局, 1933 《最近に於はる朝鮮治安狀況》, p.46.
23) 신인간사, 1930 〈兩大會會議錄參照〉 《新人間》 5月號.
24) 坪江汕二, 1966 《改訂增補 朝鮮民族獨立運動秘史》 巖南堂, p.197.

농민공생조합(農民共生組合, 최초에는 農民社斡旋部)을 설치하여 6~7년 만에 130여 조합과 10만의 조합원을 갖게 되었다. 농민공생조합중앙회(農民共生組合中央會)는 1931년 12월 20일 평양에 '농민고무공장'을 세워 매월 수천족(數千足)의 고무신(農字票)을 생산하였다. 그리고 각지의 농민사는 잠견(蠶繭)의 공동판매, 수리조합 수세의 인하, 소작계약의 개선 등을 위해 활동하였다.[25]

이와 같은 조선농민사의 기관지로 1925년 12월 13일 창간된 것이 ≪조선농민≫이었다. "반만년 동안 짓밟히고, 눌리우고, 속고, 빨리워서 항상 큰 불안과 공포와 빈천에 결박되어 살아오던 전조선인구의 9할이나 되는 농업대중의 인격적 해방을 위하여 급진직하로 막 달음질하여 황폐 파멸의 맨 밑바닥 구렁텅에로 쏠려 들어가는 조선농촌의 그 참담한 경제적 현상을 구제하기 위하여……(중략)……전조선 절대다수의 농업대중의 지식적 각성을 재촉하기 위하여……(중략)……[26]" 조선농민사에서 발간한 것이었다. ≪조선농민≫은 다른 계층별 잡지보다는 한결 실제적이고 현실적인 의미가 강조되었다. 즉 자작적 의지가 문맹퇴치운동·소비절약·수입증진·부채정리·지도인물의 양성을 위한 농민학교설립·농민공생조합 운동 등으로 나타났다. 이리하여 전국적으로 123개의 군농민사와 2,895개의 리동(里洞) 농민사, 2,500개의 야학당이 설치 운영되었다. 그리하여 ≪대중독본≫1·2·3, ≪대중산술≫상·하, ≪한글독본≫·≪대중간독≫·≪조합기장법≫·≪비료제조 및 사용법≫·≪부인필독≫ 등 수십 종의 농민문고를 발행하여 큰 성과를 올렸다.

한편 천도교의 여성운동은 천도교의 청년운동이 3·1운동 이후 전국적 조

---

25) 天道敎靑年黨本部, 1935, 앞의 책, pp.52~53.
26) ≪朝鮮農民≫ 創刊辭

직으로 발전하면서 그 내부에 여성을 위한 강습회 등을 통해 여성들의 참여를 유도하면서 점차 독자적인 여성단체가 조직되었다. 초창기 천도교의 여성단체로는 1921년 1월 30일 평양에서 창립된 '천도교평양여자청년회'가 그 효시였다. 이후 1921년 11월 20일 '천도교함흥여자지육부(天道教咸興女子智育部)', 1922년 초 서울의 '천도교여자청년회' 등을 거쳐 청년당의 7대 부문운동으로 여성부가 설립되면서 여성운동도 전국 지부를 통해 확대되어 '천도교청년여자회'가 조직되었다. 이에 따라 1926년 9월 5일 평양에서 '천도교평양청년여자회'가 발족되었고, 이로써 천도교의 여성운동은 이제 보다 체계적인 조직으로 자리잡게 되었다.[27]

이와 같이 천도교 청년당의 활동은 당시 신문화운동의 대종(大宗)을 이루면서 일제의 탄압을 피해 가며 민중계몽 및 민족의식 고취에 있어 본가를 형성해 왔다.

한편 1926년 4월에는 청년당과 는 별도로 구파측 청년들에 의해 천도교청년동맹이, 6월에는 천도교여성동맹이 조직되었다. 천도교청년동맹은 1926년 4월 3일 오전 9시 발기회(의장 신태순)를 거쳐, 같은 날 오후 4시에는 창립총회를 개최하고 이종린·오영창 등의 축사가 있은 후 규약을 통과시켰다. 이때 선임된 집행위원은 박한규, 공순용, 강세희, 이기설, 김덕연, 조정호, 김재계, 이기정, 최병현, 오일철, 손재기, 신태순, 박래홍 등이다. 청년동맹의 규약은 〈약속〉과 〈규약〉으로 나뉘어져 있다.[28] 〈약속〉은 ① 우리는 인내천주의 하에 육체와 정신을 희생하자 ② 우리는 인내천의 교화로써 인간을 개조하자 ③ 우리는 일체의 결의에 절대 복종하자. 〈규약〉은 청년동맹의

---

27) 천도교여성회본부, 1984 ≪천도교여성회 60년사≫, pp.29~40.
28) 〈天道教青年同盟規約〉 ≪月報≫ 제184(1926. 4), p.41.

최고기관은 대회로 하고 각 지방에서 선거한 대표위원으로 구성하며, 의무금 및 비용으로 가맹금은 50전, 연금(年金) 1원 30전으로 되어 있다.

천도교여성동맹은 1926년 6월 2일 여성계몽을 일차적인 목적으로 하면서, 여성해방과 여성의 사회적 진출을 목적으로 구파측 여성들을 중심으로 창립되었다.[29] 창립대회에서는 <약속>과 <규약>을 통과시키고 집행위원 10인 박명화, 한봉소, 홍종희, 김상화, 강운화, 박정자, 김숙, 이소암, 김수월, 박호진 등을 선출하였다. 이것은 당시 신·구파의 분열에 따른 결과물이었는데, 청년당에서 실시한 부문운동의 조직적 체계화 과정은 교내의 분열과도 관련이 있는 것이었다. 즉 1925년 4월의 2차 분규 이후 8월에 이르러 천도교가 3파로 분립하고, 더욱이 교인대회 측과 통일기성회측이 합동하여 그 세력은 한때 신파를 능가하는 상황이 되었다. 이에 따라 신파 측 에서도 내부의 조직 개편은 불가피한 것이었고, 이것이 곧 천도교의 전위체로 자부하는 '청년당'의 전열을 정비하는 것이었다.

청년당은 1925년경에는 3만 여의 당원과 전국에 120여 개의 지방지부를 둔 거대한 조직이었다.[30] 그 후 1931년 2월 16일 구파 교회에 속해 있던 청년동맹이 청년당과 합동하게 됨에 따라 당의 명칭을 천도교 청우당이라 개칭하였다.[31] 그러다가 1932년 4월 다시 구파 측 청년동맹계가 이탈됨에 따라

---

29) ≪동아일보≫ 1927년 6월 4일.
30) 천도교청년당의 분포 표

	경기	충남	전북	경북	경남	황해	평남	평북	강원	함남	함북	일본	만주	합계
단체수	2(1)	1	1(1)	2(2)	6(4)	4(4)	19 (17)	20 (17)	1	34 (13)	4(3)	(2)	(1)	95 65)

31) 1925년 8월 吳榮昌을 중심한 敎人大會와 朴寅浩, 吳世昌, 權東鎭 중심의 統一期成會가 교회에서 분리됨에 따라 統一期成會에 屬한 靑年들은 1926년 4월 6일에 天道敎靑年同盟

본래의 청년당으로 그 명칭을 복구하였다.[32] 한편 청년당은 당의 핵심단체로 조직된 오심당(吾心黨)[33]의 사건으로 인하여 170여명의 당원이 투옥되고, 이후 1937년 中日戰爭의 발발로 일제의 탄압이 심해지자 지하로 들어가게 되었다.

2. 천도교 청년당의 활동

앞에서 살펴본 바와 같이 3·1운동을 적극적으로 선도했던 천도교는 손병희를 위시한 원로급 지도자들이 대부분 구금기소됨에 따라 지도체제의 정비가 불가피하게 되었다. 이러한 상황에서 젊은층을 중심으로 새로운 돌파구를 마련하였으니, 그것이 곧 천도교청년교리강연부(天道敎靑年敎理講硏部)[34]의 출범이었다.

천도교청년교리 강연부는 1919년 9월 22일에 창립되었으며, 1920년 3월

을 조직하였으며, 1928년 4월 6일 그 명칭을 天道敎靑年總同盟으로 변경하였다(天道敎靑年黨本部, 1935, 앞의 책, p.21 및 ≪天道敎史附叢書≫, pp.126~128).

32) 1933년 總督府警務局資料는 당시 天道敎各派의 정치적 성향을 다음과 같이 요약하고 있다. "新派는 印度의 스와라지운동을 모방하여 合法的 不服從的 非暴力的 精神에 의한 民族自治運動에 매진하고 있으며, 舊派는 急進 非安協的 社會運動방면에 진출하여 이전에는 新幹會의 조직에 관여한 바 있고, 근자에는 민족단일당 결성에 분주하고 있다. 또한 聯合派는 左傾的 共産運動의 색채가 현저하여 여러차례 공산당사건에 연좌된 자가 많으며, 六任派는 固陋的 純宗敎의 영역을 벗어나지 못하고 있으나 敎徒간의 결속이 비교적 공고한 바 있는 등 각파 각각 특색을 가지고 있다. 특히 新派와 舊派는 그 敎徒數에 있어서 他敎派의 추종을 불허하는 세력인 까닭에 양자의 특별한 拮抗은 특별히 치열한 바……(중략)……(朝鮮總督府警務局, 1933 ≪最近に於ける朝鮮治安狀況≫, pp.112~113).

33) 吾心黨은 1929년 김기전, 조기간, 박사직 등이 조직한 지하 민족운동단체로 親派系 교회를 통해 조직망을 펴 나가다가 1934년 平南警察部에 탐지되어 170여명이 체포되고 60여일 동안 혹독한 고문 끝에 起訴猶豫로 석방되었다(김득황, 1963 앞의 책, p.45).

34) 敎理講硏部 시기의 임원진은 다음과 같다.

천도교청년회로 이름을 바꾸어 본격적인 청년문화운동의 기반을 조성하였다. 1923년 9월 2일에는 이돈화·김기전 등의 발의로 천도교 청년당으로 확대 개편되었다.

이와 같은 과정을 거친 천도교 청년당은 어떠한 활동을 전개하였는지 각 부문별로 나누어 살펴보기로 한다.

1) 포덕운동

천도교 운동에서는 포덕은 제일 중요하였다. 따라서 천도교의 전위인 청년 당 역시 건당(建黨) 이래에 무엇보다도 포덕운동에 치중하게 되었다. 즉 천도 교의 도와 당의 목표가 후천개벽의 지상천국건설에 있었으므로, 이 포덕운동 은 지상천국을 진일보·확대시키는 직접운동이었다. 이것은 다음과 같은 방 법으로 전개되었다.

① 기성 교인의 신앙 향상에 관한 것이다. 즉 순회강연과 강도(講道)와 같 은 강좌를 통한 직접적인 노력, 교당(敎黨)의 기관지와 삐라 그리고 포 스타 인쇄물을 통한 노력을 들 수 있다.

② 신포덕에 관한 것이다.

①의 방법과 호별방문, 부문운동, 통속운동, 계몽운동 등의 제 방법에 의해 행하여 졌다. 그리고 창도 70년 기념 포덕을 맞이하여 전 교당을 통하여 특별

년 도	會 長	幹 務
1919	鄭道俊	朴庸淮, 金玉斌, 李斗星, 朴來弘
1920	鄭道俊	朴思稷, 金玉斌
1921	鄭道俊	朴思稷, 朴來弘, 金玉斌
1922	鄭道俊	趙基栞, 朴來弘, 金玉斌
1923	趙基栞	車相瓚, 朴來弘

포덕에 크게 노력하였다. 73년에는 지역적으로 전라도 포덕에 주력하였다.

③ 간접포덕이다.

①과 ②의 방법으로써 교, 당과 일반창생과의 인연을 가깝고도 깊게 하여 우의적으로 포덕을 얻기에 노력한 것이다.

①, ②, ③을 실제적으로 실천하는 구체적 방법으로는 '어린이 날', '포덕의 날', '당화주간(黨化週間)', '농민의 날', '청년의 날' 등의 창정선전(創定宣傳)과 순회강연, 강도(講道), 강좌, 강습 등과 비라, 포스터 등의 배포로써 하였다.

포덕운동은 년 평균 2천호, 약 1만명을 대상으로 하였고, 건당(建黨)이래의 총계로보면 10만명 이상에 달하였다.

2) 선전운동

청년당의 선전운동은 일상적과 정기적 두가지 방법에 의존하였다.

(1) 일상적 방법

순회강연, 강도, 강좌, 강습 등과 각 기관지와 비라, 포스터 등을 통한 문자적 선전이다.

(2) 정기적 방법

연중 특정한 월일을 기하여 정기적으로 전 사회를 대상으로 선전하는 것이다.

① 어린이 날

1922년부터 소년운동의 정기적 대외선전과 자체훈련을 위하여 매년 5월 첫째 일요일을 어린이 날로 정하여 전사회적으로 선전하였다.

② 포덕의 날

1926년부터 포덕운동의 정기적 대외선전과 자체실행을 위하여 매년 10월 1일을 포덕의 날로 하여 국내외적으로 선전하였다.

③ 당화주간

1931년부터 청년당 운동의 정기적 대외선전과 자체훈련을 위하여 매년 11월 1일부터 1주간을 당화주간으로 하여 선전을 실행하였다.

④ 농민의 날

1928년부터 농민운동의 정기적 대외선전과 자체훈련을 위하여 매년 12월 1일을 농민의 날로 하여 선전을 실시하였다.

⑤ 청년의 날

1934년부터 청년운동의 정기적 대외선전과 훈련을 위하여 매년 2월 15일을 청년의 날로하여 선전을 실시하였다.

3) 조직운동

조직 부분은 앞장에서 다루었으므로 여기서 생략한다.

4) 교양과 훈련

교양과 훈련은 그 내용에 있어 공통되는 점이 많아 유사하게 쓰이는 경우도 있다. 즉 광의적 의미의 교양을 훈련이라고 할 수 있고, 동시에 협의적 의미의 훈련을 교양이라고도 할 수 있다. 교양은 정신적 방면의 지적 향상을 뜻하고, 훈련은 정신과 육체의 지, 정, 의의 전적 향상을 뜻하는 것이라 할 수 있겠다.

(1) 대내로 당원자체의 훈련

① 정신적 측면으로 주문(묵념, 사색 등)과 다독으로써 정의적인 신앙을 확립하는 것이다.

② 과학적 상식과 전문지식을 수득케하여 이지(理知)의 향상발전을 도모하는 것이다.

③ 포덕, 부문운동, 자기의 직업생활 등을 근로적으로 실행하여 만사지(萬事知)와 만사성(萬事成)의 원천인 자기육체의 건전에 힘쓰는 것이다.

(2) 대외훈련은 창생(蒼生)의 훈련

① 다방면에 걸쳐 천도교의 주의, 목적을 널리 선전하여 창생의 사상계몽에 힘쓴다.

② 부문운동과 경제운동을 열심히 하여 창생으로 하여금 조직생활을 체험케 한다.35)

③ 순회강연, 강도, 강좌 등과 강습소, 야학, 간이학교(簡易學校) 및 기관지, 비라, 포스터 등의 간행으로 창생의 교양을 힘써 일반적 문화를 향상케 한다.

④ 체육운동을 힘써 널리 창생의 신체보건을 도모한다.

5) 경제운동

경제란 인간생활의 직간접으로 관계되는 의식주 및 기타의 수요공급의 이해관계를 말한다. 따라서 사람 생활의 추상적 표면을 정치라 하면, 사람 생활

---

35) 蒼生組織이란 女性·少年·靑年·學生·農民·勞動者·商民 등의 "組織的 結成을 도모"하기 위한 조직사업을 지칭한다.

의 구체적 이면을 경제라 할 수 있다. 그러므로 인간생활에 있어 근저가 경제
인 것은 부인할 수 없다.

후천 개벽운동 즉 광제창생운동(廣濟蒼生運動)에 있어 이 경제운동이 조
직, 교양운동과 아울러 스스로 일대 의의를 가지게 되는 것이다. 그러나 우리
당의 경제운동은 선천시대(先天時代)의 자본주의적 경제운동과는 스스로 그
의의와 추향(趨向)을 달리하는 것이 원칙이다. 자본주의의 경제운동은 거대
한 금융자본을 중추로 하여 소수의 자본가가 자가자리(自家自利)를 도모한
다. 우리의 경제운동은 빈천급(貧賤級) 즉 다수창생(多數蒼生)들의 소금액을
모아 이익을 기하기보다 자기들의 자존자활을 도모하는 조합경제를 말하는
후천적 경제운동이다.

이 조합경제운동에 있어서도 생산, 소비, 신용 등 기타의 여러가지 형식의
것이 있으나, 청년당은 소비와 생산조합에서부터 출발하게 하였다.

청년당의 농민부문단체 즉, 조선농민사의 경제부 사업으로 경영하는 농민
공생조합운동은 그 내용에 있어 생산, 소비, 신용을 포함하는 것을 원칙으로
하였다. 그러나 실제로는 소비조합의 임무를 주로 하였다.

6) 문화운동

천도교 청년당은 당 운동의 목적을 현실적으로 달성하는데 있어 문화운동
의 중요성을 강조하고 있다. "인간사회의 일체 승패득실은 각기 자체의 의식
정도와 문화정도의 고하를 따라서 생겨지는 성과이다. 사상의 신구, 시대의
고금, 방법의 우열 등 관계도 적지는 않으나 인간사회의 근본향상은 창생급
(蒼生級)의 의식적 각성과 문화향상에 있는 것이다."36) 즉, 이를 환언하면
민중교육을 통한 의식개혁과 문화적 각성이 장차 자주독립을 가져올 수 있는

길이라는 것이다. 따라서 이러한 문화운동의 궁국적 목표가 구국에 초점을
두고 있는 것이다.

(1) 개벽사 창립

개벽사는 1920년 천도교청년회 편집부 사업으로 창립되었다. 개벽사는
1919년 9월 2일 천도교 청년교리강연부의 이돈화, 박달성, 이두성 등이 언론
기관으로서 '개벽사'의 창립을 의논하고 교인 최종정(崔宗楨), 변군항(邊君
恒)의 독지로 경영의 기본을 삼고 제1차 사업으로 잡지 "개벽"을 발행코자
발행허가원을 제출하였다. 1920년 5월 20일에 허가되어 6월 25일에 창간호
를 내었다.[37] 11월에 제5호를 내면서 종래에 매월 25일에 발행하던 것을 매
월 1일 발행으로 변경하였다. 1922년 9월 12일자로 시사 기사의 허가를 얻어
종래에 종교·학술·문예에 국한하던 것을 29호부터 정치, 경제, 시사를 게
재하게 되었다. 1924년 8월 1일 발행정지처분을 당하였다가, 1926년 8월 1
일 72호로 발행금지를 당하고 말았다.[38]

(2) ≪자수대학강의≫의 발행

≪자수대학강의≫는 1933년 4월 3일 제7차전당대회의 결의에 의하여 지
식계급당원의 전문가화와 사회 일반적 중등학과를 마치고 그 이상 학과를 수
득할 길이 없는 처지의 조선 청년에게 전문적 지식을 수득케 하기 위하여
발행된 것이었다.[39] 그리하여 동년 7월부터 종교, 철학, 정치, 경제, 사회, 예

---

36) 天道敎靑年黨本部, 1935, 앞의 책, pp.16~17.
37) 白淳在·河東鎬, 1966 <開闢總目次를 提供하며> ≪開闢總目次≫
38) 金根洙, 1973 <≪開闢≫誌 小攷> ≪韓國雜誌 槪觀 및 號別 總目次集≫, p.297.
39) 天道敎靑年黨本部, 1935, 앞의 책, p.65.

술, 체육 등 7과목의 대학 정도의 종합강의록을 발행한 것이다.

종교과는 이돈화, 철학과는 김형준, 정치과는 이정섭, 경제과는 이긍종, 사회과는 공탁, 예술과는 함대훈, 체육과는 김보영이 각각 집필하였다. 이는 '조선문으로 처음 간행된 자수대학강의(自修大學講議)'라는 점에서 대학수준의 국문 대학교재로서 주목을 끌뿐 아니라, 일제 식민지 교육 정책하에서 조선인에게 고등교육의 기회를 박탈해 온 역경에서도 고등교육에의 대중적 열망과 대학 교육에의 민족적 염원을 잘 대표하고 있다.[40]

7) 체육운동

체육운동은 청년당 창당초부터 매일 한페이지 이상의 독서와 아울러, 매일 5분 이상의 육체훈련을 실시하여 왔다. 그러나 구체적 교재가 없어 그대로 각자 임의에 맡겨 오다가, 1930년 10월에 체육교재를 공포하여 전당적으로 일치한 체육훈련을 실시하게 되었다.

8) 통속운동

통속운동은 청년당의 본질적 운동은 아니다. 그러나 당의 정강 등을 민중들에거 선전하고, 그들과 호흡하기 위해서 필요한 것이었다. 즉, 정월 대보름날, 단오, 추석같은 재래의 명절를 이용하여 답교회(踏橋會) 등을 주최하였고, 또는 원시적인 각종 미신, 조혼, 매매혼 등 각종 악습을 교정시켜 풍속을 바르게 하려고 하였다.

---

40) 申一澈, 1969 <自修大學講議의 의의와 내용에 대하여> ≪自修大學講議≫

맺음말

이상에서 살펴 본 바와 같이 3·1운동을 계기로 일제의 대한정책이 문화정치를 표방하자, 갑오개혁 이래 민족운동의 전위조직임을 자부해 온 천도교가 이것을 간과하지 않았음은 주지의 사실이었다. 그래서 나타난 것이 1919년 천도교의 젊은층이 주도가 된 천도교청년교리강연부였다. 교리강연부는 설립된 지 불과 반년 만에 많은 발전을 보였다. 전국적으로 교회가 있는 곳에 지부가 설치되었다. 그러다가 1920년 3월에는 구체적인 실제운동에 나가기 위해 천도교 청년회로 그 명칭을 바꾸었고, ≪개벽≫을 창간하여 청년회의 목적을 전파하였다. 또한 1921년에는 천도교 소년회를 발족하는 등 당시 신문화운동을 주도하여 나갔다.

청년회는 1922년 들어 국제정세의 변화와 천도교내의 분규 및 활동영역의 확대로 인해 이념정당으로 전환을 모색하게 되었다. 그리하여 1923년 9월 청년회의 발전적 해체와 함께 천도교청년당을 창당하게 되었다. 청년당은 창당 이후 ① 당원의 훈련 ② 포덕운동 ③ 교리의 연구 및 선전 ④ 창생조직 ⑤ 문화운동 ⑥ 체육운동 ⑦ 정세연구와 통속운동에 주력하였다.

그 후 1931년 2월 16일 구파교회에 속해 있던 청년동맹 이 청년당과 합동하게 됨에 따라 당의 명칭을 천도교청우당이라 개칭하였다. 그러다가 1932년 4월 다시 구파측 청년동맹계가 이탈됨에 따라 본래의 청년당으로 그 명칭을 복구하였다. 한편 청년당은 당의 핵심단체로 조직된 오심당 의 사건으로 인하여 170여명의 당원이 투옥되고, 이후 1937년 중일전쟁의 발발로 일제의 탄압은 더욱 심해졌다. 1938년 4월 4일에는 당헌의 제 1조 "천도교의 주의 목적을 사회적으로 달성코자 이에 시종할 동덕으로써 한 개의 유기적 전위체를 조직하여 그 명칭을 천도교 청년당이라 함"을 "본당은 천도교의 전위체가

되어 교중 청소년을 훈련하여 독실한 신성사도를 양성하기로 목적함"으로 고
치게 하였다. 그리고 1939년 4월 3일에는 천도교 청우당 전당대회에서 중앙
집행위원회의 제안형식으로 당 해체 안을 결의케 하였다. 이로써 천도교 청우
당은 일제의 탄압으로 지하로 숨어들게 되었다.

　일제의 탄압은 그것뿐이 아니었다. 일제는 총독정치에 위반된다는 구실로
공문에 포덕연호의 사용을 금지하고, 용담유사의 일부 삭제와 천덕송 1천여
부의 압수, 그리고 용담가 1·2절, 안심가 3·6절, 몽중노소문답가 전편, 대
신사탄신기념가 전편 등을 삭제케 하는 동시에 대교당을 군수품창고로 징발
하며 대신사탄생 백년기념관을 종로구청이 강제로 사용하고 체신국에서는
전화 사용을 정지케 하는 등 간섭과 압박이 이만저만이 아니었다. 그러다가
1945년에 해방을 맞이하게 되었다.

VI. 4·19혁명의 성격과 전망

1. 4월 혁명을 보는 시각

4·19발생 30여 년을 지나면서 그에 대한 연구는 당시 학생운동에 직접 참여했던 이른바 4·19세대들의 자전적 경험기나 평론 등을 비롯해서 4·19 전공 학자들에 의해 많은 연구가 진행되어 왔다. 그리고 대부분의 논의들은 한국정치의 왜곡된 현실상황과 관련되어 정치적 가치규정문제에 밀접하게 연계되어 왔다. 그 가장 대표적인 예는 4·9에 대한 개념정의로 4·19는 한때 「혁명」 또는 「의거」로 불려지기도 했으나 5·16 이후에는 「의거」로 공식화되어 갔다. 물론 이렇게 된 것은 5·16을 4·19의 완성으로 보는 이른바 「혁명」론의 논리 때문이라는 견해도 있다.[1] 이는 박정희 정권이 자신들의 쿠데타를 합리화시키기 위한 것임과 동시에 5·16군사정권에 협력한 일부

---

1) 강만길, 1983 <4월혁명의 민족사적 맥락> ≪4월혁명론≫, 한길사, p.13.

4·19세대들이 자신들의 변절과 개량화의 길을 정당화하기 위해 나온 것이었다.

'모든 역사는 본질적으로 현대사'라는 말처럼 역사에 대한 인식은 과거의 사실에 대한 단순한 이해에 그치는 것이 아니라 자신의 현 위치와 미래에 대한 지향과도 밀접하게 관련되어 있기 때문에 역사에 대한 가치판단에 있어 정치성을 완전히 배제한다는 것은 현실적으로 쉽지 않은 일이다. 더구나 4월 혁명에서 제기된 각종 과제가 아직도 미완의 상태에 있을 뿐만 아니라 과제의 완수를 둘러싼 갈등이 여전히 첨예하게 계속되고 있기 때문에 더욱 그러하다.

물론 4·19에 대한 평가의 차이가 모두 정치적 성향의 차이에서 기인한 것이라고 할 수는 없다. 연구자마다의 상이한 세계관과 방법론, 현실인식의 차이 등에 따라서도 평가는 상당부분 달라질 수 있을 것이다. 따라서 이러한 몇 가지 기본여건을 고려하면서 4월 혁명에 대한 성격과 전망에 대하여 검토하고자 한다.

4월 혁명을 바라보는 시각은 크게 근대화 이론·부르조아 혁명론에 입각한 것[2]과 한국근대운동사의 전개라는 입장에서 민족·민주혁명으로 보는 입장[3]으로 대별해 볼 수 있다.

---

2) 김성식, 1960 <학생과 자유민권운동> ≪사상계≫ 6
　최문환, 1960 <4·19혁명의 사회사적 성격> ≪사상계≫ 7
　차기벽, 1983 <4·19, 과도정부 및 장면정권의 의의> ≪4월혁명론≫, 한길사
　그리고 한상진의 <4·19혁명의 사회학적 분석>(≪사상≫ 사회과학원, 1990년 봄호)도 큰 범주에서 보면 여기에 속한다고 할 수 있다.
3) 강만길, 1983 <4월혁명의 민족사적 맥락> ≪4월혁명론≫
　박현채, 1983 <4월민주혁명과 민족사의 방향> ≪4월혁명론≫
　박현채, 1990 <4·19민주혁명과 이의 계승 - '민족민중론'의 시각에서> ≪사상≫ 봄호, 사회과학원
　김성환, 1984 <4·19혁명의 구조와 종합적 평가> ≪1960년대≫, 거름
　사월혁명연구소 편, 1990 ≪한국사회변혁운동과 4월혁명≫ ①, 한길사

먼저 전자의 입장을 살펴보면 근대화론은 체제 선택과는 무관한 사실상 가치중립적인 개념인데 통상 서유럽에서 시민혁명을 거치면서 확립된 자본주의적 경제질서와 그 정치적 표현으로 나타난 자유민주주의체제를 가장 이상적인 발전모델로 상정한다. 따라서 농업 위주의 봉건·반봉건적 경제구조는 자본주의적 경제질서로 발전되어야 하고 권위주의적인 정치질서는 대의제에 입각한 민주주의적 정치질서로 개편되어야 하며, 이러한 과제를 추진하기 위해서 근대적 이념을 가진 건전한 중산층이 육성되어야 한다고 주장한다.4) 이러한 견해를 주장하는 사람들은 이승만 정권 및 그에 밀착해 특혜를 누렸던 소수의 자본가들을 서구, 특히 프랑스 절대군주제 및 그 보호 하에 있던 특권상인자본에 비견하고 있다. 따라서 이 논리는 기존체제를 변혁시킨 4·19를 부르조아민주주의 혁명의 일환으로 파악하고 있다. 그러나 5·16정권을 프랑스에서 시민혁명을 완성시키려 했던 급진적인 공화파와 비유하는 전자의 시각은, 5·16이 4·19에서 추구했던 민족·민주혁명을 부정하는데서 출발했다는 점에서 군사쿠데타를 근대화혁명의 완성으로 미화하고 정당화하려는 논리에 오용될 가능성을 지니고 있다는 점에 유의해야 할 것이라고 생각된다.

근대화론은 한편으로는 4·19혁명의 발발을 근대화 지표간의 불일치, 즉 원만한 근대화작업의 실패에서 구하고 있기 때문에 4·19 이후 사회발전의 전망을 모색하는데 있어서도 피상적일 수밖에 없었다. 그러나 근대화론 자들의 보다 큰 문제점은 이러한 사회발전의 전망을 지녔다고 하면서도 자유민주주의에 대한 부정에서 출발한 군사정권에 대해 오히려 긍정했고 심지어 일부는 적극적인 옹호자가 되었다. 따라서 근대화론은 결국 4·19세대의 변신논

김일영, 1991 <4·19혁명의 정치사적 의미> ≪1950년대 한국사회와 4·19혁명≫
4) 김동춘, 1990 <4월 혁명에 관한 기존 연구와 그 문제점> ≪4월혁명론≫, pp.329~330.

리에 다름 아닌 것이었다고 생각된다.[5]

한편, 후자의 논리를 대표하고 있는 것은 강만길과 박현채 등의 입장이다. 강만길은 한국 근대사를 민중운동사의 측면에서 민주주의운동과 민족통일운동의 결합의 역사로 파악해야 한다는 전제 아래, 독재에 항거하는 민주주의운동으로 시작된 4·19가 곧바로 민족통일운동으로 나아간 것은 분단시대의 민중운동으로서는 지극히 자연스러운 일이며, 바로 그 점에 4·19의 역사적 의의가 있다고 설명한다. 박현채는 50년대 한국사회의 분석을 기초로 4월 혁명을 "민주주의와 진정한 민족해방의 실현을 위한 미완의 민중혁명이었으며, 민중 자신이 아닌 학생에 의한 대리혁명"이라고 규정한다. 그리고 4월 혁명의 과제는 민중적 민주주의의 실현, 비자주적 상황과 분단을 청산하기 위한 요구가 안으로는 통일, 밖으로는 자주와 자립경제의 실현으로 집약된다는 것이다. 그런데 당시 민중의 일부를 구성하고 있었던 민족자본가의 계급적 취약성과 조직노동자의 결여, 농민의 소유자로서의 보수성 때문에 상대적으로 유일하게 조직된 집단인 학생이 운동을 주도하지 않을 수 없었고, 여기서 4월 혁명의 한계는 예정되어 있었다는 것이다.

이러한 해석에 입각할 볼 경우 4월 혁명은 이승만하야로 완결되는 것이 아니라 오히려 그 때부터 시작이며 민주주의의 심화와 통일, 자주 내지는 자립경제의 완성을 향해가는 과정으로 이해한다. 그리고 이러한 논리선상에 볼 때 5·16은 민족·민주운동의 전진을 가로막는 반동으로서 반민족·반민주·반민중의 성격을 극명하게 지니고 있다고 파악할 수밖에 없게 된다. 80년대 이후 소장학자들을 중심으로 활발하게 전개되고 있는 4월 혁명에 대한

---

5) 이에 대한 자세한 내용은 이종석, 1983 ＜4월혁명 주도세력의 변천과정 - 학생운동세력을
   중심으로 -＞ ≪4월혁명론≫

분석은 대개 이상의 입장에 기초하여 혁명의 이념, 주체, 객관적인 조건 등의 구체적인 문제로 접근해 가고 있다.

그러나 이상의 두 견해를 중심으로 4·19연구가 진행되었다고 하더라도 80년대 이후는 주로 소장학자들의 연구가 4·19혁명 연구에 활발하였으며, 학계 전체로서는 아직도 4·19에 대한 연구는 출발단계에 있다고 보아야 하겠다. 최근 정치권에서는 정치권 나름대로의 4·19에 대한 정치적 입장정리를 하면서, 문민정부의 출현과 함께 지나간 군사정부 시대보다는 가히 놀랍다고 할 정도의 변화된 모습이 나오고 있는데, 이것도 그러나 학계로서는 여과과정이 없이 선뜻 받아들일 일은 아니라고 본다. 왜냐하면 학문연구는 보다 신중하게 폭넓게 받아들일 일은 아니라고 본다. 왜냐하면 학문연구는 보다 신중하게 폭넓게 사료를 수합하고 시공간적 흐름을 폭넓게 수용한 가운데 차원 높은 통찰을 산물로 연구결과가 나와야지, 어떤 정치시점에 영합하며 나오는 것은 언제라도 위험한 일이겠기에 그러한 것이다.

본 논문에서는 이와 같은 입장을 감안하면서 80년대 소장학자들의 입장에서서 4·19를 정리함으로써 훗날의 활발한 연구를 위한 디딤돌이 되게 하고자 한다.

2. 4월 혁명의 객관적 배경

1) 미국 대한정책의 변화

제2차 세계대전을 전후해서 미국은 막강한 경제·군사적 힘을 바탕으로 이른바 팍스아메리카나를 구축하였다. 그러나 1950년대 후반에 들어오면서 사회주의 세력의 성장, 제3세계 민족해방운동의 고양, 자본주의 국가내의 갈

등 심화, 그리고 심각한 경제불황 등으로 인해 미국의 세계지배체제는 심각한 타격을 받았다. 특히 군비경쟁에 따른 재정 및 달러의 위기가 심각해지고 1958년에는 공황 국면에까지 처하게 되었다. 이러한 상황의 변화는 미국의 세계전략 및 동북아전략에 대한 근본적인 변혁을 촉진하였다. 미국은 중국봉쇄를 강화시키기 위해 미·일·대만의 군사동맹 체제를 형성하고 일본으로 하여금 이 지역을 담당하도록 하였다. 이에 한국은 미국의 군사기지이자 일본자본의 투자지역으로 규정되었다.[6]

물론 여기에는 미국의 이러한 이해를 효과적으로 관철시킬 수 있는 안정되고 통제 가능한 친미정권의 지속적 창출이 있었다. 그러나 이승만 정권은 두 가지 측면에서 이러한 미국의 이해와 상충되는 정치행태를 보이고 있었다. 하나는 이승만의 격렬한 반일감정이 결과적으로 미·일·한국간의 3각 체제 구축을 저지하였다는 것이며, 다른 하나는 이승만정권의 파행적 정치가 정권의 안정적 재창출이라는 미국의 이해와 결과적으로 배치하였던 것이다.[7] 그리하여 4월 혁명 직전의 한미관계는 비록 잠재적이긴 하지만 상당한 갈등이 존재하였다.

미국은 3·15부정선거와 그에 따른 민중저항의 예정 등 모든 정보를 입수하였으나 사태의 원만한 해결을 기대하며 이승만 정권을 공식 지지하였다. 그러나 이승만 정권에 대한 국민의 저항이 갈수록 거세져 경찰의 강압적인 진압으로도 진정될 기미가 보이지 않자, 미국은 서울지역의 군지휘권을 한국군에게 임시로 이양하여 미군 개입에 따른 위험부담을 줄이는 한편 이승만 하야 촉구 쪽으로 정책방향을 전환하였던 것이다. 이승만 하야에 결정적 계기

---

6) 허버트 빅스, 1984 <지역통합전략> ≪1960년대≫, p.236.
7) 정기영, 1990 <4월 혁명의 주도세력> ≪한국사회변혁운동과 4월 혁명≫ ①, p.111.

가 되었던 교수단 데모에 대해 미대사관이 신분보장을 해준 것도 미국의 개입 정도를 잘 말해주고 있는 것이다.[8] 이처럼 미국은 사태의 진전에 따라 이승만 정권에 대한 지지에서 소극적인 방관으로, 그리고 끝내는 이승만 하야라는 비장의 카드를 사용해서 시위가 더 이상 확대되는 것을 막고 '민주화가 곧 내각책임제'라는 쪽으로 혁명의 방향을 유도하려 했다.

이처럼 이승만정권의 몰락은 한국국민들의 거센 저항으로 가능한 것이었으며, 미국은 그때, 그때의 상황에 따랐을 뿐이었다. 이러한 정책은 어느 정도 성공을 거두었는데 그 이유는 뒤에서 살펴보게 될 4월 혁명 주체세력의 미성숙과도 상당부분 관련이 있다.

2) 사회·경제적 배경

해방 이후 미국의 대한정책의 중점은 미국을 중심으로 한 자본주의체제를 보호해 줄 수 있는 반공기지의 건설이었고, 이는 1945년에서 53년 사이에 기본적으로 완성되었지만 상당한 한계를 내포하고 있었다. 즉 우익반공세력 인 이승만정권이 성립 강화되었고 대소 군사기지가 확보되었으며, 변혁세력 은 거의 완벽하게 제거되었다. 그러나 한국사회의 경제적 기반과 지배계급의 물적 토대는 취약하기 그지없어서 안정된 자본주의체제로의 발전은 물론 반 공군사기지로서의 현상유지조차도 어렵게 하였다.[9]

그러므로 1950년대에 한국사회에 주어진 엄청난 규모의 원조는 이와 같은

---

8) 사월혁명연구소 편, 1990 <좌담-4월 혁명의 현재적 의의> ≪한국사회변혁운동과 4월 혁명≫ ①, pp.407~409.
9) 공제욱·노중기, 1990 <농지개혁과 원조경제> ≪한국사회변혁운동과 4월 혁명≫ ①, p.35.

"토대의 취약성을 극복하고 신식민지 지배구조를 강화하는 총체적 계기"로
서 이해해야 할 것이다.10) 따라서 미국의 대한원조가 미국독점자본의 이윤추
구를 위한 변형된 형태로서의 본질을 갖고 있었지만 군사적 성격이 보다 본질
적인 것이었다고 할 수 있다. 1951년도의 상호안전보장법에 따르면 방위지원
원조를 "군사원조를 받을 수 있는 국가나 단체 또는 지역적 집단방위협정에
미합중국과 더불어 참가하고 있는 국가에 대하여……(중략)……군대를 강화
하기 위하여" 제공하는 원조로 규정하고 있다.11)

또한 원조 내용도 소비재 중심으로서 대중의 소비욕구를 충족시켜 정치적
·사회적 안정을 유발시켜" 궁극적으로는 군사기지의 안정 유지를 꾀하고자
한 것이었다. 물론 여기에는 미국이 자국의 과잉상품(주로 원면·원맥·대맥
·옥수수 같은 잉여농산물)을 처리하려는 목적도 내재되어 있었다.

한편, 미국의 대한원조는 한국내 자본축적을 위한 절호의 계기가 되었다.
당시 한국정부는 미국원조에 기초한 수입대체공업화를 국내자본이 주도하기
를 희망했다. 그러므로 잉여농산물 원조에 기초한 국내자본 주도의 수입대체
공업이 급성장해서, 면방·제분·제당·주정·소모방·시멘트·판유리 등
에서 독점적 대자본이 형성될 수 있었다. 물론 이들을 제외한 다른 경제 단위
들은 정체 내지는 위축되었던 것도 마찬가지 맥락에서 설명할 수 있다. 요컨
대 이 시기에 미국원조와 한국정부의 정책에 잘 편승하고 있었던 독점적 대자

---

10) 맥도프는 그의 저서에서 미국 대외원조의 성격을 ① 미국의 세계적 군사.정치적 목적의 보
   강 ② 미국기업 진출을 위한 문호개방정책의 강요 ③ 후진국 경제개발의 자본주의적 방식
   추종 보장 ④ 미국기업의 직접적인 경제적 이익확보 ⑤ 수원국의 미국 및 기타의 자본주의
   시장에의 의존체제 확립 등 5가지로 분류하고 있는데, 미국의 대한원조 역시 이러한 테두리
   안에서 이해해야 할 것이다. Harry Magodoff, The of Imperialism-The Economics of U.S.
   Foriegn Policy, 1969(小原敬土 驛, 1969 ≪現代の帝國主義≫, 岩波書店, pp.134~135).
11) 국회도서관 입법조사국, 1964 ≪미국의 대한원조자료≫ 1집, pp.109~110.

본은 성장하고 발전했던 반면에 나머지 부문은 정체하거나 위축되었던 것이
다.12)

　원조의 도입에 따른 특혜기업이 폭리를 취할 수 있었던 것은 크게 세 과정
으로 나누어볼 수 있다. 먼저 원조불하과정에서는 저환율과 실수요자배정제
의 특혜가 주어졌으며, 원조물자를 불하받는 자금이 저금리의 은행대부로 조
달되었던 경우도 많았다. 또 저리의 대충자금 대출이 권력과 결탁한 몇몇 기
업에 독점적으로 이루어졌고 정치권력의 부패와 더불어 부정대출이 일상화
되었다. 이리하여 정치권력과 재계 사이에는 원조에서 출발한 부정·부패구
조가 끊임없이 확대 재생산되고 있다. 그 몇 가지 유형을 살펴보면 다음과
같다.13)

　첫째, 정부소관 일반재정의 부정·부패이다. 그 전형적 방법은 탈세를 눈감
아주는 대신 뇌물 또는 정치자금을 수뢰하는 것과 수리자금·정부발주 건축
·토목공사의 수의계약 등에서 정치자금을 조달하는 것이다. 1956년 11월
국회부의장·외무위원장이 시계밀수사건에 관련된 사실은 정계지도층의 부
패가 겉으로 들어난 대표적인 사례라 할 수 있다.

　둘째, 원조자금과 정부보유달러의 불하·대여과정에서 실수요자를 정치적
으로 선정하는 것이다. 연평균 2억 5천만 달러에 이르는 원조자금과 정부보
유달러의 불하시 공정환율이 시중환율의 절반밖에 되지 않는 까닭에 엄청난
이권이 개재되었다. 중석불불하사건14)은 바로 그 전형적인 예이다.

---

12) 김양화, 1991 〈1950년대의 사회경제구조〉 ≪1950년대 한국사회와 4·19혁명≫, pp.9∼
　　11.

13) 이수인, 1990 〈자유당정권의 역사적 성격〉 ≪한국사회변혁운동과 4월혁명≫ ①, pp.
　　87∼89 및 부완혁, 1990 〈해방귀족의 몰락을 위하여〉 ≪4·19혁명론≫ ①, 일월서각,
　　pp.174∼178.

14) 중석불불하 사건 당시 공정 환율은 6천원인데 비해 시중환율은 2만원 안팎으로 무려 3배

셋째, 금융계 및 재계 자체의 부정부패로 권력과 은행, 재계가 결탁하여 상승작용을 일으킴으로써 이른바 권력형부정부패의 구조가 일반화되는 것이다. 권력과 은행의 결탁으로 산업·금융채권을 발행하여 모두 3·15부정선거자금으로 쓴 경우는 대표적 사례로 꼽히고 있다.[15]

그러나 이러한 미국의 대한 원조는 50년대 중반부터 미국의 국제수지가 급격히 악화됨에 따라 1957년을 기점으로 현저하게 감소하였다. 이로 인해 한국정부는 심각한 재정위기에 직면하게 되는데, 그 상황은 정부 세입구성에서 대충자금이 차지하는 비중이 1957년의 52.9%에서 1960년에는 34.6%로 격감하는 데에서 잘 드러난다. 또한 미국의 강력한 경제안정책 요구로 인해 인플레재원이었던 산업부흥국채나 차입금 등이 차지하는 비중도 급속도로 줄어들었다. 반면에 재정지출 요인은 여전해 한국정부로서는 조세수입을 늘려 재정위기를 극복하고자 했다.[16]

결국 50년대 중반까지는 인플레이션에 의한 대중수탈이, 50년대 후반에는 조세징수 증대의 방식으로 대중수탈이 행해졌다. 그리고 이로 인한 피해는 민중은 물론 중소자본가에까지 심각하게 미쳤다. 민족자본의 성격을 가졌던 중소자본은 권력과 유착한 독점자본의 축적으로 제대로 성장할 수 없었으며, 특히 불황기에 심대한 타격을 받았다. 그리고 임금노동자는 낮은 노동분 배율에 시달렸고 1960년 초에는 실질임금의 하락마저 나타났다. 농민의 경우 불합리하고 불철저했던 토지개혁, 임시토지소득세법에 의해 가중된 경제적 부담, 그리고 잉여농산물 도입에 따른 곡가하락 등으로 그 극도의 궁핍속에 내

이상의 차이가 나고 있다(부산일보사, 1985 ≪임시수도 천일≫, p.590).

15) 자유당정권은 3·15선거를 치르기 위하여 산업금융채권 45억환과 농업금융채권 25억 환을 발행하여 모두 정치자금으로 사용하였다(부완혁, 1990 앞의 논문, p.175).

16) 공제욱·노중기, 1990 앞의 논문, pp.43~44.

몰렸다. 1960년 현재 농촌의 평균가계지출은 도시봉급생활자의 36.9%, 도시 노동자에 비하여 보더라도 58.6%로 절반을 약간 상회할 뿐이었다.

한편 도시빈민과 실업자도 대폭 증가하였다. 농촌의 경제적 몰락으로 이농현상이 급격히 진전되었으며, 수많은 월남자도 대부분 도시로 유입되어 도시인구의 급증이 있었다. 이로써 도시의 과잉인구현상은 심화되고 실업자도 많이 생겨났다. 1960년 완전실업률이 8.2%로 나타나지만 잠재실업률을 합하면 사실상 총 실업률은 34.2%에 이르렀다.[17]

이상과 같은 사회적 상황은 4월 혁명의 과제가 단순히 반독재 및 자유당의 장기집권에 대한 정치적 항거에 그치지 않고, 매판적이고 관료적인 방식으로 급성장한 관료독점 자본가 층의 해체에 대한 요구 및 자립경제에 대한 요구로 발전할 수밖에 없는 객관적 근거가 되었다. 그리하여 4·19 이후 다음과 같은 요구로 발전해 가게 된 것이다. 그것은 ① 부정축제에 대한 환수와 악질재벌 타도 요구, ② 국산품 애용운동 등 신생활 국민운동, ③ 국민경제의 자립적 운용을 제약하는 마이어 협정 등 불평등조약의 파기 요구 및 ④ 통일운동 등에서 구체화된 모습을 볼 수 있는 것이다.

외국 원조를 매개로 대외적 종속과 국내적 부정·부패의 온상 위에서 형성된 이승만 정권하의 경제는 미국의 원조 감소에 따른 위기를 맞게 되고 민중들의 불만을 사게 됨으로써 4월 혁명의 주요한 배경을 마련하게 된다.

---

17) 전철환, 1990 〈4월혁명의 사회경제적 배경〉 ≪4월혁명론≫ ①, pp.92~93.
　　김대환, 1981 〈1950년대 한국경제의 연구〉 ≪1950년대의 인식≫, 한길사, pp.219~
　　226.

3) 정치적 배경

미군정이 일제의 퇴장으로 공석이 된 상부구조의 전 분야에 일제잔재세력을 충원, 재등장시킨 사실은 8·15 이래 지배집단의 형성과 그 재생산과정을 규정하는 결정적 요인이다. 그것은 한편으로는 일제잔재세력의 권력장악 과정이며, 다른 한편으로는 역대정권의 재창출과 지배집단의 온존과정이기 때문이다. 이처럼 일제의 유산은 미군정을 매개로 하여 그대로 이승만 정권에 계승되었다.[18]

1945년에서 60년에 걸쳐 이승만정권의 인적 구조를 분석한 연구에 따르면,[19] 조사대상자 총 1,007명 가운데 일제시대의 통치기관의 경력자가 397명 39.4%, 경제적 지배계급이 242명 24.0%, 중간층 204명 20.3%이고 피지배계급은 단 한명도 없다. 학력별 분포의 경우 중·고등학교 이상의 학력이 92.8%이고 더구나 대졸 이상이 압도적이므로, 그들이 받은 일제의 혜택을 알 수 있다. 또한 이들 가운데 절반가량이 유학을 하였는데, 일본 39.7%, 미국 7.5%, 중국 4.3%, 기타가 2.2%이다. 이 중 미국유학자는 7.5%에 지나지 않지만, 미국의 대한정책의 매개고리가 됨으로써 지배세력의 대미종속화에 박차를 가하는 중심세력이 되었다는 점에서 중요하다.

이러한 사정은 지배기구의 중추를 이루는 군부에도 반영되고 있다. 1946년 1월 건군 후 군번 1번부터 110번까지의 장성 진급자들 74명 가운데 일본군계 출신이 72명이다. 이것은 경찰의 인적구성에서 일제경찰 경력자 85%가 충원

---

18) 김대상, 1989 <친일세력 재등장의 정치구조> ≪한국현대정치사≫ ①, 실천문학사, pp. 64~90.

19) 장하진, 1989 <이승만정권기 매판지배집단의 구성과 성격> ≪역사비평≫ 가을호, pp. 87~90.

되었다는 사실과 함께, 자유당정권 존립의 물리적 담당자가 누구이며 그 성격이 어떠했는가를 말해주고 있다. 즉 이승만정권이 친일파에서 친미파로 전신하여 등장한 일제의 협력자들을 자신의 정권유지 세력으로 삼았다는 사실은 그 당시 한국 민중의 가장 초보적인 욕구 - 친일파 처단이라는 - 조차 만족시켜주지 못함으로써 대중적 지지는 물론이고 역사적 정통성마저 확보하지 못한 취약한 구조를 안고서 출발했음을 말해주고 있다. 따라서 이승만 개인의 조작된 대중적 인기와 폭력집단인 경찰과 극우단체, 그리고 상층군부세력만을 정권유지의 유일한 기반으로 삼고 출발한 이승만 정권은 항상 불안정한 상태에 있을 수밖에 없었다.

이러한 구조적 취약성을 메우기 위해 동원된 것이 반공이데올로기였다. 이승만 정권은 반공이데올로기를 반탁운동, 단독정부 수립 등을 거치면서 국민들에게 강제 주입시켰다. 하지만 한국전 발생 전까지만 해도 지배이데올로기로 정착되지는 못하였다. 왜냐하면 일제가 좌익세력을 적대시한데다가, 8·15 후 일제잔재세력이 거의 반공단체에 가입한 때문이었다. 따라서 대중들은 "사회주의 또는 좌익이란 애국자·항일독립운동세력으로 인식하는 것이 지배적인 경향"이었던 것이다.[20] 그러나 이러한 상황은 한국전쟁으로 인해 완전히 반전된다. 해방공간에서 민족주의를 탄압하는데 동원되었던 반공이데올로기가 한국전쟁을 계기로 기반을 확고히 하는 한편 모든 논리에 앞서는 것으로 강요되게 된다. 즉 한국전쟁을 계기로 민족반역자들은 반공이데올로기에 힘입어 자유민주주의자로 둔갑할 수 있는 결정적 기회를 제공받았고 민중 또한 '유일한 생존의 길'로서 반공이데올로기의 선택을 강요받게 되었던 것이

---

20) 한국정치연구회, 1989 <지배이데올로기와 재생산메카니즘> ≪한국정치론≫, 백산서당, p.201.

다.[21]

  따라서 이승만 정권은 정권의 재생산을 위해서는 경찰과 군이라는 물리적 폭력과 반공이데올로기라는 사상적 폭력 이외는 다른 길이 없었다. 그리고 그러한 폭력행사의 담당자들이 과거 일제의 협력자들이었다는 사실은 그들의 성향이 철저하게 권력 지향적, 이익 지향적이었음을 말해주고 있다. 그러므로 이승만 정권하의 부정과 부패, 그리고 민중에 대한 탄압이 바로 이러한 인적구성과 그들의 속성에서 나왔음은 새삼 강조할 필요가 없을 것이다.

  정권의 구조적 취약성은 부정과 부패를 구조적으로 재생산함으로써 끊임없이 민심으로부터 이탈해 갔다. 다음은 이승만 정권 하에서의 이러한 민심이탈을 유형별로 정리한 것이다.[22]

  1) 국민의 직접적 희생에 의한 민심이탈 : 국민방위군사건, 거창양민학살사건, 중석불사건, 1953년 2월 화폐개혁 등
  2) 협박과 폭력에 의한 민심이탈 : 일제경찰출신의 현직 서장들이 반민특위를 습격한 이래 지속된 독재정권의 폭력성향은 51년 5월 정치파동을 일으켜 민중자결단, 땃벌떼, 백골단 등을 동원했다. 발췌개헌안 통과, 장면저격사건, 장충단 시국강연대회 습격사건, 진보당 서울시 경기도당 결성대회 습격사건
  3) 언론탄압에 의한 민심이탈 : 55년 3월 ≪동아일보≫ '괴뢰'오식에 의한 정간사건, 55년 9월 ≪대구매일신문≫의 학생정치도구화 반대사설에 희한 필화사건과 테러사건, 59년 4월 ≪경향신문≫의 폐간사건 등
  4) 정적제거공작 : 여운형, 김구, 장덕수, 송진우 암살, 조봉암 사형, 국회프락치사건, 신익희·조소앙 뉴델리회담설 등
  5) 반민주악법과 헌법의 통과와 강화 개정 : 48년 11월 단정수립 3개월 만에 형법조차 입법화되지 않은 상태에서 국가보안법 통과, 58년 12월 야당의원을 지하

---

21) 이수인, 1990 앞의 논문, p.85.
22) 이수인, 1990 앞의 논문, pp.89~91.

실에 가둔 채 신국가보안법 통과, 장기집권을 위한 발췌개헌안과 사사오입파
동 등을 통한 민주주의 압살

그리하여 이승만 정권하의 한국사회는 미래에 대한 희망이 상실된 상태였
다. 이러한 상황을 1959년에 발표된 미국의 「콜론 보고서」는 "젊은이들은
희망을 상실했고 빈부격차가 심화되고 있으며, 또 양심적 인사의 소외와 배
척, 그리고 목적을 위해 수단방법을 가리지 않는 자들만이 출세하는 사회"라
고 묘사하면서, "불원 한국사회는 심각한 상황이 벌어질 것"이라고 예견하였
다.23)

이상에서 4월 혁명의 객관적 배경에 대해 살펴보았다. 물론 이러한 조건
자체가 곧바로 4월 혁명을 일으킨 것은 아니다. 주지하듯이 4월 혁명은 3·
15부정선거라는 구체적인 계기를 통해 일차적으로는 부정선거에 대한 민중
의 저항에서 시작된 것이다. 그렇다면 이러한 조건들은 4월 혁명의 분석에서
어떤 의미를 갖는 것일까? 그것은 우선 혁명이 진행되어 가는 과정 속에서
표출된 민중들의 요구가 어느 날 갑자기 나온 것이 아니라 해방 이후 한국사
회가 안고 있던 모순들이 혁명이라는 열려진 공간을 통해서 한꺼번에 분출될
수 있는 조건들을 마련하고 있다는 점이다. 따라서 혁명의 객관적 배경인 모
순들은 항상 그것이 표출될 수 있는 가능성을 갖고 있으며, 모순이 심화되고
그것이 폭발할 수 있는 어떤 계기 — 그것은 우연하게 주어질 수도 있다 —
가 주어진다면 혁명을 가속화시키는 요인이 되는 것이다. 4·19 이후부터
5·16쿠데타까지 급속하게 표출된 민중들의 사회·정치적 요구는 1950년대
한국사회가 안고 있는 모순들의 반영이며 동시에 4월 혁명이 해결해 나가야

23) 심재택, 1990 <4월혁명의 전개과정> ≪4월혁명론≫ ①, p.19에서 재인용.

할 과제였던 것이다.

3. 4월 혁명 이전의 사회정치세력

1) 민중

민중의 핵심세력인 노동자의 경우, 8·15후 결성된 전평이 와해된 후 사실
상 모든 조직운동이 봉쇄당하고 있었다. 따라서 해방 이후 4월 혁명 이전까지
의 노동운동은 대한노총의 주도권을 둘러싼 파벌투쟁의 과정에 지나지 않았
다. 따라서 노총은 노동자를 위한 조직이라기보다는 이승만 정권을 위한 노동
귀족들의 조직으로 기능할 수밖에 없었다.[24]

그러나 노조운동이 대한노총을 중심으로 어용화 되었다고 해서 노동자대중
이 투쟁을 포기하고 있었던 것은 아니다. 그 일례가 1954년 대구 내외방직
쟁의와 1955년, 56년에 걸쳐 전개된 대구 대한방직 쟁의이다. 이 쟁의는 이승
만정권의 노동자 탄압정책을 폭로하고, 대한노총의 어용성을 반대하는 노동
조합의 민주화운동을 촉진하는 데 큰 기여를 하였다. 즉 대한노총에 대립하는
새로운 노동조합연맹체로서 전국노동조합협의회(이하 전국노협)를 구성하는
계기를 마련해주었던 것이다.[25]

1959년 8월에 결성된 전국노협은 대한노총에 불만을 가진 노동조합들을
흡수하여, 이승만정권도 결코 무시할 수 없을 정도로 커졌다. 이승만 정권은

---

24) 정기영, 1990 ＜4월 혁명의 주도세력＞ ≪한국 사회변혁 운동과 4월혁명≫ ①, p.121.
25) 김낙중, 1985 ＜분단시대 노동운동의 역사적 성격＞ ≪한국민족주의론≫ 2, 창작과 비평
　　사, p.360.

두 조직의 통합을 시도하는 한편 경찰력을 동원하여 압력을 가하는 양면작전을 전개하던 중 4월 혁명을 맞게 되었다. 물론 전국노협에 가담한 노동조합이라고 해서 모두 민주화된 노동조합이었다고 할 수 없었으며, 반공을 고수하기는 대한노총과 다를 바 없지만, 이승만정권의 경찰국가적 독재를 반대하여 투쟁한 대중적 조직체였다는 점에서 의미가 있다.26)

앞서 언급한 경제생활의 어려움에도 불구하고 50년대의 농민세력은 거의 침체상태에 있었고 4·19 당시에도 주체적, 능동적으로 참여하지 못했다. 그 원인으로는 우선 소토지소유자로서의 보수성을 들 수 있다. 해방 후의 토지개혁이 비록 철저하진 못했으나 토지개혁에 대한 강렬한 욕구를 어느 정도 약화시킴과 동시에 토지소유자로서의 보수성을 어느 정도 강화시키는 작용을 하였다. 다음으로 들 수 있는 것은 농민조직의 궤멸이다. 해방 직후 활발히 전개된 전농의 투쟁은 타협노선의 채택과 미군정과 우익세력의 탄압 등에 의해 운동역량이 약화되고 한국전쟁을 계기로 거의 소멸된 상태였다. 이러한 조건 속에서 농민들은 양민학살 등을 통한 심한 피해의식과 정치에 대한 냉소적 태도를 가짐으로써 오히려 이승만정권의 지지기반으로서 역할을 하였다. 결국 사회적으로는 가장 비참한 상황에 놓여 있으면서도 빈곤과 무지, 피해의식 등에 사로잡힌 채 4월 혁명을 맞이하였던 것이다.27)

마지막으로 도시빈민층을 보면, 이들은 해방 이후 원조에 의해 한국자본주의가 기형적으로 성장하는 과정에서 나온 필연적인 산물이었다. 이들은 생존 그 자체의 극한적 상황과 불안정한 삶 때문에 4월 혁명과정에서 가장 격렬하게 그리고 능동적으로 참여하긴 했으나 일정한 계층으로서의 유대감이 없었

---

26) 정기영, 1990 앞의 논문, p.122.
27) 서울대학교 인문사회과학대학 심포지움, 1980 ≪4·19의 민중운동사적 접근≫; 1983 ≪4월혁명≫, 청사, pp.252~253.

다.[28] 따라서 자신의 요구를 대변해 줄 수 있는 조직체와 체계화된 논리의 부재 등으로 상황을 적극적으로 타개해 나가지 못했다.

2) 학생

해방 직후 표면화되었던 학생운동은 냉전체제의 고착화와 한국전쟁 등에 의해 거의 완전히 제거되었다. 더구나 1949년에 창설된 학도호국단 체제는 주체적인 학생운동세력의 발생을 저해하였다. 그럼에도 불구하고 학생운동이 4월 혁명으로 표출될 수 있었던 것은 타 세력에 비해 국가권력의 지배력으로부터 비교적 자유로왔기 때문이다.[29] 당시 혁신세력은 물론 야당조차 전혀 움직이지 못하는 형편이었고, 압력집단이라든가 사회적인 중간집단들 역시 형성되지 못했으며, 법원이나 언론마저 완전히 질식 상태에 놓여있었다. 이러한 상황 하에서 정상적인 정치과정이 있을 수 없게 되자 학생세력이 운동의 중심으로 등장하게 된 것이다.

또 하나의 요인은 구세대간의 갈등으로서 기성세대, 특히 정권을 장악한 세대들이 대부분 식민지 근성과 전근대적인 사고방식을 탈피하지 못한데 비해 학생들은 한글세대로서 냉전 교육에도 불구하고 서구식 자유민주주의의 영향을 받았다. 따라서 그들은 기성세대에 대한 불신과 더불어 아직 소박하고 낭만적인 수준이긴 하나 이승만 정권에 대한 나름대로의 비판의식을 갖고 있었다.

물론 당시 학생들의 의식은 민족적·민주적 제반과제를 수행하기에는 매

---

28) 이는 4월혁명 당시 시위군중의 사망자와 부상자 통계자료 등에서 잘 나타나고 있다(김운태, 1976 ≪해방 30년사≫ 제2권, 참조).
29) 정기영, 1990 앞의 논문, p.123.

우 피상적이고 낮은 차원이었으며, 이는 4·19를 전후하여 나온 슬로건과 선언문을 분석해 보면 더욱 뚜렷해진다. 그러나 혁명이 진행되는 과정에서 그것들은 점차 구체적으로 변화했고, 나아가 사회전체를 개혁하려는 차원으로까지 발전하게 된다. 이 과정에서 학생세력 자체도 분화를 겪게 된다.

3) 민주당

본래 민주당 세력의 뿌리는 친일대지주였던 한민당 계열에서 비롯되었다. 이들은 해방이후 미군정에 적극 참여함으로써 자신들의 기득권을 보장받는 한편 이승만과 결탁하여 친일행위에 따른 정치적 약점을 보완하였다. 그러나 제1공화국 성립으로 일단 정권장악에 성공한 이승만은 한민당의 강력한 영향에서 벗어나 독자적인 정치기반을 가질 필요성을 느끼고 미국원조에 기생하여 성장한 매판자본세력을 기반으로 자유당을 결성하였다.

이승만과의 권력투쟁에서 밀려난 민주당은 이때부터 반이승만 정치투쟁을 전개하였으나 광범위한 지지기반을 갖지 못했다. 일제치하에서의 친일행위, 토지개혁 당시의 완강했던 기득권 옹호행위 등은 민중과 유리되는 근본적인 요인이었다. 또한 민주당은 단정·분단·반공 등 자유당의 정책기조와 하등 다를 바가 없었다. 따라서 민주당의 반독재 투쟁은 단순한 권력투쟁 이상의 의미를 갖지 못했다.[30]

그럼에도 불구하고 민주당이 민중으로부터 어느 정도 지지를 받았던 것은 정권교체 세력으로서는 유일한 정치집단이었다는 점에 있다. 즉 이승만세력이 장기집권을 꾀하면서 갖가지 비민주적 행위를 자행하자 민주당의 도덕성

---

30) 심지연, 1990 <민주당 정권의 본질> ≪한국사회변혁운동과 4월혁명≫ ①, p.244.

이 상대적으로 부각되어, 반사이익을 독점하게 되었던 것이다. 그러나 이러한 지지가 민주당에 대한 순수한 지지는 아니었다.

결국 민주당의 이러한 한계 때문에 4월 혁명을 통해 정권을 잡았으면서도 혁명과정에서 제기되었던 문제들을 올바로 풀지 못하고 오히려 비판과 극복의 대상이 될 수밖에 없었던 것이다.

4) 혁신세력

1950년대 중반, 민중으로부터 유리된 자유당과 민주당 두 보수정당 간의 정쟁이 격화되는 가운데, "공산독재는 물론 자본가와 부패분자의 독재도 이를 배격하고 민주주의체제를 확립하여 책임 있는 혁신정치를 실현한다"[31]는 강령하에 진보당이 창당됨으로써 혁신세력이 정치적 진출을 시도하였다. 인적구성원의 전력이나 강령, 정책 등을 볼 때, 진보당은 인민민주혁명노선 보다는 사회 민주주의적 개혁노선을 지향하였으며 기존의 정치구조를 깨뜨릴 의도를 지니고 있지도 않았다.[32] 그럼에도 불구하고 1956년 대통령선거에서 진보당의 당수 조봉암이 예상 밖으로 많은 표를 얻게 되자 이승만은 진보당을 잠재적 위협요인으로 생각하여 반공을 빙자해 진보당을 탄압하였다. 즉 진보당이 내놓은 평화통일론이 국시인 북진통일론에 위반된다 하여 진보당의 등록을 취소하는 한편, 조봉암을 비롯한 간부들을 간첩죄 및 국가보안법 위반 혐의로 체포하여 처벌하였다. 결국 진보당은 59년 당수 조봉암이 처형됨으로써 막 솟아오르려던 혁신정당은 미처 대중적 기반도 갖지 못한 채 불법화되었으나, 4·19

---

31) 권대복 편, 1985 ≪진보당≫, 지양사, p.12.
32) 김창진, 1985 <1950년대 한국사회와 진보당> ≪진보당≫, 참조

이후 혁신세력의 모태가 되었다. 그리고 진보당은 극단적 반공체제하에서 합법적으로 내걸 수 있는 강령의 최대치를 내놓았으며 전후 최초로 장내에 진보세력의 교두보를 마련하려고 시도했다는 점에서 그 의의가 있다.[33]

4. 4월 혁명의 전개과정과 주도세력 및 이념의 변화

4월 혁명은 크게 두 시기로 구분할 수 있다. 학생들에 의한 2·28부정선거 항의시위로부터 이승만 하야에 이르는 반독재 민주화운동, 그리고 5·16군사쿠데타에 의해서 미완의 혁명으로 종결되는 2기로 구성된다. 혁명 1기의 후반부는 반독재민주화운동을 기초로 민족자주화와 통일운동이 다양한 형태로 진행되고, 각 부문의 조직정비가 이루어지는 등 이념적 지향이 비교적 뚜렷해지고 체계화된 조직적 실천을 위한 과도기라고 할 수 있다.

물론 혁명의 진전에 따라 반혁명세력의 정치·이데올로기적 공세 또한 가열되어 갔으며 결국에는 5·16쿠데타에 의한 강제 정리를 겪게 된다. 아래에서는 이러한 혁명의 진전과 주도세력 및 이념의 변화에 대해 시기적으로 검토하였다.

1) 혁명 1기

민주당을 중심으로 하는 보수정치세력은 4월 혁명 초기에는 자유당의 부정선거에 대한 규탄을 적극적으로 펼쳤다. 즉, 민주당은 3·15선거에 대해 "모든 경찰국가수법을 총동원하여 최고의 폭악선거를 단행"한 것이라 하여 선거

---

33) 김일영, 1991 앞의 논문, p.162.

무효를 선언하고 민권수호국민총연맹과 공명선거추진위원회 등의 국민연합적인 운동을 전개함과 아울러 직접 가두투쟁까지 펼침으로써 반이승만 투쟁에 일정한 기여를 하였다.

그러나 이승만정권의 붕괴로 민주당의 차기집권이 확실시되자 혁명의 대열로부터 완전히 이탈하게 된다. 민주당의 정치성향은 자유당과 거의 유사해 통일정책 등에서도 기존 정치질서와 기득권층의 이해를 철저히 대변하고 있었다.34) 그리고 허정 과도정부 시의 민주당은 자유당의 정치자금공여에 대한 댓가로 그 정치적 연명에 적극 협력하는 등 4월 혁명이 경제적·사회적 혁명으로 발전하는 것을 막았을 뿐만 아니라 정치혁명마저도 '타도 이승만'의 선에서 머무르게 하였다. 심지어 이승만정권의 붕괴 이후 민주당은 신·구파의 분열 속에서 차기집권에만 몰두할 뿐35) 혁명의 진전에는 전면적인 반대 입장을 분명히 함으로써 결국에는 4월 혁명의 청산 대상으로까지 변모하였다.

앞서 언급했듯이 당시 한국사회에서 유일하게 집단화될 수 있었던 세력이 학생이었던 만큼, 4월 혁명을 촉발시키고 주도한 것 역시 학생들이었다. 2월 28일 시작한 학생들의 가두시위는 곧 전국으로 확산되었고, 이 과정에서 점차로 민중들의 참여가 자연스럽게 이루어졌다.

이 과정에서 들어난 학생운동의 방향과 성격은 이승만정권의 부패와 독재체제를 비판하면서 자유민주주의적 이념을 강하게 지향하고 있었다. 물론 이는 자주·민주·통일이라는 민족민주의 과제에서 단지 형식적 민주주의만 제기하고 있다는 점에서 그 한계를 지적할 수 있다.

당시 4월 혁명을 주도했던 학생세력은 학도호국단, 공명선거추진위원회 참

---

34) 고성국, 1991 <4월혁명의 이념> ≪한국사회변혁운동과 4월혁명≫, pp.155~156.
35) 심지연, 1990 앞의 논문, pp.244~249.

여집단, 흥사단 등 형식적 민주주의를 강하게 제기하는 집단과 신진회, 신조회, 협진회, 부산 '암장' 그룹, 농업사회연구회 등 구체적인 민주변혁을 지향하는 집단이 존재하였으나, 초기에는 활동이 구분되지 않은 채 전자는 주로 대중집회 및 동원과정을, 후자는 주로 선전 및 홍보를 담당하였다. 그러나 두 세력은 이후 4월 혁명의 전개과정에서 분화하여 전자는 개량화 과정을 거쳐 침체되거나 현실에 안주하였으며, 운동의 개량화 현상을 자각한 일부 학생들만 개별적으로 민족민주운동에 참여하기도 하였다. 그리고 후자는 이후의 4월 혁명을 실질적으로 주도해나간다.[36]

　이승만의 하야로 혁명의 일차적 대상이 없어지게 되자 전자의 학생은 신생활운동 및 국민계몽운동을 학생들의 사회참여의 주요한 영역으로 상정하게 되었으며, "학생은 학원으로!"라는 사회 일각의 주장을 받아들여 제한된 학원민주화운동에 주력하였다. 특히 이들의 주요한 정치실천의 형태로 부상된 공명선거준비위원회의 활동은 결과적으로 7·29총선 때 민주당 외곽조직으로 이용되면서 이 집단의 상당수를 제도정치권으로 진입시키는 매개체로서 작용하였다.

　물론 이들이 주요하게 관심을 가졌던 운동들이 나름대로의 의미를 전혀 갖지 않은 것은 아니다. 학원민주화운동이 후에 신생활운동, 국산품애용운동으로 발전하면서 결과적으로 전 사회에 민족적 공감대를 불러일으키게 되었다는 점을 감안할 때, 이들의 운동이 당시의 정치상황에서 민족자주화운동이나 통일운동으로 연결되는 민족주의적 이념지향을 부분적으로 표현하였다고 할 수 있다.[37]

---

36) 정기영, 1990 앞의 논문, pp.128~129 ; 이종석, 1990 <4월 혁명 주도세력의 변천과정 - 학생운동세력을 중심으로 -> ≪한국 사회변혁 운동과 4월 혁명≫ ①, pp.313~314.
37) 서중석, 1991 <4월 혁명운동기의 반미·통일운동과 민족해방론> ≪역사비평≫ 가을호,

한편 이 시기에 후자의 학생들은 점차적인 개량화가 아니라 상대적으로 치열한 문제의식을 가지면서 4월 혁명의 실질적인 주도세력으로 부상되게 되고, 이후 민족통일학생연맹(이하 민통련)으로 결집되어 갔다. 그러나 이들은 4·26부터 7·29총선까지는 주로 과도정부와 민주당의 허구성을 폭로하는 데 활동의 중점을 두었으나 전자에 비해 대중활동의 영역이 넓지 못했다. 그렇게 된 주요한 원인은 냉전논리 속에서 아직까지 분명한 자기목적과 영역을 설정하지 못한 채 학습·토론하고, 경험을 쌓는 이른바 '모색기의 과정'에 있었기 때문이라고 할 수 있다.[38]

이 시기 또 하나의 특징으로는 혁신세력의 정치적 재부상을 들 수 있다. 4·19라는 상대적으로 열린 정치적 공간을 맞이하여, 그 동안 뿔뿔이 흩어져 있었던 혁신세력들은 '혁신연맹결성대회'를 개최하여 정치적 진출을 재시도하였다. 그러나 상이한 파벌들 간의 갈등, 직간접적인 정부의 압박, 지도자의 결여, 그리고 주도권 장악을 위한 대립 등으로 분열되고 말았다. 그 결과 대부분의 혁신계 인사들이 참여한 사회대중당(책임총무위원 서상일, 간사장 윤길중), 전진한 등 노농당세력이 중심이 되어 발기한 한국사회당, 민주사회주의자 우파인 고정훈을 중심으로 한 사회혁신당 등으로 분열된 상태에서 7·29총선에 임하게 됨으로써 참의원 58석 중 3석, 민의원 123석 중 5석이라는 참패를 맞게 된다.[39]

이들의 총선참패 원인으로는 조직력과 자금력의 절대적 열세, 대중과 민중

---

p.131 ; 이종오, 1991 〈4월 혁명의 심화발전과 학생운동의 전개〉 ≪1950년대 한국사회와 4·19혁명≫, pp.211~212.

38) 사월혁명연구소 편, 1990 〈좌담-4월 혁명의 현재적 의의〉 ≪한국사회변혁운동과 4월 혁명≫ ①, pp.413~414.

39) 김광식, 1988 〈4·19시기 혁신세력의 정치활동과 그 한계〉 ≪역사비평≫ 봄호, pp.140~143.

운동에 기초하지 못한 채 지식인 명망가에 의존한 점, 그리고 국민들에게 폭넓게 자리한 반공이데올로기 정서를 민주당이 적절히 이용하여 혁신계를 용공으로 몰아부친 점 등을 들 수 있다. 그러나 이밖에도 혁신세력의 정책에서도 문제점이 있었다. 즉 혁신세력들은 통일문제를 제외하고는 민주당의 그것과 별반 차이가 없었다.[40] 결국 체계적 대안을 제시하지 못한 채 민주당의 구악을 폭로하는 데만 치중하였으나 선거과정에서 민주당이 이승만 정권에 대한 대항세력으로서의 성격을 부각시키는 한편, 선거공약 역시 혁신적인 것을 대폭 수용함으로써 혁신계의 폭로전은 성공하지 못하였다. 그 결과 혁신세력은 총선을 통해서 보수정치의 벽을 넘지 못했을 뿐만 아니라 특표율에서도 1956년 대통령선거시의 1/3에도 못 미치는 저조한 결과를 낳았다.[41]

다음으로 노동운동에 대해서 보자. 1960년은 정부수립 이래 노동조합이 가장 활발하게 결성된 역사적 시기이다. 1959년 말 현재, 558개 노동조합에 280,438명의 노동자 조합원으로 조직되었던 노조는, 1960년 한 해 동안에 356개의 노동조합이 증가하여 914개 조합, 321,097명으로 증가했다. 쟁의건수도 1953년, 1959년에 비하면 거의 6.8배의 증가율을 보인다. 그리고 쟁의 양식 또한 동맹파업이라는 강력한 수단을 채택하였다. 뿐만 아니라 노조운동은 종래의 일원화된 체계에 대하여 대한노총을 반대하는 세력에 의해 다원화되면서 일찍이 볼 수 없는 활성화가 이루어졌다.

그러나 무엇보다도 주목을 끄는 것은 공무원법에 의해 노조결성이 금지되었던 교원 등이 이에 반기를 들고 노동조합을 결성, 합법화를 요구한 것이다. 4월 29일 대구에서 전국 최초로 대구시 교원조합 결성준비위원회가 결성되

---

40) 고성국, 1991 앞의 논문, pp.155~157.
41) 김광식, 1988 앞의 논문, pp.151~152.

는 것을 계기로 하여 교원노조 결성운동이 빠른 속도로 확산되어 갔다. 그리하여 7월 3일 대구에서 최초의 전국적 규모의 공식집회인 '전국대표자 대회'가 개최되었다. 이 대회에서 교원노조 해체를 지시한 바 있었던 이병도 문교장관을 성토하고, 교육악법·노동악법의 개폐주장과 함께 국제자유노조연맹 산하의 국제자유교원조합연맹(IFFTU)에 가입할 것 등을 결의하였다. 그리고 7월 17일에는 서울에서 제1차 전국대의원대회를 개최하여 명칭을 「한국교원노동조합총연합회」로 결정하여 보수세력들의 계속되는 탄압과 비판에도 불구하고 교사대중운동을 전개해 나갈 수 있는 교두보를 구축하였다.[42]

그렇다면 이 시기 4월 혁명의 이념지향은 어떠한 수준까지 와 있었는가. 4·19 당시의 각종 선언문이나 구호들을 볼 때, 자유민주주의의 틀 내에서 민주주의의 최소한의 형식 및 절차의 복원을 지향하는 반독재민주화운동의 범주에 제한되어 있음을 알 수 있다. 4·19 당일 서울대 문리대생의 선언문에서는 '적색전제'에 대한 과감한 투쟁과 더불어 민주주의를 위장한 백색전제주의에 항의를 외치면서 '역사의 조류에 자신을 참여'시키는 민족적 사명감을 강조하였다. 4·18 고대생 선언문에서도 '청년학도만이 진정한 민주역사 창조의 역군이 될 수 있음을 명심하여 총궐기하자'고 주장하면서 다음과 같은 구호를 제시하였다.

1. 기성세대는 자성하라.
1. 마산사건의 책임자를 즉시 처단하라.
1. 우리는 행동성 없는 지성인을 배격한다.
1. 경찰의 학원출입을 엄금한다.
1. 오늘의 평화적 시위를 방해치 말라.[43]

---

42) 이철국, 1990 <4·19시기의 교원노동조합운동> ≪한국 사회변혁 운동과 4월혁명≫ ①

한편, 이승만 정권의 붕괴를 가져오는데 중요한 계기를 제공했던 4월 25일 의 대학교수단 시국선언문의 내용을 요약하면 다음과 같다. ① 데모는 주권을 빼앗긴 국민을 대신하여 궐기한 학생들의 정의감의 발로이며 민족정기의 표현이다. ② 평화적 데모를 폭력으로 탄압한 경찰은 대한민국의 경찰이 아니라 일부 정치집단의 사병이다. ③ 현 정부와 집권당은 책임을 지고 물러나라. ④ 정부통령을 재선하라. ⑤ 구금된 학생을 즉각 석방하라. ⑥ 학생살상을 명령한 자와 하수한 자는 체포 처벌하라. ⑦ 부정축재한 자는 누구를 막론하고 처단하라. ⑧ 경찰중립화와 학원자유를 보장하라. ⑨ 정치도구화한 문화인, 예술인을 배격한다. ⑩ 학생들의 의거를 북한이 이용하고 있음을 경계하라 등이다.[44]

이상에서 보듯이 4월 혁명 1기 전반부의 정치적 성격은 반독재민주화의 수준이며, 그 또한 이승만 독재정권의 극단적인 반민주성에 대한 소극적 시위와 저항으로 그것을 대체할 뚜렷한 대안을 채 갖지 못한 문제제기 수준의 운동이었다고 할 수 있다. 따라서 이 시기 혁명의 주도세력은 이승만 독재정권에 반대하는 모든 계급과 집단을 망라한 것이었으며 심지어 민주당까지도 상당정도의 정치적 역할을 할 만큼 매우 포괄적인, 그러나 매우 느슨한 이념적 지향을 가질 수밖에 없었다.

---

43) 4월혁명유족회, 1970 〈1960. 4. 18. 고려대학교 학생선언문〉 ≪4월혁명10주년 기념자료집≫, p.14.
44) 4월혁명유족회, 1970 〈1960. 4. 25. 대학교수단 시국선언문〉 ≪4월혁명10주년 기념자료집≫, p.148.

2) 혁명 2기

7·29총선에서의 압승을 바탕으로 집권한 민주당이 정책과제로 내건 것은 첫째 민권확립과 책임정치 발전, 둘째 경제건설 제일주의, 셋째 사회정의의 실현이었다. 민주당으로서는 과거의 민권투쟁에 그치지 않고 앞으로는 정치적 자유의 확보는 물론 경제적 개혁과 사회정의의 실현에 주력할 것을 다짐한 것이었다.

그러나 그 후 역사가 증명하듯 민주당은 사회경제적·정치적 구조의 근본적 변화를 가져올 수 있게 할 능력도 관심도 없었다. 정권을 장악한 후 민주당은 국민의 자유와 권리를 신장하기 위해 노력했다고 하지만, 혁명주체세력이 아니었던 민주당으로서는 주체세력과 보수 세력의 눈치를 동시에 보아야 했기 때문에 일관된 정책을 펴지 못했다. 더구나 민주당은 자신들이 지닌 제한된 범위 내에서의 혁명과제 수행, 즉 민주반역자 및 부패분자 처벌조차도 제대로 하지 않았다. 뿐만 아니라 한미경제협정을 통한 대미의존의 심화, 국가보안법 개정과 데모규제법 제정을 통한 4월 혁명 주도세력에 대한 탄압, 그리고 교원노조에 대한 불법화 정책 등은 민주당의 한계를 여실 없이 보여주는 것이라 하겠다.[45]

결국 '비 혁명적 방법에 의한 혁명'이라는 슬로건을 내걸고 집권한 민주당은 파벌싸움으로 인한 민심의 이탈과, 혁명정신의 단절로 인한 4월 혁명세력의 반발, 그리고 군에 대한 이해부족으로 1년도 채 못 넘기고 군에 의해 몰락하고 만 것이다. 이로써 민주당 정권은 4월 혁명 주도세력으로부터 혁명의 성과를 가로챘다는 비판을 벗어나지 못함과, 동시에 군부를 중심으로 한 반동

---

45) 심지연, 1990 앞의 논문, pp.251~255.

세력의 공격마저도 피하지 못하였다.

한편, 이 시기는 4월 혁명의 주도세력 가운데 하나였던 전자의 학생이 혁명으로부터 완전히 탈락한 반면 후자의 학생과 1기 후반부터 본격적으로 참여한 진보적 정치세력의 주도성이 확실하게 관철되면서 기층대중의 참여수준역시 양적, 질적으로 계속 고양되어 가는 시기였다.

4월 혁명 제 1기의 성과로 정치의 장이 넓어지자 사회대중당·통일사회당등의 혁신정당과 민족일보 등의 혁신언론, 교원노조·금융노조 등의 노동운동, 민주민족청년동맹(이하 민민청)·통일민주청년동맹(이하 통민청) 등의청년운동, 민족통일학생연맹 등의 학생운동, 피 학살자유족회 등 각 분야에서혁신적인 움직임들이 나타나기 시작했다. 이들은 '2·8한미 경제협정반대공동투쟁위원회', '2대 악법반대공동투쟁위원회', '민족자주통일 중앙협의회'라는 상층 통일전선적 정치조직을 통해 2·8한미경제협정반대투쟁, 2대 악법반대투쟁, 남북협상통일투쟁 등을 전개해나갔다. 이러한 투쟁들은 7·29총선의 패배 이후 민주당에 의해 시도된 반민주적·반민족적·반통일적 정책들에 대한 반대를 하는 구체적인 정치적 계기를 통해 대중적 정치실천의형식으로 전개되었다는 점에서 그 의의가 있다.

① 2·8한미경제협정반대투쟁

이 투쟁은 자주 자립경제를 위한 것이다. 1961년 2월 8일, 남한정부는 미국당국자들에게 원조사용에 관한 사업에 대한 전면적인 통제권 부여, 원조계획의 전부 혹은 일부는 미국정부의 사정과 판단에 의해 중단될 수 있다는 것등을 내용으로 하는 굴욕적인 경제협정을 체결하였다.46) 이에 혁명세력은 즉

---

46) 김경권, 1985 ＜제2공화국 혁신세력 연구＞서울대 정치학과 석사학위논문, pp.50~51.

각 "이 협정은 매판자본의 연명을 기도한 것이며, 아울러 민족자주경제건설의 기본적 경향이 되는 민족자주통일을 방해하기 위한 국제계획의 기도"(민자통)이며, "한국의 재정, 예산, 통화, 금융, 무역, 외환·경제계획과 경제개발에 이르기까지 한국의 주권을 침해하고 경제적인 종속을 철저히 규정하며, 종래의 그것을 더욱 강화한 것"(사회당)이라는 성명을 내고 협정비준저지를 위한 국민운동을 벌일 것을 선언했다.47) 이를 위해 아래에서 보듯이 11개 학생단체와 17개 사회·정치단체가 공동투쟁위원회를 결성하고 성토대회를 여는 등 활발하게 반대운동을 전개해 나갔다.

* 전국학생한미경제협정반대투쟁위원회 : 서울대민통련, 고대민족통일전선, 경희대민통련, 건대민통련, 항공대민통련, 성대민통련, 외대민통련, 단대민통련, 민족통일연구소, 서울대국민계몽대, 전국학생조국통일추진회 등 11개
* 2·8한미경제협정반대공동투쟁위원회 : 사대당, 혁신당, 사회당, 민자통, 민민청, 통민청, 전국학생조국통일위원회, 한국학생혁신연맹, 조국실업자구호대책위원회, 전국고학생연맹, 전국피학살자유족회, 4월혁명단, 서울대민통련, 전국실업자협회, 동경구례하우회, 조국통일민족전선 등 17개 단체

이에 대해 민주당정권은 미국의 입장을 적극 옹호하면서 "미국을 반대하는 자는 공산주의자들뿐"이라는 이데올로기적 공세를 강화하였으며, 미국 또한 수여를 무기삼아 고압적 입장을 견지함으로써 결국 2월 28일 국회에서 통과되고 말았다.48)

2·8경제협정반대투쟁은 비록 실패로 끝나긴 했지만 한국전쟁 이후부터 민족의 해방자요 구원자로 여겨지던 미국에 대해 최초로 민족의 자주성을 주

---

47) 유재일, 1989 <4월혁명 직후 민자통의 통일운동> ≪사회와 사상≫ 5월호, pp.309~310.
48) ≪민족일보≫ 1961. 3. 1.

장했다는 점에 큰 의의가 있다. 2월 20, 21일의 대중시위에서 제창된 "민족자결 없이 민족통일 없다" "대한민국은 미국의 조차지가 아니다"는 구호나 24일 시청 앞 성토대회에서 "세계 제2차대전 후 아시아, 아프리카, 중남미 제국에서 피압 민족이 해방되었다. 민족경제를 미국에 예속시키는 부당한 원조를 시정하라"등의 주장이 바로 그것이다.[49]

아울러 이 운동은 당시 고양되고 있던 통일운동의 맥락 속에서 전개되었으며 1960년 4월 이후 중단된 대중시위에 기초한 정치투쟁 방법이 부활되고 혁명세력과 일반대중이 결합하는 계기가 되었다는 점에서도 그 의의가 있다. 그러나 한편으로는 이 운동이 대중적 정치실천으로 전개되었다 하더라도 그것은 주로 후자의 학생, 진보적 정치세력의 주요부분 및 민자통, 민민청, 통민청 등으로 국한되어 국민대중의 전폭적 지지와 참여로 연결되지 못한 한계도 있었다.

② 2대 악법반대투쟁

민주당정권이 2대 악법 특히 반공법 입법화를 추진한 것은 4월 혁명의 주도세력에 대한 정치공세를 강화하기 위한 것이었지만, 그 법의 자의적 사용이 가져올 정치적 위험성이 대단히 높았기 때문에 2대 악법반대투쟁은 그 법의 직접적 목표였던 혁명주도세력 뿐만 아니라 광범위한 사회·정치단체들 심지어 민주당 소장파 그룹인 '신풍회'까지도 반대의사를 표시할 만큼 광범위한 공동투쟁의 틀을 만들어내었다.

그리하여 교원노조, 전국노동조합협의회 등 노동대중단체를 포함하여 거의 모든 진보적 정치세력과 혁명주도, 참여세력들의 공동투쟁연합회가 신속하게

---

49) ≪한국혁명 재판사≫ 제3권, p.568.

결성되었다.50)

2대 악법에 대해 혁명세력은 "자신들의 부패와 무능을 은폐하며 '영구민족분할'과 '영구파쇼집권'을 기도하는 것" "기본적 인권과 언론의 자유를 비롯해 정치활동의 자유를 억압하는 것" "외세의존으로 남한 특권 보수주의를 고수하며 민족통일을 방해하려는 장면정권의 음모"51)라고 주장하여 2대 악법이 지배세력의 기득권을 유지하기 위해 민주주의의 기본권리를 자의적으로 제한할 뿐만 아니라 냉전논리에 분단을 영구화하려는 것으로서 4월 혁명이념과 정신에 정면으로 위배된다는 것이었다.

이처럼 광범위한 사회·정치세력의 도전을 받은 장면정권은 결국 법 제정을 유보할 수밖에 없게 되었다. 결국 이러한 악법반대투쟁은 민주주의를 심화시키려는 노력임과 동시에 한미경제협정투쟁보다는 상대적으로 대중적 공간을 넓힐 수 있는 계기가 되어 4월 혁명 주도세력이 민중 속으로 접근해 갈 수 있는 가능성을 열어놓았다.

③ 통일운동

4월 혁명은 통일문제에 새로운 전기를 마련하였다. 민족의 절대 다수에게 절대 절명의 과제였던 통일문제는 우선 감성적으로 호소력을 갖고 있었다. 그리하여 각 단체들을 중심으로 고조되어 오던 통일논의는 마침내 1961년 2월 25일, 통일전선적 조직체인 민자통이 결성됨으로써 한층 체계적으로 전개될 수 있게 되었다. 민자통은 4개 정당, 16개 사회단체, 6개 시·도 협의회로 구성되어 있는 일종의 협의체로서 통일 유보론이나 선 건설 후 통일론을 내세우는 세력의 반통일적 성격을 폭로하고 통일의 중요성과 자신들의 통일

---

50) 서중석, 1991 앞의 논문, pp.138~139.
51) ≪민족일보≫ 1961. 3. 23.

방안 - 민주, 자주, 평화 - 을 홍보하기 위해 대중강연과 대중정치투쟁을 전개해 나갔다.52)

이처럼 4월 혁명 이후 통일논의가 폭발적으로 제기되고 나온 까닭은 통일이 한민족 다수에게 절대적인 지상과제였으며, 또한 당위적인 것이기 때문이며 무력대치를 통한 군사적 긴장해소는 1950년대의 경제혼란과 잘못된 경제구조를 극복하기 위해서도 필요하였다. 1961년 1월 15일 민자통이 발표한 통일선언서에서 통일만이 경제적 자립과 정치적 자유, 그리고 국가의 독립을 가져올 수 있다고 주장하며, 심각한 실업문제와 식량난, 경제 불황도 남북간의 경제교류에 의하여 어느 정도 해결될 수 있을 것이라 기대한 것도 이 때문이었다.53)

한편, 세계정세의 변화 또한 통일운동이 활성화되는데 큰 영향을 미쳤다. 첫째는 미소간의 새로운 변화이다. 1956년 흐루시초프는 평화공존을 들고 나와 미소양국은 비록 형식적이긴 하나 이른바 '세력균형하의 평화공존'을 인정하게 되었다. 둘째는 제3세계에서 민족해방운동의 고양과 국제사회에서 발언권의 강화를 들 수 있다. 1960년 유엔회원국수 99개국 가운데 아시아, 아프리카 국가는 45개국이 되었고, 소련권도 10개국이 되어 유엔에서의 미국 발언권이 격감하기 시작했다. 또한 쿠바혁명에 이어 알제리아, 콩고 등에서 치열히 펼쳐진 민족해방운동은 한국의 청년·학생들에게 큰 영향을 미쳤다. 특히『민족일보』의 경우 쿠바혁명에 대해 장기간 연재하고 있음은 당시 지식청년들이 제3세계의 민족해방에 대해 얼마나 큰 관심을 가지고 있는가를 잘 보여주고 있다.54)

---

52) 노중선, 1989 ≪4·19와 통일논의≫, 사계절, pp.63~72.
53) 서중석, 1991 앞의 논문, pp.144~146.
54) 이러한 관심은 유근일이 민통련 사건으로 구속되어 법정진술을 한 내용에서도 잘 드러난다(

그런데 미소의 세력균형을 중시하는 사람들은 주로 중립화통일론에 주목하고 있는데, 통사당이 그 중심이었다. 통사당은 민자통의 민주·자주·평화의 3원칙이 무원칙하고 모호하다고 비판하면서 별도로 반공우익적인 논리 위에 선 중립화조국통일운동총연맹을 결성하였으나 그 활동은 미미하였다. 이에 반해 제3세계의 민족해방에 영향을 받은 혁신계 인사 일부와 청년·학생들은 민자통을 결성하여 활발하게 활동하면서 민족해방과 자주통일에 대한 인식을 확대해 나갔다. 따라서 이들이 4월 혁명 2기의 통일운동을 주도해 나갔던 만큼, 그들의 논리를 살펴보는 것이 곧 당시에 있어서 4월 혁명의 이념이 어느 정도 수준까지 발전되었는가를 판단하는데 도움이 될 것이다.

4월 혁명 한 돌을 맞아 서울대생과 일부 청년단체에서 나온 선언문과 성명서는 1960년 11월 1일 서울대 민통련 발기모임에서 나온 문건과 1961년 2월 한미경제협정을 배격하면서 나온 문건들에서 주장하였던 민족해방론을 더욱 짜임새 있게 제시한 것이었다. 서울대학생회가 발표한 4·19제2선언문에서는 "미국의 원조에 의한 달러의 올가미는 국제공산당의 흉계에 못지않게 두려운 일이다.……(중략)……정권의 이양과 내각책임제 개헌이 혁명이 아니다. 우리는 실망하지 말고 조국의 번영을 위해서 통일에의 길로 뭉쳐야 한다"55)고 선언하면서 3, 4월 항쟁을 계속 발전시키기 위해 반봉건, 반 외압세력, 반매판자본의 3반 운동을 일으켜 민족혁명을 이룩해야 한다고 선언하였다. 그리고 5월 5일 19개 대학에서 참여한 민족통일 전국학생연맹결성준비대회는 서울대민통련의 5·3남북학생 회담 제의를 적극 지지하는 결의문과 함께 그때까지 학생들이 주장해왔던 민족해방론적 통일관을 총괄적으로 표출

≪한국혁명재판사≫ 제3권, pp.971~972).
55) ≪민족일보≫ 1961년 4월 20일.

한 공동선언문을 발표하였다. 이 공동선언문에 따르면 "(세계사적 현 단계는)
식민지, 반식민지에 있어서의 민족해방투쟁의 승리(의 단계이며)……(중
략)……광범한 아시아, 아프리카, 중남미의 대부분의 인민들은 이미 식민지
와 군사기지적 예속체제를 거부하고 국내의 매판관료세력을 타도하여 민족
자주의 독립노선에 매진하고 있으며……(중략)……4월 혁명을 계기로 민족
대중세력은 매판관료세력을, 통일세력은 반 통일세력을 압도하게 되었으
며……(중략)……파쇼적 테러통치를 타도한 이 땅의 대중세력은 목전의 빈
곤을 탈피하기 위하여 통일을 갈망하게 되었고 통일을 달성하기 위하여 그들
의 무제한한 잠재력을 이제는 반 통일세력으로서의 외세 의존적 매판세력의
타도에 집중하고 있는 순간인 것이다"56)라고 선언함으로써 민족자주와 통일
에 대한 4월 혁명의 이념적 지평을 체계적으로 제시하였다.

　이와 같이 4월 혁명의 1년 뒤에 4월 혁명주도세력들은 조국의 현실을 타개
할 운동의 방향으로 반봉건·반외세·반매판자본의 3반과 민족·민주혁명,
그것의 다른 표현으로서 민주·통일·민족자주를 내세웠다. 일제침략기의
반제반봉건·민족해방민주주의 혁명운동이 해방 후에는 반제반봉건·민주
주의·민족국가건설운동으로 전개되었던 바, 1950년대 내내 침잠해 있다가
다시 반제민족해방이 중심이 된 민주·통일·민족자주운동으로 나타난 것이
었다.57) 그리고 이것은 80년대에 들어오면서 본격적으로 전개된 민주·자주
·통일운동의 한 원형 - 비록 선언적인 형태이긴 하나 - 을 제기하고 있는
것이다.

---

56) ≪한국혁명재판사≫ 제3권, pp.947～1027.
57) 서중석, 1991 앞의 논문, p.152.

맺음말

이상에서 본 논문은 4월 혁명이 훗날 활발하게 연구되어지게 할 기폭제적 소망을 품은 입장에서 지난 80년대에 주로 활발했던 소장학자들의 연구결과를 일단 가치중립적 입장에 가깝게 정리해 보았다. 그 까닭은 4·19의 연구는 아직도 유아기에 있으며, 연구 활동 자체도 훗날 보다 집중적으로 연구되면서 연구결과가 쭉쭉 자라나야 하겠기에 그렇다. 여기서는 지금까지의 논의 내용을 소장학자들의 입장에서 그대로 정리하며 맺음말에 대신하고자 한다.

4월 혁명은 소장학자들의 시각을 통해서 볼 때에, 분단 하 남한 사회운동의 출발점이었다. 분단 하 남한 사회운동의 과제는 민주화, 자주화 그리고 통일로 요약할 수 있는데 4월 혁명을 통해서 이 과제가 처음으로 제기되었으며, 그리고 이것은 4월 혁명의 기본이념이기도 하였다. 그러나 이 세 과제가 그들의 입장에서 볼 때에는 병렬적으로 존재하는 것이 아니라 내적 연관을 가지고 있다. 한국사회에서 민주화라는 과제는 민족자주라는 구체적인 형태로의 발전을 거쳐, 바로 그것이 통일이라는 한국 사회의 궁극적인 길로 나아가는 경로이다. 따라서 민주화는 민족통일과 논리적으로 구분될 수 없으며 4·19시기의 역사적 경험이 그것을 증명해 주고 있는 것이다. 그리고 지금의 변혁운동이 지향하고 있는 것도 바로 이러한 이념의 총체이다. 다만 4월 혁명 당시와 지금은 조건의 차이가 있을 뿐이지 자본주의가 고도로 발전한 현재에도 민주혁명과 민족혁명의 과제가 변함없이 제기되고 있음을 볼 때, 4·19는 그 의미가 더욱 중요하다고 할 수 있는 것이다.

이와 더불어 끝으로 한 가지 더 지적하고 싶은 것은 그들이 볼 때에 4월 혁명에서 주어진 민중의 민족·민주·통일운동을 위한 계기는 많은 시행착오를 거치면서도 끊임없이 자기를 관철하고 있다는 점이다. 전교조, 전민련,

전대협, 전노협 등의 대중조직을 통한 노조의 민주화와 합법화를 위한 노력,
정치적 악법들의 폐기 요구, 자주적 통일을 위한 현실의 움직임들은 민족 민
주의 소망을 저버린 채 3당 야합이라는 보수세력들의 대공세 속에서도 굳건
하게 버텨 나가고 있다. 그런 의미에서 4·19는 역사 속에서 자신을 관철하
고 있으며 동시에 4·19가 제기한 과제는 시행착오를 거치기는 하나 현실적
인 자기실현의 가능성을 내포하고 있다고 보고 있다.

요컨대 4·19연구를 보는 소장학자들의 80연대 연구는 그들 스스로가 주
장하듯이 완성된 것이 아닌 것이며, 계속된 자기비판 속에 새로운 모습을 갖
춰갈 아직은 성숙되지 못한 미래를 예비하는 이론이란 점이 확실히 지적되어
야 한다.

■참고문헌

한국서적

경제기획원, 1972 ≪제19회 한국통계연감≫
고춘섭, 1968 ≪徽新八十年略史≫ 경신중고등학교
古下先生傳記編纂委員會, 1965 ≪古下宋鎭禹先生傳≫ 東亞日報
國史編纂委員會, 1965 ≪韓國獨立運動史≫ Ⅰ
國史編纂委員會, 1965 ≪韓國獨立運動史≫ Ⅲ
國史編纂委員會, 1966 ≪日帝侵略下 韓國 36年史≫ 1
國史編纂委員會, 1967 ≪韓國獨立運動史≫ Ⅲ
國史編纂委員會, 1968 ≪資料大韓民國史≫ 1
國史編纂委員會, 1970 ≪資料大韓民國史≫ 3
國史編纂委員會, 1970 ≪高宗時代史≫ 4
國史編纂委員會, 1970 ≪韓國獨立運動史≫ 資料 1 - 臨政篇Ⅰ-
國史編纂委員會, 1971 ≪韓國獨立運動史≫ 資料 2 - 臨政篇Ⅱ-
國史編纂委員會, 1972 ≪資料大韓民國史≫ 5
國史編纂委員會, 1973 ≪日帝侵略下 韓國三十六年史≫ 10
國史編纂委員會, 1973 ≪資料大韓民國史≫ 6
國史編纂委員會, 1974 ≪資料大韓民國史≫ 7
國史編纂委員會, 1974 ≪한국사≫ 20
國史編纂委員會, 1979 ≪韓國獨立運動史 資料≫ 3 -臨政篇Ⅲ-
國史編纂委員會, 1987 ≪한민족독립운동사≫ 2
國際新聞社 出版部, 1948 ≪韓國美軍政史≫ 國際新聞社
國會圖書館, 1964 ≪舊韓末條約彙纂≫ 上

國會圖書館, 1964 ≪미국의 대한원조자료≫ 1

國會圖書館, 1973 ≪統監府法令資料集≫ 下

國會圖書館, 1973 ≪韓國言論年表(1911~1945)≫

國會圖書館, 1974 ≪大韓民國臨時政府 議政院文書≫

國會圖書館, 1976 ≪韓國民族運動史料≫ 中國篇

권대복 편, 1985 ≪진보당≫, 지양사

金九, 1979 ≪白凡逸志≫, 敎文社

김기승, 1994 ≪한국의 역사가와 역사학≫ 하

김득황, 1963 ≪韓國宗敎史≫

김세한, 1963 ≪永化七十年史≫ 영화여자중학교

김영삼, 1962 ≪貞信七十五年史≫, 계문출판사

김운태, 1976 ≪해방 30년사≫ 제2권

김원용, 1959 ≪재미 한인 50년사≫ 캘리포니아

김원용, 1959 ≪在美韓人 50年史≫

金正明, 1964 ≪日韓外交資料集成≫ 8

金正明, 1967 ≪朝鮮獨立運動≫ Ⅱ

金正明, 1967 ≪朝鮮駐箚軍歷史≫

金俊燁·金昌順, 1967 『韓國共産主義運動史』 1

金俊燁·金昌順, 1976 ≪韓國共産主義運動史≫ Ⅰ

김철준, 1983 ≪한국문화전통론≫

김필자, 1988 ≪梁起鐸의 民族運動≫ 지구문화사

金赫東, 1970 ≪美軍政下의 立法議院≫, 汎文社

김효선, 1989 ≪백암 박은식의 교육사상과 민족주의≫, 대왕사

김희곤·한상도·한시준·유병용, 1995 ≪대한민국임시정부의 좌우합작운동≫,
　　　한울

南坡 朴贊翊傳記刊行委員會, 1989 ≪南坡 朴贊翊傳記≫, 乙酉文化社

단국대학교, 1975 ≪朴殷植全書≫ 下

大韓民國臨時政府宣傳部, 1946 ≪大韓民國臨時政府에 關한 參考文件≫ 1

독립운동사편찬위원회, 1973 ≪독립운동사≫ 4 -임시정부사-

독립운동사편찬위원회, 1975 ≪독립운동사≫ 6 -독립군전투사(하)

독립운동사편찬위원회, 1975 ≪독립운동사자료집≫ 9 -임시정부사 자료집 -

독립운동사편찬위원회, 1976 ≪독립운동사자료집≫ 14

閔石麟, 1955 ≪한국의 얼≫

朴建彦, 1967 ≪韓國現代史≫ 東京, 至誠堂

朴英晚, 1963 ≪주춧돌≫, 新太陽社

朴永錫, 1982 ≪韓國獨立運動史研究≫, 일조각

박영일, 1982 ≪李承晚秘綠≫, 韓國文化出版社

朴殷植, 1946 ≪韓國痛史≫

白凡金九先生記念事業協會, 1982 ≪白凡金九-생애와 사상-≫ 敎文社

백범김구선생기념사업회, 1985・1986 ≪白凡研究≫ 1・2

白凡思想研究會 編, 1973 ≪白凡語錄≫, 思想社

부산일보사, 1985 ≪임시수도 천일≫

사월혁명연구소 편, 1990 ≪한국사회변혁운동과 4월혁명≫①, 한길사

三均學會, 1979 ≪素昻先生文集≫上

西江大學校 人文科學研究所, 1986 ≪大韓每日申報研究≫, 일조각

서울工高七十年史編纂委, 1976 ≪서울工高七十年史≫

서울대학교 인문사회과학대학 심포지움, 1980 ≪4・19의 민중운동사적 접근≫

善隣八十年史編纂委, 1978 ≪善隣八十年史≫

鮮于基聖, 1973 ≪韓國靑年運動史≫, 금문사

鮮于鎭, 1972 ≪金九≫, 太極出版社

孫世日, 1970 ≪李承晚과 金九≫, 一潮閣

宋建鎬, 1980 ≪金九≫, 한길사

宋南憲, 1976 ≪解放三十年史≫ 1

宋炳基, 1970 ≪韓末近代法令資料集≫ Ⅰ

申基碩, 1958 ≪增訂 近代外交史≫, 一潮閣

申肅, 1963 ≪나의 一生≫, 일신사

신영묵, 1955 ≪培材史≫, 培材中高等學校

신용하, 1982 ≪박은식의 사회사상연구≫

신용하, 1985 ≪韓國民族獨立運動史研究≫, 을유문화사

신용하, 1988 ≪광복군의 창립과 활동≫ 독립유공자협회

신용하, 1988 ≪韓國近代民族運動史研究≫, 일조각

申昌鉉, 1972 ≪申翼熙≫, 太極出版社

愛國同志援護會, 1956 ≪韓國獨立運動史≫

呂運弘, 1967 ≪夢陽呂運亨≫, 靑玖閣

延世大學校 現代韓國學硏究所, 1988 ≪雩南李承晩文書≫ 東文篇 6

延世大學校 現代韓國學硏究所, 1998 ≪雩南李承晩文書≫ 東文篇 7

吳蘇白, 1949 ≪人間 金九≫, 國際文化社

외솔회, 1975 ≪나라사랑 - 백범 김구선생 특집호-≫ 21

윤경로, 1990 ≪105인사건을 통해 본 신민회연구≫

윤병석, 1973 ≪石州遺稿解題≫, 고려대출판부

윤병석, 1975 ≪3·1운동사≫

李起夏, 1961 ≪韓國政黨發達史≫, 議會政治社

李萬珪, 1946 ≪呂運亨鬪爭史≫, 叢文閣

李萬珪, 1949 ≪朝鮮敎育史≫, 乙酉文化社

李瑄根, 1963 ≪韓國史≫, 現代篇

李如星·金世鎔, 1931 ≪數字朝鮮硏究≫ 1, 世光社

李延馥, 1999 ≪大韓民國臨時政府 30年史≫, 國學資料院

李元模, 1977 ≪白凡一代記≫, 三友精版社

李元淳, 1975 ≪歷史科敎育≫, 韓國能力開發社

李庭植, 1961 ≪韓國共産主義運動의 起源≫

李庭植, 1982 ≪韓國民族主義의 政治學≫, 한밭출판사

李炫熙, 1982 ≪大韓民國臨時政府史≫, 集文堂

李炫熙, 2001 ≪대한민국림시정부사연구≫, 혜안

張俊河, 1971 ≪돌베개≫, 思想史

電氣通信 80年史編纂委員會, 1966 ≪電氣通信八十年史≫, 遞信部

정정화, 1987 ≪녹두꽃-여자독립군 정정화의 낮은 목소리-≫

鄭晋錫, 1987 ≪大韓每日申報硏究와 裵說≫, 나남

鄭忠良, 1967 ≪梨花八十年史≫, 梨花出版社

趙基周, 1983 ≪天道敎宗令集≫

趙炳玉, 1959 ≪나의 回顧錄≫, 民敎社

주요한, 1963 ≪安島山全集≫, 삼중당

震檀學會, 1966 ≪韓國史≫ 近世前期篇, 乙酉文化史

蔡根植, 1949 ≪武裝獨立運動秘史≫ 대한민국공보처

千寬宇, 1975 ≪韓國史의 再發見≫
천도교여성회본부, 1984 ≪천도교여성회 60년사≫
天道敎靑年黨本部, 1935 ≪天道敎靑年黨小史≫
崔　埈, 1970 ≪增訂版 韓國新聞史≫, 一潮閣
崔鐘健, 1976 ≪大韓民國臨時政府 文書輯覽≫, 知人社
崔洪奎,　1983 ≪申采浩의 民族主義 思想≫
秋憲樹, 1971 ≪資料 韓國獨立運動≫ 1, 延世大出版部
秋憲樹, 1976 ≪韓國臨政下左右合作에 關한 硏究≫, 國士統一院
韓國度支部官房, 1910 ≪現行 韓國法典≫ 全
韓國新聞硏究所, 1974 ≪新聞評論≫ 47
韓詩俊 編, 1999 ≪大韓民國臨時政府法令集≫, 國家報勳處
韓詩俊, 1993 ≪韓國光復軍硏究≫
玄圭丙, 1953 ≪韓國警察制度史≫, 民主警察硏究會
玄圭煥, 1967 ≪韓國流移民史≫, 語文閣
洪相杓, 1966 ≪間島獨立運動小史≫

일본 서적

在上海日本總領事館 警察部 第二課, 1946 ≪朝鮮民族運動年鑑≫, 東文社書店
朝鮮總督府 法務局, 1931 ≪秘 朝鮮獨立思想運動の變遷≫
岡倉古志部 監譯 1980 ≪現代朝鮮史≫ 第1卷, 太平出版社
慶北警察局, 1929 ≪高等警察史≫ 日本
高橋濱吉, 1927 ≪朝鮮敎育史考≫ 帝國地方行政學會朝鮮本部, 서울
弓削幸太郎,1923 ≪朝鮮の敎育≫ 自由討究社, 東京
金正明, 1967 ≪朝鮮獨立運動≫ Ⅱ, 原書房
德富猪一朗, 1929 ≪素空 山縣公傳≫, 山縣公爵傳記編纂會
山邊健太郎, 1966 ≪日韓倂合小史≫, 岩波書店
森田芳夫, 1967 ≪朝鮮終戰の記錄≫, 嚴南堂書店
上田務, 1920 ≪朝鮮統治論≫ 中國 安東
釋尾東邦, 1926 ≪朝鮮倂合史≫, 朝鮮及滿洲社

小森德治, 1968 ≪明石元二郎 卷上≫ 原書房, 東京

岩井警太郎, 1910 ≪顧問警察小誌≫ 韓國內部警務局

朝鮮總督府 警務總監部, 1917 ≪朝鮮警務例規聚 全≫ 서울

朝鮮總督府, 1911 ≪第3次 施政年報≫

朝鮮總督府, 1912 ≪1910년 朝鮮總督府施政年報≫ 서울

朝鮮總督府, 1913 ≪敎科用圖書一覽≫

朝鮮總督府警務局, 1933 ≪最近に於はる朝鮮治安狀況≫

朝鮮總督府警務局, 1933 ≪最近に於はる朝鮮治安狀況≫

中橋政吉, 1936 ≪朝鮮舊時の刑政≫ 治刑協會, 서울

總督府 法務局, 1931 ≪朝鮮獨立思想運動の變遷≫

春畝公追頌會, 1940 ≪伊藤博文傳≫ 下, 統正社

統監官房, 1908 ≪韓國施政年報 - 1906~1907 -≫

統監府, 1910 ≪第2次韓國施政年報≫

坪江汕二, 1966 ≪改訂增補 朝鮮民族獨立運動秘史≫, 嚴南堂

海後宗臣, 1969 ≪歷史敎育の歷史≫, 東京大學出版會

黑田甲子郎, 1920 ≪元師寺內伯爵傳≫ 同傳記編纂所, 東京

黑田甲子郎, 1920 ≪元師寺內伯爵傳≫ 寺內伯爵傳記編纂所

논문

姜德相, 1983 <朴殷植その人と, 痛史・血史> ≪朝鮮獨立運動の群像≫

강만길, 1983 <4월혁명의 민족사적 맥락> ≪4월혁명론≫

고성국, 1991 <4월혁명의 이념> ≪한국사회변혁운동과 4월혁명≫

공제욱・노중기, 1990 <농지개혁과 원조경제> ≪한국사회변혁운동과 4월혁명≫ ①

김경권, 1985 <제2공화국 혁신세력 연구>서울대 정치학과 석사학위논문

김광식, 1988 <4・19시기 혁신세력의 정치활동과 그 한계> ≪역사비평≫ 봄호

金根洙, 1973 < ≪開闢≫誌 小攷> ≪韓國雜誌 槪觀 및 號別 總目次集≫

김기승, 1987 <백암박은식의 사상적 변천> ≪역사학보≫ 114

김낙중, 1985 <분단시대 노동운동의 역사적 성격> ≪한국민족주의론≫ 2, 창작

과 비평사

김대상, 1989 〈친일세력 재등장의 정치구조〉 《한국현대정치사》 ①, 실천문학
　　　사

김대환, 1981 〈1950년대 한국경제의 연구〉 《1950년대의 인식》, 한길사

김동춘, 1990 〈4월혁명에 관한 기존 연구와 그 문제점〉 《4월혁명론》

김성식, 1960 〈학생과 자유민권운동〉 《사상계》 6

金成俊, 1971 〈舊韓末의 國史敎育에 대하여〉 《大東文化硏究》 8

김성환, 1984 〈4・19혁명의 구조와 종합적 평가〉 《1960년대》, 거름

金淑子, 1998 〈萬歲報의 民權論調〉 《大韓帝國期의 救國民權意識》

金承懋, 1966 〈捕盜廳에 對하여〉 《鄕土서울》 26

김양화, 1991 〈1950년대의 사회경제구조〉 《1950년대 한국사회와 4・19혁명》

金容燮, 1966 〈日本・韓國에 있어서의 韓國史敍述〉 《歷史學報》 31

김용섭, 1971 〈박은식의 역사학〉 《한국현대사》 6, 신구문화사

金允植, 8888 〈高宗 19年 壬午 11月 21日條〉 《陰晴史》

김일영, 1991 〈4・19혁명의 정치사적 의미〉 《1950년대 한국사회와 4・19혁
　　　명》

김창진, 1985 〈1950년대 한국사회와 진보당〉 《진보당》

金哲埈, 1969 〈安鼎福의 東史綱福에 나타난 歷史意識의 性格〉 《서울大學校
　　　學術硏究 造成費에 依한 硏究論文槪要集》

金學奎, 1988 〈白波自叙傳〉 《韓國獨立運動史硏究》2, 韓國獨立運動史硏究
　　　所

金學俊, 1986 〈韓國信託統治案과 그것을 둘러싼 初期의 論爭〉 《現代史의 諸
　　　問題(政治)》 韓國精神文化硏究院

金鎬逸, 1981 〈大韓民國 臨時政府의 敎育思想〉 《韓國史論》 10

金弘壹, 1976 〈윤의사의 폭탄과 나〉 《나라 사랑》 25, 외솔회

김홍수, 1982 〈박은식의 신민론〉 《경희사학》 9・10

나절로, 1972 〈백암선생의 업적과 회고〉 《나라사랑》 8, 외솔회

노수자, 1970 〈舊韓末의 歷史敎育에 대하여〉 《敎育大學院 論文集》 1, 이화여
　　　자대학교

魯仁華, 1982 〈韓末 開化自强派의 女性敎育觀〉 《韓國學報》 27

盧貞鉉, 1967 〈日帝 韓國 行政改革에 關한 硏究〉 《延世論叢》 4

渡部學, 1976 ＜朝鮮朝 末期의 敎育思想的 貫流 - ≪海東續小學≫等 三群敎科
　　　　書類의 思想史的 考察 -＞ ≪李寅基博士 古稀記念 敎育學論叢≫
閔石麟, 1955 ＜申圭植先生略傳＞ ≪韓國魂≫睨觀先生紀念會 臺北
朴奎植, 1970 ＜韓國政治思想에 미친 美國의 影響＞ ≪亞細亞硏究≫ 通卷 第26
　　　　號
朴成壽, 1967 ＜韓國光復軍에 對하여＞ ≪白山學報≫ 3
박성수, 1990 ＜박은식의 血史에 나타난 3·1운동관＞ ≪윤병석교수화갑한국근대
　　　　사논총≫
朴泳孝, 1966 ＜開化에 대한 上疏＞ ≪新東亞≫ 1月號 附錄
박현채, 1983 ＜4월민주혁명과 민족사의 방향＞ ≪4월혁명론≫
박현채, 1990 ＜4·19민주혁명과 이의 계승 - '민족민중론'의 시각에서＞ ≪사상
　　　　≫ 봄호, 사회과학원
白淳在·河東鎬, 1966 ＜開闢總目次를 提供하며＞ ≪開闢總目次≫
부완혁, 1990 ＜해방귀족의 몰락을 위하여＞ ≪4·19혁명론≫ ①, 일월서각
사월혁명유족회, 1970 ＜1960. 4. 18. 고려대학교 학생선언문＞ ≪4월혁명10주년
　　　　기념자료집≫
서중석, 1991 ＜4월혁명운동기의 반미·통일운동과 민족해방론＞ ≪역사비평≫가
　　　　을호
鮮于鎭, 1982 ＜臨時政府歸國＞ ≪轉換期의 內幕≫ 朝鮮日報社
孫南憲, 1976 ＜非常國民會議 組織大綱 第3條＞ ≪解放三十年史≫ 1
宋炳基, 1970 ＜議案 各衙門大臣·將臣·警務使가 軍國機務處會議員을 兼하는
　　　　件＞ ≪韓末近代法令資料集≫ Ⅰ
송우혜, 1988 ＜대한독립선언서 '세칭「무오독립선언서」'의 실체-발표시기의 규명
　　　　과 내용분석-＞ ≪역사비평≫여름호
송인자, 1995 ＜개화기 여성교육론의 의의와 한계＞ ≪한국교육사학≫ 17, 한국교
　　　　육학회 교육사연구회
宋贊植, 1970 ＜星湖의 새로운 史論＞ ≪白山學報≫ 8
신용하, 1974 ＜우리나라 最初의 近代學校 設立에 대하여＞ ≪韓國史硏究≫ 10
신용하, 1975 ＜박은식의 교육구국사상에 대하여＞ ≪한국학보≫ 1
신용하, 1977 ＜박은식의 儒敎求新論·陽明學論·大同思想＞ ≪역사학보≫ 73
신용하, 1979 ＜박은식의 　실업구국사상＞ ≪학술원논문집≫인문사회과학편 18

신용하, 1981 <박은식의 역사관>상·하 ≪역사학보≫ 90, 91

申一澈, 1969 <自修大學講議의 의의와 내용에 대하여> ≪自修大學講議≫

신일철, 1974 <박은식의 국혼으로서의 국사개념> ≪한국사상≫ 11

심지연, 1990 <민주당 정권의 본질> ≪한국사회변혁운동과 4월혁명≫ ①

柳永益, 1969 <朝鮮總督府初期의 構造와 機能> ≪三·一運動 50周年紀念論
    集≫ 東亞日報社

劉英俊, 1986 <8·15 後 政治集團의 動向과 政府樹立> ≪新東亞≫ 11월호

유재일, 1989 <4월혁명 직후 민자통의 통일운동> ≪사회와 사상≫ 5월호

유준기, 1988 <박은식의 생애와 학문> ≪산운사학≫ 2

윤남한, 1972 <박은식선생의 유교사상> ≪나라사랑≫ 8, 외솔회

尹炳奭, 1966 <舊韓末 駐韓日本軍에 대하여> ≪鄕土서울≫ 27

尹炳奭, 1969 <參議·正義·新民府의 성립과정> ≪白山學報≫ 7

윤병석, 1972 <백암선생의 생애> ≪나라사랑≫ 8, 외솔회

李光麟, 1969 <育英公院의 設置와 그 變遷> ≪韓國開化史研究≫

이만열, 1976 <민족사학> ≪한국사≫ 22, 국사편찬위원회

이만열, 1976 <박은식의 교육사상> ≪이인기고희논총≫, 형설출판사

이만열, 1976 <박은식의 사학사상> ≪숙대사론≫ 9

이만열, 1980 <박은식의 생애와 사상> ≪박은식≫, 한길사

李範奭, 1969 <光復軍> ≪新東亞≫ 4월호

李相九 譯編, 1967 <上海假政府의 組織과 活動> ≪新東亞≫ 2월호

李瑄根, 1966 <日帝總督府의 憲兵政治와 思想彈壓> ≪韓國思想≫ 8, 韓國思
    想研究會

李松姬, 1995 <大韓帝國末期 啓蒙團體의 女性敎育論> ≪梨大史苑≫ 28

이수인, 1990 <자유당정권의 역사적 성격> ≪한국사회변혁운동과 4월혁명≫ ①

李延馥, 1967 <大韓民國臨時政府의 成長過程> ≪慶熙史學≫ 1

李延馥, 1970 <初期의 大韓民國臨時政府> ≪慶熙史學≫ 2

李延馥, 1971 <舊韓國警察考 -1894~1910- > ≪서울교육대학논문집≫ 4

李延馥, 1974 <日帝의 憲兵警察小考> ≪이선근고희한국학논총≫

李延馥, 1974 <天道敎靑年黨과 新文化 運動> ≪韓國思想≫ 12

李延馥, 1975 <白凡先生의 臨政初期活動> ≪나라사랑≫ 21

李延馥, 1978 <우리나라 近代歷史敎育史 研究> ≪서울교육대학논문집≫ 11

李延馥, 1980 <大韓民國臨時政府의 交通局과 聯通制> ≪韓國史論≫ 10

李延馥, 1982 <光復軍의 參戰> ≪한미수교 100년사≫

李延馥, 1982 <大韓民國臨時政府의 樹立과 그 變遷>上 ≪慶熙史學≫ 8·9·
    10

李延馥, 1983 <大韓民國臨時政府와 社會文化運動> ≪史學研究≫ 37

李延馥, 1983 <大韓民國臨時政府의 樹立과 그 變遷>下 ≪慶熙史學≫ 11

李延馥, 1986 <大韓民國臨時政府와 丹齋> ≪申采浩의 思想과 民族獨立運動≫

李延馥, 1987 <大韓民國臨時政府 駐華代表團에 대해서> ≪慶熙史學≫ 14

李延馥, 1987 <白凡 金九> ≪韓國現代人物論≫ 2

李延馥, 1988 <한인애국단과 기타 의열투쟁> ≪한민족독립운동사≫ 4

李延馥, 1989 <大韓民國臨時政府의 軍事活動> ≪한국독립운동연구≫ 3

李延馥, 1989 <韓人愛國團과 金九> ≪白凡研究≫ 4

李延馥, 1990 <南坡 朴贊翊 研究> ≪國史館論叢≫ 18

李延馥, 1990 <大韓民國臨時政府의 樹立> ≪한민족독립운동사≫ 7

李延馥, 1992 <大韓民國臨時政府의 對蘇外交> ≪박영석화갑한민족독립운동사
    논총≫

李元淳, 1971 <韓國歷史敎育史研究 - 前開化期를 中心으로 -> ≪研究論叢≫
    I 서울師大敎育會

이종석, 1983 <4월혁명 주도세력의 변천과정 - 학생운동세력을 중심으로 -> ≪4
    월혁명론≫

이종석, 1990 <4월혁명 주도세력의 변천과정 - 학생운동세력을 중심으로 -> ≪한
    국 사회변혁 운동과 4월혁명≫ ①

이종오, 1991 <4월혁명의 심화발전과 학생운동의 전개> ≪1950년대 한국사회와
    4·19혁명≫

李鍾學, 1981 <대한민국임시정부의 군사활동> ≪韓國史論≫ 10, 국사편찬위원
    회

이철국, 1990 <4·19시기의 교원노동조합운동> ≪한국 사회변혁 운동과 4월혁
    명≫ ①

李炫熙, 1975 <國民代表會議召集問題> ≪白山學報≫ 18

이현희, 1980 <박은식의 평화사상> ≪동국사학≫ 14

李炫熙, 1988 <大韓民國臨時政府와 國民黨政府-相互外交政策關係를 중심으로

　　　-> ≪轉換期의 韓國社會≫金大煥博士回甲紀念論文集刊行委員會

李惠璟, 1972 ＜萬歲報와 大韓民報에 관한 考察＞ ≪저널리즘 연구≫ 2 梨花女
　　　子大學校 新聞放送學會

장하진, 1989 ＜이승만정권기 매판지배집단의 구성과 성격＞ ≪역사비평≫ 가을호

전철환, 1990 ＜4월혁명의 사회경제적 배경＞ ≪4월혁명론≫ ①

정기영, 1990 ＜4월 혁명의 주도세력＞ ≪한국 사회변혁 운동과 4월혁명≫ ①

정용대, 1997 ＜大韓民國臨時政府의 外交活動에 관한 硏究＞ ≪大韓民國臨時政
　　　府의 法統과 歷史的 再照明≫

鄭晋錫, 1990 ＜상해판 獨立新聞에 관한 연구＞ ≪汕耘史學≫ 4

鄭昌烈, 1985 ＜萬歲報 解題＞ ≪萬歲報≫上, 亞細亞文化社

趙擎韓, 1956 ＜大韓民國臨時政府 文獻 被災顚末記＞ ≪韓國獨立運動史≫ 愛
　　　國同志援護會

조경한, 1976 ＜푸른피가 천추를 거슬러＞ ≪나라사랑≫ 25

趙東杰, 1976 ＜상해임시정부와 상해의거＞ ≪나라사랑≫ 25, 외솔회

趙東杰, 1982 ＜韓國軍史의 原流意識＞ ≪軍事≫ 5

趙東杰, 1987 ＜임시정부 수립을 위한 1917년의 大同團結宣言＞ ≪韓國學論叢≫
　　　9, 국민대

趙東杰, 1989 ＜義兵運動의 韓國民族主義上의 位置＞ ≪한국민족운동사연구≫
　　　3

중앙일보사, 1975 ＜南北政治會談 提議에 대한 金九·金奎植의 왕복 서한＞
　　　≪光復30年重要資料集≫

중앙일보사, 1975 ＜南朝鮮만의 單政樹立에 관한 李承晩의 井邑發言＞ ≪光復30
　　　年重要資料集≫

중앙일보사, 1975 ＜모스크바 三相會議 決定에 대한 朝鮮人民共和國 中央人民委
　　　員會의 결정서＞ ≪光復30年 重要資料集≫

차기벽, 1983 ＜4·19, 과도정부 및 장면정권의 의의＞ ≪4월혁명론≫, 한길사

千寬宇, 1969 ＜朝鮮後期 實學의 槪念 再檢討＞ ≪韓國史의 反省≫

최 준, 1972 ＜문필 구국의 선봉장＞ ≪나라사랑≫ 8, 외솔회

崔起榮, 1988 ＜舊韓末 萬歲報에 관한 一考察＞ ≪韓國史硏究≫ 61·62

崔起榮, 1991 ＜天道敎의 國民啓蒙活動과『萬歲報』의 發刊＞ ≪大韓帝國期
　　　新聞硏究≫ 일조각

최문환, 1960 <4·19혁명의 사회사적 성격> ≪사상계≫ 7

秋憲樹 編, 1973 <韓國軍에 關한 軍事協定內容과 그 實施> ≪資料韓國獨立運動≫ 3, 延世大出版部

추헌수, 1976 ≪韓國臨政下 左右合作에 관한 연구≫ 국토통일원

한국정치연구회, 1989 <지배이데올로기와 재생산메카니즘> ≪한국정치론≫, 백산서당

한상도, 1987 <金九의 韓人軍官學校(1934~35) 운영과 그 입교생> ≪韓國史研究≫ 58

한상진, <4·19혁명의 사회학적 분석>(≪사상≫사회과학원, 1990년 봄호)

한영우, 1994 <1910년대 박은식의 민족주의사학> ≪한국민족주의역사학≫

허버트 빅스, 1984 <지역통합전략> ≪1960년대≫

홍이섭, 1972 <박은식선생과 독립투쟁사> ≪나라사랑≫ 8, 외솔회

洪以燮, 1974 <舊韓末 國史敎育과 民族意識> ≪人文科學≫ 32, 연세대

홍이섭, 1975 <박은식의 '血史'가 지적한 史的 의의> ≪한국근대사의 성격≫

洪淳鈺, 1968 <'大韓民國 臨時政府와 憲政' 1919~25> ≪政經文化≫ 12월호

洪晧善, 1988 <趙素昻의 敎育均等論 硏究> ≪三均主義研究論集≫ X

河村一夫, 1969 <朝鮮に於ける我が領事館警察史> ≪朝鮮學報≫ 50

색인